本书是
2013年湖南省职业院校教育教学改革研究项目：
基于工作过程的法津职业课程开发（课题编号：ZJC2013031）
的研究成果

全国司法职业教育"十二五"规划教材

文件检验（第二版）

全国司法职业教育教学指导委员会　审定

主　编◎柯昌林
副主编◎徐为霞　何海洋
撰稿人◎（以撰写章节先后为序）
　　　　柯昌林　李永清　徐为霞
　　　　岑鸿雁　戴羚霞　吕雅萍
　　　　陈立杭　何海洋　付建华
　　　　李自云　唐亚琴

中国政法大学出版社
2016·北京

声　明　1. 版权所有，侵权必究。
　　　　2. 如有缺页、倒装问题，由出版社负责退换。

图书在版编目（CIP）数据

文件检验/柯昌林主编. —2版. —北京：中国政法大学出版社，2016.6（2023.7重印）
ISBN 978-7-5620-6801-3

Ⅰ. ①文… Ⅱ. ①柯… Ⅲ. ①文件检验—教材 Ⅳ. ①D918.92

中国版本图书馆CIP数据核字(2016)第132775号

书　　名	文件检验　WENJIAN JIANYAN	
出 版 者	中国政法大学出版社	
地　　址	北京市海淀区西土城路25号	
邮寄地址	北京100088 信箱8034分箱　邮编100088	
网　　址	http://www.cuplpress.com（网络实名：中国政法大学出版社）	
电　　话	010-58908435(第一编辑部) 58908334(邮购部)	
承　　印	保定市中画美凯印刷有限公司	
开　　本	720mm×960mm　1/16	
印　　张	25.75	
字　　数	490千字	
版　　次	2016年6月第2版	
印　　次	2023年7月第2次印刷	
印　　数	3001～4500册	
定　　价	46.00元	

出版说明

世纪之交，我国高等职业教育进入了一个以内涵发展为主要特征的新的发展时期。1999年1月，随着教育部和国家发展计划委员会《试行按新的管理模式和运行机制举办高等职业技术教育的实施意见》的颁布，各地成人政法院校纷纷开展高等法律职业教育。随后，全国大部分司法警官学校，或单独升格，或与司法学校、政法管理干部学院等院校合并组建法律类高等职业院校举办高等法律职业教育，一些普通本科院校、非法律类高等职业院校也纷纷开设高职法律类专业，高等法律职业教育蓬勃兴起。2004年10月，教育部颁布《普通高等学校高职高专教育指导性专业目录（试行）》，将法律类专业作为一大独立的专业门类，正式确立了高等法律职业教育在我国高等职业教育中的重要地位。2005年12月，受教育部委托，司法部组建了全国高职高专教育法律类专业教学指导委员会，2012年12月，全国高职高专教育法律类专业教学指导委员会经教育部调整为全国司法职业教育教学指导委员会，积极指导并大力推进高等法律职业教育的发展。

截至2007年11月，全国开设高职高专法律类专业的院校有400多所，2008年全国各类高校共上报目录内法律类专业点数达到700多个。为了进一步推动和深化高等法律职业教育教学的改革，促进我国高等法律职业教育的质量提升和协调发展，原全国高职高专教育法律类专业教学指导委员会（全国司法职业教育教学指导委员会）于2007年10月，启动了高等法律职业教育规划教材编写工作。该批教材积极响应各专业人才培养模式改革要求，紧密联系课程教学模式改革需要，以工作过程为导向，对课程教学内容进行了整合，并重新设计相关学习情景、安排相应教学进程，突出培养学生一线职业岗位所必需的职业能力及相关职业技能，体现高职教育职业性特点。教材的编写力求吸收高职教育课程开发理论研究新成果和一线实务部门工作新经验,邀请相关行业专家和业务骨干参与编写,着力使本规划教材课程真正反映当前我国高职高专教育法律类专业人才培养模式及教学模式改革的新趋势,成为我国高等法律职业教育的精品、示范教材。

全国司法职业教育教学指导委员会
2013 年 6 月

第二版说明

《文件检验》是一本围绕研究和解决法律上有关文件物证是否具有法律诉讼效力的实用性和操作性很强的书籍。

我们的编写宗旨是：根据高职高专人才培养目标的要求来加强学生所应具备的文件检验相关能力的培养，构建能力训练模块，强化对学生的基本实践能力与操作技能、专业技术应用能力与专业技能、综合实践能力与综合技能的培养，突出工学结合的高职特色。

本书按照"以能力为本位，以职业实践为主线，以任务驱动为主体的模块化专业课程体系"的总体设计要求，以项目任务模块为中心构建课程体系，以"高屋建瓴、适应岗位，技能为主、理论支撑，图文并茂、易学乐学，语言亲切、与时俱进"为编写原则，彻底打破传统的学科课程设计思路，紧紧围绕项目任务完成的需要来选择和组织课程内容，突出项目任务与知识的联系，让学生在职业实践活动的基础上掌握知识，增强课程内容与职业岗位能力要求的相关性，提高学生的就业能力。

全书由基础理论篇和实践操作篇两部分组成。基础理论篇共包括2章，是文件检验的基础理论部分。没有完备的理论支撑的学科是不完全的学科，是没有发展前途的学科。它如同建构在没有基础的沙漠上的大厦，随时都有倒塌的危险。因此，全面介绍文件检验的理论知识显得十分重要。本教材根据理论够用、实用的原则，由浅入深地将文件检验的基本知识简洁而扼要地加以介绍。实践操作篇共包括11章，是文件检验的技术部分。文件检验是门专业技术课程，没有技术、不懂技术，文件检验只能是纸上谈兵。因此，学习掌握文件检验的各项技术手段是文件检验的重要内容。本教材对文件检验中涉及的各项基础和专业技术做了详细的介绍,并按照项目教学法的特点来组织其中的叙述结构,旨在培养学生的动手能力和实际操作能力,使其能将学得的知识应用到实际工作中去。

本教材突出和强调文件检验的实践环节,注重培养文件检验技术应用型人才,同时注重在操作实践的过程中,促使学生进一步深入地学习理论知识与技术基础。教师应按照文件检验的类别,从实践操作的角度来组织教学的内容,更新教学的方法,调整教学的流程,并以此来组织教材的章节结构。以培养能力为主,突出理论与实践环节的结合是本教材的特色。

本教材的主编和参编作者大多是司法鉴定人,具有丰富的实践经验,能够结合实践和学术发展的最新动向,力争使教材的新颖性、实践性、操作性有机地结合起来。本教材在"正文"部分穿插一些实际案例并加以具体分析,使学生对知识的把握能有清晰的思路,并能举一反三,灵活运用。

本教材由柯昌林任主编,徐为霞、何海洋任副主编。

具体分工如下(按章节顺序排列):

柯昌林(湖南司法警官职业学院)	课程标准与第七章;
李永清(湖南司法警官职业学院)	第一章;
徐为霞(中央司法警官学院)	第二章;
岑鸿雁(四川司法警官职业学院)	第三章;
戴羚霞(德阳市旌阳区检察院)	第四章;
吕雅萍(云南司法警官职业学院)	第五、六章;
陈立杭(湖南司法警官职业学院)	第八、十章;
何海洋(湖南司法警官职业学院)	第九章;
付建华(西安政治学院)	第十一章;
李自云(河北司法警官职业学院)	第十二章;
唐亚琴(湖南司法警官职业学院)	第十三章。

本书主编对编者的稿件进行了修改,并对全书进行了统稿与整理工作。

我们于 2009 年 11 月进行了首次编写,并于 2015 年 12 月对本书内容进行了修订,在修订过程中,我们借鉴了一些最新的发展成果,但是一些观点还是有值得商榷的地方，加之我们水平有限，时间仓促，错误和不当之处在所难免，敬希广大读者提出批评意见，以便再版时修正。

编　者
2016 年 1 月

课程标准

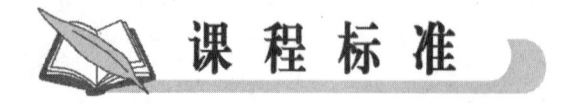

课程名称：文件检验

适用专业：司法鉴定技术及刑事侦查技术专业（包括狱内侦查方向）

一、前言

（一）课程的性质

《文件检验》是为适应司法鉴定技术及刑事侦查技术专业（包括狱内侦查方向）教学的需要开设的专业课程，是一门关于研究和解决法律上有关文件物证是否具有法律诉讼效力的专门学科，它包括的知识非常广泛，无论刑事还是民事案件都常以笔迹检验的分析判断作为定案的依据。学习《文件检验》不仅是司法鉴定技术及刑事侦查技术专业（包括狱内侦查方向）学生的需求，也有助于为刑法学、刑事诉讼法学、侦查学中准确认定犯罪事实、提起诉讼、判处刑罚提供依据，同时也起到将整个司法鉴定技术各个科目连接起来的作用。因此，《文件检验》是司法鉴定技术及刑事侦查技术专业（包括狱内侦查方向）必修的一门专业技能课程。

（二）设计思路

1. 本书共分为两个部分：上篇——基础理论篇；下篇——实践操作篇。基础理论部分主要介绍和研究文件检验和笔迹检验的概念、对象、任务和方法；实践操作部分主要介绍和研究各种笔迹及各类文书检验的原理和方法。两部分内容从不同的角度共同构建了文件检验的科学体系。

本书按照"以能力为本位，以职业实践为主线，以项目课程为主体的模块化专业课程体系"的总体设计要求，以"项目任务模块"为中心构建课程体系，以"高屋建瓴、适应岗位，技能为主、理论支撑，图文并茂、易学乐学，语言亲切、与时俱进"为编写原则，彻底打破传统的学科课程设计思路，紧紧围绕项目任务完成的需要来选择和组织课程内容，突出项目任务与知识的联系，让学生在职业实践活动的基础上掌握知识，增强课程内容与职业岗位能力要求的相关性，提高学生的就业能力。

学习程度用语主要使用"了解""理解""能"或"会"等用语来表述。"了解"用于表述事实性知识的学习程度。"理解"用于表述原理性知识的学习程度。"能"或"会"用于表述技能的学习程度。

2. 该门课程的总学时为56学时。

二、课程目标

《文件检验》课程的授课对象为即将成为司法鉴定所、司法行政机关等行业的文件检验技术人员的三年制学生,主要讲授文件检验的新技术和新手段、嫌疑文件的识别技术、综合应用技术等内容。它将培养高职高专学生岗位所需要的"实务"能力,包括必需的理论知识、仪器操作能力、嫌疑文书分析能力、制作鉴定意见书的能力、综合在校期间所学课程知识并配合司法鉴定人员共同完成真实文书案件的鉴定的能力、完成综合性的毕业设计的能力等。该课程不仅注重操作和技能的培养,也注重学生的思考能力和创造力的培养。具体表现在以下几个方面:

1. 课程的知识目标是:

(1) 认识本课程的应用领域。

(2) 理解文件检验的基础知识。

(3) 掌握常见嫌疑文件的特点。

(4) 学会常见的检验方法。

(5) 把握检验操作要点。

2. 课程的能力目标是:

(1) 培养学生文件检验仪器操作的能力。

(2) 培养学生嫌疑文件特征分析的能力。

(3) 培养学生文件检验应用的能力。

(4) 培养学生文件检验技术开发与应用创新的能力。

3. 课程的综合素质目标是:

(1) 自我管理与发展能力。

(2) 分工合作与组织协调能力。

(3) 综合分析与解决问题的能力。

(4) 开拓创新的思维能力。

(5) 沟通能力。

(6) 法律逻辑能力。

三、课程内容和要求

课程内容和课程结构设计的主要参与人员包括行业专家、职业教育专家和专业教师,能够提供职业岗位所需的丰富的专业知识和经验,符合职业岗位对于人才培养的要求。本课程的课程结构和课程内容见下表:

课程结构和课程内容

序号	课程单元	工作任务模块	知识要求	技能要求	课时
1	认识文件检验		了解文书检验的对象和概念；掌握文书检验的任务、程序和方法	理解文书检验在刑事科学技术和司法鉴定技术中的地位，能正确认识和运用文书检验的结论	1.5
2	认识笔迹检验		了解笔迹检验的对象和概念；掌握笔迹检验的任务和科学基础	能够灵活运用笔迹及笔迹检验的知识，评价、分析笔迹检验技术的现状与发展趋势	1.5
3	笔迹特征的认知与分析	任务一：认识书写动作一般特征	了解书写动作一般特征的特征层次；掌握书写动作一般特征的特征价值	能判定并分析书写动作一般特征的特征层次和特征价值	2/2
		任务二：认识书写动作细节特征	掌握书写动作细节特征的特征形态；了解书写动作细节特征的特征价值	能判定并分析书写动作细节特征的特征形态和特征价值	
		任务三：认识文字布局特征	了解文字布局特征的特征层次；熟悉文字布局特征的特征价值	能判定并分析文字布局特征的特征层次和特征价值	
		任务四：认识书面语言特征	了解书面语言特征的特征层次；熟悉书面语言特征的特征价值	能判定与分析书面语言特征的特征层次和特征价值	
4	笔迹检验的步骤和方法	任务一：认识笔迹检验的步骤和方法	掌握笔迹检验的程序和方法	学会评断综合评断中的特征本质	3/2
		任务二：认识笔迹检验文书	了解检验记录表的制作；掌握特征比对表和鉴定意见书的制作	能独立制作一份鉴定书	

序号	课程单元	工作任务模块	知识要求	技能要求	课时
5	认识书写客观条件变化笔迹检验	任务一：认识书写人身心条件变化笔迹检验	了解各种身心条件变化笔迹的特点；掌握其检验要点	学会识别与检验书写人身心条件变化笔迹	2/2
		任务二：认识书写工具及其他外部条件变化笔迹检验	了解书写工具及其他外部条件变化笔迹的特点；掌握相对应的检验要点	能识别并检验书写工具及其他外部条件变化笔迹	
6	认识伪装笔迹检验	任务一：认识形体变化笔迹检验	了解形体变化笔迹的概念；掌握其特征变化规律及检验要点	能识别并检验形体变化笔迹	4/4
		任务二：认识书写速度变化笔迹检验	了解书写速度变化笔迹概念、特征的变化规律；掌握其检验要点	学会识别并检验书写速度变化笔迹	
		任务三：认识左手笔迹检验	了解左手笔迹的概念及特点；熟悉左手伪装笔迹的特征及变化规律；掌握其检验要点	能识别左手伪装笔迹，并制作检验报告	
		任务四：认识局部再现性伪装笔迹检验	了解局部再现性伪装笔迹的概念、特点及笔迹变化规律；掌握其检验要点	学会识别并检验局部再现性伪装笔迹	
		任务五：认识混合伪装笔迹检验	了解混合伪装笔迹特点；掌握其检验要点	能独立识别并检验混合伪装笔迹	

序号	课程单元	工作任务模块	知识要求	技能要求	课时
7	认识摹仿笔迹检验	任务一：认识摹仿笔迹检验	了解摹仿笔迹的概念及特点；掌握摹仿笔迹鉴定的科学依据及一般方法	能独立识别并检验摹仿笔迹	3/3
		任务二：认识临摹笔迹检验	了解临摹笔迹的形成机制和特点；掌握其检验方法要点	能识别临摹笔迹，并独立制作鉴定意见书	
		任务三：认识套摹笔迹检验	了解套摹笔迹的形成机制和特点；掌握其检验方法要点	能识别套摹笔迹，并独立制作鉴定意见书	
		任务四：认识观察记忆摹仿笔迹检验	了解观察记忆摹仿迹的形成机制和特点；掌握其检验方法	能识别观察记忆摹仿笔迹，并独立制作鉴定意见书	
		任务五：认识练习摹仿笔迹检验	了解练习摹仿笔迹的形成机制及特征分析；掌握其检验要点	能识别练习摹仿笔迹，并独立制作鉴定意见书	
8	认识签名笔迹检验	任务一：认识签名笔迹的特点	了解签名笔迹的概念及特点；掌握签名造假的手段及其特点	学会识别签名造假的手段	2/2
		任务二：签名笔迹检验	了解签名笔迹检验的依据；掌握其检验方法要点	能独立检验签名笔迹，并制作鉴定意见书	
9	认识印刷文件检验	任务一：认识喷墨打印文书	了解喷墨打印机的工作原理；掌握喷墨打印文书的特征识别	能识别并认定喷墨打印机的种类	2/2
		任务二：认识复印文书	了解静电复印机工作原理和鉴别的依据；掌握其检验方法要点	能识别静电复印机的种类	
		任务三：认识激光打印文书	了解激光打印机的工作原理；掌握数字水印识别	能识别并认定激光打印机	

序号	课程单元	工作任务模块	知识要求	技能要求	课时
10	认识印章印文检验	任务一：认识印章印文	了解印章印文的概念、特征；熟悉其特征变化的因素	能准确找出印章印文的特征	3/3
		任务二：认识原子印章印文检验	了解原子印章印文的特征；掌握其检验方法要点	能识别和检验原子印章印文	
		任务三：认识印文与其他文字形成顺序的检验	掌握确定印文与其他文字形成顺序的原理和方法	能独立区别印文与钢笔字迹形成顺序	
11	认识污损文书检验	任务一：认识擦刮文书检验	了解擦刮文书的特点；掌握其检验方法	学会擦刮文书的各种检验方法	2/2
		任务二：认识消退文书检验	熟悉消退文书的特点；掌握其检验方法	学会消退文书的各种检验方法	
		任务三：认识涂抹掩盖文书检验	了解涂抹掩盖字迹的特点及显现的条件；掌握显现涂抹掩盖字迹的方法	学会涂抹掩盖文书的各种检验方法	
		任务四：认识添写改写文书检验	了解添改文书的特点；掌握其检验方法	学会添改文书的各种检验方法	
12	认识文件制作时间鉴定	任务一：认识圆珠笔笔迹制作时间的鉴定	了解圆珠笔书写时间的变化规律；掌握其检验方法	学会圆珠笔笔迹制作时间的检验方法	2/2
		任务二：认识墨水笔迹制作时间的鉴定	了解墨水书写时间的变化规律；掌握其检验方法	学会墨水书写时间的检验方法	
		任务三：认识印泥印章制作时间的鉴定	了解印章盖印时间的变化规律；掌握其检验方法	学会印章盖印时间的检验方法	

序号	课程单元	工作任务模块	知识要求	技能要求	课时
13	认识言语识别	任务一：地域性言语识别	了解地域性言语识别的内容、目的、根据；掌握言语人所在地区的识别方法	能够根据所在地区的方言识别言语人	2/2
		任务二：时代性言语识别	了解时代性言语识别的内容、目的和根据；掌握言语人年龄识别	能够根据言语内容识别言语人的年龄	
		任务三：社会性言语识别	了解不同性别、不同文化程度和不同职业群体人的言语识别；掌握犯罪隐语的识别	能独立识别犯罪隐语	
		任务四：病态言语识别	了解病态言语识别的内容、目的；掌握精神病人和聋哑人言语的识别	能识别精神病人和聋哑人言语	

注：课时分理论课时和实践课时，前者为理论课时，后者为实践课时。

四、实施建议

（一）课程主讲教师和教学团队要求说明

本课程要求教学师资队伍整体素质高，责任感强，有较高的教学水平和科研能力，团队协作精神好，富有创新意识，"双师"素质突出，学位结构、职称结构、年龄结构合理，师资配置能满足该课程教学和教改需求。

1. 具有伪装笔迹检验、摹仿笔迹检验、签名笔迹检验、印刷文书检验、印章印文检验等专业能力和文书形成时间检验的技术水平和技术能力。

2. 具备项目设计能力、项目组织经验和语言沟通表达能力。项目任务书应明确教师讲授（或演示）的内容；明确学习者预习的要求；提出该项目整体安排以及各模块训练的时间、内容等。如以小组形式进行学习，对分组安排及小组讨论（或操作）的要求，也应作出明确规定。

3. 课内实践部分指导教师必须具备3年现场实际工作经历和文件检验高级技能等。

4. 具备设计基于行动导向的教学法的设计应用能力。

5. 具有先进的教学方法，有比较强的课堂驾驭能力。

6. 具有良好的职业道德和责任心。

（二）课程资源开发与利用的配套计划

1. 文字教学资源。编制项目教学指导书及学生自主学习指导书，编制各种应用案例，开阔学生视野，为教师和学生提供参考。

2. 音像及多媒体教学资源。广泛收集文书检验的录像资源，用于项目教学或案例学习；制作文件检验自主学习课件或网络课程。

3. 文件检验教学网站建设。将文件检验的课程标准、教学指导、学习指导、考核题库及标准答案、应用案例、网络课件等资源上传网络，设置网络答疑栏目，为教师教学、学生自主学习提供广泛的可用资料。

4. 文件检验实训室资源的利用。充分利用文件检验实训室的硬件资源，课余及周末可开放，在开展好教学的同时，提高学生的学习积极性，努力为社会培养出更多更好的文件检验高技能人才。

五、学习评价

（一）考核标准与内容

课程考核以职业能力为核心，以教学模块为基本考核单元，每个模块考核内容包括理论和实训两个部分。其中理论部分的考核内容包含三个方面：情境教学、作业和综合测验。实训考核内容包含与之相关的各个模块，各个模块的所占比例体现了模块与实训的相关度。本课程尽量采取对学生学习过程全程量化考核的方法，学完一个模块考核一个模块，各个模块完成以后展开课程综合实践训练及相应考核，形成理论、实践和应用相结合的模块式考核体系。

（二）考核方式与主体

1. 本课程采用形成性考核和终结性考核相结合的考核方式，具体如下：形成性考核（即学习过程考核）主要促进学生对相对稳定的基本知识的理解，其成绩占最后总成绩的40%。形成性考核包括：

（1）情境教学环节考核：根据情境教学中学生的态度、知识和相关技能进行评分，采用学生互评和教师评定两个形式进行考核。

（2）作业：根据作业的内容和质量进行评分。

终结性考核：采用期末卷面考试（闭卷）的形式，期末考试成绩占最后总成绩的60%。期末考试采用灵活的题型，检验学生对基本知识的理解掌握及分析问题、解决问题的能力。

2. 考核主体。采用学生与教师相结合、校内教师与校外辅导教师相结合、现场专家与教师相结合的原则，充分发挥学生在教、学、评三个环节的积极性，建立多主体、多方式、立体式的考核体系。详细内容见下表：

本课程考核方式

序号	考核内容		考核方式	考核人	权重
一	各教学单元理论部分考核	情境教学	小组互评	学生	10%
			教师评定	教师	10%
		笔试	作业成绩	教师	20%
			综合测验	教师	60%
			小计		100%
二	各教学单元实训部分考核	校内实训部分	实训态度	教师、学生	10%
			实训过程考核	教师、学生	30%
			实训报告	教师	10%
		顶岗实习部分	实习态度、职业道德	教师、学生 现场指导教师	10%
			岗位作业标准	教师、学生 现场指导教师	30%
			实习报告	教师	10%
			小计		100%
加分	1. 根据学生参加各类技能比赛或设计与制作大奖赛的获奖情况给予加分。 2. 根据学生参加其他活动取得的成果给予相应加分。			教师及现场专家	

六、参考资料

1. 贾治辉主编：《文书检验实用教程》，成都科技大学出版社 1997 年版。
2. 黄建同主编：《文件检验学》，中国人民公安大学出版社 2003 年版。
3. 傅政华主编：《物证技术学》，中国人民公安大学出版社 2003 年版。
4. 梁鲁宁主编：《当代法庭物证鉴定技术：经典与前沿》，中央编译出版社 2004 年版。
5. 贾玉文、邹明理主编：《中国刑事科学技术大全：文件检验》，中国人民公安大学出版社 2002 年版。
6. 邹明理主编：《司法鉴定概论》，成都科技大学出版社 1998 年版。
7. 贾治辉主编：《文书检验》，法律出版社 2000 年版。
8. 邹明理主编：《笔迹学》，中国政法大学出版社 1993 年版。
9. 王冠卿主编：《笔迹鉴定理论与实践新探》，北京大学出版社 2003 年版。

目录 CONTENTS

基础理论篇

第一章　认识文件检验　▶ 1
第二章　认识笔迹检验　▶ 27

实践操作篇

第三章　笔迹特征的认知与分析　▶ 44
　　　　任务一　认识书写动作一般特征　／ 44
　　　　任务二　认识书写动作细节特征　／ 51
　　　　任务三　认识文字布局特征　／ 63
　　　　任务四　认识书面语言特征　／ 67
第四章　笔迹检验的步骤和方法　▶ 74
　　　　任务一　认识笔迹检验的步骤和方法　／ 74
　　　　任务二　认识笔迹检验文书　／ 84
第五章　认识书写客观条件变化笔迹检验　▶ 97
　　　　任务一　认识书写人身心条件变化笔迹检验　／ 97
　　　　任务二　认识书写工具及其他外部条件变化笔迹检验　／ 113
第六章　认识伪装笔迹检验　▶ 136
　　　　任务一　认识形体变化笔迹检验　／ 136

　　　　　任务二　认识书写速度变化笔迹检验　／ 146
　　　　　任务三　认识左手笔迹检验　／ 156
　　　　　任务四　认识局部再现性伪装笔迹检验　／ 167
　　　　　任务五　认识混合伪装笔迹检验　／ 173

第七章　认识摹仿笔迹检验　▶ 182
　　　　　任务一　认识摹仿笔迹检验　／ 182
　　　　　任务二　认识临摹笔迹检验　／ 196
　　　　　任务三　认识套摹笔迹检验　／ 201
　　　　　任务四　认识观察记忆摹仿笔迹检验　／ 206
　　　　　任务五　认识练习摹仿笔迹检验　／ 211

第八章　认识签名笔迹检验　▶ 218
　　　　　任务一　认识签名笔迹的特点　／ 218
　　　　　任务二　签名笔迹检验　／ 231

第九章　认识印刷文书检验　▶ 239
　　　　　任务一　认识喷墨打印文书　／ 239
　　　　　任务二　认识复印文书　／ 245
　　　　　任务三　认识激光打印文书　／ 253

第十章　认识印章印文检验　▶ 261
　　　　　任务一　认识印章印文　／ 261
　　　　　任务二　认识原子印章印文检验　／ 271
　　　　　任务三　认识印文与其他文字形成顺序的检验　／ 279

第十一章　认识污损文书检验　▶ 288
　　　　　任务一　认识擦刮文书检验　／ 288
　　　　　任务二　认识消退文书检验　／ 295
　　　　　任务三　认识涂抹掩盖文书检验　／ 304
　　　　　任务四　认识添写改写文书检验　／ 312

第十二章　认识文书制作时间鉴定　▶ 322
　　　　　任务一　认识圆珠笔笔迹制作时间的鉴定　／ 322
　　　　　任务二　认识墨水笔迹制作时间的鉴定　／ 328
　　　　　任务三　认识印泥印章制作时间的鉴定　／ 335

第十三章	认识言语识别 ▶ 344
	任务一　地域性言语识别　／ 344
	任务二　时代性言语识别　／ 366
	任务三　社会性言语识别　／ 373
	任务四　病态言语识别　／ 382

基础理论篇

第一章 认识文件检验

学习目标

知识的掌握：
1. 了解文件的种类，掌握文件的概念。
2. 了解文件检验的对象，掌握文件检验的概念。
3. 掌握文件检验的任务。
4. 掌握文件检验的程序。
5. 了解文件检验的方法。

技能的提高：
1. 充分理解文件检验在刑事科学技术和司法鉴定技术中的地位，能正确认识和运用文件检验的意见。
2. 利用文件检验的知识解决案件中的问题，在刑事侦查、证据调查、司法鉴定等活动中树立利用文件检验发现、解决问题的思维。

案例导入

一起典型变造文件案件的检验

近几年来，随着市场经济的发展以及单位、个人间经济往来的增多，民事经济纠纷案件迅速增加，许多文件物证如借据、收条、协议等需要鉴定，其中要求鉴定文件上签名字迹真伪的物证占很大比例。但是，在实际工作中我们发现，单纯鉴定文件上签名字迹的真伪，往往解决不了问题，若办案单位仅凭这些结论处理案件，有时还会造成错案。

案情简要：原告四川省江油市含增镇农村合作基金会诉称贷给被告曾××人民币7万元，而曾否认此事。一审中原告因无证据证明贷款事实而败诉。原告不服遂向绵阳市中级人民法院提出上诉，并提供一张有"曾××"签名的收条（以下简称检材），要求鉴定"曾××"签名是否为曾本人所写。经绵阳市公安局鉴定，认定检材上"曾××"签名不是曾本人所写。上诉方认为鉴定意见有误，要求绵阳市中级人民法院将检材送××鉴定中心重新鉴定。

检验过程：检材使用32开工作笔记本纸下半部分书写形成，"曾××"签名为一人笔迹，正文及落款日期系另一人笔迹。"曾××"签名运笔流畅、连笔自然，是正常书写形成。与曾签名样本比较检验，发现两者在书写水平、签名组合格式、单字搭配比例、运笔、起收笔动作等特征上表现一致，个别差异点系书写速度不同所致，可作同一认定结论。

至此，应该说鉴定人员已经完成送检单位的鉴定要求，但在工作中发现的诸多疑点引起了鉴定人员的注意：①检材除"曾××"签名色泽鲜艳、清晰完整外，其余字迹色泽黯淡且有不同程度的洇散；②检材除"曾××"签名及指印部位外，其余部位纸张颜色偏黄、发毛、起皱、无光泽且多处破损；③作为本案至关重要的且是对原告有利的证据，原告为何不在一审中提供，却要等到二审才出示？

为解释上述疑点，鉴定人员对检材作了进一步的检验，发现在紫外线照射下，检材"曾××"签名及指印部位荧光亮白，而其余部位荧光呈暗褐色，分析系行为人使用化学药剂消退原有文字遗留的痕迹。故鉴定人员作出结论：检材上"曾××"签名是曾本人书写；检材上除指纹和"曾××"签名外，其他字迹是将检材上原有字迹消退后重新添写形成的。

【问题引入】
1. 什么是文件？
2. 以上案例是根据什么特征来判别文件的真伪？

一、文件及文件检验

（一）文件的概念

文件又称文书，是指以语言、文字、符号、线条、图案、图像为其综合表现形式的有诉讼证据作用的各种书面资料。这一概念，既体现了文件是书面资料这一共同属性，又包括了文件的语言、符号、线条、图像等多种表现形式，还突出了文件在诉讼过程中的物证、书证价值。

（二）文件的种类

文件的种类，因划分的标准、依据不同而有不同的分法。

1. 按文件的用途不同，可分为：书信便函、标语传单、票据单证、合同协议、证件证书、货币证券、文件档案、书画作品、报纸书刊、印刷制品、音像制品、器物标识12种。

2. 按文件的制作方式不同，可分为：书写文件、印刷文件和摄录文件。

3. 按文件的制作过程不同，可分为：原本文件（原件）和复制文件（复制件）。

4. 按文件的状态不同，可分为：整洁文件和污损文件。

5. 按文件的真实性不同，可分为：真实文件和虚假文件。

（三）文件检验的概念

文件检验，简称文检，又称文书检验。它是运用文件检验学的理论和技术方法，研究违法犯罪案件中的文件物证，确定文件与案件事实、与当事人或犯罪嫌疑人的关系的一种技术侦查和司法鉴定手段。

这一概念指出了：文件检验的指导学科是文件检验学；文件检验的对象是文件物证；文件检验的任务是揭示文件与案件事实、与当事人或犯罪嫌疑人的关系；文件检验的性质是一种技术侦查和司法鉴定手段。

与文件检验相联系的另一个概念是文书鉴定。

文书鉴定，是指公安机关、人民检察院、人民法院及有关执法部门，在案件侦查、起诉、审理或执行过程中，为了解决与文件有关的专门问题，依照法定程序委托具有文检学专门知识与技能的人，对文书物证所作的鉴别和判断。

在文书鉴定过程中，必须采用相应的技术方法进行检验，提取文件物证上的有关信息，为作出鉴定意见提供依据。所以，文件检验是文书鉴定的过程和手段，作出鉴定意见是检验的目的和归宿。

『小案例』

某书记涉嫌受贿一案在某省高级人民法院二审审理中，某书记的辩护律师提出涉案证据中3号账本中有关受贿73万元的会计记录是事后伪造的，某书记没有受贿73万元的事实，并申请法院对该账本中"730 000"碳素墨水笔迹形成时间进行鉴定。经机构鉴定，该账本中"730 000"碳素墨水笔迹不是账本上标称时间形成的，系账本上标称时间之后添加形成的。

『训练与练习』

1. 文件的物证价值和书证价值应当如何理解？
2. 按照文件的真实性不同，文件可分为哪些种类？
3. 如何理解文件检验和文件鉴定的概念及其关系？

二、文件检验的对象和任务

『小思考』

"文件"的外延是相当广泛的，那么文件检验所涉及的对象和任务是否也会多种多样？

（一）文件检验的对象

文件检验的对象是文件物证，即作为物证的文件。文件物证是以书写、印刷或摄录方法制成的以文件为载体,以语言、文字、符号、图形的方式提供有关作案人、作案的工具材料和文件的内容及其真伪等信息的证物。

综合分析案件中的各式各样的文件物证,可以概括出文件物证一般是由以下五部分(要素)构成的:

1. 文件的笔迹。凡书写的文字、符号和绘画都是笔迹。它是以个人的书写(或绘画)技能和习惯为基础,以书写活动为动力,通过书写工具和材料表现出来的。它能反映作者的书写技能和书写(或绘画)习惯的特性。

2. 文件的印迹。凡采取制版印刷、打字复印或盖印等方法在文件上形成的文字、符号、线条、图形及相关加工痕迹都是印迹。它反映印版、印刷机具的结构及功能的特性,以及同批印刷品的加工次序和空间关系。

3. 文件的言语。凡运用语言说出来的话和写出来的话都是言语。它依附于书写的或印刷的或录音的有序排列的语音和词汇之中,反映言语人运用语言的习惯和个人语声的特性。言语内容,有的可以说明案件的某个事实和言语人的特点。

4. 文件的物质材料。凡制作文件的纸张、油墨、墨水、印泥、胶水、糨糊等都是文件的物质材料。它是文件的载体和媒质,文件上的笔迹、印迹和污损变化均通过物质材料体现。同时,它可证明文件制作者对它的占有关系。

5. 文件的污损变化。凡受人为的或自然条件的影响而使文件的物质材料发生污染、损坏及其他变化都是文件的污损变化。经显现、辨读其内容可说明某个案件事实,其变化可证实文件的真伪。

由于案件的具体情况千差万别,文件物证的形式多种多样,有的文件物证是由这几个要素构成,有的则由另几个要素构成。如一份打印传单,由打印字迹、言语、纸张、油墨等要素构成;又如一张署名被涂抹的毛笔书写的大字报,由笔迹、言语、纸张、墨汁和涂抹记载构成。所以,具体案件中的文件物证包含哪些检验对象,应作具体分析。同时,又由于文件与案件事实的关系不同,在构成文件物证的诸要素中,有的是主要的,有的则是次要的,甚至是可忽略不计的。如杀人罪犯蘸死者的血在墙上留言,笔迹、言语是主要的要素,来源明确的血是次要的要素,而作为承受物的墙面,对于追查罪犯则并无多大意义。作案人使用的稿纸是原纸印制而成,从印刷加工特征上查明其来源,要比对其原纸和印刷油墨的鉴别更直接,意义更大。因此,在具体案件中,哪些是文件物证的有价值的组分,要依案件的具体情况确定,既要全面、综合利用文件物证的各个组分的信息,又要分清主次,不能同等对待。

(二) 文件检验的任务

文件检验的基本任务,是通过对具体案件的文件物证的研究,揭示文件与案件事实、文件与当事人或嫌疑人的关系，以便为案件的侦查、起诉和审判工作提供线索和证据。在具备检验条件的前提下，文件检验一般可以解决如下问题：

1. 对文件所反映的有关人的鉴别。

（1）文件字迹的书写人。包括：文件的字迹是否为某人所写；文件的几部分字迹或几份文件的字迹是否为同一人所写；文件的字迹像是什么人所写；文件的字迹是正常笔迹，还是伪装变化笔迹或摹仿笔迹。

（2）书画的作者。包括：未署名书法作品是否为某人所作；未署名的绘画作品是否为某人所画；书画作品的题款是否为某人所写；侮辱诽谤性的绘画是否为某人所画；侮辱诽谤性的绘画像是什么人所画。

（3）字迹的雕刻人。包括：伪造印章是否为某人雕刻；盖印传单的模板是否为某人雕刻；多枚印章或模版是否为同一人雕刻；印章或模版像是什么人雕刻。

（4）打字文件的作者。包括：打字文件原稿是否为某人所作；打字文件原稿像是什么人所作；几份打字文件的原稿是否为同一人所作；文件是否为某人打印。

2. 对文件所反映的有关机具的鉴别。

（1）书写文件用笔。包括：书写文件所用的笔的种类；文件的字迹是否用某人的这支笔所写；文件上的两部分字迹或多份文件的字迹是否用同一文笔书写。

（2）打印文件的打印机。包括：打印文件的打印机的种类、型号；文件是否用某台打字机打印；文件的两部分文字或多份文件是否用同一台打字机打印。

（3）复印文件的复印机。包括：复印文件所用的复印机的种类、型号；文件是否用某台复印机复印；文件的几部分或几份文件是否用同一台复印机复印；文件是用原稿直接复印，还是用第几次复印件复印。

（4）印制文件的油印机。包括：印制文件的油印机的种类、型号；文件是否用某台油印机油印；文件是否用同一台油印机油印。

（5）传真文件的传真机。包括：传真文件所用的传真机的种类、型号；传真文件是否用某台传真机传送；传真文件是否为某台传真机接收；一份文件的几部分或多份文件，是否为同一台传真机传送或接收。

（6）印制文件的印版。包括：印制文件所用印版的种类；文件是否用某块（套）印版（含手工刻的模板）印制；文件的几部分或多份文件是否用同一块印版印制；印制文件的印版是否用某份文件（含文字、图画、照片）为原稿制版；文件是原版印制还是重新制版或复制版印制。

（7）文件上盖印的戳印。包括：文件上盖印的戳印（含名头戳、签名戳、收发戳、骑缝戳、空白戳、签证戳、号码戳、打号机等戳印）是否用某一枚戳记盖印；几份文件上的戳印是否为同一枚戳记盖印。

3. 对文件的物质材料的鉴别。

（1）作案使用的书报期刊等印刷品。包括：作案使用的印刷品的种类；作案使用的印刷品是否取自某一或某几份印刷品；作案用的印刷品与已知来源的印刷品样本，是否为同版同阶段产品；作案用的报纸出自哪个地区、邮路或订户；作案用的书刊纸页是否是从某本书刊上撕下来的。

（2）制作文件用的书写纸印品。包括：制作文件用的书写纸印品（含信纸、稿纸、信封、表格、空白凭证、本式证件等）与已知来源的同种纸印品，是否为同版同阶段产品；制作文件的几页纸是否为同版、同阶段或邻页印刷品；制作文件用的纸印品是已知来源的样本纸之前或之后的第几页；制作文件的纸页是否是从某本书写纸印品上撕下来的；护照、户口本上的各页纸是否是该本的原装纸页，某一纸页是否是后换的。

（3）制作文件的纸张。包括：制作文件的纸张的种类和纸浆组分特征；制作文件的纸张与已知来源的纸张是否种类相同；制作文件的纸张与已知来源的纸张的裁切加工，纸面污染特征是否相同；作案用纸是否是从已知来源的纸张上撕裁下来的。

（4）制作文件的色料。包括：制作文件的色料（含墨水、油墨、油印等）的种类和组分；制作文件的色料与已知来源的色料种类是否相同；文件上的色料与已知来源的色料，混入的特殊组分是否相同；一份文件或多份文件上的相似色料种类是否相同。

（5）粘贴、裱糊文件的黏合剂。包括：制作文件所用的黏合剂（含胶水、糨糊、两面胶等）的种类和组分特征；制作文件所用的黏合剂与已知来源的黏合剂种类是否相同；制作文件的黏合剂与已知来源的黏合剂所混入的特殊组分是否相同；涉嫌私拆邮件、改贴照片、证件换页、挖补拼凑字画等文件，所用的黏合剂种类是否相同。

（6）其他物质材料。包括：一份文件或若干文件上所用的修改液种类是否相同；文件上所用的修改液与已知来源的修改液种类是否相同；消退文件字迹的消退剂的种类；消退剂与已知来源的消退剂种类是否相同；书写文件用的密写剂的种类。

4. 对文件真伪的鉴别。

（1）文件的签章。包括：文件上的签名是否为本人签写；文件上盖印的印文（含公章、名章、专用章印文）与提供的该章印文样本是否为同一印章盖印；文件上的签名或盖章，是否是用某种技术手段复制的；文件是否是利用已有签名或盖章的纸张空白部分制成的。

（2）文件内容的涂改变造事实。包括：文件的部分字迹内容是否被消退、擦刮；文件的部分字迹内容是否为改写、添写而成；文件的部分字迹或画面是否为挖补拼接而成；邮件的封口或证件的照片是否经过撕揭和再次粘贴；证件或账册的有关纸页是否被更换重装；文件的复印件或照片是否是用拼组、遮挡的原稿复制的；文件上的公章或专用章印文，是否是用某枚真章或两枚真章经过遮挡、拼凑盖印的。

（3）文件的制成时间与时序。包括：文件的实际书写时间；文件上印文的盖印时间；文件的打印时间；文件的复印时间；文件上的几部分字迹或几份文件上的字迹是否同时依次书写而成；几份文件上盖印的印文是否同时依次盖印而成；文件上的字迹与印文形成的时序，即朱墨次序。

（4）货币、票证的鉴别。包括：可疑纸币（含外币）的真伪；可疑硬币（含古币）的真伪；可疑证券的真伪；可疑票据（含车票、船票、邮票等）的真伪；可疑证件、证书的真伪；信用卡、兑奖券、购物券的真伪。

5. 对被污染、损坏文件内容的辨读和固定。

（1）模糊字迹的显现和辨读。包括：显现和辨读纸上的书写压痕字迹；显现和辨读自然褪色的字迹、印文；显现和辨读文件上被消退的字迹；显现和辨读金属器件上被刮掉的冲刻字迹；显现和辨读模糊残缺的邮戳。

（2）被掩盖字迹的显现和辨读。包括：显现和辨读被涂抹的字迹；显现和辨读被粘贴、裱糊的字迹；显现和辨读被修改液掩盖的字迹。

（3）被破坏文件内容的辨读和固定。包括：固定被烧毁文件，辨读其内容；固定被浸湿的文件，辨读其内容；整复破碎的文件，辨读其内容。

（三）文件检验的作用

根据文件检验各个方面的任务，可以将其在案件侦审过程中的作用概括为三个方面：

1. 依据作用。对可疑文件进行检验，确定文件真伪，为立案侦查提供依据。如确定死者身边的遗嘱是否为本人书写的，以便确定其是自杀还是他杀；确定某份文件是否为密写文件，显出其密写内容，为证实案件性质提供书证；认定可疑货币、证券、票证、印文、证件、证书的真伪，证实伪造变造案件是否实际发生；等等。

2. 线索作用。通过对与案件有关的文件进行检验，确定文件制作方法、制作材料种类、文件来源等。为侦查过程中划定侦查范围、确定侦查方向、寻找重点嫌疑人提供线索资料。如多起案件的文件是否为一人书写或同一机具印刷，可为并案提供依据；一起案件中的文件是多少人书写的，可依此确定犯罪的最少人数;现场文件与某单位占有的同种文件是否为同版印刷品,是否为同阶段印刷品,以此确定侦查范围;现场文件是否由某人所有或保管使用的打字机、复印机印制的,以此可确定重要嫌疑人。

3. 证据作用。文件检验可以确定文件笔迹书写人、伪造印章或印版的刻制人、文件打印人、语言录音说话人,直接给破案和审判工作提供证据,证实行为人与案件的直接关系。除提供直接证据外,还可以提供间接证据,如某份文件是某人的某一书写工具形成的;文件是某人使用或所有的某本纸张上分离下来的;文件是某一时期形成的;等等。这些间接证据除与其他证据一起组成完整的证据体系外,本身对其他证据还有一定的印证作用,如印证犯罪嫌疑人、被告人的供述、受害人的陈述、民事诉讼当事人的辩述、证人证言等的真实性。

『训练与练习』

1. 文件检验的对象为什么是文件物证?其具体包括哪些?
2. 文件是如何同违法犯罪行为发生联系的?
3. 如何理解文件检验的作用?

三、文件物证的勘验和送检

『小思考』

文件检验属于技术科学,又因其为法治服务而隶属于法学,那么其检验的过程如何既体现出技术科学的严谨求实,又反映法学的逻辑缜密?

（一）文件物证的勘验和提取

1. 文件物证的勘验。

（1）有文件存在的各类现场的勘验。

第一,较大、彰显类案件文件的勘验。较大、彰显类案件文件,是指标语、横幅、传单和大小字报。利用书写标语、散发传单、张贴大小字报危害国家安全或侮辱、诽谤他人的犯罪现场,一般是按照从中心到外围的步骤进行。除应遵循现场勘查的一般程序和方法外,还应着重注意解决如下问题:明晰文件物证的内容,明确案件的性质;测量、记录书写、张贴、悬挂、投放文件物证的高度、位置,以及与其他物证的位置关系;对直接书写的文件物证,先研究书写姿势、环境与条件对字迹的影响,判断书写工具。若有需要,还可根据条件,进行现场实验。最后,应仔细用描摹、拍照或录像的方式加以记录;注意保护文件物证上遗留的其他痕迹,并用合适的方法进行提取、保存;注意寻找与制作文件有关的物质材料和其他的痕迹、物证;对邮寄的信件案件现场,要注意弄清发案信箱所处的位置,信箱的使用范围及开箱时间。

第二,一般刑事犯罪现场文件的勘验。在刑事犯罪现场,文件物证有时易被人忽视,但如果在勘查中能注意发现和利用文件物证,如伪造的遗书、包装纸、衬垫纸张等，往往可以发现重要的线索。对于此类文件物证的勘验应注意如下问题：对在勘查中发现的各种文件，均应区分该文件是否与案件有关，凡与案件有关的文件均应提取；作为遗留物的文件，要结合现场访问，弄清楚是被害人所留还是作案人所留，凡属作案人所留的文件，均应妥善提取保存；注意发现被撕毁、炸碎、烧毁、隐藏的文件，空白或衬垫纸张上的压痕文字，以及被害人的书信、日记、账本、通讯录、照片、电子记事本、BP机、手机、固定电话机上的语言文字内容信息，计算机的硬盘、光盘、软盘、移动盘上的文件等，以发现侦查线索。

（2）涉案文件制作人工作、生活、学习等场所文件的勘验。对涉案文件制作人工作、生活、学习等场所的文件进行勘验，主要目的是寻找和发现其证据，同时也是为了扩大和发现新的犯罪线索。对此类文件物证勘验应注意如下问题：

第一，寻找和收集作案文件的原稿或副本。在书写或印制传单、标语、大小字报时，往往事先撰稿。对打印的文件，注意检查计算机或电子打印机的内存文件，以及软盘、光盘或移动存储设备。

第二，发现制作伪造文件的痕迹。空白纸页、书本及衬垫物上的书写压痕，伪装笔迹时的练习样本，打字机色带上的文字印迹，以及伪造文件的半成品等。

第三，注意发现制作工具。要注意在房屋角落、垃圾袋、卫生间等处，发现可疑的作案工具和材料以及制作、变造文件的工具，消退文字的试剂，剪贴文件剩余的报纸、杂志等。

第四，仔细检查信件、日记、账本、票据、照片、计算机、电子记事本、磁带、通信工具等，注意发现与本案有关的记载和与被害人的联系，以发现新的犯罪线索和证据。

（3）警方负责的各种警务活动中文件的勘验。人民警察在治安巡逻盘查嫌疑对象时、在边防检查验证时、在侦破经济案件中，通常还需对各种证件、票据、钞票等文件的真伪进行检查与查验，因而在这些警务活动中，警务人员具备相关的文件真伪的专门知识显得非常必要。

第一，真伪货币的识别。公安机关同伪造或贩卖假币犯罪作斗争，应当熟悉各种货币的基本特征，特别是货币的防伪特征。如1999年版100元面额的人民币，水印和磁性文字安全线在透光观察时清楚可见，且安全线上迎光观察，可见"RMB"微小文字，假币一般不用透光就能看见，真币主要文字图案为凹版印刷，手摸有凹凸感，而假币一般是平版印刷，手感平滑。

第二，票据签章的核验。金融部门凭出票人签章的支票、汇票、本票等兑付款项，应就票据上的签章与预留的签章核对。因此，工作人员必须懂得签名笔迹鉴别和印章印文鉴别的基本知识，了解伪造签名和印章、用消退法变造文件的手段及其特点。

第三，伪造证件、票据的识别。对证件和票据的真伪识别，应注意证件、票据的式样、尺寸大小、内容及防伪等特征；装帧、印刷方法与质量等特征；保护性花纹是否模糊不清，字迹、印文有无添改、消退、擦刮等污损痕迹；照片有无更换；文字及内容是否存在互相矛盾等；是否有换页和二次装订痕迹等特点。

2. 常见文件物证的提取与保存。

（1）刻写在非纸张载体上的文件及制作物质。对直接书写、刻写在非纸张载体上的文件，一般采用拍照手段，从全貌到局部细节，加比例尺拍照提取。在较平滑物体表面用白灰、木炭、粉笔、泥块等物质书写的文件，可在拍照后，根据文件的大小，用透明胶纸或复写纸粘取。用胶纸提取的文件，可粘贴到反差明显的衬垫纸张上。对刻画在瓜果等植物上的文件，在拍照后，能提取原物的应提取原物，同时还应调查了解该种植物生长变化的规律。对模糊不清或通过照片不易反映特征细节的文件，要当场分辨清楚，并作出准确描绘和记录。最后，注意在提取文件的同时，还要提取制作文件的物质材料。

（2）张贴、悬挂的文件及工具。张贴、悬挂的文件一般是事先制作好，然后再张贴或悬挂在现场。此类文件提取前，应先加比例尺拍照，以固定文件原貌，然后根据承受客体表面的光滑程度、粘贴状况等情况，采用小刀剥离或加湿软化后剥离，剥离时要尽量保证文件不被破坏，可以适当破坏易于修复的承受面和空白部纸张部分。加湿时应限于粘贴部位，不要将湿润部位任意扩大。对作案时使用的工具（如图钉、铁丝、绳索、棍子等）、被作案人遗弃的剩余粘贴物及其容器，也要注意提取，应用洁净的容器包装。对作案时作案人可能触摸文件的部位或留有附着物的部位，切勿触摸，以便提取指纹或其他痕迹。

（3）邮寄、投放、散发的文件。对案件中邮寄的文件，除了直接提取原件外，同时还要注意弄清发案信箱所处的位置，该信箱的使用范围及开箱的时间。

对居高临下或从车上散发的文件，在现场提取文件时，要根据当时气候、风向和车辆运行的方向与速度，仔细进行查找，逐一收集，并做好记录。

对沿途投放或散发的文件，除了认真勘验、仔细收集外，还应注意对文件的原始状况、分布特点、现场痕迹的部位、形状以及现场地形、地物等情况进行分析，判断作案活动的起点与终点，查清作案人来去的方向，以判断作案人居住的范围。

对投放或散发量大、范围广的文件，要边勘验、边记录、边提取、边分析，注意防止遗漏。提取文件及其他物证时，要逐一注明提取的具体位置。若是分段勘验提取的，最后在勘验指挥员的统一指挥下，从头到尾再核查一遍，以取得对现场、对所有物证的完整认识。

（4）各类非正常书写物质制作的文件与材料。对于直接书写在建筑设施上的文件，常采用拍照的方法进行提取，而书写物质或张贴文件的黏合剂等，有时为了鉴别书写工具的种类以及色料、黏合剂的种类与成分，通常需要提取。一般方法是用小刀等工具刮取检材，并分别用洁净的试管或塑料纸袋包装，注明其提取检材的名称、部位、时间、地点。同时，为了比对检验的需要，还需要在未留检材的空白承受客体表面刮取表层物质，置于另外的试管或包装袋中，作为进行物证分析的空白对照物。

（5）涉案的其他物证中出现的各类文件。对涉案的其他物证中出现的文件，如物证上有直接书写或印刷的文件，能提取原件的，应尽量提取原件；不能提取原件的，应及时用拍照的手段将文件提取下来。对各种通信工具中出现的电话号码、图片、短信息等文件，不能及时提取或保全的，应立即用文字记录的方式进行详细记录。对计算机中储存与案件有关的文件，不能提取硬盘的，可用外接移动硬盘将计算机硬盘中的数据完整复制，或用普通硬盘将计算机硬盘中的数据进行完整复制，还可以通过局域网将计算机硬盘中的数据传输到笔记本电脑中。最后，在勘验记录中注明提取文件的时间、地点，文件的名称、数量以及提取人姓名等。

（6）涉案文件制作人处发现的各类文件、制作工具和相关物证。对侦查人员前往文件制作人处依法拘捕作案人时或依法搜查文件制作人处时发现的各类文件、制作工具和相关物证，除了按一般痕迹、物证的提取原则进行提取外，对发现的烧毁文件、浸湿文件、污染文件等要分别采用不同的方法进行提取。

第一，烧毁文件。对于灰化的文件，由于不能提取原物，只能现场辨认及拍照。对于炭化的文件，先要仔细辨读上面的内容，待拍完照片后，可将其一端略微挑起，用塑料板或硬纸板从下方插入托起，小心地放置在铺有蓬松的脱脂棉或其他衬垫物的盒内或箱内。注意要轻拿轻放，不能倒置或倾斜，防止破碎。提取回来之后，交专业人员处理。

第二，浸湿文件。浸湿的文件因浸透而易碎，若文件展开漂浮在水面，可用塑料板插入文件下方，让文件一端先附于板面上，然后倾斜着从水中慢慢抽出。对于浸湿的纸团，可置于清水中浸透后再仔细剥离、展开，然后自然阴干后保存。

第三，污染文件。对于有粪便、血液、精液、纸浆等污物浸染的文件，可按浸湿文件或一般文件的提取方法进行提取，对文件上的污染物，必要时，可先用洁净的器皿留下一部分附着物，以供物证检验。若无必要，可将污染物轻轻地用净水清洗，按浸湿文件的方法进行提取，阴干后保存。

(二) 文件样本的收集

1. 文件样本的收集原则。

(1) 特定对象的原则。一般情况下，刑事案件中收集样本的对象只能限于犯罪嫌疑人和经过侦查而确定的重大嫌疑分子，不允许把有作案可疑的人都作为重点嫌疑分子对待，更不允许向发案地区和单位的群众普遍地进行收集。

(2) 合乎法律的原则。在刑事案件中，侦查部门的侦查人员或者刑事技术人员收集文件样本，应该严格遵守《公安机关办理刑事案件程序规定》中的有关规定，并且须经有关领导批准。收集干部或具有特殊身份的人的样本时，应按干部管理权限，报经相应一级管理部门批准。对所收集的样本，应记录收集的时间、地点以及样本的名称、数量、来源，并由见证人签名证实。

(3) 秘密收集的原则。收集样本时要保密，一般应在犯罪嫌疑人或重大嫌疑分子未察觉的情况下进行。收集过程中不得透露案情，不得暴露侦查手段，不得泄露检材文件中有关的笔迹特征、言语特征或物质材料特征等，以免打草惊蛇。

(4) 禁止抄录的原则。这一原则是针对笔迹样本而言的。收集样本是一项侦查措施，一般应由侦查人员亲自进行。在收集案后样本或实验样本时，不允许让犯罪嫌疑人或重大嫌疑分子抄录检材原文，而应将笔迹鉴定需要的文字编成自然通俗的文稿。这样，一则可以避免嫌疑人或重大嫌疑分子在书写样本时因警觉而伪装笔迹特征，从而增加检验的难度；二则是因为有些案件中有涉及危害国家安全、侮辱党和国家领导人和泄露国家秘密的内容。

2. 文件样本收集的方法。收集文件样本应遵循收集样本的原则与要求，并根据不同案件的特点，采用秘密收集或公开收集的方法进行。

所谓秘密收集的方法，是指在向犯罪嫌疑人保密的状态下，通过有关单位、组织或个人，收集犯罪嫌疑人或嫌疑物的样本的方法。在侦查阶段，特别是在案情尚未公开、犯罪嫌疑人尚未最终确定时，为避免引起犯罪嫌疑人的警觉而使样本发生伪装变化，确保样本能充分、真实地反映犯罪嫌疑人或嫌疑物的本质特性，一般采用此种方式进行收集。具体做法如：经有关部门同意，从有关单位的存档材料（如人事档案、财务票据、答题试卷等）中选取检验样本；或选择某种借口，由有关部门主持，通过让犯罪嫌疑人抄写材料、答卷、填表或借用其使用、保管的机具等方式收集；或委托值得信任的人出面，通过向犯罪嫌疑人借用或请其书写等方式进行收集；或经主管领导批准，采用秘密搜查的方法，从嫌疑人的住所、工作场所等处获取样本。

所谓公开收集的方法，是指在案情已经公开、当事人明确或已在押，或者有关人员主动要求提交样本以澄清事实时，采用公开搜查或让他们主动提供等方式获取样本材料的方法。例如，通过依法公开搜查犯罪嫌疑人的人身、住所及工作场所获取样本材料；通过将有关文字编成短文，令犯罪嫌疑人在正常、自然的条件下进行听写、默写的方式进行收集；以调查案件、协助工作为名，让嫌疑人主动提交样本材料。

具体到不同类型的被检验客体，其样本材料收集的途径、方法和侧重点不尽相同。

（1）笔迹检验样本的收集方法。笔迹检验样本，是指由犯罪嫌疑人、经侦查而确定的重大嫌疑分子亲笔书写的，用来同检材字迹作比较的笔迹材料。无论鉴定哪种类型的笔迹，都必须收集平时样本，特别是案前样本，尤其要着重收集案件发生前不久犯罪嫌疑人或重大嫌疑分子的笔迹材料。对案前样本，重点从以下两方面收集：①经有关部门同意，从有关单位的存档材料（如人事档案、财务票据、会议记录、工作总结、汇报、答题试卷等）中选取犯罪嫌疑人、重大嫌疑分子的笔迹材料作为检验样本；②根据案件情况，采用秘密或公开的方式收集犯罪嫌疑人或重大嫌疑分子在平时生活交往中书写的笔迹材料，如日记、电话本、个人的记账单、借条、欠条、信件等。

如果检材笔迹有伪装变化，检验工作有一定难度时，为揭示被检验客体自身的发展演变规律，则要重点收集发案前几年甚至十几年以来犯罪嫌疑人或重大嫌疑分子依次形成的笔迹材料，因为伪装笔迹中的某些特殊写法，往往是犯罪嫌疑人或重大嫌疑分子过去某些书写习惯和旧技能的再现。必要时，为验证客观条件和人为因素造成的某些变化，还得收集实验样本。收集笔迹实验样本，应由侦查人员或鉴定人员按照检材的内容、书写条件和形成条件，将笔迹鉴定需要的文字编成自然通俗的文稿，采用听写或默写的方式，让嫌疑人或重大嫌疑分子进行书写。收集人不能有任何的提示、引导或引诱，不能让犯罪嫌疑人或重大嫌疑分子照着收集人书写的内容书写，更不能让犯罪嫌疑人或重大嫌疑分子照着检材抄写。

如果检材字迹较多，可以选取一些有价值特征的字迹，将其编入一篇文章中，让嫌疑人或重大嫌疑分子进行听写或默写。要注意收集那些与检材书写条件、形成条件一致的样本，即两者在书写速度、书写工具（笔）、书写材料（纸张）、书写姿势、衬垫物等方面要一致或尽量一致。

如果收集不到足够数量且符合质量要求的案前样本笔迹以供检验，则要收集案后样本。收集案后样本，可从以下两方面进行：①与收集案前样本的途径一样，或从有关单位的存档材料中选取犯罪嫌疑人、重大嫌疑分子案后书写的笔迹材料，或根据案件情况，采用秘密或公开的方式，收集犯罪嫌疑人或重大嫌疑分子案后在平时生活交往中书写的各种笔迹材料，等等；②在不暴露收集笔迹意图，犯罪嫌疑人或重大嫌疑分子没有产生怀疑的情况下，通过让单位组织统一的问卷调查或写情况汇报、学习体会等正常的方式，让犯罪嫌疑人或重大嫌疑分子书写一定的笔迹材料。这种情况下，一定要指派专人负责监督犯罪嫌疑人或重大嫌疑分子书写，防止冒名顶替的情况发生。

特别要注意的是，在收集案前样本、案后样本和历史样本时，所收集到的笔迹样本要与检材有足够数量的相同字，最少也要有足够数量的相同偏旁部首和笔画。因为样本笔迹再多，如果没有足够数量的相同字、相同偏旁部首和笔画，同样不能检验或难以作出正确的鉴定意见。同时，所收集的样本笔迹要与检材笔迹在字体、书写速度等方面尽量相近。

（2）印章印文样本的收集方法。印章分为公章、专用章和名章，是文件真实、有效的重要凭证。鉴别可疑印文的真伪，最好收集真实印章，以供比较检验。在收集真实印章有困难的情况下，一般是收集印文样本。印文样本分为平时样本和实验样本。印文平时样本在单位的文件、支票、合同及个人的有关材料上经常出现，且公章、专用章印文在工商局大都有备案样本，所以较容易收集。收集印文平时样本的途径和方法与收集笔迹样本类似，但侧重点不同。收集印文样本要重点收集发案时期的样本：①因为印章很容易更换，距离发案时间太久的印文，很可能与发案时的印文不是同一枚印章所盖印的；②随着时间的推移，印章本身会发生一定的变化，如磨损、变形等，从而引起印文相关特征的变化。在收集印文样本的同时，应了解印章的启用时间、使用情况、印章材质等情况，以便鉴定时参考。实验样本是为研究印文特征的变化而盖印的印文样本，对于正确解释印文检验过程中的某些差异特征，具有重要意义。收集实验样本，应模拟检材印文的盖印条件，在按压力大小及角度、衬垫物软硬、印油物质等方面与检材印文尽量相近。

鉴定印文的相对盖印时间，即比较两份文件或一份文件的两部分是否同时形成时，需要收集合适的样本印文，既要收集文件标称时间的样本印文，还要收集可疑时间的样本印文，并要保证样本印文与检材印文在印油（印泥）的物质成分方面绝对相同，在保存条件、形成条件方面基本相同。

（3）票证样本的收集方法。在需要与真票证进行比对才能确定可疑票证真伪时，一般要向有关票证的发行、签证部门收集票证样本。必要时，还要到承印票证的印刷厂了解票证的印刷情况，如图样设计、印刷版型、套版情况、印刷时间、纸张种类、油墨成分配比等。如果真票证是在不同时间分多次印刷的，则应收集各次印刷的票样，以便了解真票证的印刷变化情况。

（4）印刷品样本的收集方法。印刷品样本的收集，是涉及面广、难度较大的一项工作，一般要结合周密的调查，根据印刷品检验的内容，采取不同的方法进行收集。

第一，书刊、报纸类样本的收集。如已确定重点单位，则可在该单位内部进行收集。如尚未确定重点，可先根据文件物证的印刷版型、印刷特点及纸张质量等特征，分析印刷技术和设备条件，到图书馆、报社、书店、印刷厂、邮局等部门去查对与文件物证相同的书刊、报纸，确定为何种书刊、报纸，弄清其销售、发送范围，确定重点后再进行收集。

第二，纸印品样本的收集。如果纸印品印有单位名头或是某种专用纸（如医院的病历，工矿企事业单位的报表、发票、提货单等），则可到订印单位或使用单位去收集样本材料。

对于没有标明出处的纸印品，则要先根据文件物证的印刷版型、印刷特点、装订特点、纸张质量等分析印刷技术和设备条件，查找印刷工厂；或根据印刷原纸销售范围、特殊规格的铅字、水线、书边线等查找生产厂家，再查购买这些产品的印刷工厂。找到印刷工厂后，再查明印刷物证纸的单位，并弄清印刷时间、数量、版数、产品出厂时间等情况，有条件的最好收集产品大样，再从订印单位收集鉴定用的样本。此外，还可以到电台、报社、期刊编辑部、信访单位，或到上报材料的单位的上级部门调查纸源，还可以从公安部门保存的纸张资料中去查找所要寻找的纸张或单位。

收集纸印品样本时，必须依靠各单位的领导，广泛发动群众，对库存的、已用过的、未用过的、成批的或零散的、整页的或半张的，甚至撕碎的都要收集，以便查找物证纸的来源。

（5）打印品、复印品样本的收集。若检验要解决的问题是确定打印（复印）机的种类，则要收集一定范围内所有打印（复印）机的打印（复印）品样本，包括近期的或以前的打印（复印）品样本；若检验要解决的问题是确定具体打印（复印）机，则最好能提交可疑的打印（复印）机，对不能提交打印（复印）机的，一般是收集一定数量的嫌疑打印（复印）机的打印（复印）品样本，包括平时样本或实验样本；若检验要解决的问题是确定具体的打字人，则应收集嫌疑人各个时期打印的能反映出打字人习惯的平时样本。必要时，经领导批准，也可收集实验样本。

（三）文件检验的委托和送检

1. 委托与受理文件检验的手续。文件检验主要是为诉讼活动提供服务的，这就决定了它的委托与受理必须依据法律、法规执行，履行严格的手续，以保证其合法性。

按照有关规定，刑事案件在不同的诉讼阶段分别由公安机关、检察机关、人民法院批准是否委托鉴定，批准机关的级别为县级以上机关；民事案件在不同的诉讼阶段由人民法院、人民检察院决定是否委托；涉及检举、控告问题时，必须经地市级以上（含地市级）党委、政府或纪检监察部门批准。除此之外，一些尚未立案（或不够立案条件）、但怀疑有违法违纪行为的问题也可经有关主管单位批准委托。律师或当事人的委托尚无明确规定，应慎重对待。

所有委托鉴定必须办理委托手续，要有正式的介绍信或公函，有条件的还应出具鉴定委托书。委托书应写明案件名称、送检材料、送检对象、鉴定要求等情况。

鉴定部门和鉴定人应严格按照上述规定受理鉴定，无委托手续的概不受理。

2. 介绍与了解案情。委托单位送检鉴定时，应主动向鉴定人介绍案件情况，包括：案件发生的时间、地点；案件发生的过程与后果；案件侦查、调查的进展情况；文件物证及有关样本的提取、收集、保存情况；已经进行的技术鉴定的结果；当事人的态度；等等。

鉴定人受理案件时，应根据案件的不同情况，重点了解文件形成的正常过程，实施犯罪可能采取的手段及其具备的基本条件。在民事案件中，要重点了解当事人对文件物证争议的焦点和有关人员对文件制成情况的具体陈述。最关键的是，要了解送检单位要求解决什么问题，即鉴定要求，以及解决该问题对于澄清有关事实的实际意义。对于文件物证可以证明，但委托单位没有要求解决的重要问题，或者鉴定要求提法不当，鉴定人可提请送检单位补充或修改鉴定要求。

在听取与了解案情过程中，鉴定人认为可能对鉴定结果产生影响的重要情况，应要求送检单位出具公函或通过送检单位要求当事人出具书面材料予以说明。

3. 移交与验收送检材料。在介绍与了解案情之后，送检人与鉴定人要就送检材料进行移交与验收。一般情况下，送检人应开列送检文件、物品清单，注明名称、数量、来源、提取方法、保存条件等情况。鉴定人应依据清单逐一审查、核对，明确需要检验的对象、范围，核实样本的可靠性，切勿与无关样本混淆，审查送检材料是否满足了鉴定需要的条件。

决定受理之后，鉴定人应与送检人当面清点、验收送检材料，并要求送检人填写委托鉴定登记表。

4. 送检材料的登记与管理。司法鉴定部门受理案件，送检人和鉴定人必须认真填写委托鉴定登记表，其内容主要包括送检日期、送检单位名称、送检人姓名、案件名称、案件性质、简要案情（包括：发案时间、地点、受害人、犯罪嫌疑人或原告、被告姓名、性别、年龄、职业）、送检材料（包括来源、提取时间、地点、名称、数量、性状、色质、包装）、鉴定要求、原鉴定情况、鉴定结果、检材、样本处理情况等内容。有关鉴定结果、检材、样本处理情况等项目，由鉴定人完成鉴定之后填写。委托鉴定登记表最终将存入鉴定档案。

送检材料一经进入鉴定部门必须妥善保管，可根据送检材料的具体情况选择适当的保存、保管方式。严禁发生污染、损坏、丢失送检材料的情况。依据送检要求必须损坏送检材料的，应事先征得送检单位、送检人的同意并履行有关手续后方可实施，实施前应对送检材料拍照或复印，以保护其证据价值。从受理到初检、复检直至审批，都要有严格的交接手续，退还时应要求送检人签字。需通过邮寄退还的，只能经机要邮寄。

（四）文件检验前的准备

1. 设计检验方案。在实施检验之前，鉴定人应根据送检要求和送检材料的具体情况周密思考解决问题的途径和方法。如送检材料不多，需解决的问题比较简单并有现成的程序方法，则可不必设计专门的检验方案。但对于送检材料较多，需解决的问题较复杂或者是难点问题，作案手段蹊跷的案件，则需要反复研究，周密安排，防止随意性与盲目性。设计检验方案将为顺利完成鉴定任务提供有效的保证。

设计检验方案时，应根据文件物证的实际情况，紧紧围绕鉴定要求，考虑多种可能影响结果的因素，设定出几种可能作出的不同结果，然后设法证明或排除某种可能的途径和方法，并合理安排各检验方法、项目的实施顺序。合理安排检验顺序的原则是：无损检验优先，对后续检验无影响或影响小的项目优先，不消耗或少消耗检材的方法优先，检验效果好的方法优先。

2. 复制检验材料。在文件检验中对检验材料的复制主要包括以下几方面的内容：

（1）拍摄或复印文件物证的全貌。在实施检验之前，鉴定人应视文件物证的具体情况，采用黑白照相、彩色照相或复印、扫描的办法固定文件物证的全貌。特别是在检验中有可能污染、损坏文件物证时，这一点显得尤为重要。对于检验中使用的样本，可视其数量全部或部分复制，重要样本一定要复制。复制检验材料的数量至少要两套，一套附于鉴定意见书或检验报告之后，一套存档备查。

（2）复制供检验用的材料。在文件检验工作中，有许多检验需通过图像比对，而检验规则又不允许在文件原件、特别是文件物证原件上标示特征，这就要求检验人在检验前复制供检验用的材料，用于剪辑制作笔迹特征比对表、印章印文比对表等。

（3）制作实验样本。在文件检验工作中经常遇到送检实物样本的情况，如打字机、打印机、复印机、传真机、速印机、印章等，鉴定人应根据文件物证的具体情况，用实物样本制作供检验用的实验样本。在一些案件中，由于送检的笔迹、录音样本条件较差，鉴定人也可要求当事人按照设定的条件书写、录制实验样本。在文件物质材料的检验中，鉴定人也可模拟文件物证的用料、制作方法和使用保存条件，制作实验样本。

3. 准备检验器材。按照检验计划，鉴定人在实施检验之前应准备好所需的工具、仪器、材料、试剂，还包括为固定检验结果所必需的摄影仪器和器材，并使之处于良好的待用状态，防止使用时现找或使用失效的器材而影响检验效果。

（五）文件检验的实施

1. 认真分析文件物证。研究文件物证的形成机制、变化原因及变化规律。如果检材是书写文件，要分析是正常笔迹还是伪装变化笔迹，判断伪装的方法和手段，判断书写人的文化水平、书写技能和伪装能力，以及对与此相应的各种异常现象的解读。对于伪造、变造及其他污损变化的文件，还要认真研究其伪造或变造的手段和方法，以及文件本身（主要体现在文件物质材料）发生的变化。认真研究并把握文件物证的形成与变化，才能正确选择客体的特征，才能正确评断符合点的价值与差异点的性质，才能正常地拟定检验方案，选择相应的检验方法。

2. 认真审核样本材料。样本材料是用以对物证进行比较鉴别的已知标准，是同物证进行比较并作出判断的依据。因此，样本必须是嫌疑客体本身的、真实的样本，不能将甲样本误作为乙样本使用，导致错误结果的发生。样本要具有充分性，检材上所表现出的特征，样本要能充分地反映出来。如笔迹检验，作为嫌疑人的笔迹样本，必须包含物证笔迹的主要特征字，不能仅根据个别的相同偏旁或笔画进行比较鉴别。样本还要具有可比性，样本的形成条件尽可能与检材相接近，为比较检验创造条件。

3. 检验方法的选择。选择正确的行之有效的方法，是进行科学检验的关键。对于不同的检验对象，应该是多种检验手段并用，起到相互印证的作用，不能仅凭单一现象作出判断。要充分提取文件物证各个方面的科学事实，暴露矛盾，以便为作出鉴定意见提供确切、有力的根据。

4. 综合评断与反复论证。鉴定意见是根据检验的全部结果，就委托鉴定解决的专门问题作出科学判断。正确的判断首先来源于充分、可靠的科学事实，也要靠鉴定人对有关科学事实的科学分析和将它们联系起来的周密思考，以及对所作结论从正、反两个方面进行的反复论证。对于检验中发现的符合点和差异点，不但要看数量的多少，更要分析质量的高低，要从数量和质量两个方面进行权衡。根据检验结果，再作出分析判断的种属鉴别和同一认定，要认真进行综合评断，哪怕是案情简单、技术难度不大的，也不能忽略，甚至在形成初步的结论之后，还要注意发现与结论相悖的科学事实，并对其作出科学的评价。只有在正面有充分的根据支持、从反面经得起辩驳的鉴定意见，才能是准确、可靠的。

（六）文件检验鉴定意见书的制作

1. 文件检验鉴定文件的种类。文件检验鉴定文件是文件检验结果的书面表述形式，根据不同的情况，可分别采用检验鉴定意见书、检验意见书和检验报告三种形式。

（1）文件检验鉴定意见书。按照委托鉴定的要求，经过检验作出明确、断然性的结论时，应出具文件检验鉴定意见书。

（2）文件检验意见书。按照委托鉴定的要求，虽经过检验，但由于受主客观条件的限制，仍难以作出明确、肯定性的结论，只能提供某种倾向性意见或仅供参考的分析推断时，应出具检验意见书。

（3）文件检验报告。经过检验获得的结果即能满足送检要求时，可出具检验报告。

除此而外，经过反复检验，鉴定人意见分歧较大，经认真讨论仍不能获得统一意见的案件；由于客观条件的限制，如检材条件很差或现有技术无法满足鉴定要求的案件，而送检单位要求书面答复的可采用公函的形式。在配合侦查单位缩小侦查范围而大量排查犯罪嫌疑人、嫌疑机具的案件，在征得委托单位同意的情况下，可以口头方式答复。

2. 文件检验鉴定意见书的基本格式。文件检验鉴定意见书一般由如下几部分内容构成：

（1）绪论部分。包括委托单位、委托人、委托日期、简要案情、送检文件物证的名称和数量、供检验用的样本的名称和数量以及鉴定要求。

（2）检验部分。简要说明检验的方法，描述检验中所见的现象，列举检测结果或比较中发现的异同。

（3）论证部分。简要论述对检验结果的综合评断，阐明据以作出鉴定意见的科学依据，也可用后附图片加以说明。

（4）结论部分。针对鉴定要求，简单明确地写出鉴定意见。

（5）附件部分。包括所有文件物证的原貌复制件，所有样本或部分重要样本的复制件。检验中发现的对鉴定意见有重要意义的现象也应以图片形式展示。

（6）结尾部分。鉴定意见书应加盖鉴定单位的技术鉴定专用章，并有发文编号，鉴定意见书正文下方应写明鉴定人的姓名和技术职称，并由鉴定人签字或盖章，最后注明出具日期，鉴定意见书正文与附件应加盖骑缝章。

『训练与练习』

1. 笔迹检验为何必须要收取平时样本？平时样本有哪几种类别？
2. 文件检验的委托和送检包括哪些程序？

3. 文件检验鉴定意见书有哪几种？其组成包括哪些部分？

四、文件检验的一般方法

『小思考』

文件检验的方法多种多样，在科学技术高速发展的今天，我们可以采用各种各样的科技手段来进行文件检验，但不可忽视的是实际办案的经验在文件检验中也举足轻重，那么经验到底在文件检验中起到什么样的作用呢？

（一）显微检验法

1. 放大镜。在文件检验中最常用的是5～10倍的放大镜，通常有手持式、台式两类。台式放大镜有的装有精密的刻度尺和照相机接口，可用于测量和拍摄。

2. 光学显微镜。文件检验常用的光学显微镜有体视显微镜和生物显微镜。体视显微镜的放大倍数偏低，但由于是用两个成15°视角的物镜观察物体，其物像的立体感强。多用反射光观察不透明的客体，但也配有透射光装置。生物显微镜倍数偏高，高倍观察时分辨率可达1/10 000mm，主要用透射光观察透明的客体，但在低倍时用反射光观察也具有良好的效果。充分、恰当地利用显微镜的放大倍率和配备的光源、目镜尺、物镜尺、照相或摄像装置，会取得满意的检验效果。在光学显微镜的基础上，经适当改变光路、调配光源而产生的落射光显微镜、比较显微镜、显微投影仪、偏光显微镜、荧光显微镜、金相显微镜、微分干涉显微镜等，各有其特殊功能，在文件检验中也被使用。

3. 电子显微镜。电子显微镜，它是利用高速运动的电子束代替光线制成的显微镜。其原理是：在一个高真空系统中，由电子枪发射电子束并穿过客体，或在客体表面扫描并轰击客体产生二次电子，然后经电子透镜放大在屏幕上成像。前者为透射电子显微镜（TEM），后者对文检比较实用，称扫描电子显微镜（SEM）。用扫描电镜放大100倍时，其焦深达1mm，所以电子显微图像深浅层次分明，立体感强。在文件检验中，可用于字迹与印文的形成次序鉴别和纸张、油墨等物质材料的形态学检验。20世纪80年代研制的扫描探针显微镜（SPM）和环境扫描电子显微镜（ESEM），将成为文件检验的一种新手段。

（二）图像比对法

图像是实物的视觉形态，是以二维或三维空间方式表现出来的客体的图形和影像。文件检验客体的图像，包括：①原物图像，即客体本身的图像及其投影。如笔迹、打印字迹、复印图文、印刷图案线条、印章印文等及其光学投影。②复制图像，即采用摄影、录像、复印等手段制作的原物图像的复制品。如笔迹照片、印文或打印稿的复印件等。③分析图像，即借助分析仪器或其他手段，将客体的属性和特征转化成的图像。如声纹图、文件材料的光谱图、色谱图、薄层层析图等。图像比对，是文件检验普遍运用的一种方法。它是通过物证图像与样本

(品）图像之间的比较，以发现客体的特征及其异同的一种重要手段。图像比对的方式主要有：并列比对、拼接比对、画线比对和重叠比对四种。

（三）物理检验法

物理检验法是根据文件物质材料的物理属性，对文件进行检验和鉴别的手段。由于物理检验法基本属于无损检测手段，因而在文件真伪鉴别和文件材料种属鉴别中普遍运用。

1. 物理量检测。所谓物理量，就是表示物质的物理性质的量。在文件检验中，测定文件纸张的厚度、重量、密度，墨水、油墨、印油等色料的光密度、色度、磁性等，可为鉴别文件的真伪、材料的异同提供依据。

2. 可见光检验。在电磁波谱上介于390nm～770nm之间，能被人的视觉感知的光线，称为可见光，包括紫、蓝、青、绿、黄、橙、红等色光。巧妙、充分地利用可见光进行文件检验，是一种简便、有效的手段。在暗室环境下，用集束光或狭缝光以适当的角度照射文件，可取得在漫射光下得不到的观察效果。在光源前加适当波长的滤光镜或通过滤光镜观察、拍摄文件，或借助配有多波段光源的文检仪，利用其某波段的单色可见光可增强或减弱在白光下见到的某种颜色图文的浓度，以加强图文的反差或消除色斑的干扰。在光源前加偏振镜（起偏镜），再用另一只偏振镜（检偏镜）观察和拍照，也具有特殊的检验效果。

3. 紫外线检验。紫外线检验是以紫外线灯为光源，检测文件上的不同物质材料吸收或反射紫外线效果的技术手段。紫外光源通常有波长365nm左右的长波紫外线灯和波长为254nm左右的短波紫外线灯。由于文件反射或吸收紫外线的情况不能直接看到，因此，必须用特殊的紫外线感光片拍照，或者通过紫外摄像仪将紫外图像转换成可见的电子图像，以获得检验效果。

4. 红外线检验。红外线检验是以富含770nm～1500nm的红外线灯或白炽灯为光源，检测文件上的不同物质吸收或反射红外线的技术手段。由于这种效果也不能被直接感知，所以，要借助红外感光片拍照记录，或者用红外摄像仪将红外图像转换成可见的电子图像。

5. 荧光检验。荧光是一种光致发光现象，荧光检验是借助各种光源激发文件上的物质，使其产生不同的荧光现象，以显示物质的差别，发现在通常条件下不易觉察的迹象。此外，将荧光剂涂于文件上，用一定的光源激发，利用荧光熄灭原理显示被掩盖字迹，也属荧光检验。目前广泛应用的各种文检仪均有一定的紫外线检验、红外线检验和荧光检验的功能。

6. 吸附与转移。吸附与转移是以物质分子间力和电荷间力的转换为机制，鉴别物质的属性、显示不易见记载和有关现象的手段，包括压取转印、粉末显现、透析显现、静电显现等方法。

（四）化学检验法

化学检验是根据材料及其变化产物，在外界作用下呈现的化学反应获得检验结果的手段。在文件检验中采取的化学检验方法主要包括：

1. 颜色反应。颜色反应，是选用特定的试剂与文件的某种物质产生的显色、变色或褪色现象，以鉴别物质种类异同，或显示不易见的字迹和物质的潜影。如用格拉夫 C 染色剂，根据呈现的颜色不同，鉴别物证纸纸浆的种类；用酸、碱或氧化剂，根据色料中所含染料不同所呈现的颜色变化鉴别墨水是否相同；根据被消退字迹残存的铁离子与亚铁氰化钾试剂发生的普鲁士蓝反应，显现被消退的含铁墨水字迹；用醋酸铅与墨水笔画中的硫酸盐作用形成硫酸铅沉淀，再用硫化钠或硫化钾溶液与硫酸铅作用，使其变成褐色的硫化铅，以显示墨水硫酸盐的影像；等等。此类方法虽然会污损物证，但简便易行。

2. 燃烧反应。燃烧反应，是物质在高温条件下剧烈的氧化过程。物质燃烧产生的火焰及其颜色，产生的烟雾及其颜色，灰烬的颜色及形态等，均与物质组分相关，所以，燃烧反应常作为鉴别物质种类的方法之一。在文件检验中还可以根据物质在不同的燃烧温度下所呈现的颜色变化，以及在同一温度下不同物质的颜色差别，显现烧毁文件的记载。

3. 电解反应。电解反应在文件检验中，目前主要用于对枪支、车架、汽缸等金属器件上被挫、刮掉的冲压号码的显现。

4. 结晶反应。结晶反应，在文件检验中主要用于对变造文件上残留的消退剂和文件物质材料的某些组分进行种类鉴别。如残留的硫酸与醋酸钙试剂作用，生成针状或花瓣形硫酸钙结晶；残留的苛性钾与氯铂氢酸作用，生成柠檬色八面体结晶；残留的高锰酸钾与甲基蓝醋酸钠溶液作用，生成蓝色帚状针形结晶。

（五）仪器分析法

文件检验中所说的仪器分析，是借助根据物理或物理化学原理设计的专门仪器，对文件物证及其所反映的客体的特性进行定性和定量分析的手段，包括物质组分的分析，客体的光谱、声谱特性的分析等。

1. 色谱分析。色谱分析，主要包括气相色谱法（GC）和高效液相色谱法（HPLC），可对文件材料中的某些物质进行定性和定量分析。当今处于前沿的分析技术是色质联用法（GC—MS），即将提取物通过气相或液相色谱仪分离成单质，再依次进入质谱仪逐一定性、定量，这种方法的检测灵敏度高，结果更准确。由于物证一般都是混合物或化合物，不宜直接使用质谱分析。在色谱分析技术中，纸色谱法和薄层色谱法（TLC）是简便易行的分析方法。尤其是再配以薄层扫描仪，在墨水、油墨等文件材料种属鉴别，添改文件鉴别和书写时间鉴定方面具有很好的应用效果。

2. 光谱分析。传统的光谱分析，包括紫外—可见分光光度法（UV—VIS）、红外吸收光谱法（IR）、荧光光谱法等分子光谱法和原子发射光谱法（AES）、原子吸收光谱法（AAS）、原子荧光光谱法（AFS）等原子光谱法。在文件检验中，主要用于对文件材料的物质组分的定性和定量分析，通过与已知样品的分析对比，鉴别物质材料的种类和变化程度的异同。但这些方法都需要从文件上提取检材，从而会不同程度地损坏文件。近些年，在文件检验领域引用的显微分光光度法、激光拉曼光谱法，可为伪造、变造文件的检验和书写时间鉴定提供科学事实，而且对文件本身无损害。

3. X 射线分析。X 射线是一种波长短、能量高、看不见的电磁波。在文件检验中使用的有 X 射线衍射法，主要用于鉴别可疑文件的纸张、油墨、铅笔等物质，且不破坏检材；X 射线荧光法，主要用于对某些印刷油墨、圆珠笔油墨的鉴别，也不破坏检材；X 射线电子能谱法一般是与扫描电子显微镜联用，分析印文与字迹交叠部分的无机元素的分布层次，以鉴别朱墨时序。

4. 热分析。热分析是在程序温度控制下，检测物质的物理、化学性质与温度关系的一种分析技术。它在无机化学、有机高分子领域广泛应用。我国在 20 世纪 80 年代中期将热分析技术引入刑事科学技术工作中，用于对一些无机物和高聚物方面的微量物证的检测。近几年，经过反复试验研究，将热分析中的差示扫描热量法（DSC）用于蓝黑墨水字迹形成时间的检验。

（六）测量统计法

测量统计是运用数学手段研究文件物证的空间特征及其数量变化的方法。文件检验中通过测量获得数据，通过统计认识特征及其变化规律，为在此基础上作出的鉴定意见提供依据，或进行量化论证。

1. 测量。测量，主要用于以量来表示的客体特征的检测。可根据测量对象和解决的问题，分别选用直尺、游标尺、测量放大镜、读数显微镜、阿贝比长仪和量角器等不同精度的测量工具。在测量过程中，要尽量减少误差，包括检测工具误差、测点误差、读数误差等，并同时采用多点、多次重复测量取其均值的办法，以求所得数据更接近实际。

2. 统计。统计，是运用统计学的方法对有关数据进行处理，求得文件物证及其所反映客体的运动与变化的规律，客体特征的频率等，为最终的鉴别与判断提供量化依据。例如，据笔画中硫酸盐扩散程度判断书写时间，可求参比样本的扩散度，或统计出样本历时变化曲线，作为鉴定的依据。对于某个或某些特征的特殊性或变化性，也可通过在一定范围内的同类客体的抽样统计，或通过该客体的历时样本的分析统计获得对其评价的依据。

（七）综合法

同一份文件物证，在不同时期有不同的证据作用，因此常常需要作不同的检验。开始为了证明其是否与案件有关或证明事件性质，而需要确定可疑文件的真伪或显示文件内容，之后为了提供侦查线索和查找重点嫌疑人，需要对文件进行一定分析，最后为证实文件与嫌疑人或嫌疑机具的关系需进行同一认定。不同的检验要求也必须采用两种以上的方法进行检验，以保证其结论全面、可靠。

在综合运用检验方法时，必须遵循以下原则：①检验之前应拟定检验方案，确定检验的步骤、方法，准备相应的器材、设备和试剂。②检验方法尽量使用无损检验方法，以保证文件物证不受破坏。确定需要进行有损检验时，应征得委托单位批准。有损检验也只能是检验材料一定量的减少或一定范围内的质量变化，不得使其本质属性发生变化。③检验顺序必须先无损检验后有损检验，先物理检验后化学检验。④检验工作要先考虑本次检验以后，同一检材还可能就同一问题或其他问题开展检验。因此，要注意检验的方法、部位和使用检材的数量。

『训练与练习』

1. 常见的文件检验方法有哪些？
2. 阐述物理检验法和化学检验法的顺序及原因？
3. 在综合运用检验方法时，必须遵循哪些原则？

【学习指导】

1. 学习建议。本章是理论章节，通过学习，应掌握文件检验的概念、对象、任务和文件检验的程序和方法。其中要重点理解笔迹检验的程序和方法，它是正确进行文件检验的前提。学习方法以识记和理解为主。

2. 学习的重点与难点。学习的重点：文件的概念、文件检验的概念、文件检验的对象、文件检验的任务、文件物证的勘验和送检、文件检验的方法。

学习的难点：文件物证的勘验和送检、文件检验的方法。

3. 核心概念。文件、文件检验、文件鉴定、文件样本、鉴定文件。

【实训运用】

1. 实训项目：举行一场名为"走近文件检验"的讲座。
2. 实训目标：了解文件检验的起源、发展沿革和未来趋势。
3. 实训指导：由主讲教师讲解文件检验的基本知识。
4. 实训组织：全员参加、师生互动。
5. 实训考核：每位同学写一篇感想。

【相关链接】

链接一：　　　　　　　　　文件检验学

文件检验学，简称文检学。它是综合运用有关自然科学和社会科学的理论成果，研究文件的形成与变化，文件检验的理论和方法，以及利用文件进行文法犯罪的规律和特点的一门应用科学。

文检学属于技术科学。因为它是综合运用自然科学和社会科学的理论，总结实践经验，为文件检验提供理论与方法指导的科学。文件检验是一项专业技术，是文检学理论知识在实践中的具体应用，同时以它的实践经验和在实践中获得的利用文件进行违法犯罪活动的新信息，不断充实文检学的内容，促进文检学的发展。

文检学是为法治服务的，隶属于法学。在我国，它与法医学、法化学、痕迹学同为司法鉴定的专门科学。这些专门技术在刑事司法部门，同刑事照相、刑事登记、侦查情报、警犬技术等组成同各种违法犯罪作斗争的刑事科学技术系统。

链接二：　　　　　　　　我国文检学的发展沿革

文检学是一门年轻的学科，但它却经历了漫长的孕育过程。它也像任何一门学科一样，走过了经验积累、系统归纳、形成理论体系这三个发展阶段。

1. 经验积累阶段。我国古代的文检史，指 19 世纪末前 2200 多年的历史时期，属于经验积累阶段。由于古老的科学文化，我国较早出现了作为文件检验对象的各种文件，较早提出了维护法制与人权的社会需要的观点，因而在折狱断案中运用文检手段早于西方近千年。

据史籍记载，早在公元前 119 年已有汉武帝辨笔迹识伪书斩少翁的案例（《史记·封禅书》）。至唐、宋时期（约公元 7～10 世纪），不仅笔迹检验已广泛使用，还成功地鉴别了采取拼补文件、人为老化、刻版印刷、仿制印章等手段伪造的文件。至明、清时期，又有了根据文件的内容和语言文字的时代特征，判定文件相对形成时间，鉴别文件真伪的案例。

古代的文检技术，具有朴素的唯物主义和系统论思想特征，但由于历史的局限性，它只能作为个人的知识、零星的体验、单个的案例，或记载于史籍，或被汇集于《疑狱集》《折狱龟鉴》《棠阴比事》等著作中，没有进行归纳、概括。

2. 系统归纳阶段。20 世纪前 50 年，封建君主制被推翻后，经历军阀混战，我国逐渐沦为半封建、半殖民地社会。在这样的社会背景下，当局为了维护其统治，在继承古代经验的同时，着力于从德、法、奥、美、日、英等国家引进刑事警察技术，在一些租借地和部分大城市警察局逐渐开展了文件检验，并陆续出版了包括文件检验在内的刑事警察教材的专著。如阮光铭的《犯罪搜查法》、吴贵长的《犯罪侦查》、陈友钦的《刑事理化鉴识》等。具有代表性的是冯文尧的《刑事警察科学知识全书》（1938 年初版，1949 年增订版）和徐圣熙的《笔迹学》（1943 年版）。

当时的文件检验技术及有关著作，已初步归纳、勾画了文检学的雏形，但体系残缺、杂乱，并未成独立系统。虽然点出了文检学的大部分内容，但十分肤浅，且带有明显的形而上学的特征，有些则是唯心主义的，更缺乏科学的理论基础。

3. 形成理论体系阶段。从20世纪50年代起，由于巩固人民民主专政的社会主义制度的迫切需要，文件专业队伍逐渐形成。批判唯心主义和形而上学，用辩证唯物主义世界观的方法论指导文件检验工作，为文检学的形成创造了主客观条件。

50多年来，文件检验技术作为刑事科学技术和司法鉴定手段在同违法犯罪作斗争中发挥了重要的作用，实践充分证明了它的科学性。在批判地继承前人成果的基础上，通过深入检验，概括出文件物证作为文检学的特有对象；基本掌握了言语、笔迹、印刷文件、污损文件、人相与文件材料等具体对象的属性与一般规律，形成了文检学的内容体系；概括提炼出文件检验的一般原理和具体方法。从1985年起，已陆续出版了多部文件检验教科书。1981年在公安司法类高校开设了文检学专业。这些都标志着文检学已经形成。

我国现代的文检学，在基本的、主要的方面，以及在指导实践解决问题的能力上，并不低于国际水平，而且有许多独到之处。但是，由于各种条件的限制，我们在借助现代科学技术手段指导实践方面，与国际水平还有一定的差距。

随着科学技术的发展与普及，民族文化素质的提高，制作与使用文件将更普遍化，并不断推出新的设备与手段。与此同时，违法犯罪分子制作、伪造或变造文件，以及利用现成文件进行文法犯罪活动，也将不断采用新的手段和更加狡猾的伎俩。作为应用科学的文检学，必须循着这条规律，紧密联系违法犯罪活动的新动向、新特点、新规律，把握文检学的发展方向。当今文检学所涌现的难题主要有：练习性摹仿笔迹的检验、高仿真印章印文的检验、书写时间的检验等。

第二章　认识笔迹检验

学习目标

知识的掌握：
1. 了解笔迹的种类，掌握笔迹的概念。
2. 了解笔迹检验的对象，掌握笔迹检验的概念。
3. 掌握笔迹检验的任务。
4. 掌握笔迹检验的科学基础。

技能的提高：
1. 能够灵活运用笔迹及笔迹检验的知识，评价、分析笔迹检验技术的现状与发展趋势。
2. 对笔迹鉴定意见有科学的认识。

案例导入

笔迹定案（1922 年美国）

1922 年 12 月 27 日，威斯康新州马什菲德地区林木县监察委员会主席凯曼先生家收到了一件迟来的"圣诞礼物"。当凯曼的妻子急切撕开包装纸时，包裹在她的脸前爆炸，她的脸被炸成重伤，凯曼也被炸残。炸弹爆炸的一个显著特征就是大部分致命冲击波向外辐射，因此，内部的爆炸装置相对较完整，现场留下了包装纸的碎片。从这些碎片上，隐约可见少量模糊的手写地址，这些物证被送到威斯康新州文件检验专家泰瑞手中。

经过检验，泰瑞判断出该包裹是从马什菲德地区 5 号路的莫恩家的邮箱中收上来的。但莫恩认为，邮箱就在路边，任何人都有可能将包裹投入他家的邮箱中。经过调查，排除了莫恩的嫌疑。

此后，泰瑞对包装纸碎片进行了详细的检验，通过拼接，显出了部分手写的凯曼的姓名和家庭住址字迹。笔迹书写水平很低，最初泰瑞判断是故意伪装，但通过对字符间隔、字体倾斜、文字排列以及书写压力等特点进行进一步分析，他认为这是正常书写形成的。在拼写马什菲德地区时，还出现了拼写错误，但泰瑞认为这不是由于文化水平低造成的，而是由于其口音造成，所以，泰瑞认为书写者为外地人，而且很可能是瑞典人。

该社区仅有一户瑞典人——麦格努森，家住距莫恩家邮箱不到2英里的地方。麦格努森与凯曼有积怨。

警察在麦格努森家发现了一些木头碎片，经检验与制造炸弹的木头相同。1922年12月30日，警察逮捕了麦克努森，他没有想到包装纸上的笔迹能留下来。因此，在警察要求其提供笔迹时，他毫不犹豫地提供了他的笔迹样本，根据笔迹，泰瑞很快认定凶手就是麦格努森。

此时，公诉方聘请了纽约著名笔迹专家奥斯本以及芝加哥的笔迹专家伍兹，奥斯本找出了14处特征符合点，他们得出的共同结论是：包裹上的地址是由麦克努森所写。

该案中，明尼苏达州立大学瑞典语系的斯多姆博格教授生动解释了为什么会出现拼写错误。马什（marsh）的"sh"音在瑞典语系不会出现，瑞典语系是"s"，瑞典语系没有"ie"或"ei"组合，导致未受到过良好教育的人可能会将"Marshfield"读为并拼写为"Marsfilld"。

此外，木材专家亚瑟·柯勒先生将制作炸弹的碎木片与从麦克努森家提取的木头进行了比对，冶金专家大卫先生将爆炸装置上的金属与从麦克努森家提取的金属进行了比对，认定同一。

1923年3月31日，麦克努森被判死刑。

【问题引入】

1. 什么是笔迹？
2. 通过笔迹为什么能认定书写人？

一、笔迹的概念及种类

（一）笔迹的概念

笔迹是手写文字符号的表现形式，是书写动作的反映。从笔迹的形成来看，笔迹是书写人根据文字符号和其他符号的书写动作规范，通过书写运动器官运用书写工具在书写面上运动所形成的动态痕迹。

在笔迹检验和笔迹学领域内，实际上所说的笔迹，除了书写的文字符号反映书写动作以外，还与之伴随而产生的文字布局、书面语言等现象。因此，在笔迹检验中还存在着一个广义笔迹的概念问题。各国笔迹检验的研究范围都包括狭义的笔迹、文字布局和书面语言三大部分。这三个部分共同构成个人书写技能、书写习惯的总体特性，成为笔迹鉴定认定书写人的依据。无论从理论方面还是从鉴定实践方面来讲，这三个方面都属于笔迹范畴。

从笔迹检验研究所涉及的实质内容来考察，笔迹构成主要有三个方面：文字符号、书写工具和书写人的书写活动。这是笔迹鉴定、笔迹研究必须考虑的三个基本问题，也可以称为笔迹构成的三个要素。

1. 手写的文字符号，是构成笔迹的一个基本要素。绘制的图画也是笔迹，但毕竟不是经常的、主要的研究对象。文字符号的运用和书写是否规范美观，表明书写人的文化素养和书写技巧。有序的文字符号也表达一定的含义，成为书面言语，因此笔迹又间接反映书写人运用语言的特点。

2. 手写文字符号的书写工具，决定了笔迹线条的具体形态和结构。因此，工具种类不同，笔迹必然出现差别。而同一人用同一文笔书写文字符号所呈现的笔痕特征，又成了笔迹的微观成分。

3. 书写活动是形成笔迹的原动力。不管是写字，还是绘画，不管使用某种工具，还是直接用肢体书写，惟有通过书写活动才能形成笔迹。所以，书写活动是构成笔迹的决定性要素和基础。根据心理学对书写活动的研究，书写活动的要素是书写力和书写动作的形式。

书写力，是指书写运动器官支配书写工具或自身运动时克服阻力所需要的力量。在笔迹检验中，对书写力的研究包括两个方面，一方面是对书写力习惯的研究，另一方面是对书写力作用方式的研究。前者研究个体书写力习惯特性及构成，而后者研究书写工具、方式变化情况下书写力的表现形式和规律特点。书写力习惯由笔压和笔力两个层次的特点构成。笔压是指完成书写动作系统的书写力总的轻重状况，而笔力是书写动作系统中具体书写力的轻重变化及其分布的状况。在书写规范中，没有关于书写力的规范，因而书写力习惯是书写人在书写过程中无意识形成，并随书写动作系统的形成而被特定化的。这表明当书写活动正常时，书写力的表现正常自然，而书写活动发生变化时书写力也必然发生相应的变化。所以，书写力在笔迹检验中具有重要的意义。

书写动作的形式包括动作的方向和幅度两个方面。书写动作的方向是书写运动器官及其书写工具是否指向所要达到的目的。而书写动作的幅度则是书写运动器官及其书写工具运动距离的长短。书写人进行书写练习时，不仅不需要精确地感知和控制书写动作的方向和幅度，而且在不借助工具的情况下，书写人也不可能精确地感知和控制书写动作的方向和幅度。这是同一人前后书写同一个汉字或不同人书写同一个汉字形态不同的基本原因，同时也是笔迹特征差异（本质与非本质）形成的基本原因。

（二）笔迹的种类

对笔迹的科学分类，便于掌握各种文字的书写规律与特点，以便采用相应的鉴定方法。

1. 按文字符号的种类划分，笔迹大体可以分为汉字笔迹、中国少数民族文字笔迹、外国文字笔迹、阿拉伯数字笔迹、标点符号笔迹和绘画笔迹。

（1）汉字笔迹。汉字是世界上使用人口较多的文字之一。我国政府规定，汉字是正式通用的规范文字。因而，在司法活动中笔迹鉴定的对象也主要是汉字笔迹。

（2）中国少数民族文字笔迹。我国少数民族文字种类繁多，形态、语音、书写体系各有特点。新中国成立以来，我国几代笔迹实践和理论工作者，经过潜心探索，研究与总结了藏文、蒙文、维文、朝鲜文笔迹的特征分类体系和检验方法，并相继用于鉴定实践。

（3）外国文字笔迹。世界各国现代使用的文字大多是拼音文字。根据拼音文字的组成结构和适用范围，主要分为四大谱系。①在拉丁文基础上形成的文字体系；②在斯拉夫—基里尔字母基础上形成的文字体系；③在阿拉伯文字基础上形成的文字体系；④以印度音节文字为基础形成的文字体系。在我国司法实践中，涉及稍多的外国文字笔迹鉴定，主要是拉丁字母文字和斯拉夫字母文字，其中又以英文、俄文、法文、德文笔迹的鉴定相对多一些。

（4）阿拉伯数字笔迹。现代阿拉伯数字是各种文字系统的附属部分，它配合相应的文字符号对于记录社会经济、科技、文化生活具有不可替代的作用，在社会交往和政治、经济等活动中常伴随书写文字同时出现，成为笔迹的组成部分。尤其在单据、账册、表格、工作记录等文件中阿拉伯数字较多，数字笔迹成为笔迹鉴定的主要对象之一。

（5）标点符号笔迹。标点符号是标号、点号和符号三者的总称。在书面语中起标示作用的称为标号，如括号、引号、破折号、省略号、着重号、书名号等。在书面语中起断句、停顿作用的属于点号，如逗号、顿号、分号、冒号、问号、句号、感叹号等。除此以外，其他各种专用符号统称为符号，如章节符号、注释符号、删节符号、添加符号、调转符号、数学符号、物理符号、化学符号等。标点符号是书写文字的附属部分，是笔迹鉴定、鉴别书写人不可忽视的依据。

（6）绘画笔迹。绘画是以线条构图的方式记录事实、储存信息、交流思想、表达感情的一种形式。个人绘画技巧也是一种动力定型的结果，所以，它是一种特殊类型的笔迹。

2. 按笔迹反映书写习惯的真实性划分，笔迹分为正常笔迹、变化笔迹、伪装笔迹和摹仿笔迹。

（1）正常笔迹，是指书写人在正常的生理、心理状态下，在正常的书写条件下，采用已经习惯的书写方式进行书写形成的笔迹。正常笔迹能较多、较准确地反映书写人已有的书写技能和习惯，是鉴定条件最好的笔迹。正常笔迹也是一个相对概念，只是它变化小，对于笔迹鉴定人来说可以忽略不计。

（2）变化笔迹，是指书写时无伪装笔迹的主观故意，完全出于书写人自身生理、心理条件或外部条件的影响，书写活动不能完全正常实施，书写技能与书写习惯的反映部分受到影响，因而使笔迹出现部分不正常的情况。按其变化性质，又可分为内部条件引起变化的笔迹和外部条件引起变化的笔迹。在笔迹分类上，习惯上称为条件变化笔迹。内部条件，是指书写人自身的条件。由于内部条件引起笔迹变化，主要有生理、病理、心理、精神等方面的因素。如不同年龄段的变化笔迹，老年痴呆者的笔迹，书写运动器官损伤患者的笔迹，病危患者的笔迹，酒醉状态下的笔迹，惶恐状态下的笔迹，疲劳状态下的笔迹，情绪低落状态下的笔迹，精神病人的笔迹等。上述种种因素形成的变化笔迹，都是有各自的规律的。外部条件，是指书写时的客观条件。引起笔迹变化的因素主要有：书写工具引起的变化，如铅笔字、复写字、尺划字、刻划字、排笔与扁刷字等；书写环境、姿势引起的变化，如光线暗弱环境下书写的字迹，颠簸状态下书写的字迹，蹲位、卧位、立位、高位环境中书写的字迹；书写速度的变化，如客观条件要求快写或慢写的笔迹；字体的变化，如由习惯书写的行书体改为不善写的隶书体、仿宋体；等等。作为笔迹检验工作者还应当明确，外部条件引起笔迹变化与内部动因具有交叉性，表现形式上具有迷惑性，笔迹鉴定中多数情况下是由于客观原因导致笔迹的变化，有时也有书写人由于主观动机驱使，借用这种书写条件或方式歪曲自己笔迹特征，妄图逃避法律责任的情况。如通过刻划字伪装笔迹，通过改变字体、字形伪装笔迹，通过改变书写速度伪装笔迹等。笔迹鉴定中，对这类笔迹必须在判明书写条件、书写方式的基础上，进一步确定引起笔迹变化的主要原因，防止误判笔迹变化的性质。

（3）伪装笔迹，是指书写人出于伪装笔迹的主观动机，有意识地采用歪曲自己笔迹特征的种种手法进行书写，企图不流露或少流露自己的真实笔迹，达到逃避法律责任的目的。伪装笔迹的种类繁多，根据笔迹鉴定的需要，可以从不同角度进行更细的种别划分。按伪装书写方法分类：改变文字形体的伪装笔迹，改变书写速度的伪装笔迹，改变字的结构和倾斜程度的伪装笔迹，改变笔形的伪装笔迹，改变用笔方式的伪装笔迹，左手伪装笔迹，多人混合笔迹和局部再现性伪装笔迹；按笔迹特征伪装程度分类：一般伪装笔迹和严重伪装笔迹。

（4）摹仿笔迹，是指书写人以他人的字迹作为范本或底样，按其所能观察和理解到的笔迹特征进行描摹仿写，妄图与他人笔迹特征酷似，达到转移视线、逃脱责任的目的。西方法庭科学曾将摹仿笔迹称做伪造笔迹，但伪造笔迹仅是摹仿笔迹的一种方式。除伪造笔迹之外，窃取签名笔迹、转印他人字迹、剪贴复印他人字迹等均属摹仿笔迹。自我摹仿笔迹应属伪装笔迹，因其目的与结果并非在于达到酷似他人的笔迹特征,而在于制造假象,开脱书写人自己的责任,而不是嫁祸于人。

3. 按笔迹形成的机理划分,笔迹分为"自述"型笔迹与"非自述"型笔迹两类。

(1)"自述"型笔迹,是指书写人运用自己的语言通过书写活动形成的笔迹。它能较多地反映书写人的书面语言习惯和书写动作习惯及文字布局习惯。绝大多数检材笔迹都是属于"自述"型笔迹。

『小案例』

北京某案,案件检材中有"最亲近的大姑母、姑父都好吧!哥哥弟弟们都好吧""在公历八月十五号送来北京""知到(道)""等后(候)""抢(创)造"等语句和词语,体现出文化程度不高的农村人的言语特点。据此侦查,却进展不大。侦查人员认为,上述言语特征社会分布面较广,不能准确反映作案人的职业身份。后进一步对案件检材进行分析,发现其中出现一些医疗卫生系统用语,如"治疗""医药""针灸""疗效""内服""绷带"等,这些词语普通人群有所接触,但很少使用,由此确定作案人为医生或曾当过医生。据此线索,查出了作案人祁某某。祁某某文化程度不高,且长期工作生活在靠近农村的卫生院,所以其语言具有农村人的特点。

(2)"非自述"型笔迹,是指书写人不是运用自己的语言习惯或不需要自拟书写内容,只是通过自己的书写运动形成的笔迹。"非自述"型笔迹常见的有抄写型、摹仿型、记录型和加工型(如雕刻文字)。这种笔迹不能反映书写人的书面语言水平和习惯用语特征。(如下图谢稚柳草书毛泽东诗词,就不能反映谢稚柳的书面语言水平和习惯用语特征。)

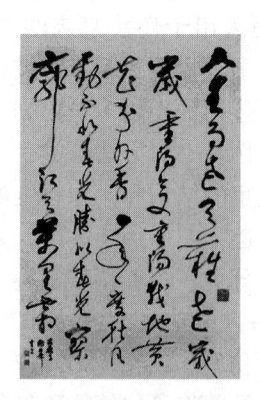

图2-1-1 谢稚柳草书毛泽东诗词

按笔迹形成的机理分类，有利于分清文件的真实性和笔迹特征的客观程度，确定检材笔迹鉴定的范围，起到评定笔迹鉴定意见的证据作用。

『训练与练习』
1. 笔迹构成的三要素是什么？
2. 按照笔迹反映书写习惯的真实性，笔迹可划分为哪些种类？
3. 按照笔迹形成的机理不同，笔迹可划分为哪些种类？

二、笔迹检验的对象和任务

（一）笔迹检验的概念

笔迹检验，是根据国家法律、法规的有关规定，对于与案件有关的笔迹物证资料进行勘验、分析、识别、鉴定等各项活动的总称。它既是一项专业技术手段，又是一项专业技术工作。

笔迹鉴定，是笔迹检验的一项任务或者一项活动，是指在诉讼过程中，对于案件中涉及笔迹方面的专门性问题，按照刑事诉讼法、民事诉讼法、行政诉讼法关于鉴定的规定，指派或聘请具有专门知识的人，运用科学技术方法，对案件中的笔迹物证作出判断结论的一种活动。这是各国法律上对笔迹鉴定的一般概念，也可称为笔迹司法鉴定的概念。

在笔迹检验实践中，除了诉讼性笔迹鉴定外，常常还要涉及非诉讼性笔迹鉴定。如司法机关在侦查、调查活动中对于未依法立案的案件中的笔迹资料进行鉴定，国家行政执法机关、监察机关和党的纪检部门对于违法、违纪案件中的笔迹物证资料进行鉴定等，均属非诉讼性笔迹鉴定。这类鉴定不具有司法鉴定性质，其鉴定意见不能作为诉讼证据。如果这类案件要移送起诉，必须对经过鉴定的笔迹物证资料按照诉讼法的规定和鉴定程序，进行司法鉴定，其结论才具有诉讼证据效力。

（二）笔迹检验的对象

笔迹检验是一项专业技术手段，是为司法实践活动服务的。笔迹检验对象就是笔迹工作者行为或思考时作为目标的事物，其主要对象是刑事案件、民事案件、行政案件中所涉及的各类文件物证资料上的书写文字、数字、符号和手工绘制的线条、图案、图画。这些对象从其表现形式看，既有显性的，又有隐性的。前者是常见的，后者是少数的，如压痕文字、潜影文字等。隐性文字通过技术处理，显示其内容和笔画形态，仍具有鉴定条件。但并不是所有的笔迹都可以成为笔迹鉴定的对象，只有形成了书写动作系统的书写动作在书写面上运动所形成的痕迹才能成为笔迹鉴定的对象。由于笔迹是书写人可以支配其形成的动态痕迹，因而运用笔迹进行书写人的同一认定的难度较大。

笔迹检验所涉及的证据类型主要是物证，有时也可能涉及书证。物证是以物的形貌特征、物的形态和结构特征及其反映形象特征证明案件事实的证据。笔迹主要是以书写文字和绘画符号的形态特征证明案件事实的一类物证。由于它是以物质特征证明案件事实，所以笔迹证据被列为物证。

（三）笔迹检验的任务

笔迹检验工作在侦查、调查、审判等司法实践活动中的主要任务有：

1. 协助勘查现场，收集检材笔迹。侦查部门的文检技术人员参与案件现场勘验和其他取证活动，或鉴定部门的鉴定人受聘协助勘验现场，采用科学技术方法发现、记录、固定、提取、保全现场与案件有关的各类文件物证及其他物证。

2. 分析检材笔迹，提供侦查线索。侦查部门文检技术人员在侦查人员主持下，参与相关案件的案情分析，运用笔迹学、文字学、书法学、语言学等有关科学知识，根据检材特点，判断案件性质，确定侦查方向和范围，刻画犯罪人的特点。

3. 收集样本笔迹，确定重点嫌疑人。在侦查过程中侦查技术人员指导搜集笔迹鉴定样本，并根据案件中的物证笔迹特征发现与审查嫌疑人，从中筛选出重点嫌疑人。

4. 笔迹鉴定，认定书写人或制作人。依照法律规定对各类案件中的笔迹物证或书证进行鉴定，认定书写文字的书写人和绘画的制作人。

5. 开展科学研究，提高检验水平。对笔迹检验中的理论和实践问题开展科学研究，不断完善检验理论，拓展检验范围（领域），更新检验手段与方法，提高检验水平，使笔迹检验技术更好地为司法实践服务。

『训练与练习』

1. 笔迹检验的概念是什么？
2. 笔迹检验的对象是什么？
3. 笔迹检验的任务有哪些？

三、笔迹检验的科学基础

『小思考』

每个人各个时期的字迹都会有不同程度的变化，同一人同一时期的字迹也不能机械对比，那为什么笔迹专家可以通过不同时期的字迹来认定和排除嫌疑人？

笔迹所反映的是书写人的书写技能和书写习惯。书写技能，是指书写人在书写练习文字符号过程中所形成的具有"自动化"和完善了的书写动作系统。书写动作习惯是人们在练习文字符号和其他符号的书写动作系统过程中所形成的，并在重复书写时必然表现出来的脱离了规范书写动作系统的种种特点。人的笔迹具有客观反映性、总体特殊性和相对稳定性。笔迹的上述属性，为笔迹检验奠定了科学基础，笔迹检验的科学基础是笔迹鉴定意见作为诉讼证据的科学依据。

（一）笔迹的客观反映性

笔迹的客观反映性，是指笔迹能够反映书写人的书写技能和书写习惯的一种属性。在笔迹检验中所遇到的笔迹从其反映的实质来看，通常包括两大部分：①反映书写习惯和书写技能的真相部分，也可叫基本部分。它真实地反映书写人书写运动习惯，是书写人笔迹的核心和主体。同时还或多或少地包含一些尚未明显成为习惯的书写技能，它往往表现在书写人能写能用，而平时不惯于写或用的单字或词上。其特点是笔迹正常，但不够定型，稳定性、再现性差。笔迹的这种不定型现象虽较为普遍，但从初学、提高到定型阶段，此类现象将会逐渐减少。②非正常因素形成的假象部分，也叫附加部分。这一部分包括故意伪装和在其他反常的心理状态下书写，对书写过程的干扰、破坏而形成的笔迹的假象部分。这种假象对书写人笔迹的歪曲程度，与书写人的知识、能力、伪装手法和临时的变化条件等密切相关。同时，它又是在固有的书写技能和书写习惯基础上发生的，故而必然反映出变化原因与结果之间的内在联系。所以，变化笔迹、伪装笔迹、摹仿笔迹也会不同程度地反映书写人的书写习惯与技能，也是本质的一种表现。此外，笔迹有时还包含笔误等偶然变化。由于上述现象不是个人书写技能与书写习惯的正常表现，所以称为笔迹的附加部分。笔迹附加部分与笔迹基本部分相互交织在一起，使得笔迹具有真假两重性。笔迹假象，是对书写人书写习惯的歪曲和夸张，它在一定程度上反映书写人的书写水平和驾驭书写活动的能力。通过种种假象去认识书写人笔迹的真面目，是研究笔迹的反映性最主要、最生动的内容之一。

1. 笔迹反映的必然性。书写人的书写技能和书写习惯必然会通过笔迹表现出来，这是笔迹的一个基本特征。书写人有什么样的书写习惯，有何种书写技能，都会以相应的形式不同程度地表现在笔迹之中。这是因为，作为书写活动的动力和内在依据的书写技能和书写习惯具有自主性和能动性。书写习惯对于书写人的主观意念有相对独立性，这也就是书写习惯的自主性。书写动力定型是一个"自动化"的反射活动系统，意识可以启动它，在宏观上干扰它，但不能在具体过程中任意摆布它。书写人要想比较"彻底地"改变自己的笔迹，就必须把自动化的书写运动置于意识的严密监督之下，注意每一个环节，每一个具体过程，一概不按照固有的习惯方式进行，才可能不再现原有的笔迹特征。但是，人的生理功能与心理活动规律是无法违背的，想彻底地伪装终究也是徒劳的。书写技能达到一定的熟练程度之后，已建立的动力定型和形成的书写习惯具有适应不同的书写条件，克服各种阻力干扰完成书写活动的能力。因此，采取坐姿枕腕、右手执笔在纸上书写等正常条件下掌握的书写技能，养成的书写习惯，如遇改变书写姿势或执笔方式，或用其他工具代笔进行书写，或在其他承受物上书写时，在其笔迹中固有的习惯特征仍会不同程度地反映出来。书写习惯能适应各种书写条件，克服外界干扰和影响而顽强表现自己的这种属性，即是书写习惯的能动性。

2. 笔迹反映的局限性。每个人的笔迹都必然反映其书写活动及其书写习惯，但这种反映也具有局限性。所谓反映的局限性，是指书写习惯业已定型的人，在不同的主客观条件的制约下进行书写，其笔迹反映书写技能和书写习惯的准确程度、真实程度要受到相应的影响。这种局限性主要表现在两个方面：①书写人主观上故意伪装笔迹，使笔迹难以完全、真实地反映书写技能和书写习惯；②形成笔迹的客观条件的影响，以及书写人书写文字数量的有限和样本材料缺乏，也使得书写习惯的表露受到影响。

3. 笔迹的反映性是笔迹检验的物质基础。笔迹是一种客观实在的物质客体。在正常或非正常的书写条件下，以及在书写人的主观因素对书写活动产生干扰时，笔迹都可顽强、自动地再现其基本特征。笔迹可能发生的这种变化不是书写技能和书写习惯本身的质的变化，而是具体的即时性的主观因素与客观条件对正常书写活动的阻碍与干扰而使笔迹呈现的假象。但是，一定的变化条件形成一定的变化笔迹，引起变化的因素或条件总是同形成的变化笔迹之间具有因果关系，而产生的变化又与固有的书写技能和书写习惯相关。所以，不但正常笔迹可以真实反映个人的书写技能和书写习惯，伪装变化的笔迹也可以根据变化的因果关系和固有的变化规律把握其笔迹的特征和特性。于是，笔迹的反映性就为笔迹检验提供了物质基础。

（二）笔迹的总体特殊性

笔迹的总体特殊性，是指每一个人的笔迹在总体上相互区别，在笔迹特征总和即笔迹特征体系上人各不同。人们的笔迹之所以千差万别，是因为每个人掌握书写技能，形成书写习惯的主客观条件各不相同。

特殊性是与共同性相对的，要正确认识和深入理解笔迹的特殊性，首先必须正确认识笔迹的共同性。

1. 笔迹的共同性。笔迹的共同性，是指不同人的笔迹之间都有或多或少的共同之处或程度不同的相似之点。其原因主要有三个方面：①语言文字的社会规范与规则的制约。语言文字是一种社会现象，是人们互相交际的工具。为了保证语言文字的交际功能，人们以文字规范或约定俗成的形式规定了每个使用民族共同语言的人应当遵守的基本要求。②共同的教育和生活环境的影响。处于同一教育环境、同一方言区、同一职业领域或社会阶层的人们，除遵从普遍的社会规范外，还得恪守该范围内的某些约定俗成的规则。有的是作为明确的要求提出来为人们所遵守；有的则是不自觉地彼此影响（包括个别错误的影响），从而在一定范围内流传开来，成为这一部分人的共同点。③书写人之间的相互影响与彼此学仿。在家庭内部、亲友、师生之间常有互相学仿，有些人则选择自己喜爱的某人笔迹或者某名家字帖进行学仿练习，这样就出现了少数或个别人之间的、共同点比较普遍的相似笔迹。

所以，在认识和把握笔迹特殊性的同时，还应看到特殊性中包含着共同性，共同性存在于个性之中，从而掌握笔迹特征总和及特征出现率的一般规律。

2. 笔迹的特殊性。笔迹的特殊性是通过笔迹特征和特征总和来表现的。从横向上看，笔迹特殊性是通过书写动作特征、字形体结构特征、文字布局特征和书面言语特征等特征总和来表现的；从纵向上看，笔迹的特殊性是通过笔迹的点、线、面、体所表现出的特征总和来体现的。任何事物的特殊性都是由反映该事物特殊本质的特征构成的。一定数量和质量的特征，反映出事物的特性。广义上讲，笔迹的特殊性表现在书写动作特征、文字布局特征、书面言语特征等方面。所谓书写动作特征，是指在一篇笔迹的单字或字组成部分和笔画中由书写运动决定的带有规律性的形态特征。文字布局特征，是指构成一篇笔迹中的单字、词句分布和格式方面的带有规律性的空间特征。书面言语特征，是指个人的习惯用词和语法修辞方面的有规律的言语特征。上述几个方面的特征，可以说是笔迹系统的几个子系统，它们共同构成了个人笔迹的特殊性。但它们在体现笔迹特殊性中的地位是不同的。笔迹中，书写动作特征是核心，是基本部分，是笔迹中普遍具有的成分，此类特征的总和也具有特殊性，因此是笔迹检验的主要根据。笔迹中的文字布局特征、书面言语特征是以前者的存在为基础，是从前者派生出来的，只要它们出现在笔迹当中，应积极利用，作为认定同一人笔迹的辅助依据。在鉴定实践中，如果被鉴定的笔迹书面言语特征和文字布局特征与嫌疑人的样本特征相同，而书写动作特征不同，则不足以认定是嫌疑人所写；相反，如果被鉴定的笔迹书写动作特征与嫌疑人样本相同，而很少或没有书面语言特征和文字布局特征可以利用，或者表现为不同，则仍可认定这份文件是嫌疑人所写。

3. 笔迹总体特殊性是笔迹检验的基本依据。通过笔迹检验鉴别物证笔迹的书写人，或确定两份笔迹是否为同一人的笔迹，归根结底是根据笔迹的总体特殊性。因为人们的笔迹虽然各有不同的特点，但又具有共同性。其中某个特征或某几个特征都可能是不同人不同笔迹中的共同点，惟有充分利用各方面的特征，并根据这些特征总和的异同，才能把人们的笔迹特征区分开，排除无关人员，认定文件物证的书写人。这就是说到笔迹特殊性时需强调"总体"的原因之一，根据系统论的原理，除了多人合写的字迹以外，由一人执笔形成的一份笔迹是一个有机整体，而不是若干文字、符号的简单堆砌。检验时，必须从一份笔迹的整体出发，研究每个文字、符号及其彼此间的内在联系，寻求其具有规律性的特征，而不能将其分割开来任意取舍，这是强调"总体特殊性"的又一理论根据。笔迹的总体特殊性是由特征总和来体现的。这个总和的标准，既要考虑特征的数量，又要考虑特征的质量和价值，再根据案件的涉嫌范围等具体情况来衡量。特征的质量，一般以该特征在人群团体笔迹中出现率的高低来评价：出现率高的价值低，反之则高。符合特征数量越多，这种总和在其他人笔迹中再现的概率就越低。如果特征总和有较多的高价值特征，即使是数量少些，也能体现个人笔迹的特定性。评断特征总和是否构成特殊性，即该符合特征总和是否能在其他人笔迹中再现，还要坚持唯物辩证法的观点——具体情况具体分析，即从案件的客观实际出发，根据涉嫌范围的大小，评估特征总和的特殊性。一般来说，涉嫌范围不明的，对特征的数量和质量的要求更高；涉嫌范围小，嫌疑对象比较明确的，一般也可以根据数量较少的特征总和作出鉴定意见。总之，无论可供检验的笔迹数量多少，都要把它视作一个整体，都要根据笔迹特征总和的异同进行鉴别。所以，笔迹的总体特殊性是笔迹检验的基本根据。

（三）笔迹的相对稳定性

1. 笔迹的相对稳定性的含义。同任何事物一样，笔迹也具有相对稳定性。笔迹的相对稳定性，是指个人笔迹在基本定型之后，具有因循守旧，重复再现，较长时期保持基本特征不变的属性。笔迹之所以能鉴定，除了笔迹具有总体特殊性外，还在于它具有相对稳定性。一个人掌握了书写技能并达到熟练程度，形成书写动力定型之后，其笔迹就处于漫长的量变阶段，即基本定型阶段，在这一阶段笔迹虽在演变，但不可能发生根本性的变化。

2. 笔迹相对稳定性的表现。笔迹的相对稳定性主要表现在两个方面：

（1）笔迹特征的重复再现，这是笔迹稳定性的基本表现。书写动力定型原理表明，不断地书写练习和实践可以使已获得的书写技能趋于熟练，使建立的动力定型不断巩固和强化，从而形成了个人的书写习惯，于是其笔迹特征也就能不断地重复再现，长期不变，甚至相隔二三十年的笔迹仍旧保持它固有的基本特征。笔迹的稳定程度一般以其特征保持的时间长短为标志，特征持续时间长则稳定性强，反之则差。笔迹的稳定程度，不同人也有差别。

第一，不同年龄阶段的人笔迹的稳定程度不同。儿童和少年阶段，人的书写习惯开始初步形成，书写动作的自动化系统已部分建立但尚未完全巩固，短时期内的笔迹变化比较大。青年人的书写动作趋于定型，书写习惯基本形成，笔迹特征的规律性较强，个性化的特征较多并基本稳定下来。中壮年人的笔迹稳定性最强，即便是相隔四五年以至十余年，笔迹特征也没有明显变化。老年人（一般指60岁以上的人）笔迹熟练程度降低，相应的笔迹特征发生变化，其笔迹的稳定程度较中壮年时期差。

第二，书写技能水平不同的笔迹的稳定程度不同。一般情况下，书写技能高的人，由于是以平时的强化练习为基础，笔迹书写熟练，动力定型系统稳固，稳定程度高；书写技能低的人，笔迹的稳定程度较低。经常从事文字工作的人，其笔迹的稳定程度比从事体力劳动的人或不经常写字的人高得多。以书写活动为主的人，如誊写人员、书法工作者等，在进入老年期前书写技能多半是呈现稳步提升的状态。

（2）笔迹相对稳定的动态表现。同任何事物一样，笔迹的稳定是相对的、有条件的，变化发展是绝对的、无条件的。笔迹的演变，是一种历时性的连续不断的渐进性变化。主要表现在：

第一，书写水平逐步提高。书写人通过进一步学习，或在客观要求促使下加强书写练习，书写水平会逐步提高。书写水平提高的标志是：①词汇逐渐丰富，用词更加准确，语句更为通顺、简练；②字词写法与用法上的弊病陆续得到纠正；③书写速度逐步提高；④字形结构与运笔更为工整、严谨、流畅、有力。

第二，新旧特征陆续更替。书写人在日常学习与交往中，有时发现自己在某个词、某个字的写法或字的结构、笔顺特征上不符合规范要求，或者对自己感兴趣的某种形体、写法有意地进行学仿练习，就会逐渐形成一些新的习惯特征，原有的特征就被取代，这就是笔迹特征的"新陈代谢"。实例证明，在同一期间只有极少的特征发生新旧交替，绝大部分不变；新旧交替发生的时间不同，但多发生在个人生活环境的重大变化之后；比较容易出现的新旧更替是正误、繁简之类的变化，多数是误变正，繁变简，也有个别罕用字原本写得对，因不常用而印象模糊，导致错写，有的则把这种错写巩固下来变成一种习惯写法。新旧交替，并不是说新的特征出现，旧的特征立即消失。一般都要在长短不等的期间内并存，或者在不同情况下采取不同的习惯方式。

第三，掌握多种字体的书写技能。初学写字是写楷书字，其实是类似仿宋体的方块字，专业上称为"学生体"。随着熟练程度提高，书写速度加快，逐渐学会行草字，一般也只是连笔较多的自由体字。某些爱好书法艺术的人，通过仿写练习可以掌握符合要求的行书、草书或仿宋体、隶书体及其他美术体的书写技能，使笔迹具有质的多样性。不同的字体有不同的书写规则，它们的技能活动方式当然不同，但它们毕竟是同一人在原有书写习惯的基础上发展形成的。因此，同一人书写的不同体的字，在笔迹特征方面又必然有其内在联系。

第四，书写技能的部分退化。如果书写人书面交际的需要明显减退，长时期很少或不从事书写活动，书写技能被闲置起来，那么原来建立的书写动力定型的系统暂时联系得不到继续强化，表象就会变得淡薄模糊，书写动作亦显得生硬不协调，书写水平降低，错别字有所增加或出现时正时误的不定型现象，字的结构变得松散，运笔生涩呆板，书写技能呈现退行性变化。有些人如果及时加强练习，书写技能又可恢复和提高。但是，人到老年，手颤眼花，书写技能的退化是难以挽回的。只不过有些人退化出现早些，有些人坚持书写活动，虽然年逾古稀笔迹尚未出现显著的退化现象。

上述是笔迹的历时性发展演变过程，它既显示了笔迹本身从量变到部分质变的不可逆性，也体现了笔迹发展演变的连续性和阶段性。

3. 笔迹的相对稳定性是笔迹检验的基本条件。书写习惯的相对稳定性对于笔迹检验具有十分重要的意义。正因为笔迹具有相对稳定性而不是瞬息万变的，同一人的笔迹才维系着自身的同一关系。我们才可能把同一人在不同时间，甚至相隔较长时间的笔迹进行比较鉴定，并把不同人的笔迹区别开来。如果笔迹不具有相对稳定性，作案时留下的笔迹与该人在此前或此后的笔迹存在显著差别，那么通过笔迹认定书写人也就失去了可能性。所以笔迹的相对稳定性是笔迹检验的基本条件。正确地理解和掌握笔迹的稳定性和发展演变规律性，对于及时、科学地收集和选择笔迹样本，坚持全方位地、动态地而不是机械地比较检验，客观地评断差异点的性质，正确作出笔迹鉴定意见，均具有现实的指导意义。同时，研究确定笔迹的历时性发展演变规律，也是鉴定笔迹形成时间的一个重要途径。

『训练与练习』

1. 简要回答笔迹反映的必然性。
2. 笔迹共同性的原因有哪些？
3. 为什么说笔迹总体特殊性是笔迹检验的基本依据？
4. 简述笔迹相对稳定性的表现。

【学习指导】

1. 学习建议。本章是理论章节，通过学习，应掌握笔迹检验的概念、对象、任务和笔迹检验的科学基础。其中要重点理解笔迹检验的科学基础，它是正确把握和科学运用笔迹特征的前提。学习方法以识记和理解为主。

2. 学习的重点与难点。学习的重点：笔迹检验的概念、笔迹检验的对象、笔迹检验的任务、笔迹检验的科学基础。

学习的难点：笔迹检验的科学基础。

3. 核心概念（罗列该章节重点名词）。笔迹、笔迹检验、笔迹的反映性、笔迹的总体特殊性、笔迹的相对稳定性。

【实训运用】

1. 实训项目：参观××鉴定机构中的笔迹鉴定室。
2. 实训目标：了解笔迹鉴定室的布局、设备和笔迹检验、鉴定的过程。
3. 实训指导：由教师讲解笔迹鉴定所需的条件和笔迹鉴定的全部过程；讲解笔迹鉴定的现状和前瞻；讲解对笔迹鉴定意见的科学认识。

4. 实训组织：10 人一组，分组进行。
5. 实训考核：每位同学写一篇观后感。

【相关链接】

链接一：　　　　　　　　　笔迹学的产生和分流

早在 1609 年，法国人弗兰科尼·迪麦尔在一篇关于笔迹鉴定的论文中就介绍了笔迹鉴定的方法和原理。虽然当时一些国家的法院已经承认笔迹鉴定意见具有证据价值，但是，笔迹鉴定法从其诞生之日起就伴随着它是否科学可靠的激烈争论。在争论声中，笔迹鉴定领域中出现了一些影响较大的流派。

笔相学派是笔迹鉴定中最为古老的流派。1622 年，意大利人卡米洛·巴尔迪发表了《依照书法认识人的生活方式、性格和个人品质的方法》一文。1872 年，法国神甫米尚在《书法的秘密》一书中对巴尔迪的观点进行了详细的阐述，并加以补充和发展，形成了系统的理论。巴尔迪和米尚成为心理笔相学派的代表人物。笔相学的另一分支生理笔相学的代表人物是意大利著名的法医学教授和犯罪学家龙勃罗棱，他在 1895 年发表的《笔相学指南》一书中力图用生物犯罪学的原理来解释人的笔相，龙勃罗棱认为，"笔迹是人的先天品质的反映，天生罪犯的特点可以从笔迹中表现出来"。龙勃罗棱的理论在当时社会上引起了很大反响，吸引了不少人士参与到这一研究领域中来，从而使笔相学的影响广为传播。龙勃罗棱则被后人公认为是笔相学派的代表人物之一。

书法家鉴定派流行于 18 世纪末 19 世纪初，由于当时尚没有专门的笔迹鉴定人员，所以欧洲许多国家的法律都规定要由掌握书法"秘密"的教师、文书、书记员等"书法家"担任鉴定工作。这些人一般都不掌握笔迹鉴定的基本知识，只根据职业所培养起的观察力和个人经验进行鉴定，他们往往只注意笔迹中字母和笔画的形状以及笔画连接形式等表面特征，并据此对书写人进行同一认定。德国的格罗曼于 1792 年发表的著作和英国的科利特于 1828 年发表的著作堪称这一学派的代表之作。

特征描述派是由法国的阿尔方斯·贝蒂隆于 19 世纪末创立的。这一学派强调笔迹鉴定人员在比对罪证文书和样本字迹时，要先把被检笔迹中那些多次重复的特征抽取出来，然后按统一规定的专门术语对这些典型特征进行描述，描述的内容主要是字母和笔画的间隔、倾斜度、位置、大小、形状等。其代表人认为，笔迹鉴定一般只能作出否定同一或笔迹相似的结论，而不能作出肯定同一的结论，因为一个人的笔迹是可以由他人伪造的。此外，他们还在笔迹鉴定中采用了照相底片重叠法来进行特征比较，以加强鉴定的客观性。

书法测量派是由书法特征描述派发展而来的，并由法国埃德蒙·洛卡尔首先提出了这一理论。他认为，笔迹鉴定的基础是字母各部分之间的大小比例，并试图用数学方法来抵消鉴定人的主观因素对笔迹鉴定的影响。这一学派的观点显然受了19世纪末20世纪初自然科学飞速发展的影响，其方法虽提高了笔迹鉴定的精确性和规范性，但是他们忽视了笔迹特征中数量与质量的关系，存在机械比对的缺陷。

链接二：　　　　　我国笔迹检验技术的发展趋势

1. 笔迹检验对象以多量字迹为主将发展到以少量字迹为主，更多的将是签名字迹。20世纪80年代中期以前，我国公务文件以手写为主，私人文件基本上是手写。20世纪90年代，公务文件以印刷、打印为主，手写为辅；私人文件以手写为主，打印为辅。21世纪初期和中期，随着电脑的日益普及，尤其是电脑普遍进入办公室和大范围地进入家庭，手写的公、私文件将大幅度地减少。在大中城市和发达地区，笔迹鉴定将主要是签名字迹和少数手写文件，在不发达地区和边沿农村可能存在大部分手写文件。由于检材笔迹字少，笔迹特征数量不多，鉴定依据相对不足，这是笔迹鉴定的困难之一。随着科技的发展和社会的进步，违法犯罪手段智能型的、高科技型的成分必然增多，伪装或摹仿笔迹也将与日俱增。同时由于书写文字数量少，伪装或摹仿笔迹也将更方便。因而，伪装或摹仿笔迹的程度更加严重，亦将成为笔迹检验的困难之一。针对这一发展趋势，必须将签名笔迹鉴定、阿拉伯数字笔迹鉴定以及其他少量字迹鉴定作为重点予以研究。

2. 笔迹鉴定的内容和依据由单元性将逐步走向多元性。各国笔迹鉴定目前都采用单元性依据，即依据笔迹反映出来的书写习惯特征认定书写人。这种鉴定从科学理论上讲是无可非议的。但今后笔迹鉴定的检材数量少且笔迹特征又多有伪装或变化。在这种情况下，有些案件仅凭笔迹特征作鉴定意见的做法在科学上、技术上依据是不够充分的。为了满足笔迹鉴定科学化、标准化的需要，必须进一步拓宽笔迹鉴定依据。以单纯依靠书写动作的形态特征为依据逐步发展到以笔迹特征、笔痕特征、书写物质材料特征等多元性笔迹信息作为综合依据。

3. 笔迹鉴定的方法以传统的直观形态比较法为主将逐步发展到与计算机图像识别、仪器测定、数学统计分析相结合的综合比较鉴定法，传统的形态比较法是物证鉴定的基本方法之一，在宏观比较方面用于发现一般特征、明显粗大的个别特征具有一定的实用性，而在微观形态比较方面的局限性大。今后的笔迹鉴定，检材字迹一般都只有两三个字，需要运用计算机比较识别、仪器测定等科技含量高的方法进行精细地比较，发现更多的微观特征，为鉴定意见提供更充分的科学依据已是势在必行。

4. 鉴定意见的标准由定性标准将发展到定量标准。我国目前多数同一认定结论都是采用定性标准。所谓定性标准，是指鉴定意见依据的相同与不同特征没有数量、质量及其比例的限定，而是以检材与样本两者基本属性的异同为依据。随着全社会科技水平的提高，特别是司法工作者、律师工作者、诉讼当事人科技意识的增强，随着我国社会主义法制的进一步完善和证据制度的改革，鉴定标准将逐步科学化、规范化、标准化，笔迹鉴定意见依据必将有严格的量与质的限定。只有如此，鉴定意见在法庭上才有可辩性和说服力。因此，笔迹鉴定意见实行量化标准是科技发展和法治发展的必然趋势。

实践操作篇

第三章 笔迹特征的认知与分析

内容提要

笔迹特征是书写习惯的反映形象,是书写活动过程中通过书写工具留在纸张或其他承痕体上的具体痕迹,是书写习惯本质属性的具体反映。笔迹特征绝大多数时候会正确地反映书写习惯的本质属性,但是极少数时候也会受到环境、心理、生理等条件的影响而错误地反映书写习惯的本质属性。因此认识笔迹特征是一项复杂而精细的工作,只有认真细致地观察、分析和比较,才能充分发现和准确把握正确反映书写习惯本质属性的笔迹特征。

任务一 认识书写动作一般特征

【知识点】
1. 书写动作一般特征的特征层次。
2. 书写动作一般特征的特征价值。

【技能点】
书写动作一般特征的特征层次和特征价值的判定与分析。

【任务导入】
书写动作一般特征是书写技能和书写动作习惯的综合表现形式。它虽然不直接反映书写运动的具体特点,但它是书写运动形成的痕迹,能反映个人书写运动习惯的一般特点。书写动作一般特征是分析书写人文化程度、年龄阶段、职业爱好、社会经历、生理病理状况的重要资料,是证据调查活动中发现和审查嫌疑人的一个重要依据,是笔迹鉴定中认定书写习惯的异同首先要加以核对比较的重要内容。通过示例笔迹确定书写动作一般特征,并尝试分析笔迹书写人的各项情况。(见图3-1-1)

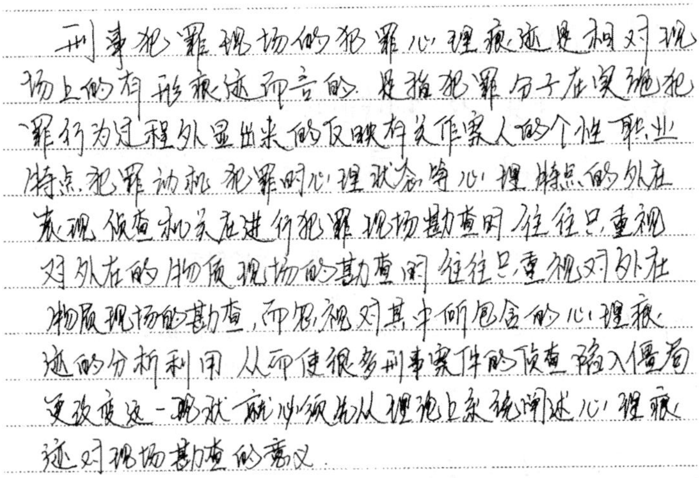

图 3-1-1 示例笔迹

【相关知识】

一、笔迹熟练程度特征

笔迹熟练程度，是书写动作系统的自动化程度、书写动作的准确程度和协调程度的综合反映。笔迹熟练程度，是指书写技能或书写习惯的整体水平状况，是动作技能达到自动化、完善化的水平。笔迹熟练程度的特征层次是根据运笔动作的准确程度、笔画之间的协调程度和文字的结构、布局来分析确定的，分为三个层次，即熟练程度高、熟练程度中等和熟练程度低。

熟练程度高的笔迹，运笔自然流利，笔画规则均匀，单字结构严密，单字各部分搭配匀称，快速书写运笔动作不乱。(见图 3-1-2)

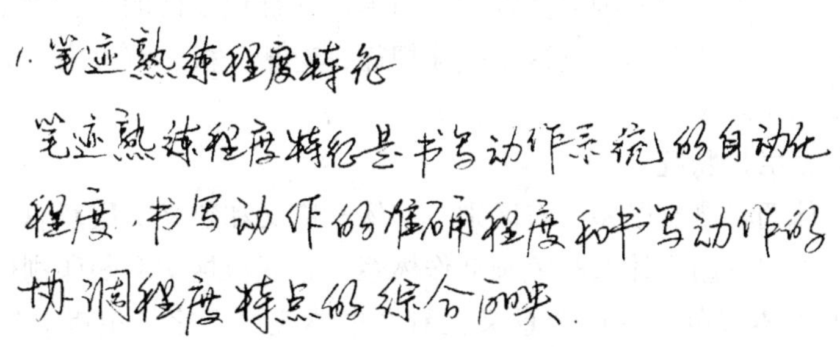

图 3-1-2 熟练程度高的笔迹

熟练程度中等的笔迹，文字笔画比较规则均匀，字的结构布局比较合理，笔画间连接、搭配大致匀称，笔画间有一定的连贯性，运笔动作基本符合规范。(见图 3-1-3)

二、笔迹的细节特征.

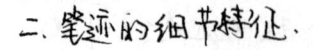

1. 概念：是单字书写动作局部习惯的直接反映.是指
   是在具体的书写动作习惯所反映出来的特征表现形式

图3-1-3 熟练程度中等的笔迹

熟练程度低的笔迹，文字笔画不规则，字的结构松散，字的各组成部分比例失称，运笔不流利，笔画间、字的组成部分间笔画连贯程度差，笔画搭配不协调，快写时运笔、连笔动作紊乱。(见图3-1-4)

二、笔迹细节特征
  概念：是单字书动作局部习惯的直接反映是指实
  左在具体的书写动作习惯所反映 出来的特征表现形式

图3-1-4 熟练程度低的笔迹

鉴定实践中，文书物证的笔迹熟练程度常有伪装变化。判断伪装笔迹的熟练程度时，应透过假象发现其中的真实熟练程度，根据书写人原有的书写水平确定笔迹熟练程度的层次，而不是依据伪装变化的笔迹熟练程度直接判定。笔迹熟练程度是判断书写人文化程度的一个重要条件，笔迹熟练程度高的人，其笔记熟练程度可以由于伪装或其他原因突然降低，但笔迹熟练程度低的人，绝不可能在短时间内有所提高。笔迹熟练程度这一变化规律，对于分析、审查书写人条件和笔迹鉴定有一定的实际意义。

二、字体、书体特征

字体与书体两者既有联系又有区别。字体有广义和狭义两层意思。广义的字体，是指每种文字的组字体系和笔画动作体系，它既包括文字的印刷体规范，又包括文字的手写体规范。从这个意义上看，书体应属于字体范围。狭义上的字体，是指印刷文字与铸造文字的组字体系和笔画规范。

笔迹学的字体特征主要是研究书体特征。书体是对手写体文字而言的，它是根据笔画和单字的组成部分，按照特定的规范和要求构成的书写体系。我国目前常用的书体有12种，即楷书、行书、隶书、草书、篆书、宋体、仿宋体、新魏书、长牟体、扁牟体、黑体和黑变体，其中以楷书、草书、行书和隶书的运用最为普遍。

篆书，是我国古老的书体。篆书特点是笔画粗细一致，起收笔浑圆婉转，笔画转折带弧形，字形修长。这种书体由于笔画结构要求严格，书写速度较慢，目前除用于篆刻外，一般很少使用。（见图3-1-5）

图3-1-5 篆书

隶书，是由篆书演变而成的。把篆书圆转的笔画变成方折的笔画，增加了波磔之美，结构上把象形文字改成线条笔画。其特点是横画、竖画粗细均匀，起收笔圆中带方；有的横画带捺脚，呈蚕头燕尾状；捺画收笔动作与竖钩收笔动作相似，回笔露锋；折笔有回转动作。（见图3-1-6）

图3-1-6 隶书

楷书，是在隶书的基础上发展起来的一种书体，又名正体、真书。楷书的特点是形体方正，笔画平直，笔画各自独立，互不连接。在社会上通行范围广泛，具有很高的适用价值。（见图3-1-7）

图 3-1-7　楷书

草书，是为了书写迅速简便，由隶书简化而成的一种书体。其特点是笔画简化、书写连接，常常把字的组成部分或单字简化成一、两个笔画，笔势连绵回绕，字的各个组成间和字与字之间往往是笔势牵连相通，字形变化较大。（见图 3-1-8）

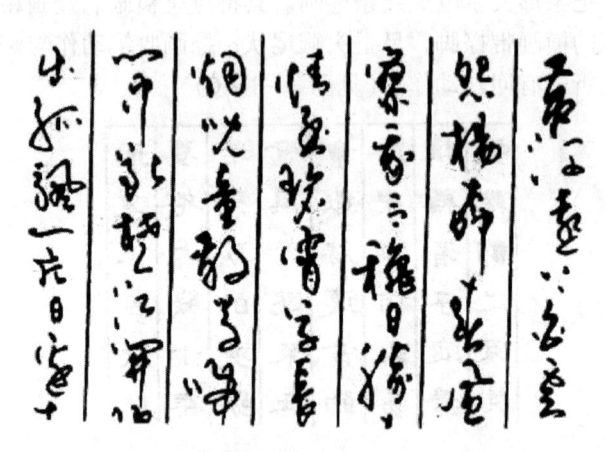

图 3-1-8　草书

行书，是介于楷书和草书之间的一种书体，既没有草书那样连绵潦草，又没有楷书那样独立端正，有连接的笔画和连接的单字组成部分，是使用最广泛的一种手写体。（见图 3-1-9）

图 3-1-9 行书

每种字体或书体都有本身的特点和书写规则，能写出较符合规范的某种体式的字，是一种特殊技巧。大多数人都不具备这一种技能。人们在平时的书面交际中，通常书写的字体是慢写近似楷书，快写近似行草的所谓自由体。即使书写人在书写练习时严格按照某种字体的特点和书写规则进行，在其手写文字中也只能反映出该字体的一些主要特征。因此字体特征可以为侦查和笔迹鉴定压缩一定范围。如果文书物证是使用不常见的书体并且规范程度高，往往能反映书写人的文化素质、职业特点、兴趣爱好、书法功底以及年龄层次。

三、字形特征

字形，是指手写文字的外部轮廓。字形特征，是指手写文字的外部轮廓形状及其特征反映。汉字本是方形，素以方块字著称。有的人由于在长期的书写练习过程中脱离了字形规范的要求，形成了独特的字形习惯。常见的字形特征有方形字、长形字、圆形字、扁形字、梯形字和斜形字。

四、字的倾斜程度特征

字的倾斜程度，是指手写文字符号的纵轴线和字行实际格线所构成的角度。手写文字符号的纵轴线和字行实际格线构成角度为90°左右的为端正，左右倾斜2°以内的为十分端正，左右倾斜5°以内的为基本端正。纵轴线与行线呈上右下左倾斜状态，属于向右倾斜的笔迹；纵轴线与行线呈上左下右倾斜状态，属于向左倾斜的笔迹。

笔迹倾斜程度特征比较不稳定，如书写速度快、书写姿势不端正、书写位置过高或过低、左手书写等都会引起笔迹倾斜程度发生改变。

五、字的大小特征

字的大小，是指笔迹材料中文字的横向宽度。字的大小特征是书写人习惯书写的字的大小的整体反映。确定字的大小，一般以字的横向宽度为标准。字的平均宽度在1cm以上者为大字，0.5cm以下者为小字，0.5cm～1cm之间者为中字。

字的大小特征，可随书写环境、书写工具、书写物质材料、稿纸格线的宽度、书写速度、书写人的情绪和视力状况等因素发生变化。只有当受检物证文书是字特别大或特别小时，字的大小特征才有一定意义。

六、笔迹的抑压力特征

笔迹的抑压力特征，是指书写时笔尖对纸面所施加的力量，简称笔压。笔压特征能反映写字用力轻重的习惯。这种习惯只有在使用硬性书写工具书写时才能表现出来。

笔压特征可以从文字笔画的粗细、墨迹的浓淡、印油的堆积、笔道的分叉、纸张的背面及衬垫的纸张等方面观察分析。测定笔压的方法有三种：①依据笔道特点确定。用自来水笔书写，笔道深而粗、笔道有分叉，表明笔压强；笔道浅而细、笔道未出现沟痕，表明笔压弱。②依据衬垫纸张确定。在普通纸张上书写，如果第一张衬垫纸上没有压痕，表明笔压弱；如果第一张衬垫纸上有凹陷压痕，说明笔压中等；如果第二、三张衬垫纸上有凹陷压痕，表明笔压强。③依据纸张背面。如果书写纸张背面凹凸不平、明显体现出笔画形态，表明笔压强；如果书写纸张背面平整光滑、没有凹凸痕迹，表明笔压弱。

根据笔压特征，可以有助于判明书写工具和书写方法。在办案过程中应注意搜集书写衬垫纸上的笔压痕迹。运用静电压痕仪或侧光照相等方法，可以显示空间衬垫纸张上案件有关人员曾经书写过的文字内容，为侦查调查提供线索，为笔迹鉴定提供证据资料。

【任务实施】

一、任务目的

通过该节的学习，对书写动作一般特征有一定的理解和认识，并能判断其特征层次和特征价值。通过该节的任务实施，熟悉和掌握在笔迹鉴定中笔迹一般特征分析、标示与说明的方法。

二、任务设备

黑色钢笔、黑色铅笔、红色铅笔、橡皮；削笔器、刻度尺、量角器；检验记录表、带格线的稿纸、草稿纸（透明）。

三、任务指导

书写动作一般特征是一个宏观概念，它体现着笔迹材料的整体水平状况。我们观察分析一般特征应从整篇笔迹材料的总体情况出发，并根据笔迹材料中绝大部分笔迹的情况来确定一般特征的特征层次。

四、任务组织

每位学生各自在带格线的稿纸上自由书写一份笔迹材料，并签字署名、注明书写日期。学生两人为一个实验小组。每个实验小组内成员相互交换各自书写的笔迹材料，观察分析对方的笔迹材料，并在检验记录表的检材栏内列举说明其笔迹一般特征。

五、评分标准

检验格式标准、文字描述简洁、特征标示正确。

六、操作注意事项

1. 一般特征的说明必须严格按照特征种类的顺序，规范按照特征说明的格式，着重按照特征描述的方法具体说明其特征层次，并举例说明其特征层次，用红色铅笔标示特征层次。在特征标示中注意区别各种特征不同的标示方法和标示符号。

2. 一般特征代表了笔迹材料的整体水平状况，而不是某个特殊的细微之处。因此，一般特征层次的确定应建立在整篇笔迹材料的基础上，而举例说明时选取的字或字行应能代表笔迹材料的整体水平状况，一般应选择在整篇笔迹中普遍出现的、水平居中的字或字行。

3. 对一般特征进行文字描述时语言应简洁流畅——不能有错别字或句式错误，不能有重复啰唆的语句，不能有自相矛盾的语句；语言也应慎重准确——列举的特征层次应符合笔迹材料的具体情况，不能为了自己列举的错误的特征层次而随意描述笔迹特征或胡乱捏造理由。说明一般特征时文字描述与举例说明应上下一致，而不能前后矛盾。

4. 在实验过程中应注意保持笔迹材料的原貌：不得直接在笔迹材料上标注页数、行数；不得直接在笔迹材料上勾画书写；不得直接在笔迹材料上套摹笔迹；不得污染损坏笔迹材料。

【技能测试】

仔细观察笔迹材料，从笔迹材料的整体水平状况分析其一般特征，确定其特征层次、分析其特征价值，将其一一记录在检验记录表上。

任务二　认识书写动作细节特征

【知识点】

1. 书写动作细节特征的特征形态。
2. 书写动作细节特征的特征价值。

【技能点】
书写动作细节特征的特征形态和特征价值的判定与分析。

【任务导入】
　　细节特征,是书写动作习惯的直接反映。它是书写动作的空间位置特点、动作形态特点、动作顺序特点和若干书写动作所构成的文字结构特点的整体表现。书写动作习惯的特定性,主要表现在细节特征上,而笔迹鉴定主要是依据细节特征。通过示例笔迹分析描述书写动作细节特征,并确定其特征价值。(见图3-2-1)

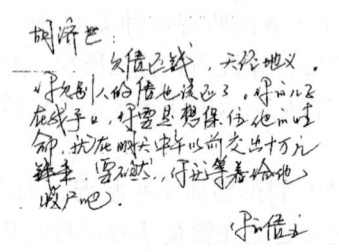

图3-2-1　示例笔迹

【相关知识】
一、运笔特征
　　运笔特征,是指运笔动作习惯所反映出来的,存在于笔形中的动作要素及其形态的规律性特点。运笔是书写动作中最基本的书写动作,同时也是最复杂、最精细的笔形构造动作。书写每一个笔画、每一个单字都要完成若干运笔动作。书写汉字的运笔动作,包括起笔、行笔、收笔三个方面。起笔是笔尖接触书写面,一个笔画书写动作的开始。行笔是运笔过程中笔尖在书写面上的运转动作,而行笔运转动作又有提笔、顿笔、转笔、折笔等精细动作。收笔是一个笔画即将终止时,笔尖离开书写面的动作细节。书写每一个笔画都有起笔、行笔和收笔动作,但提、顿、转、折四个行笔动作不是每一个笔画中都能同时出现的。
　　书写每一个笔画都要经历起笔、行笔、收笔三个阶段,所以运笔特征也相应地表现在起笔特征、行笔特征、收笔特征、笔力特征和笔形特征五个方面。(见表3-2-1)

表 3-2-1 运笔特征

起笔特征	平起笔	分叉	尖状	反射动作	顿点	上翘
行笔特征	中间弯曲	上下弧形	上梯形	下垂	过长	过短
收笔特征	尖尾	分叉	顿点	上扬	下压	下压钩状
笔力特征	起笔重	行笔重	收笔重	转折重	笔力重的笔画	
笔形特征						

（一）起笔特征

起笔是笔尖落于书写面，一个笔画书写动作的开始。起笔部位包含一系列动作反映信息。落笔一般有顿压动作，自然形成小段笔画，然后才行笔。书写不同的笔画，有着不同的起笔要求，会出现不同的起笔特征。起笔特征一般有直起笔、侧起笔、反射起笔、尖状起笔和顿压起笔几种形态。

（二）行笔特征

行笔是运笔过程中笔尖在书写面上的运转动作，主要表现在运笔趋势、笔画的形状、运笔方向方面。行笔过程中又有提、顿、转、折四个具体的行笔动作。提笔是行笔过程中将笔微微提起，使之出现较细的笔画。顿笔是运笔到一定位置时，根据笔画的需要采用按压、停顿动作，使之出现较粗的笔画。转笔是笔尖不停顿地向一个方向转折运笔，使之出现圆形和弧形笔画。折笔是笔尖停顿而向一定方向转折运笔，使之形成方形或角形笔画。

（三）笔力特征

笔力特征是行笔过程中在某些笔画的中间或转折处反映出力度轻重、断折位置的特点。它与笔压有所不同。前者是局部压力的轻重不同所形成笔画的形态，而后者是书写动作的整体压力。在每一个单字、每一个偏旁部首、每一个笔画的书写运动过程中，都会产生笔力轻重的变化。有的笔力变化是出于书写笔画形态的需要，如运笔过程中提、顿、转、折；有的笔力变化是出于书写习惯的本质反映。前者是书写人在书写过程中正常笔力变化，是书写规范的体现；后者是书写人书写习惯的本质属性，是书写人特有的，是个人特性的体现。在笔迹鉴定中，前者没有特征价值，后者具有很高的特征价值。

（四）收笔特征

收笔是一个笔画即将终止时，笔尖离开书写面的动作细节。任一个笔画、任一个字都存在动作系统结束的时候,而收笔是整个运笔过程中最易发生变化,最易表现出特异性的部位。与起笔特征一样,收笔特征一般有直收笔、尖状收笔、顿压收笔和钩状收笔几种形态。

(五)笔形特征

由于起笔、行笔、收笔动作不同,书写同一个笔画也会使整个笔画呈现出特殊的形态,这叫笔形。而笔形特征是一个笔画的完整构形特点,是由方向、幅度、角度等各个方面所体现出来的综合形态特点。在快速书写中,笔画间会出现不同程度的连接,这时应将连接笔画的笔形作为一个独立的整体来分析确定。

运笔动作是书写动作中最精细、最复杂的动作。根据书写动力定型原理,愈是复杂、精细的书写动作,定型就愈困难,但一经定型,动力定型就愈巩固,特定性就愈强。所以,运笔特征最容易反映出个人的书写动作特点,伪装和变化程度较小,被笔迹检验人员誉为"笔迹特征中的精华"。不仅如此,这种特征的出现率极高,书写每个单字、每个笔画都会反映出运笔动作的细节特征,因而具有广泛的适用条件。

二、笔画交叉、搭配和连接特征

绝大多数汉字都是由两个以上的笔画组成的。凡是由两个以上的笔画组成独体字或构成合体字的结构单位时,笔画之间必然产生交叉、搭配或连接关系,而在笔画的相互关系中也必然出现相应的特征。

根据汉字的笔画形态和组字要求,笔画之间的关系大致有四种:笔画的相交关系、笔画的相连关系、笔画的相邻关系和笔画间搭配比例关系。笔画间的这四种关系,相应地体现出四种特征,详见表3-2-2:

表3-2-2 笔画间交叉、搭配、连接特征

笔画交叉特征	
笔画搭配特征	
笔画连接特征	
笔画断连特征	

(一)笔画交叉特征

由两个以上的笔画组成独体字或合体字的一个部分时,笔画之间大多存在交错或接近的关系,而笔画的交错或接近便形成笔画交叉特征。笔画交叉特征主要

表现在笔画间交错、接近或距离较远的关系以及笔画交错或接近的位置上。当两个或者两个以上的笔画相互交叉时，可以构成一个或几个笔画交叉特征。

（二）笔画搭配特征

笔画搭配的概念有广义与狭义两种。广义的笔画搭配，是指笔画间的交叉、连接和比例关系以及合体字各组成部分间的配置关系。狭义的笔画搭配，是指笔画间的相互位置和长短大小关系，此处属于狭义的概念。书写汉字，要求笔画之间搭配合理、比例匀称。笔画间的搭配关系主要表现形式有：相邻笔画的相离位置关系、独体字笔画间的整体比例关系。笔画搭配特征既包括笔画间相互交叉的比例关系特征，又包括独体字整体关系特征。笔画间搭配关系可能出现四种以上的搭配关系特征，所以笔画交叉与搭配特征两者既有区别又有联系。

（三）笔画连接特征

笔画连接特征是由两个或两个以上笔画构成独体字或合体字的组成结构单位时，行笔中途没有停笔、收笔动作而由一笔写成所构成的特征，这种特征常常出现在行书和草书笔迹中。连笔特征主要表现在如下三个方面：

1. 笔画连接的部位：有无连笔习惯、连接位置的特点。

2. 连接笔画的运笔方向：由于笔画连写，在环绕、转折部位往往出现较为特殊的运笔方向。有些细微的运笔动作方向是确定摹仿笔迹的重要依据。

3. 连接笔画的形状：由于连笔方法和运笔方法不同，连接笔画的环绕、转折动作便构成了特殊的外部轮廓。

（四）笔画断连特征

有的人书写某些字把该连续书写的笔画隔断开来，重新起笔书写，而把某些该间断书写的笔画，超出笔顺规则连续书写。这种该连不连、该断不断的书写动作特点，习惯上称之为断连特征，而实际上是一种错写特征。

笔画间交叉、搭配、连接特征，是反映个人书写动作习惯的一个重要方面，是书写动作习惯中比较特殊、稳定的部分，是笔迹鉴定认定书写习惯的一个重要方面。

三、字的结构特征

按照汉字的组字结构划分，汉字有独体字与合体字两种结构形式。独体字是由单个笔画直接组成的单字，没有偏旁部首和其他组成结构，也叫单体字，独体字约占汉字的20%。而合体字是由单个笔画组成结构单位（书法学把一个组成部分叫一个结构单位），再由两个以上的结构单位组成单字，合体字约占汉字总数的80%。所以，研究汉字笔迹特征必须把合体字的各个结构单位的特征作为一个重要方面。而字的结构特征主要表现为以下四种形式：（见表3-2-3）

表 3-2-3　字的结构特征

结构单位的书写形式	
结构单位间的比例关系	
变异结构	
结构单位间的连写形式	

1. 结构单位的书写形式。按照汉字的书写规范，同一种书体每个组成部分都有标准的书写形式。但人们经过自由的书写练习之后，大多摆脱了标准格式的束缚。不同的人书写单字的同一个组成部分，可能表现出不同的书写形式特征。

2. 结构单位间的比例关系。书写汉字时，各个结构单位有合理的搭配比例关系。但很多人不受这种关系的制约形成了一定的特点，其特征表现形式如过于紧挤、过于松散、左右不对称、上下大小不协调、内紧外松、外紧内松等。

3. 违反组字规则的变异结构。按汉字的组字规则和书写要求，书写楷体字时各个组成部分的位置和书写形式的类型是固定不变的。但由于受到不同书体、不同地区的影响，或者书写人长期错误地练习书写，形成一种与组字规则不相符合的变异结构。这个变异结构一种是改变合体字组成部分的位置，如上下结构变成左右结构、左右结构变成上下结构；另一种是改变部分的类型，如将单人旁变成双人旁。

4. 结构单位间的连写形式。有的人常在字的某一部分或某几部分之间出现固定的连写习惯。

字的结构特征具有一定的特定性，但由于这类特征比较醒目，稳定程度相对较小，尤其是摹仿笔迹、随意伪装笔迹往往首先改变这类特征。而其改变的规律往往是单字起笔部分和收笔部分的特征变化大，居于单字中间部分的结构特征多数比较稳定。

四、笔顺特征

(一) 笔顺的种类

笔顺，是指书写汉字的笔画和组成部分的先后顺序。笔顺一般可分为规范笔顺、通用笔顺和特殊笔顺。

1. 规范笔顺。汉字笔画多，组字结构复杂，书写时为了提高书写速度，避免运笔错乱，达到字形美观、实用的目的，经过长期实践而约定了笔顺要求。随着汉字的发展演变，先前的笔顺要求逐渐演变成了人们共同遵守的笔顺规则。书写汉字笔画之间的顺序是：先横后竖、先撇后捺、先钩后挑。书写合体字各结构单位的顺序是：先左后右、先上后下、先中间后两边、先内后外、先外后内、先外框后中央。按照上述规则书写汉字形成的笔顺叫做规范笔顺。规范笔顺是根据汉字形体结构特点和书写运动规律总结的结果，大多数人书写汉字都能遵守笔顺的规则，规范笔顺成为人们书写的共同特点。因此在笔迹检验中，规范笔顺价值不大，不能作为笔顺特征。

2. 通用笔顺。由于汉字体式多样，部分字或偏旁部首在笔顺规则所允许的范围内，又形成了另一种笔顺书写方式，并且在人们的书写活动中有一定的出现率。这种笔顺叫做通用笔顺。通用笔顺是指不符合规范笔顺的书写规则，但为适应书体要求可以通融使用的笔顺。

3. 特殊笔顺。所谓特殊笔顺，是指明显违反汉字笔顺规则，出现率较低的笔顺。笔迹学研究的笔顺特征，仅限于特殊笔顺。特殊笔顺是在少数人笔迹中出现的，是反映个人书写习惯体系的一个重要方面。

（二）笔顺特征的表现形式

笔顺特征的表现形式有：特殊的笔画书写顺序、合体字组成部分间的特殊书写顺序、单字组成部分间的交错顺序和特殊的运笔方向。（见表3-2-4）

表3-2-4 笔顺特征

特殊的笔画顺序	我 我 共 共 建 主
结构单位间的书写形式	唐 荡 （只） 志（志） 國 刀（司）
结构单位间的交错笔顺	党 戏 批 凤（回）
特殊的运笔方向	含 有 这（这）

1. 特殊的笔画顺序。特殊的笔画顺序，是指笔画间的书写顺序与规范笔顺不同，如先横后竖写成先竖后横。由于汉字笔画较多，同一种书体的同一个字，可能出现若干种笔顺特征。

2. 合体字各组成部分间的特殊书写顺序。书写合体字，各个组成部分间有固定的书写顺序。但有的人形成了相反的书写习惯，违反各个组成部分间应有的书写顺序，如左右结构的字写成先右后左。这种特征出现率低，特征价值较高。

3. 单字组成部分间的交错笔顺。有的人书写行书、草书时突破该种书体的连写规则,把笔画间、单字各个组成部分间相互有联系的笔画先行丢掉,将整个单字连写完之后再补充应该先写的个别笔画,违反各个组成部分间和整个单字的书写顺序,形成交错笔顺特征。这是笔顺特征中极为特殊的特征。

4. 特殊的运笔方向。少数人书写个别单字时,起笔、行笔、收笔动作方向与规范的书写动作相反,出现特殊的运笔方向特征,如横画形成右起笔向左行笔的特征。

(三) 笔顺特征的判定

行书、草书的笔顺特征,可以从连笔动作及其相互关系上判定。对于楷书和其他慢速书写不能连笔的书体笔迹无连笔动作,发现和判定笔顺特征可采用以下方法:

1. 根据笔画起收笔反射动作之间的相互关系。一个笔画的起笔动作特点,可以反映出与上一个笔画的联系;一个笔画收笔动作特点,可以预示与下个笔画的联系。因此,笔画间起收笔动作特点,是判断笔顺特征的有力依据。如果相邻的两个笔画之间存在着一种自然的连写动作或潜存着某种意连倾向,即可判定它们间的先后顺序。

2. 根据单字中某些关键性笔画的运笔动作趋势。有些书体笔迹,起收笔之间并无反射动作表现,前后相邻笔画也不在一个方向上,此时可根据某些笔画的运笔趋势,推断相邻笔画的先后顺序。

3. 根据相同的相邻笔画的间距。书写时,由于人的视力习惯,连续顺向书写相同的几个笔画,笔画间距均匀。如中途停笔转向书写其他笔画后,再返回书写与原来相同的笔画,多会改变相同笔画间的距离,出现与原来书写的相邻笔画距离不一致的特征。

4. 根据单字各个组成部分的布局是否合理。如果单字的各个组成部分违反了正常的书写顺序,在单字的整体布局上出现不协调、不匀称的现象,这种特征多出现在左右结构和内外结构单字中。

5. 根据笔画交叉部位的特点。当两个以上笔画相互交叉时,先写的笔画与后写的笔画在交叉点上会出现不同的特点。不同的书写工具书写的笔迹,笔画交叉点的特征不完全一样,检验的方法也有区别,但其基本的方法是用放大镜或低倍显微镜观察笔道压痕,压在下面的笔画不完整,墨迹被截断,属于先写的笔画;压在上面的笔画完整,交叉点上墨迹未被截断,属于后写笔画。

(四) 笔顺特征的运用

运用笔顺特征,要注意区别书体并分析书写人书写技能的高低。楷书的笔顺特征一般比较稳定和特殊,加之此种书体的笔顺很不醒目,书写人自己和其他人都难以察觉，自己随意伪装和被他人摹仿的可能性也较小。行书、草书笔迹的笔顺特征，因规范笔顺不止一种，书写水平较高的人，书写同一个字常出现多种形式的笔顺特点。这种笔顺特征相对来说鉴定价值低一些。书写水平较低的人，如因心情紧张或书写速度较快，可以使习惯的笔顺变成偶然性的笔顺，若书写不常用的字，或书写笔画复杂，不认识的生僻字也容易出现偶然性的错误笔顺。所有这些都要与书写习惯区别开来。书写水平较高的人，书写同一个字可能有几种笔顺习惯。同时，这种人也容易改变自己的笔顺特征。

五、特殊字

汉字结构复杂、形体多样，在文字规范以外还存在着各种不同的写法。1956年1月28日国务院全体会议通过并正式公布了《汉字简化方案》。1964年2月公布了《简化汉字总表》，共推行了2238个简化字，简化并废除了2246个繁体字，这是我国文字的现行规范字。现行规范字是国家规定在印刷出版和教学中通用的字。现行规范字具有较强的时代特点，规范字的使用数量和书写准确程度与书写人的年龄和职业有关。只有一定年龄阶段的人，书写的手稿中才会出现较多而且准确的规范字。简化字公布以后接受正规教育的人，手稿中使用简化字多而正规。从事教育工作的中小学教师（尤其是语文教师）和从事缮写、编辑、印刷排字的人在使用规范字方面具有明显的职业特点。而特殊字是现行规范字以外而又在一定范围内通用的字。这类特征多数属于共同性习惯的表现，少数是个人特定性习惯的表现。特殊字的主要表现形式有：

（一）错别字

错别字特征具有一定的特定性和稳定性，特别是书写技能较高的人，在书写速度适中、书写动作流利的笔迹中出现的错别字特征，能够反映书写人的一部分动作习惯。（见表3－2－5）

表3－2－5 错字特征

错　字	展(展) 局(局) 杂(杂) 贼(贼) 认(认) 社(社)

错别字包括错字与别字两种。错字是书写人对字的基本笔画和结构不了解或掌握不准确而写错的字。错字是文字形态的错误，是汉字体系中根本不存在的字。错字的表现形式有两种：一是因增减笔画形成的错字，二是因结构错误形成的错字。错字特征在笔迹检验中具有较高的价值，这是因为错字具有较强的稳定性。错字是由于书写人主观认识上的原因，在其并不觉得该字形态不正确的条件下无意形成的习惯，以后即使自我察觉到该字的形态不正确，也不愿意纠正。形

成错字习惯的原因，从生理学上讲，是由于条件反射活动出现分化的结果。我国有的学者认为，错字是由于有人出于偏爱心理而形成的明知有错也不愿矫正的错误习惯。它与偶然性笔误不同。偶然性笔误是由于条件反射活动产生泛化的结果，是由于临时主观原因和某些客观原因而形成的，偶然性笔误不能反映书写习惯的本质属性。

别字是把甲字写成乙字，即字的结构书写正确，但使用错误。别字的表现形式主要有三种：①同音别字，是因字音相同或相近而误用的字（有的与方言有一定关系，又称方音别字）；②形近别字，是因字形相近分辨不清而误用的字；③义近别字，是因字义相近但形、音不同而混用的字。别字是出现率较低的特征，具有一定的鉴别意义。但由于文化水平较低的人（特别是同一方言区的人），容易在一些常用字出现相同的别字。

一般情况下，错别字特征价值与文化水平高低成正比，文化水平愈高出现错别字愈少，而其特征价值愈高；文化水平愈低出现错别字愈多，而其特征价值相对较低。在使用错别字特征时值得注意的是：应以标准字的书写规范作为衡量依据，切勿以鉴定人的习惯为分析标准；要注意分辨错别字的性质。运用这种特征，要注意区分是书写人错别字习惯还是偶然性笔误。

（二）异体写法

异体写法，是指与现行规范写法同音同义而不同形，并曾经被社会规范所认可的那些字。

1. 繁体字。繁体字是与简化字相对而言的，是现行通用简化字的本体字。繁体字是在简化字通用前长期通用的规范字，书写繁体字也是一种书写习惯。文书物证中繁体字的多少及其书写准确程度，与书写人的年龄、职业和居住地域范围有密切联系。

2. 旧异体字。旧异体字，是指汉字改革前同当时的规范字并存通用，后来在整理异体字时被停止通用的字。在分析文书物证时要把旧异体字与错别字区别开来。前者是了解文字知识和古典书法艺术而使用旧异体字，后者是不懂文字结构而使用错误。

3. 曾用简化字。曾用简化字，是指文字改革委员会在 1977 年公布试行，后于 1986 年由国家宣布废止的《第二次汉字简化方案（草案）》中的简化字。曾用简化字由于曾经试行适用，在学生中和社会上使用范围较广。

（三）习俗简化写法

习俗简化写法是在一定范围内流传使用的非规范简化字。这类写法结构简单，字形简化，有的在社会上有较高的出现率。习俗简化写法大致分为两类：

1. 地区性习俗简化字。这种写法通常是在某个地区范围内使用，与当地方

言有一定的关系。(见表3-2-6)

表3-2-6　地区性习俗简化字特征

地区性习俗简化字	扣(输) 和(稻) 伂(警) 杦(楼) 仔(儒) 化(像)

2. 职业性习俗简化字。其是指在某个职业领域中流行使用的非规范简化字。在一定行业范围内，人们对本行业使用频率较高的字，为了书写便捷而自行简化。(见表3-2-7)

表3-2-7　职业性习俗简化字特征

职业性习俗简化字	㳇(酒) 芓(菜) 伩(饭) 俑(载) 鍵(锅) 鈇(铁)

习俗简化写法是在某一范围内约定俗成的。因此，其特征价值应视该写法在涉嫌范围内的出现率而作具体分析。

（四）简缩写法

简缩写法，是指一个词语中的部分字或偏旁部首拼凑成一个字的特殊写法。简缩写法具有速写功能，但与专门的速记符号有别。不同词语的简缩写法，其使用的范围大小不同。有的在全国范围流行，有的局限在某个行业或地区范围内使用，还有的仅为少数人所用。所以，评断简缩写法的特征价值，要结合涉嫌范围和案件的具体情况综合分析。

（五）外来写法

外来写法，是指从使用汉字的其他国家传入的不符合我国汉字规范的写法。这类字相当一部分是汉字在历史发展中先后传入与我国相邻的国家，又经过变异从国外传入。在我国，外来写法主要包括在东北地区出现的日文汉字、东南沿海地区出现的东南亚文字。随着改革开放的不断扩大，中外经济、文化交流的不断发展，外来写法将不仅仅局限在某一地区或老年人身上。(见表3-2-8)

表3-2-8　外来写法特征

外来字 (日文汉字)	処(处) 伝(传) 広(广) 沢(泽) 実(实) 庁(厅)

【任务实施】
一、任务目的
通过该节的学习，熟悉和掌握在笔迹鉴定中笔迹细节特征的分析、描述与标示的说明方法，特别需要掌握细节特征的文字描述格式和符号标示方法，学会分析细节特征的规律性和独特性，并判断其特征价值。

二、任务设备
黑色钢笔、黑色铅笔、红色铅笔、橡皮；削笔器、刻度尺、马蹄镜；检验记录表、带格线的稿纸、草稿纸（透明）。

三、任务指导
笔迹细节特征是一个微观概念，它体现的是笔迹材料某个细微部分的个性特征。分析笔迹材料的细节特征，应分析总结在相同笔画（同位）、相同偏旁部首（同位）、相同单字中表现出来的固定的、有规律的特征形态。而这些特征是依附于其所出现的单字、偏旁部首或笔画的，因此分析笔迹材料的细节特征，不能依照实验中所列举的特征种类顺序来进行，而只能依照细节特征所依附的单字、偏旁部首或笔画在笔迹材料中出现的顺序来进行。

四、任务组织
每位学生各自在带格线的稿纸上自由书写一份笔迹材料，并签字署名、注明书写日期。学生两人为一个实验小组。每个实验小组内成员相互交换各自书写的笔迹材料，观察分析对方的笔迹材料，并在检验记录表的检材栏内说明其笔迹细节特征。

五、评分标准
检验格式标准、文字描述简洁、特征标示正确。

六、操作注意事项
1. 分析笔迹材料的细节特征，不能依照实验中列举的特征种类顺序来进行，只能按照细节特征所依附的单字、偏旁部首、笔画在笔迹材料中出现的先后顺序进行排列。一个单字、一个偏旁部首或一个笔画中可能含有一个种类的特征，也可能含有几个种类的特征；可能含有一个特征形态，也可能含有几个特征形态；它们是一个有机的整体。我们不能简单依照特征种类或特征形态来划分特征，而应依照特征所依附的单字、偏旁部首、笔画来划分特征，并且我们不能把一个单字、一个偏旁部首或一个笔画中的特征按照特征种类或特征形态来划分，把它生硬地、机械地分成几个特征来说明，而应将一个单字、一个偏旁部首或一个笔画中所有的特征种类作为一个整体形态、一个完整的特征、一个有机的整体进行说明。

2. 检验记录表中细节特征的说明应以文字描述为主、举例说明为辅——文字描述应全面细致地体现特征形态，而举例说明只是更加直观地体现个别特殊的特征形态。在细节特征的标示中应注意区别各种细节特征不同的标示方法和标示符号。对细节特征进行文字描述时语言应简洁流畅——不能有错别字或句式错误、不能有重复啰唆的语句、不能有自相矛盾的语句；语言也应慎重准确——描述的特征形态应符合笔迹材料的具体情况，不能随意描述特征形态。说明细节特征时文字描述与举例说明（特征标示）应上下一致，而不能有前后矛盾之处。

3. 分析笔迹材料的细节特征，应通过相同单字、相同偏旁部首、相同笔画之间的观察比较来确定特征形态是否稳定一致，并不是每个字、每个偏旁部首、每个笔画都具有特征。只有脱离了文字手写体规范的、特征形态稳定一致的才是特征，才具有一定的特征价值。只有具有一定特征价值的细节特征才能对作出鉴定意见有帮助，才能被列举在检验记录表中。

4. 细节特征的寻找分析是制作特征比对表的基础，而特征比对表是制作鉴定意见书的基础。细节特征比一般特征价值更高，对作出鉴定意见起着决定性的作用。细节特征寻找得越全面、越充分，特征种类越丰富、越多样，对书写习惯的反映就越真实客观。因此，特征比对表能真正反映书写人的书写习惯，鉴定意见才能更加准确客观。

5. 在实验过程中应注意保持笔迹材料的原貌：不得直接在笔迹材料上标注页数、行数；不得直接在笔迹材料上勾画书写；不得直接在笔迹材料上套摹笔迹；不得污染损坏笔迹材料。

【技能测试】

仔细观察笔迹材料，总结和分析在相同笔画、相同偏旁部首、相同单字中出现的细节特征，用文字描述和符号标示的方法在检验记录表中标示与说明细节特征，并学会判断其特征价值。

任务三　认识文字布局特征

【知识点】
1. 文字布局特征的特征层次。
2. 文字布局特征的特征价值。

【技能点】
文字布局特征的特征层次和特征价值的判定与分析。

【任务导入】
文字布局特征是全篇笔迹在纸面上的分布特点。文字布局特征是一个宏观概念，它是个人书写运动习惯和空间安排习惯的综合反映。在书写运动过程中，文字布局特征会自然反映出来，是书写人不太注意伪装的特征。但是，文字布局特征容易受到书写客观环境的影响，如纸张的大小、是否有格线限制、书写空间是否充裕、书写姿势等。我们观察分析一般特征应从整篇笔迹布局的总体情况出发，并根据文字布局的绝大部分情况来确定文字布局特征的特征层次。通过示例笔迹（见图3-3-1）分析描述文字布局特征，并确定其特征价值。

图3-3-1 示例笔迹

【相关知识】

文字布局特征是书写动作习惯与空间布局习惯的反映，是手写文字符号在书写面上的特殊分布状况。文字布局特征具有较强的稳定性，它在正常笔迹，尤其是伪装笔迹的鉴定中具有一定的价值。

一、字行的方向与形态

字行的方向与形态特征具体包括三个方面的内容：字行的方向、字行的形态和字行与格线的关系。字行的方向是多个字排列所构成的实际格线方向和倾斜状况。全国推广简化汉字后，多数人遵照横行左起的书写规定，少数人仍保留竖行右起的习惯，个别的还表现出竖行左起或横行右起的特点。按照现行规范，与稿纸格线相对照，字行的方向有上倾、下倾和端正。字行的形态是字行的整体形态弯曲、平直或者倾斜的状况。字行的形态有直线型、上弧型、下弧型、波浪型和不规则型。字行与格线的关系，是指字行与稿纸格线所形成的位置关系。通常情况下，字行与格线的关系有字行紧贴格线下缘书写、紧贴格线上缘书写、满行书写和压格线书写。

二、字间距、行间距

字与字之间，字行与字行之间能表现出一定的疏密特征。字间距，是指书写人在书写过程中所形成的固定的字与字之间的位置距离。一般字间距大于半个字为松散、等于半个字为适中、小于半个字为紧凑。行间距，是指书写人在书写过程中所形成的固定的行与行之间的位置距离。行间距一般要受稿纸格线限制。若在没有格线的纸上书写，书写人的行间距习惯会自然地表现出来，这种特征相对稳定一些。如果文书中字行末端出现规律性的疏密特点，这多为书写人职业习惯的表现。一般行间距大于 1 个字为松散，等于 1 个字为适中，小于 1 个字为紧凑。

三、提行和空格特点

文字手稿的分段提行与空格有其规范要求。文稿表达完一个独立完整的内容文字应当分段，写完一个段落后要表达另外的内容应当提行。每一小段的第一行要低起两个字，叫做空格（俗称缩头）。回行才能顶格书写。

由于人们从事书写活动的主观条件不同，如是否经过正规的语言或书法学习，是否接受过书写职业训练等情况，书写文字手稿时就会出现不同的提行与空格特点。有的人书写较长的文字手稿一律不分段、不提行，有的提行不空格，有的空格 1 个字或 3 个字以上，有的空格不匀称，等等。

四、页边形式

页边，是指在留有笔迹的整页纸张四边所留的空白部分。上边称为"天头"，下边称为"地脚"，两边称为左边、右边。有的人习惯四边都留页边，有的人只是三面、两面甚至一面有页边，有的人上下左右四面页边整齐一致，有的上宽下窄或者相反，有的左宽右窄或者相反。页边的形状有直线形、波浪形、梯形等。

五、程式语和标点符号的位置

书写应用文，程式语的格式是固定的。这主要表现在标题、称呼、问候语、祝颂语、自称、署名、日期、附加语、批注等方面。有的人在练习和学习过程中不遵守应用文的固定格式，形成一定的习惯。在书写时程式的位置安排十分特别，形成一定的个人特点。

标点符号在纸上的分布位置也是书写习惯的一种表现。按照汉字书写形式的要求，标点符号应置于字间右下 1/3 处，但有的人习惯把标点符号安排在字行行线上，有的标点符号紧挨结尾的字，有的与结尾的字距离较远。

【任务实施】

一、任务目的

通过该节的学习，对文字布局特征有一定的理解和认识，并能判断其特征层次和特征价值。通过该节的任务，熟悉和掌握在笔迹鉴定中文字布局特征分析、标示与说明的方法。

二、任务设备

黑色钢笔、黑色铅笔、红色铅笔、橡皮；削笔器、刻度尺、量角器；检验记录表、带格线的稿纸、草稿纸（透明）。

三、任务指导

文字布局特征是全篇笔迹在纸面上的分布特点。文字布局特征是一个宏观概念，它是个人书写运动习惯和空间安排习惯的综合反映。我们观察分析文字布局特征应从整篇笔迹分布的总体情况出发，并根据笔迹材料中文字布局的绝大部分情况来确定文字布局特征的特征层次。

四、任务组织

每位学生各自在带格线的稿纸上自由书写一份笔迹材料，并签字署名、注明书写日期。学生两人为一个实验小组。每个实验小组内成员相互交换各自书写的笔迹材料，观察分析对方的笔迹材料，并在检验记录表的检材栏内列举说明其文字布局特征。

五、评分标准

检验格式标准、文字描述简洁、特征标示正确。

六、操作注意事项

1. 文字布局特征的说明必须严格按照特征种类的顺序，规范按照特征说明的格式，着重按照特征描述的方法具体说明其特征层次，并举例说明其特征层次，用红色铅笔标示特征层次。在特征标示中注意区别各种特征不同的标示方法和标示符号。

2. 文字布局特征是一个宏观概念，它是个人书写运动习惯和空间安排习惯的综合反映。因此，文字布局特征层次的确定应建立在整篇笔迹分布的基础上，而举例说明时选取的字或字行应能代表文字布局的整体水平状况，一般应选择在整篇笔迹中普遍出现的、水平居中的字或字行。

3. 对文字布局特征进行文字描述时语言应简洁流畅——不能有错别字或句式错误，不能有重复啰唆的语句，不能有自相矛盾的语句；语言也应慎重准确——列举的特征层次应符合笔迹材料的具体情况，不能为了自己列举的错误的特征层次而随意描述笔迹特征或胡乱捏造理由。说明文字布局特征时文字描述与举例说明应上下一致，而不能有前后矛盾之处。

4. 在实验过程中应注意保持笔迹材料的原貌：不得直接在笔迹材料上标注页数、行数；不得直接在笔迹材料上勾画书写；不得直接在笔迹材料上套摹笔迹；不得污染损坏笔迹材料。

【技能测试】

仔细观察笔迹材料，从整篇材料笔迹分布的总体状况分析其文字布局特征，确定其特征层次、分析其特征价值，将其一一记录在检验记录表上。

任务四　认识书面语言特征

【知识点】

1. 书面语言特征的特征表现。
2. 书面语言特征的特征价值。

【技能点】

书面语言特征的特征表现和特征价值的判定与分析。

【任务导入】

书面语言习惯是笔迹特征体系的一个组成部分。研究书面语言特征习惯的规律特点及运用方法，是笔迹学的任务之一。书面语言特征具有一定的特定性和稳定性，书面语言特征是分析书写人的文化程度、年龄阶段、居住地区、职业身份等个人特点的重要依据。通过示例笔迹（见图 3-4-1）分析描述书面语言特征，并确定其特征价值。

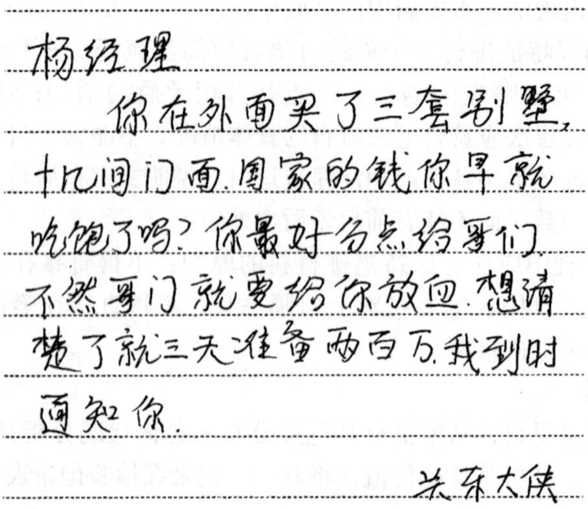

> 杨经理
>   你在外面买了三套别墅，
> 十几间门面国家的钱你早就
> 吃饱了吗？你最好分点给哥们
> 不然哥们就要给你放血。想清
> 楚了就三天准备两百万，我到时
> 通知你。
>   关东大侠

图3-4-1 示例笔迹

【相关知识】

笔迹学研究的书面语言主要是对手写文字而言的。书面语言习惯是从文字的声音、意义、词汇、语法、文章内容等方面所反映出来的语音习惯、语法习惯、词汇习惯和思维活动习惯。书面语言习惯也是动力定型的一种表现。书面语言习惯是通过人的高级神经活动中枢的语言运动分析器、语言听觉分析器、语言视觉分析器的协调活动，在大脑皮层逐步建立起字音、字形、字义的一种神经联系，形成一定的语言习惯，并通过书写运动器官的活动，使其从手写文字符号中表现出来。

一、词汇特征

词汇是一种语言全部词语的总和。词汇包括词和语两个方面。任何一种语言，都是依靠它的词汇按照一定的规则组织起来的。各种语言中，词汇比语音、语法有更多的共同性规律。词汇特征与语法特征比较起来，它的稳定性小一些。词汇体系中，词的分类方式很多。在笔迹学中研究书面语言习惯的词汇特征，是按照词汇习惯的性质和在侦查、笔迹鉴定中的意义来划分类型的。

（一）专用词汇

专用词汇，是指各门科学、各个专业工作具有特定意义的专门术语。一般包括自然科学术语、哲学和社会科学术语、文学词汇、公文词汇、程式语、行业词汇，等等。自然科学术语，是指用于表述各门自然科学和技术科学的概念、公式、定理、定律、成果等方面的词汇。哲学和社会科学术语与自然科学术语的要求和特点相同。文学词汇多以形象描绘和感情渲染为其特色。公文词汇，是指多用于国家的政令、法令、文书和政治思想生活的术语，具有很强的综合性。程式语是书写应用文时通常使用的一些属于格式性的规范词语。行业词汇是社会上从事不同专业工作的人，为了适应自己行业的特殊需要使用的词语。文书中行业词语的数量及其准确程度与书写人的职业范围有一定联系。

（二）熟语

熟语是汉语词汇的特殊成分。它是由定型的现成词组或现成句子构成的，比一般的词包含的内容丰富，在语言中有特殊的表达效果。手稿中使用熟语的范围、多少和准确程度与书写人的文化程度、知识结构、职业身份、民族特点有一定的联系。熟语一般包括成语、谚语、歇后语、格言等。成语是长期以来人们袭用的特殊词语，有简洁精辟、概括性强的特点。成语大多由四个字组成，并有其产生的历史渊源。谚语是流传在人民群众口头上的定型的现成句子。它运用比喻、夸张、对偶、比拟、对比等修辞手法，以通俗、简练的句子反映深刻的道理。谚语多用于表示推理或判断，句型不固定。谚语的种类很多，有政治谚语、哲理谚语、劝诫谚语、风土谚语、农谚和生活知识谚语多种。歇后语是流传在人民群众口头上的现成句子。它把一个完整的句子分成两截表述，前一截是比喻或隐语，后一截是解释或结果。生活经验、社会知识丰富的人，掌握的歇后语较多。格言是含有教育意义的成语，流传范围广，并作为群众的行为规范。

（三）方言词汇

方言是一定地区范围内的人所使用的民族语言的分支，是语言地域性变体，服务于某一地区的全体人民。方言有自己独特而完整的语音、词汇、语法系统。方言词汇特征在书面语言中容易反映出来，对于分析书写人的居住范围和籍贯具有一定意义，它主要表现在三方面：

1. 同义词别：同一个事物、同一个概念用不同的词表示，即意同字不同。如普通话中的"酱油"，潮州说"豉油"，广州说"白油"，成都说"豆油"。

2. 同词异义：一个词在不同的方言区表示不同的意思。如"话"在普通话中意为"言语"，而在粤方言则意为"说"。

3. 同义形别：同一个概念或事物，在不同的方言区词的构形不同。如普通话中的"客人"，在闽、粤、客家方言中则为"人客"。

（四）隐语

隐语是个别集团或特殊职业者，为了隐瞒自己的思想和行为，以便进行特殊活动而创造的词语，它是社会语言的变种。隐语按其性质和作用，可分为暗语、黑话和俚语三类。暗语是少数人或个别集团用于秘密交流思想的工具，好人和坏人都可能使用。有用于联络工作的暗语，也有用于沟通行情的暗语。暗语由于保密性强，多是使用前临时商定，适用范围窄，稳定性小。黑话是坏人用于秘密交流思想的特殊语言，尤其是刑事犯罪分子的黑话很多。黑话的特点是语句较短、内容隐晦、表意形象。有用于结交、联络的黑话，有用于销赃、窝赃的黑话，有用于称谓的黑话，有用于表示数目、方向和地点的黑话。在侦查中还要分析研究俚语。俚语多以诅咒谩骂的形式表达，是极度轻蔑、粗俗的词语。俚语是一定阶层的人使用的社会习惯语言，如"哥儿们""兄弟伙""狗杂种"等。根据文书中使用暗语、黑话、俚语的数量、侧重点和准确程度，有助于判断书写人的身份、居住地区范围等。

（五）宗教、迷信词语

宗教词语是一种特殊词语，每种宗教都有一些特殊的词。而迷信语言多带有神奇、鬼怪色彩。文书中的宗教、迷信词语，是反映书写人身份和思想信念的依据之一。并且宗教语言和迷信语言对群众语言都有一定影响。因此，在运用这种语言特征时，首先要判断是何种宗教的语言，分析是具有迷信思想的群众还是迷信职业者的语言。

（六）外来词

随着社会的发展，根据政治、经济、文化的需要，一个民族的语言往往需要从自己内部其他民族、别国的语言词汇中借用或吸收一些成分。这种从其他民族和外国的语言词汇中吸收进来的词，即是外来词。我国汉语词汇中，主要有借用满语、英语、俄语、日语、马来西亚语形成的外来词。外来词对汉语的渗透较为广泛，如果与案件有关的文书使用外来词多、准确而又偏重在某种语言上，可以表明书写人文化程度高，阅读外国或其他民族的书刊多，甚至可能通晓某种语言，进而为判明书写人的职业和所在地区提供依据。

二、语音特征

笔迹学研究书面语言的语音特征，主要侧重在方言语音方面，目的在于为分析书写人的居住地区和籍贯提供依据。

各个方言区都有自己的语音特点。不同方言区在语音习惯上存在着较大的差别，同一个字的读音有明显的不同。这种语音差别在书面语言上表现为方音别字。笔迹学所说的方音别字特征，主要是由各方言区语音习惯的差异形成的。方音别字特征是分析书写人居住地区和籍贯的重要依据之一，尤其是文化程度较高的人，这种特征更加稳定和特殊。

三、语法特征

语法是词的构成、词的变化规则和组词成句规则的总称。汉语的每一句书面语言，都可以分解成若干个词和词组，而这些词和词组都是按照一定规律构成的。所以，语法就是指语言的词句组合规律。由于人们对语法规则掌握的程度不同、用词组句的习惯不同以及受方言语法的影响，不同人之间或在一定地区的人群之间便会出现不同的语法特征。语法结构是语言中最稳定的部分，一个人或一个方言区的语法习惯也是比较稳定的，汉语语法特征主要表现在五个方面：

（一）虚词特征

虚词是抽象的，没有实在的意义，包括连词、介词、语气词、叹词等。在很多人的书面语言中，使用虚词都有一定的习惯。

（二）不合规范的构词特征

每种语言的构词造句都有其自身的规则。但有的人或者因为文化水平低，或者因为平时不重视学习和运用语法知识，在其书面语言中常会出现错误的构词，加之每个人使用不规范的词并不完全相同，所以不规范的构词对于分析书写人的特点和笔迹鉴定都有一定作用。不合规范的构词特征，主要表现在生造词、主客颠倒、句式残缺、句子成分搭配不当、结构混乱、关联错乱等方面。

（三）句子形式特征

文化程度较高的人，句型特征比较稳定。有的习惯用长句，有的习惯用短句；有的句式结构完善，有的惯用残缺句子；有的造句简练，有的句子复杂，爱用过多的附加成分。

（四）方言语法特征

汉语方言语法，虽不如语音、词汇特征差别大，但不同方言区也有一定的语法特点。尤其是闽、粤、客家三个方言区的语法特征与普通话差别较大。

（五）标点符号特征

标点符号是现代书面语言不可缺少的辅助部分。成年人在书面语言中使用标点符号都有一定的习惯。有使用标点符号完全正确的，有只会使用一种点号的（多是句号或逗号），有全篇不用标点符号的，有乱用点号和标号的，有在使用某些点号时出现习惯性错误的。研究标点符号的使用习惯，有助于分析书写人的年龄、职业和文化程度。标点符号在文书中没有实际意义，书写比较简单，因而容易被书写人忽视，所以在伪装或变化笔迹的鉴定中有重要价值。

【任务实施】

一、任务目的

通过该节的学习，对书面语言特征有一定的理解和认识，并能判断其特征表现和特征价值。通过该节的任务，熟悉和掌握在笔迹鉴定中书面语言特征分析、标示与说明的方法。

二、任务设备

黑色钢笔、黑色铅笔、红色铅笔、橡皮；削笔器、刻度尺、量角器；检验记录表、带格线的稿纸、草稿纸（透明）。

三、任务指导

书面语言特征是从文字的语音、意义、词汇、语法、文章内容等方面所反映出来的语音特征、语法特征、词汇特征和思维活动特征。分析整篇笔迹材料的大致情况,从词汇的种类(专用词汇、熟语、方音词汇、隐语、宗教迷信词汇、外来词汇等)、字的写法(繁体字、简化字、异体字)、错别字的多少、书写格式的规范程度、辞藻的丰富或贫乏程度、词句逻辑关系的严密程度、言语的书面化或口语化程度等方面来分析书面语言特征,由此分析书写人的职业、年龄、文化程度及其爱好。在检验记录表上写出对该篇笔迹材料的分析结论及相应的理由,具体解释专用词汇、熟语、方音词汇、隐语、宗教迷信词汇、外来词汇、繁体字、简化字、异体字、错别字等出现的原因,对书写人的年龄、文化程度、职业爱好等进行分析判断。在笔迹材料中选择最具有普遍代表性的几个错别字、繁体字、简化字、异体字,举例说明到文字描述的下方,并在每个错别字、繁体字、简化字、异体字后面用括号标明正确的写法。

四、任务组织

每位学生各自在带格线的稿纸上自由书写一份笔迹材料,并签字署名、注明书写日期。学生两人为一个实验小组。每个实验小组内成员相互交换各自书写的笔迹材料,观察分析对方的笔迹材料,并在检验记录表的检材栏内列举说明其书面语言特征。

五、评分标准

检验格式标准、文字描述简洁、特征标示正确。

六、操作注意事项

1. 书面语言特征是一个宏观概念,它是语音特征、语法特征、词汇特征和思维活动特征的综合反映,主要从文字的语音、意义、词汇、语法、文章内容等方面进行分析。因此,书面语言特征的分析应建立在整篇言语内容的基础上,而举例说明时选取的字词句应能代表整篇笔迹材料的整体水平状况,一般应选择在整篇笔迹中规律稳定出现的字词句。

2. 对书面语言特征进行分析描述时语言应简洁流畅——不能有错别字或句式错误,不能有重复啰唆的语句,不能有自相矛盾的语句;语言也应慎重准确——列举的字词句应符合笔迹材料的具体情况,不能为了自己的错误分析而胡乱捏造理由。说明书面语言特征时分析描述与举例说明应上下一致,而不能有前后矛盾之处。

3. 在实验过程中应注意保持笔迹材料的原貌:不得直接在笔迹材料上标注页数、行数;不得直接在笔迹材料上勾画书写;不得直接在笔迹材料上套摹笔迹;不得污染损坏笔迹材料。

【技能测试】

仔细观察笔迹材料，从整篇材料笔迹分布的总体状况分析其书面语言特征，确定其特征表现、分析其特征价值，将其一一记录在检验记录表上。

第四章　笔迹检验的步骤和方法

内容提要

笔迹检验是通过检材笔迹与样本笔迹之间的比较进行的。为满足检验的需要并得出正确的检验结论，既要求检材和样本符合检验条件，同时在操作中也应遵循一定的步骤和方法，最后还应按照法律要求制作检验文书。本章对笔迹检验的步骤和方法以及相应的笔迹检验文书作了相应的阐述。

任务一　认识笔迹检验的步骤和方法

【知识点】
1. 分别检验。
2. 比较检验。
3. 综合评断。

【技能点】
综合评断中特征本质的评断。

【任务导入】

笔迹检验所要解决的主要问题是确定两部分笔迹是否为同一人书写习惯体系的反映。由于同一人笔迹在自身本质的相同中，又包含着少量的差别与变化。而不同人笔迹在自身本质的差异中，又包含着一定的共同性和规范性。因此，无论是同一人笔迹还是不同人笔迹，在检验过程中既会出现一定数量的相同特征，也会出现一定数量的不同特征，这就给以解决同一认定问题为目的的笔迹检验带来很大的困难。因此，笔迹检验既需要科学的理论作指导，又必须按照科学的程序和方法来进行。

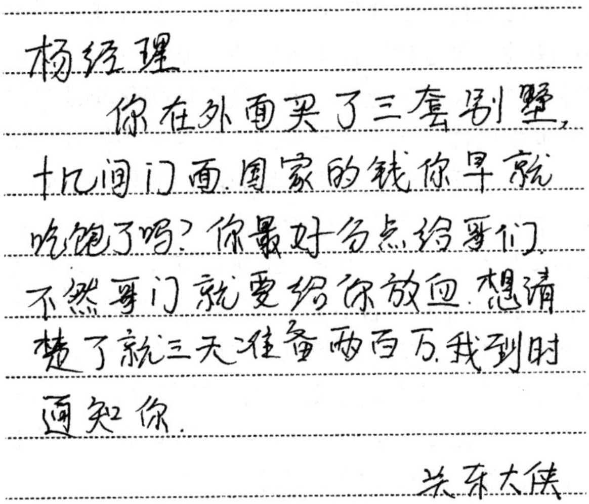
杨经理
你在外面买了三套别墅，
十几间门面，国家的钱你早就
吃饱了吗？你最好分点给哥们，
不然哥们就要给你放血，想清
楚了就三天准备两百万，我到时
通知你。
关东大侠

图4－1－1　检材

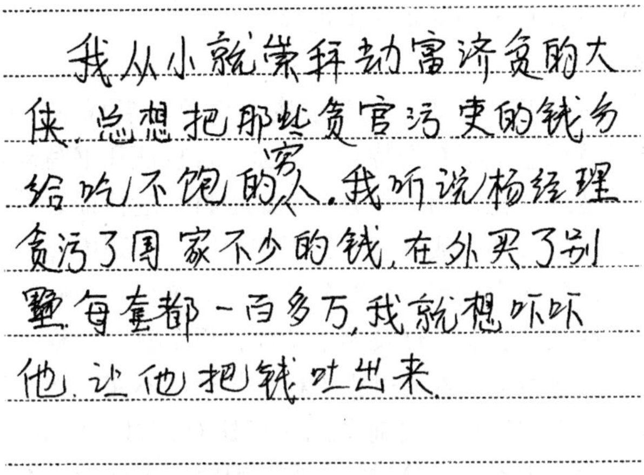
我从小就崇拜劫富济贫的大
侠，总想把那些贪官污吏的钱分
给吃不饱的穷人。我听说杨经理
贪污了国家不少的钱，在外买了别
墅，每套都一百多万，我就想吓吓
他，让他把钱吐出来。

图4－1－2　样本

【相关知识】

笔迹检验的方法是使用同一认定的方法。笔迹的同一认定是在书写习惯形成后，把笔迹所具有的反映性、自身同一性以及总体特殊性作为客观依据，并依照科学的检验程序和方法进行的。一方面，经过反复书写练习形成动力定型的书写习惯的笔迹具有克服干扰、适应非正常书写条件、顽强表现自身本质的特性。因此，不管是正常笔迹还是伪装变化笔迹，其书写习惯都能顽强地从笔迹特征中表现出来。笔迹的反映性为笔迹检验提供了物质基础。书写习惯形成后，由于书写动力定型的稳定性和语言文字规范的约束，其发展变化非常缓慢，从而使笔迹长时期保持其固有的本质属性。笔迹的自身同一性为笔迹检验提供了条件。在书写习惯形成过程中，个体素质和外界言语环境影响的差异，不同人笔迹特征的总和各不相同。笔迹的总和特殊性为笔迹检验提供了鉴别依据。上述笔迹的特性是笔迹检验同一认定的客观依据。另一方面，笔迹在反映书写习惯真相的同时，也掺杂着一些假象；笔迹的自身同一性并不绝对等同，而是包含着差别和变化的同一；笔迹的总体特殊性体现在特征总和中，但尚未有绝对的量化标准，并且不同人书写习惯之间也存在着某些共同之处。因而使得笔迹检验具有复杂性和困难性。为此，笔迹检验不仅需要科学理论作指导，还必须依照科学的检验程序和方法来完成检验过程，进而作出科学的鉴定意见。

笔迹检验的步骤方法不仅是任何笔迹检验都必须遵循和采用的科学步骤和方法，而且还是保证笔迹检验结论正确的重要环节。笔迹检验的步骤为分别检验、比较检验和综合评断。笔迹检验的各个步骤是密切联系的，它们体现了对书写习惯由浅入深，由部分到整体的逐步认识过程。

一、分别检验

分别检验是笔迹检验的基础，它要求按"先检材后样本"的顺序分析确定书写动作一般状况特征、文字布局特征、书面语言特征和书写动作细节特征。由于检材可能出现伪装或变化，因而在分析确定检材笔迹特征之前，必须判明检材是否有伪装和变化，以及伪装或变化的原因和程度。分别检验中检材和样本的检验过程是相同的，但是两个过程必须要分开来独立进行。检验时，先观察记录检材的基本情况——性状、鉴定条件及笔迹特征；再观察记录样本的基本情况——性状、鉴定条件及笔迹特征。检验过程中检材与样本不能互相干扰，必须先检验检材、后检验样本。在进行检验之前不能先行比对检材、样本，以免先入为主，对检验结论形成干扰。观察记录检材的基本情况时，不能看样本或与样本进行比对，必须先将检材的情况完整、详细地记录下来后，才能开始观察样本。

（一）判断检材笔迹的性状与鉴定条件

在进行笔迹特征分析之前，对检材的性状与鉴定条件进行分析是保证笔迹鉴定意见正确的重要条件。

1. 判断检材的性状。笔迹的性状，是指笔迹材料是正常笔迹、伪装笔迹或变化笔迹的状态。正常笔迹、伪装笔迹和书写环境条件引起的变化笔迹都有各自的特点。在分析检材时只要在认真观察的基础上，把认识到的笔迹特点与正常笔迹、伪装笔迹和书写客观条件引起的变化笔迹的特点进行比较，这样就不难判明检材是否有伪装或变化，以及伪装变化的原因和程度如何。

（1）正常笔迹。正常笔迹，是指书写人在正常的生理、心理或书写环境条件的影响下书写所形成的笔迹。正常笔迹能全面地反映书写人的书写技能和书写习惯。正常笔迹的特点是：笔迹熟练程度前后一致，书写水平与语文水平相适应；所有字的大小、间隔基本一致，字行的方向及其与格线的关系前后相同；各种笔画所表现出来的笔力轻重一致，同种笔画的运笔趋势一致，连接自然协调，前后的运笔自成体系，且无怪异的笔画；字的笔画、组成部分间的搭配比例正常，前后一致；相同的字、偏旁部首、笔画所表现出来的特征前后稳定一致。

（2）伪装笔迹。伪装笔迹，是指书写人为了实现某种非法的目的，而故意歪曲自己的笔迹特征，或摹仿他人的笔迹特征进行书写所形成的笔迹。伪装笔迹的手法多种多样，其笔迹特征的变化及其程度也各不相同，因而对伪装笔迹的特点只能作一般的概括。伪装笔迹的基本特点是：笔迹熟练程度前后不一致，书写速度快慢不匀，字体字形前后相异或前后混杂；书写水平与语文水平相矛盾，出现不应有的错别字和语法错误；字的大小不匀、间隔不匀，排列忽高忽低、缺乏整体协调性。有的伪装笔迹整篇字较大，笔画歪曲张扬、结构松散或异常，字的结构松散零乱，单字中偏旁部首和笔画的搭配比例缺乏协调性，各种笔画的运笔生涩呆板、弯曲抖动。有的伪装笔迹还出现修饰重描、行笔停顿等现象，笔力平缓、笔力的变化缺乏节奏感，同种笔画的运笔趋势前后不一致，前后的运笔不成体系，存在怪异的笔画。有的伪装笔迹相同的单字、偏旁部首形态前后完全重叠，其笔画形态、长短、比例、位置完全相同，这属于机械性摹仿。

（3）变化笔迹。变化笔迹的形成原因主要包括书写工具、承受客体、书写姿势、书写环境等诸多方面的变化。变化的具体条件不同，笔迹所表现的特点也不尽相同。变化笔迹的基本特点是：运笔呆板生涩、转折不自然甚至另起笔；连笔较少，书写速度缓慢；因书写中产生不正常的阻力可出现过长或过短笔画，笔画间搭配位置不准，甚至可能出现重叠笔画；字的偏旁部首之间和字与字之间的大小比例不匀称，位置安排不协调；受书写姿势影响变化的笔迹会出现不正常的倾斜现象。

2. 判断检材笔迹的形成方式。书写人在书写过程中，受书写工具、承受客体、书写姿势、书写环境等变化因素的影响所形成的笔迹，统称为书写环境条件引起的变化笔迹。其笔迹的总体变化特点是：字的大小、倾斜程度不均匀，书写速度缓慢；笔压不均匀，笔画的转折、连接等运笔呆板生涩；笔画的长短和组成部分的比例失称，部分搭配位置不准确，甚至有重叠现象。

（1）判断书写工具对笔迹特征的影响。根据笔迹的书写材料，笔画的宽窄是否均匀，笔画的颜色深浅是否一致来判断书写工具。一般圆珠笔书写的笔迹，在用力均匀、速度一致的情况下，笔画的宽窄一致，在速度较快的地方笔画变窄，颜色变淡，在起笔及转折书写的地方笔画颜色较深，对此切不可认为是伪装书写中的停笔再起笔现象。倘若钢笔书写的笔迹表现为某个方向的书写的笔画最宽而与它成90°角的笔画最窄，则表明书写工具的尖部有一定的宽度，可能会影响到某些笔画的正常书写形式，但并不会影响检验。

（2）判断书写材料对笔迹特征的影响。书写材料，一般是从事书写活动的纸张。纸张的品种很多，有书写纸、印刷纸、复写纸和其他特殊用纸。纸张的质量也有很大的差异：有的厚，有的薄；有的光滑，有的粗糙；有的柔软，有的坚挺；等等。而人们的书写习惯都是在适宜书写的纸张上，经过长期书写逐渐形成的。应该说，适宜的纸张是书写习惯得以充分反映的客观条件之一。在书写中，一旦遇到不惯用或不适应的纸张，就会在一定程度上影响书写活动，致使笔迹特征发生变化。

（3）判断承受客体对笔迹特征的影响。笔迹的承受客体若为纸张，书写时纸张衬垫在较平坦而且有一定弹性的物品上，如衬垫物为叠放较厚的纸张，则笔迹的表现正常，书写动作的力量变化均能很好地得到反映。在书写用力的地方，笔迹较宽，凹陷较深；在书写用力较小的地方，笔画的表现较窄，凹陷较浅。书写时纸张衬垫在平坦且坚硬的纸张上，如衬垫物为很薄的纸张直接放在坚硬的桌面上，则笔迹会发生一定的变化：笔画较细，不能很好地反映笔力特征；书写时衬垫在凹凸不平的衬垫物上，则会在某些凹凸的地方呈现相应的笔画弯曲、加宽等变化现象。

（4）判断书写姿势对笔迹特征的影响。人们的书写技能一般是在坐立姿势下经过专门训练形成的，但实际进行的书写活动却不仅限于这一种书写姿势。比较常见的有站立姿势书写，此外还有蹲写、卧写、走动写，甚至还有背手写。遇到特殊的书写环境，还有在过高位或过低位书写。这些非正常的书写姿势都会在一定程度上影响书写活动的协调进行，致使笔迹特征发生变化。

（5）判断书写环境对笔迹特征的影响。书写的外部环境如何，也是影响笔迹形成的因素之一。从事书写活动，除比较安静适宜书写的生活、工作、学习环境外，还有晃动的环境、过冷过热的环境、过亮过暗的环境、怕被觉察又容易被发现的环境以及过于狭窄的环境等。这些不利于书写活动的书写环境，同样会干扰书写活动，影响到笔迹的形成。

3. 判断检材（样本）是否具备鉴定条件。根据检材笔迹的性状，从笔迹的伪装变化程度和笔迹的数量两个方面来判断检材是否具备鉴定条件。数量少、伪装严重的笔迹不具备鉴定条件；数量多、伪装严重的笔迹可能具备鉴定条件；数量少、伪装不严重的笔迹也可能具备鉴定条件；数量多、伪装不严重的笔迹必然具备鉴定条件。一般来说，样本都为正常笔迹，并且数量充分，必然具备鉴定条件。所以可以直接陈述，不必说明理由。

（二）分析选择笔迹特征

1. 分析选择检材笔迹特征。分析选择检材笔迹特征是分别检验的中心任务。检验人分析选择笔迹特征的正确性直接影响检验结论的科学性。笔迹特征是个人笔迹的具体征象，是个人书写技能和书写习惯特性的表现。当书写达到熟练、形成一定的习惯后，每个人所书写的笔迹中，从整体到局部、从宏观到微观、从语言到文字、从偏旁部首到标点符号，都存在着各种不同的笔迹特征。它不同于一般的笔迹现象，只有真实反映书写技能和书写习惯本质属性的具体征象，才是笔迹特征。笔迹特征是认识书写人笔迹特性的客观依据，其综合反映了个人书写习惯本质属性的特定性。正确识别、选择各类笔迹特征，是进行笔迹鉴定、同一认定的基础。检材特征的寻找分析一定要全面、客观、真实，以便给综合评断打下良好的基础。分析选择笔迹特征应在对检材进行全面细致地观察和比较的基础上，根据笔迹特征的特点有顺序、有重点地进行。分析选择时按书写动作一般状况特征、文字布局特征、书面语言特征和书写动作细节特征的顺序逐一确定。在分析选择特征时应以价值高的特征为重点，同时考虑笔迹特征的系统性、多样性等。尤其是在对书写动作细节特征进行分析时，应认真细致地观察，反复地进行比较研究，力求全面而有重点地发现和确定独特稳定的笔迹特征。

观察与比较是分析选择笔迹特征的两种基本方法。我们只有对笔迹进行全面细致地观察，才能发现和选择各种笔迹特征。观察的方法主要是目力观察和显微镜观察，而观察的要求是应在一定的目的和顺序基础上，全面系统、深入细致地进行。而比较的方法主要是对检材应从页、行、字、偏旁部首和笔画一一进行观察和比较，发现笔迹特征。在分析笔迹特征的过程中，观察和比较是同时进行的，即边观察边比较。应根据笔迹特征的分类，选择笔迹特征的顺序，分别有重点地反复地进行观察和比较，从而逐类选择确定笔迹特征。书写动作细节特征是分析选择笔迹特征的重点，应通过观察和比较从相同的单字、组成部分、笔画中选择书写动作呈规律性的各种细节特征；从笔画较多、结构复杂的单字和复杂的笔画中选择笔迹特征；从复杂的标点符号和其他符号中选择笔迹特征。对非正常的检材应在判明伪装变化的原因及其程度的基础上，根据伪装或变化的规律特点及其程度选择笔迹特征。在选择时除前述的选择特征的要点外，还应注意从书写流利自然和结构比较正常的单字、组成部分、笔画中选择特征；对书写速度较慢的应从书写速度快、运笔自然和结构正常的单字、偏旁部首、笔画中选择特征；对强行快写的应从书写速度较慢、结构正常的单字、偏旁部首、笔画中选择特征；对书写水平低的检材，应从其中笔迹熟练程度高、结构较为合理的单字、偏旁部首中选择特征。

2. 分析和选择样本的笔迹特征。分析和选择样本笔迹特征的具体步骤和方法与检材相同。但是，应认真审查样本的真实性及其书写动作的规律性，确定其可比性及其程度。分析和选择样本笔迹特征是分别检验的最后一步，同时也是比较检验的第一步。在具体的检验过程中，分析和选择样本的笔迹特征是比照检材——进行的，检材特征与样本特征应——对应，因而无论是与检材相同还是不同的特征都应分析和选择。

（三）记录分别检验的过程及其特征

分别检验的过程是笔迹检验技术的实践过程，因而应全面、客观、真实地记录检验过程及其所发现的各种笔迹特征。记录的方法是在"检验记录表"上用文字叙述和说明书写动作的一般状况特征、文字布局特征、书面语言特征；采用照片、复印件剪贴单字标示特征，或者使用文件检验仪选择单字标示特征。检材（样本）的基本情况应全面、充分地记录，以便为比较检验和综合评断打下良好的基础。

二、比较检验

分别检验中笔迹特征的寻找与发现为比较检验打下了良好的基础，而比较检验的任务就是对检材笔迹特征与样本笔迹特征进行对照比较，全面客观地展示两者之间的符合点和差异点，为综合评断奠定基础。比较检验应全面、系统地进行，因而应着重把握比较的原则、内容及其方法要点。

（一）比较检验的原则

比较检验的原则是科学比较的思维基础和方法基础，是比较检验的基本准则，它对实现正确科学的比较有重要的意义。比较检验的原则主要有：可比性原则；全面系统的原则；一般与重点相结合的原则；客观准确的原则。

（二）比较检验的内容

比较检验应建立在分别检验的基础上，是分别检验的综合与总结。但是比较检验应对分别检验寻找的笔迹特征去伪存真、剔粗留精，进行宏观上、总体上的整理，使其成为书写习惯这个有机整体的忠实反映、客观反映、准确反映。

1. 比较书写动作一般状况特征、文字布局特征和书面语言特征的异同。经过分别检验对检材与样本的分析，已经获得了对两者基本面貌的认识，具备了比较的条件。书写动作一般状况特征、文字布局特征和书面语言特征虽然不能作为认定同一的重要依据，但是可以作为否定同一结论的重要依据。

2. 比较书写动作细节特征的异同。书写动作细节特征的比较内容具体包括比较单个特征和比较特征组的异同。单个的特征，是指实在而具体的相同笔画、组成部分、单字的特征。特征组可以从两个方面来定义，一个方面，是指检材或样本中不同笔画、组成部分、单字所表现出来的同类书写动作特征的组合。而另一方面，是指检材与样本中所有的相同笔画、组成部分、单字所表现出来的一种书写动作的规律。两种不同的特征组是密切联系的，其比较的异同在于前者的范围大，而后者的范围小。比较特征的数量，就是比较检材与样本相同特征的总数与不同特征的总数各占的比例，以及各类特征相同与不同各自所占的比例。比较特征的质量，就是比较相同特征与不同特征的价值。笔迹特征的出现率的高低是衡量其价值的重要标准，笔迹特征的出现率与其价值的高低成反比。在衡量笔迹特征的价值时应注意分析和比较笔迹特征的规范程度的高低；出现率范围的大小；伪装或变化的难易程度等因素。

三、综合评断

综合评断须建立在比较检验的基础上，比较检验中笔迹特征的选取与总结又为综合评断奠定了坚固的基石。由于同一人笔迹在自身本质的相同中，又包含着少量的差别与变化；而不同人笔迹在自身本质的差异中，又包含着一定的共同性和规范性。因此，无论是同一人笔迹还是不同人笔迹，在检验过程中既会出现一定数量的相同特征，也会出现一定数量的不同特征。在比较检验中肯定会出现相同特征，也肯定会出现不同特征，而在综合评断中必须对比较检验中出现的相同特征和不同特征进行评断，判断其本质属性。综合评断的具体任务就是结合案件的具体情况，对检材和样本相同与不同的笔迹特征的数量与质量进行科学的分析，确定两者符合点和差异点的总和及其性质，并判断两者的笔迹特征是否为同一人书写习惯体系的反映，从而作出相应的检验结论。综合评断对最后作出鉴定意见有着直接的影响，对差异点、符合点的评断决定了鉴定意见，并且在综合评断中，还应对非本质差异或非本质符合作出合理的分析和解释。

（一）评断差异点的性质

评断的方法，一般是从差异点开始。所谓笔迹特征差异点，是指经过比较检验检材笔迹特征与样本笔迹特征不同的方面。差异点的性质表现为本质的差异和非本质的差异两种。本质的差异是不同人书写习惯体系在笔迹中具体反映为不同特征。本质的差异在笔迹中表现为不同特征数量多、特征价值高、形成要素正常，尤其是细节特征的规律性强、独特性强。一般把差异点评断为本质的差异则意味着否定同一结论。而非本质的差异是同一人书写习惯体系在形成过程中受到主客观因素的影响而反映为不同特征。非本质的差异在笔迹中表现出不同特征数量少、特征价值低，尤其细节特征的规律性不强、独特性不强。非本质差异一般有伪装书写形成的差异、书写人生理状况变化引起的差异、强迫性书写形成的差异、书写人心理因素变化形成的差异、书写客观条件变化形成的差异、书写的随意性形成的差异等。

(二) 评断符合点的性质

所谓笔迹特征符合点，是指经过比较检验检材笔迹特征与样本笔迹特征相同的方面。符合点的性质表现为本质的符合和非本质的符合两种情况。本质的符合是指同一人书写习惯体系在笔迹中具体反映为相同特征；本质的符合在笔迹中表现为相同特征数量多、特征价值高、形成要素正常，尤其是细节特征的规律性强、独特性强。一般把符合点评断为本质的符合则意味着肯定同一结论。而非本质的符合是不同人书写习惯体系在形成过程中受到主客观因素的影响而反映为相同特征或相似特征；非本质的符合在笔迹中表现为相同特征数量少、特征价值低，尤其是细节特征规律性不强、独特性不强。非本质的符合形成原因一般有书写技能和书写习惯的规范性、共同性的反映、职业性学仿和个人学仿所形成的共同性表现、伪装书写和摹仿书写所形成的共同性表现。

(三) 作出检验结论

笔迹检验结论有三种表现形式，即肯定同一结论、否定同一结论和推断性结论。

1. 肯定同一结论，是指检材与样本的笔迹特征是同一人书写习惯体系的反映，即检材与样本是同一人书写。作出肯定同一结论的条件是：检材与样本的书写动作一般特征、文字布局特征和书面语言特征有着本质的符合；书写动作细节特征的单个特征、特征组、特征总和以及书写动作体系有着本质的符合；而个别的差异点是非本质的差异。作肯定同一结论不仅要论证检材与样本的符合点为本质的符合、差异点为非本质的差异，还要科学合理地解释非本质差异形成的原因，其原因必须与检材、样本和案件情况相符合。

2. 否定同一结论，是指检材与样本不是同一人书写习惯体系的反映，即检材与样本是不同人书写。作出否定同一结论的条件是：检材与样本的书写动作一般特征、文字布局特征和书面语言特征有着本质的差异；书写动作细节特征的单个特征、特征组以及书写动作体系有着本质的差异；而个别的符合点是非本质的符合。作否定同一结论不仅要论证检材与样本的差异点为本质的差异、符合点为非本质的符合，还要科学合理地解释非本质符合形成的原因，其原因必须与检材、样本和案件情况相符合。

3. 推断性结论，是指检材与样本极大可能是或不是同一人书写习惯体系的反映，即检材与样本极大可能是或不是同一人书写。作出推断性结论的基本条件是：检材与样本的书写动作一般特征、文字布局特征和书面语言特征中符合点与差异点的特征数量、特征价值基本相当；书写动作细节特征的单个特征、特征组中符合点与差异点的特征数量、特征价值基本相当。因此难以确定符合点与差异点的性质以及书写动作体系相同或不同。通常，作出推断性结论的原因主要是检材的检验条件不好，如检材数量少或伪装变化程度高等。

【任务实施】

一、任务目的

通过该节的学习，了解与熟悉笔迹鉴定的全过程，理解与掌握笔迹鉴定的程序和方法，培养与锻炼学生的实际动手能力和综合总结能力，要求学生能对具备鉴定条件的笔迹材料进行检验。

二、任务设备

马蹄镜、刻度尺、量角器、削笔器；黑色钢笔、黑色铅笔、红蓝铅笔、橡皮；草稿纸（透明）。

三、任务指导

笔迹鉴定一般来说分为三个基本步骤：分别检验、比较检验和综合评断。笔迹鉴定的三个步骤——分别检验使笔迹特征从笔迹材料中脱颖而出，系统地体现在检验记录表上；比较检验对纷繁复杂、杂乱无章的笔迹特征进行整理总结，将其列举在特征比对表上形成一个完整的特征体系；综合评断使书写人的书写习惯体系剥去层层外衣，最终在鉴定意见书中清晰体现出其最为本质的属性。

四、任务组织

每位学生发给检材与样本，根据笔迹鉴定的程序和方法，对案例笔迹的检材和样本进行观察检验，分析其符合点和差异点的性质，判断其笔迹是否为同一人书写习惯体系的体现，并作出相应的鉴定意见。

五、评分标准

检验格式标准、文字描述简洁、特征标示正确。

六、操作注意事项

1. 分别检验中检材与样本不能互相干扰，必须先检验检材，后检验样本。在进行检验之前不能先行比对检材、样本，以免存在先入为主的观念，对检验结论形成干扰。

2. 分别检验中检材、样本特征的寻找分析一定要全面、客观、真实，以便给综合评断打下良好的基础。选取笔迹特征时应尽量选取独特稳定、特征价值高的笔迹特征。样本特征应与检材特征一一对应，使笔迹特征具有可比性。

3. 在比较检验中应注意特征的比较方法：单个特征的比较、特征组的比较和特征总和的比较，而比较的方法直接影响到综合评断中对特征本质属性的评断。

4. 在综合评断中应注意在解释非本质差异或非本质符合的形成原因时，不能仅仅对检材、样本进行分析，也不能凭空臆断，应结合案件情况、书写人情况进行分析。解释的形成原因应科学合理，与检材、样本情况，案件情况，书写人情况相符合，做到言之有理、言之有据。

5. 在整个鉴定过程中，前后观点论述相互照应、相互印证，不能出现前后矛盾、情况不相符的情况，而论据更应为论点说话，不可选用证明力度不够或不能证明论点的论据。整个鉴定过程是一个从笔迹特征的观察分析到书写习惯的判断认识的过程，是一个由表及里、由粗至细、由浅入深，逐步深化、细化、本质化的过程。

6. 在实验过程中注意保持笔迹材料的原貌：不得直接在笔迹材料上标注页数、行数；不得直接在笔迹材料上勾画书写；不得直接在笔迹材料上套摹笔迹；不得污染损坏笔迹材料。

【技能测试】

根据笔迹鉴定的程序和方法，对案例笔迹的检材和样本进行观察检验，通过分别检验、比较检验和综合评断三个步骤分析判断其笔迹是否为同一人书写习惯体系的体现，并作出相应的鉴定意见。

任务二　认识笔迹检验文书

【知识点】

1. 检验记录表的制作。
2. 特征比对表的制作。
3. 鉴定意见书的制作。

【技能点】

检验记录表、特征比对表、鉴定意见书三者是层层递进、前后照应的关系。

【任务导入】

笔迹检验所要解决的主要问题是确定两部分笔迹是否为同一人书写习惯体系的反映。笔迹检验既需要科学的理论作指导，又必须按照科学的程序和方法来进行。笔迹鉴定一般来说分为三个基本步骤：分别检验、比较检验和综合评断。这三个步骤分别体现为三种书面资料——分别检验体现为检验记录表、比较检验体现为特征比对表和综合评断的结果体现为鉴定意见书。检验记录表、特征比对表、鉴定意见书三者是一个一脉相承、互为补充的关系，是一个去伪存真、剔粗留精的加工，是一个抽象总结、综合推理的过程。综上所述，检验记录表、特征比对表和鉴定意见书三者形成一个完整的鉴定文书，体现了一个全面的鉴定程序。根据以下案例笔迹，制作相应的笔迹检验文书。

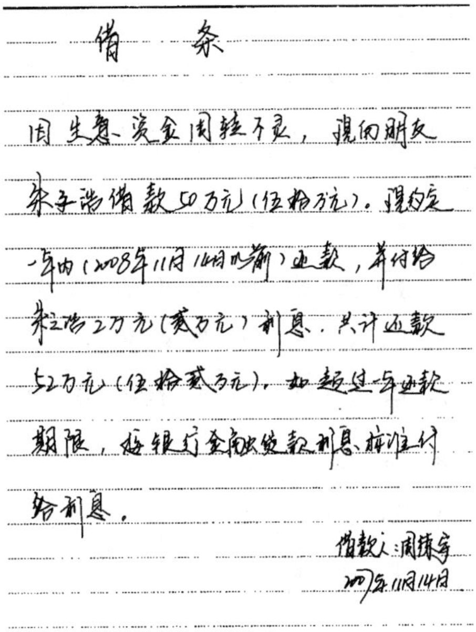

借条

因生意、资金周转不灵，现向朋友朱子浩借款50万元（伍拾万元）。现约定一年内（2008年11月14日以前）还款，并付给朱子浩2万元（贰万元）利息，共计还款52万元（伍拾贰万元）。如超过一年还款期限，按银行金融贷款利息标准付给利息。

借款人：周振宇
2007年11月14日

图4－2－1　检材

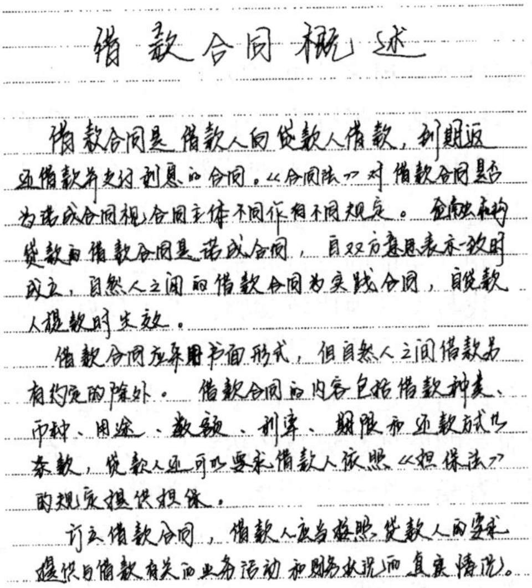

借款合同概述

借款合同是借款人向贷款人借款，到期返还借款并支付利息的合同。《合同法》对借款合同是否为诺成合同视合同主体不同作出不同规定。金融机构贷款的借款合同是诺成合同，自双方意思表示一致时成立，自然人之间的借款合同为实践合同，自贷款人提供借款时生效。

借款合同应采用书面形式，但自然人之间借款另有约定的除外。借款合同的内容包括借款种类、币种、用途、数额、利率、期限和还款方式等条款，贷款人还可以要求借款人依照《担保法》的规定提供担保。

订立借款合同，借款人应当按照贷款人的要求提供与借款有关的业务活动和财务状况的真实情况。

图4－2－2　样本1

图 4-2-3　样本 2

【相关知识】

笔迹检验文书是笔迹鉴定程序的忠实反映，笔迹检验文书的制作过程也是笔迹鉴定的过程。笔迹鉴定一般来说分为三个基本步骤：分别检验、比较检验和综合评断。这三个步骤分别体现为三种书面资料——分别检验体现为检验记录表，比较检验体现为特征比对表，综合评断体现为鉴定意见书。这三个步骤是一个层层递进的关系，是一个相互印证的有机联系，也是一个互为补充的有机整体。分别检验中笔迹特征的寻找与发现为比较检验打下了良好的基础；特征比对表是建立在检验记录表的基础上，是检验记录表的总结与升华。而比较检验中笔迹特征的选取与总结又为综合评断奠定了坚固的基石；鉴定意见书是建立在特征比对表的基础上，是特征比对表的发展趋势与必然结果。总的来说，检验记录表、特征比对表和鉴定意见书三者是一个一脉相承、互为补充的关系，是一个去伪存真、剔粗留精的加工，是一个抽象总结、综合推理的过程。综上所述，检验记录表、特征比对表和鉴定意见书三者形成一个完整的鉴定文书，体现了一个全面的鉴定程序。

一、检验记录表

分别检验这一步骤中应观察分析检材（样本），判断检材（样本）的性状及鉴定条件，分析检材（样本）的笔迹特征——一般特征和细节特征，将其一一记录在检验记录表上。而检验记录表就是分别检验这一检验步骤的忠实反映。

分别检验中检材和样本的检验过程是相同的，但是两个过程必须要分开来独立进行。检验时，先观察记录检材的基本情况——性状、鉴定条件及笔迹特征；再观察记录样本的基本情况——性状、鉴定条件及笔迹特征。记录检材的情况时，将检材的笔迹形态记录在检验记录表的左边一栏中，并在每页的左边最上一行标明"检材"字样。记录样本情况时，将样本的笔迹形态记录在检验记录表右边一栏中，并在每页的右边最上一行标明"样本"字样，每页检验记录表右上角应标明检验记录表的页码。制作检验记录表时必须按照先左后右、先检材后样本的顺序来进行。

（一）分析检材的性状及鉴定条件

1. 分析检材的性状（正常笔迹、伪装笔迹、变化笔迹），并且具体说明其理由。仔细观察检材笔迹形态，从书写动作一般状况特征、文字布局特征、书面语言特征、书写动作细节特征等方面来分析检材的性状，判断其为正常笔迹、伪装笔迹或变化笔迹，并根据检材的具体情况来分析其伪装变化的原因。

2. 分析检材的鉴定条件。根据检材笔迹的具体情况，从笔迹的伪装变化程度和笔迹的数量两个方面来判断检材是否具备鉴定条件。

一般来说，样本都为正常笔迹，并且数量充分，必然具备鉴定条件。所以可以直接陈述，不必说明理由。

（二）分析检材（样本）的笔迹特征

1. 分析检材（样本）的书写动作一般状况特征。仔细观察检材（样本）的笔迹形态，通过分析检材（样本）的整体水平状况来确定书写动作一般状况特征。书写动作一般状况特征是一个宏观概念，它体现着笔迹材料的整体水平状况。我们观察分析一般特征应从整篇笔迹材料的总体情况出发，并根据笔迹材料中绝大部分笔迹的情况来确定一般特征的特征层次。仔细观察笔迹材料，从笔迹材料的整体水平状况分析其一般特征，确定其特征层次，并将其一一记录在检验记录表上。说明书写动作一般特征应判明每个特征的特征层次，然后说明判断特征层次的根据，可采取文字描述和特征标示两种说明方式，最后分析确定特征价值的高低。

2. 分析检材（样本）的书写动作细节特征。书写动作细节特征的说明与一般特征的说明有所不同。说明一般特征着重于按照特征种类依次说明特征层次；而说明细节特征着重于描述特征形态，而不区分特征种类。一个细节特征就是一个笔画、一个偏旁部首、一个单字所体现出的特征形态。这个特征形态可能只包含一种特征，也有可能包含几种特征，但只要这一种特征或几种特征共同存在于一个笔画、一个偏旁部首、一个单字中，就应是一个特征形态。分析检材（样本）的细节特征，应从其特征形态是否前后一致以及特征形态脱离书写规范的程度来判断其特征价值。检材（样本）中相同笔画（同位）、相同偏旁部首（同位）、相同单字（同位）表现出来的特征形态前后一致、稳定出现，说明其特征规律性强；特征形态脱离书写规范远、不符合一般书写共性、个人特色鲜明，说明其独特性高。笔迹特征规律性强，独特性高，特征价值就高；反之则低。

仔细观察检材（样本）的笔迹形态，观察比较检材（样本）某个细微部分的个性特征来分析细节特征，并确定细节特征的形态及其规律性。说明确定特征形态的理由，可采取文字描述和特征标示两种说明方式。说明细节特征应以文字描述为主，特征标示为辅。通过笔迹特征的前后比较、与书写规范的比较分析细节特征的规律性、特定性，确定特征价值的高低。

3. 分析检材（样本）的文字布局特征。文字布局特征是全篇笔迹在纸面上的分布特点。文字布局特征是一个宏观概念，它是个人书写运动习惯和空间安排习惯的综合反映。在书写运动过程中，文字布局特征会自然反映出来，是书写人不太注意伪装的特征。但是，文字布局特征容易受到书写客观环境的影响，如纸张的大小、是否有格线限制、书写空间是否充裕、书写姿势等。我们观察分析一般特征应从整篇笔迹布局的总体情况出发，并根据文字布局的绝大部分情况来确定文字布局特征的特征层次。仔细观察笔迹材料，从整篇材料笔迹空间分布的总体状况分析其文字布局特征，确定其特征层次、分析其特征价值，将其一一记录在检验记录表上。说明文字布局特征应判明每个特征的特征层次，然后说明判断特征层次的根据，可采取文字描述和特征标示两种说明方式，最后分析确定特征价值的高低。

4. 分析检材（样本）的书面语言特征。书面语言特征是从文字的语音、意义、词汇、语法、文章内容等方面所反映出来的语音特征、语法特征、词汇特征和思维活动特征。分析整篇笔迹材料的大致情况，从词汇的种类（专用词汇、熟语、方音词汇、隐语、宗教迷信词汇、外来词汇等）、字的写法（繁体字、简化字、异体字）、错别字的多少、书写格式的规范程度、辞藻的丰富或贫乏程度、词句逻辑关系的严密程度、言语的书面化或口语化程度等方面来分析书面语言特征，由此分析书写人的职业、年龄、文化程度及其爱好。在检验记录表上写出对该篇笔迹材料的分析结论及相应的理由，具体解释专用词汇、熟语、方音词汇、隐语、宗教迷信词汇、外来词汇、繁体字、简化字、异体字、错别字等出现的原因，对书写人的年龄、文化程度、职业、爱好等进行分析判断。在笔迹材料中选择最具有普遍代表性的几个错别字、繁体字、简化字、异体字，举例说明到文字描述的下方，并在每个错别字、繁体字、简化字、异体字后面用括号标明正确的写法。

表 4-2-1 检验记录表

检材	样本
一、判断检材的性状及条件 （一）检材的性状 　　检材书写速度前后一致，笔力变化均匀；字行的形态方向有规律性；书面语言与语文水平一致；特征形态前后一致；运笔自然流利，字的结构合理，为正常笔迹。 （二）检材的条件 　　检材为正常笔迹，数量充分，具备鉴定条件。 二、分析笔迹特征 （一）书写动作一般状况特征 （二）书写动作细节特征 （三）文字布局特征 （四）书面语言特征 ……	一、判断样本的性状及条件 　　样本为正常笔迹，数量充分，具备鉴定条件。 二、分析笔迹特征 （一）书写动作一般状况特征 （二）书写动作细节特征 （三）文字布局特征 （四）书面语言特征 ……

二、特征比对表

在检验记录表的基础上，对检材和样本进行比对。总结分析检验记录表，从单个特征的比较、特征组的比较、特征总和的比较中，将能代表笔迹书写人书写习惯本质属性的特征进行归类列表分析。特征比对表（比较检验）的制作应建立在检验记录表（分别检验）的基础上，特征比对表是检验记录表的综合与总结。但是特征比对表不是检验记录表的完全翻版，而应对检验记录表去伪存真、别粗留精，进行宏观上、总体上的整理，使其成为书写习惯这个有机整体的忠实反映、客观反映、准确反映。

从检验记录表中选出检材和样本相对应的特征，并从中选择最具有代表性的、最能体现书写习惯本质属性的笔迹特征。若要作肯定结论，应尽量选择相同特征，将相同特征排列在前面、不同特征排列在后面。若要作否定结论，应尽量选择不同特征，将不同特征排列在前面、相同特征排列在后面。特征比对表分为检材栏和样本栏，检材栏在左、样本栏在右。将检材的笔迹特征记录在特征比对表的左边一栏中，并在每页的左边最上一行标明"检材"字样。将样本的笔迹特征记录在特征比对表的右边一栏中，并在每页的右边最上一行标明"样本"字样。特征比对表的笔迹特征记录只用举例说明的方法，而不用文字描述的方法。特征比对表中检材的笔迹特征应按照笔迹特征所依附的相同的字、不同字的相同笔画、相同偏旁部首在笔迹材料中的顺序进行排列。而样本特征的位置必须要与检材特征的位置相互对应，每个特征应独占一行。

特征比对表举例说明笔迹特征大致有以下五种方法：

1. 铅笔描绘法。在20世纪五六十年代，笔迹特征比对表的制作主要靠文检人员用铅笔描绘，然后用红蓝笔标出特征。其优点是，描绘的过程是最好的感悟认识过程，通过描绘能逼着文检人员去一笔一画地仔细观察检材、样本字迹，乃至细微的运笔动作，从而找出有价值的笔迹特征。其缺点是，在描绘的过程中会掺杂进检验人员自身的书写习惯以及容易"走样"，直感效果差。

2. 光学照相剪贴法。即通过光学照相，将检材、样本字迹拍成照片，然后剪贴成特征比对表。其优点是，笔迹的清晰度高，仅次于原件。其缺点是，成本高，工艺繁琐，而且照片表面光滑，不易用红蓝笔标识。

3. 复印剪贴法。即是将检材、样本复印后再剪贴制作成比对表。其优点是，基本保持了笔迹的风格面貌。其缺点是，一些起笔、收笔、连笔、反射动作等细微特征反映不出来，从而大打折扣。另外，比较浪费，有时一张纸上只能剪下一两个字。

4. 扫描粘贴法。即通过扫描，将检材样本字迹输入电脑，然后将需要的笔迹剪切、粘贴到特征比对表，进行打印。其优点是，清晰度高，单字选取便捷，大小缩放随意，且可存入电脑或光盘永久保存，还可远程传输，在专网上组织会检。

5. 数码照相制作法。即通过数码照相将检材、样本字迹输入电脑，然后将需要的字迹粘贴到特征比对表上，再打印出来。其优点与扫描粘贴法相同。扫描粘贴法和数码照相制作法是目前效果好、效率高的特征比对表制作方法。

表4-2-2 特征比对表

检材	样本
1. ［图］ (1—1—1)（1—3—4）	1. ［图］ (1—1—1)（1—2—1）
2. ［图］ (1—3—11)（1—6—6）	2. ［图］ (1—3—11)（1—6—6）
3. ［图］ (1—4—15)（1—6—13）	3. ［图］ (1—7—2)（1—8—2）
4. ［图］ (1—7—11)（1—8—2）	4. ［图］ (1—7—11)（1—8—2）
5. ［图］ (1—5—8)（1—6—7） ……	5. ［图］ (1—5—2)（1—6—2） ……

三、鉴定意见书

分析特征比对表上的相同特征和不同特征，判断其属性及本质。从笔迹的可比性条件、相同特征、不同特征的价值、数量的总比较等方面来判断检材和样本为本质的符合还是本质的差异，作出最后的鉴定意见。

（一）鉴定意见书的内容

鉴定意见书一般分为序言、检验、论证和结论四个部分。

1. 序言部分采用记叙、说明的方法来陈述笔迹鉴定的委托、受理情况，检材、样本的情况，案件情况，鉴定要求等方面的基本情况。序言部分应写明：委托检验的日期，委托单位和委托人员的姓名；送交检验的材料（包括检材笔迹和受审查人的样本笔迹）的名称、种类、数量和主要内容，若是复制件，应写明复制的手段及复制件的大小；简要案情；委托检验的要求。

2. 检验部分用说明、论述的方法来陈述检验的步骤，并分别列举检材和样本的相同特征、不同特征。检验部分要求写详细一些，要分别说明检材笔迹和样本笔迹的条件；检验的步骤、手段、方法；通过检验，发现和确定了哪些特征是特定的、稳定的；经过比较分析，确定了哪些符合点和差异点。对于符合点与差异点的叙述方法应当既有综合性的归纳，又有具体的描绘。若检材字数很少，除概括叙述相同特征与不同特征的几个方面外，还要逐个单字，逐个偏旁部首和逐个笔画一一说明。描述笔迹特征，必须按照笔迹特征的统一分类，使用规范的笔迹学术语，务必使检验书符合我国司法检验的标准化要求。

3. 论证部分论述检材和样本相同特征的性质和不同特征的性质，判断其是本质的符合还是本质的差异，并说明其产生的原因。作肯定结论要论证差异点形成的原因；作否定结论要论证符合点形成的原因。论证部分主要叙述所选取的笔迹特征数量是否充分，特征价值是否较高，检材笔迹与样本笔迹的特征体系是否能体现书写习惯的本质属性以及书写习惯是否同一。对于伪装笔迹要论证伪装的特征表现状况及其可能的伪装方式，然后论证检材笔迹与样本笔迹之间的联系，即是否是同一人书写习惯体系的反映形象。论证要基于检验所见的事实，符合逻辑地推导有关内在联系直至结果，须言之有理、言之有据。

4. 结论部分要准确简洁地回答鉴定提出的要求。检验结论是对委托单位提出的检验要求作出的恳切答复。检验结论必须简洁明了，语气肯定，符合同一认定理论原则，符合法律要求。如确因受检材和样本的限制，无法作出检验结论的，可以作出倾向性意见。

书写鉴定意见书时，应该运用书面语言，不能出现错别字；并且应该用语气肯定、客观准确的语句，不能用模糊、揣测性的语句；更不可前后矛盾，出现逻辑错误；作出鉴定意见必须在论据准确充分、论证全面客观的基础上，不能妄下定论。

（二）鉴定意见书的制作要求

笔迹鉴定意见书作为检验结论的书面表达形式不仅在格式上要按照规范书写，而且在内容上要具有科学性、客观性和条理性，不允许出现差错，否则将造成检验结论证据证明力的减弱或丧失。因此，在制作笔迹检验文书时，要遵守以下要求：

1. 遵守法律的规定。检验结论作为法定证据的一种，其文书的制作必须要符合法律的要求。法律对检验书的格式和内容都有所规定，但不够科学全面，如专业术语无统一要求，检验书格式无统一要求等。但应说明的是，这些法律上的规定是依据笔迹检验方面的科学发展结果及审判制度发展的水平而制定。随着检验科学的不断发展以及审判制度的不断完善，对检验书的制作形式及内容的规定必将随之变化。

2. 内容准确、详略得当。笔迹检验文书是检验过程的记载，检验文书必须准确反映出检验的内容、检验的结果。检验文书所要表达的内容必须紧紧围绕着检验的对象以及检验的要求，不能在检验文书中表达有关法律问题，要准确地表达案件的基本情况、送检的检材与样本以及检验的要求。检验文书的文字部分除了必须做到内容准确外，还要做到详略得当，论述性的内容要详写，介绍性的内容要略写。

3. 语言简练、用语规范。语言简练就是要做到用最少的文字表达出准确的内涵，不能有空话、废话。用语要规范，不能使用含糊不清的词语以及不规范的词语，更不能使用自造词。由于目前仅对笔迹特征进行了大的种类命名，尚未对具体笔迹特征的自身进行命名。因此，在检验文书中一直是作概括性的描述，使人无法准确地对照，在其他方面的用语上也缺乏规范性的统一规定。

4. 条理清楚、论据充分。检验文书叙述的内容要连贯而又有层次，内容较多可逐条叙述。从问题的提出到检验过程，再到结论的推出要井然有序。应列出充分的依据，并运用逻辑推理证明论据和论点之间的必然联系。

××××司法鉴定中心
文书司法鉴定意见书

××司法鉴定中心［200×］文鉴字第×号

一、基本情况（3号黑体）

委 托 人：××××（二级标题：4号黑体，段首空2字）

（文内4号仿宋体，两端对齐，段首空2字，行间距一般为1.5倍。日期、数字等均采用阿拉伯数字标识。序号采用阿拉伯数字"1."等顺序排列。下同）

委托鉴定事项：

受理日期：

鉴定材料：

鉴定日期：

鉴定地点：

在场人员：

被鉴定人：

二、检案摘要

三、检验过程

四、分析说明

五、鉴定意见

六、落款

司法鉴定人签名或者盖章
《司法鉴定人执业证》证号：

司法鉴定人签名或者盖章
《司法鉴定人执业证》证号：
（司法鉴定机构司法鉴定专用章）
二○○×年×月×日

（文书制作日期：用简体汉字将年、月、日标全，"零"写为"○"，居右排列。日期处加盖司法鉴定机构的司法鉴定专用章红印）

说明：

1. 本司法鉴定意见书各页之间应当加盖司法鉴定机构的司法鉴定专用章红印，作为骑缝章。

2. 司法鉴定意见书中需要添加附件的，须在鉴定意见后列出详细目录。

3. 对司法鉴定意见书中需要解释的内容，可以在正文的落款后另加附注予以说明。（附注为4号仿宋体）

【任务实施】

一、任务目的

通过该节的学习，了解与熟悉笔迹鉴定的全过程，理解与掌握笔迹鉴定的程序和方法，培养与锻炼学生的实际动手能力和综合总结能力，要求学生能对具备鉴定条件的笔迹材料进行检验。

二、任务设备

马蹄镜、刻度尺、量角器、削笔器；黑色钢笔、黑色铅笔、红蓝铅笔、橡皮；草稿纸（透明）。

三、任务指导

笔迹鉴定一般来说分为三个基本步骤：分别检验、比较检验和综合评断。这三个步骤分别体现为三种书面资料——分别检验体现为检验记录表、比较检验体现为特征比对表、综合评断体现为鉴定意见书。分别检验中笔迹特征的寻找与发现为比较检验打下了良好的基础；特征比对表是建立在检验记录表的基础上，是检验记录表的总结与升华。而比较检验中笔迹特征的选取与总结又为综合评断奠定了坚固的基石；鉴定意见书是建立在特征比对表的基础上，是特征比对表的发展趋势与必然结果。总的来说，检验记录表、特征比对表、鉴定意见书三者是一个一脉相承、互为补充的关系，是一个去伪存真、剔粗留精的加工，是一个抽象总结、综合推理的过程。综上所述，检验记录表、特征比对表和鉴定意见书三者形成一个完整的鉴定文书，体现了一个全面的鉴定程序。

四、任务组织

每位学生发给检材与样本，根据笔迹鉴定的程序和方法对案例笔迹的检材和样本进行观察检验，分析其符合点和差异点的性质，判断其笔迹是否为同一人书写习惯体系的体现，并作出相应的鉴定意见。制作与笔迹鉴定程序相应的书面资料——检验记录表、特征比对表和鉴定意见书等完整的一套鉴定文书。

五、评分标准

检验格式标准、文字描述简洁、特征标示正确。

六、操作注意事项

1. 鉴定文书的书写除专门说明用铅笔书写外，全部要求用黑色钢笔书写；而笔迹特征的举例说明（包括举例的字所在页、行和字的说明）用黑色铅笔；笔迹特征的标示用红蓝铅笔（检验记录表中的特征全部用红笔标示，特征比对表中的检材特征以及与样本的相同特征用红笔标示，与样本的不同特征用蓝笔标示）。

2. 检材特征的寻找分析应与样本独立开来，不能受到样本的干扰。而样本特征的寻找分析应尽量与检材特征相对应，以便检材特征与样本特征具有可比性。

3. 特征比对表中检材的笔迹特征应按照笔迹特征所依附的相同的字、不同字的相同笔画、相同偏旁部首在笔迹材料中的顺序进行排列；而样本特征的位置必须要与检材特征的位置相互对应，每个特征应独占一行。

4. 特征比对表（比较检验）的制作应建立在检验记录表（分别检验）的基础上，是检验记录表的综合与总结。但是特征比对表不是检验记录表的完全翻版，而应对检验记录表去伪存真、剔粗留精，进行宏观上、总体上的整理，使其成为书写习惯这个有机整体的忠实反映、客观反映、准确反映。

5. 笔迹鉴定作肯定结论时，特征比对表、鉴定意见书中特征的选用应该尽量选用相同特征。笔迹鉴定作否定结论时，特征比对表、鉴定意见书中特征的选用应该尽量选用不同特征。特征比对表只需采用举例说明的方法列举、比对检验记录表中的笔迹特征，而无需采用文字描述的方法。

6. 鉴定意见书应字、词、句正确，不能出现错别字、错误的句式。鉴定意见书应前后逻辑关系明确、层次清楚、相互印证，不能出现自相矛盾的词句。鉴定意见书应抓住本案特点书写，使每份鉴定意见书具有特色。鉴定意见书的书写不能呆板生硬、千篇一律。鉴定意见书的语言应客观准确，不允许出现不切实际、夸大、乱形容的词句。描述特征形态应客观准确，不带感情色彩；分析特征应全面谨慎；作出结论应合理充分。鉴定意见书文字、标点符号的书写应工整，不应出现添改涂描的痕迹。

7. 在实验过程中注意保持笔迹材料的原貌：不得直接在笔迹材料上标注页数、行数；不得直接在笔迹材料上勾画书写；不得直接在笔迹材料上套摹笔迹；不得污染损坏笔迹材料。

【技能测试】

根据笔迹鉴定的程序和方法，对案例笔迹的检材和样本进行观察检验；通过分别检验、比较检验和综合评断三个步骤分析判断其笔迹是否为同一人书写习惯体系的体现，并作出相应的鉴定意见。

第五章 认识书写客观条件变化笔迹检验

> **内容提要**
>
> 任何笔迹的形成，都离不开与之相应的书写客观条件。正常的书写条件是书写活动得以正常进行的保障；而异常的书写条件则会干扰和破坏书写活动的正常进行，使笔迹发生一定的变化。正确认识书写客观条件变化笔迹，是正确进行笔迹检验的前提。本章主要对书写人身心条件、书写工具以及其他外部书写条件变化笔迹的概念、特点及检验要点进行全面、系统的阐述。

任务一 认识书写人身心条件变化笔迹检验

【知识点】
1. 精神病人笔迹的特点及检验要点。
2. 醉酒状态下的笔迹的特点及检验要点。
3. 老年人笔迹的特点及检验要点。
4. 异常情绪状态下的笔迹的特点及检验要点。
5. 书写器官损伤者的笔迹的特点及检验要点。

【技能点】
书写人身心条件变化笔迹的识别与检验。

【任务导入】
神经系统与书写器官是进行书写运动最重要的物质基础。正常的书写只有在神经系统和书写器官基本处于正常状态下方能进行。如果其中个别功能障碍，即使仍然可以写字或勉强进行书写，笔迹也会受到影响，从书写内容到笔迹特征表现都会发生相应的变化。在笔迹检验实践中，这些变化常与正常笔迹、伪装笔迹以及其他变化笔迹相混淆。正确识别书写人身心条件变化笔迹并根据其相应的变化特点准确选取特征、合理解释差异点，是正确进行笔迹鉴定的基础。因此，应对书写人身心条件变化笔迹进行认真的学习了解。

【相关知识】
一、书写人身心条件变化笔迹的概念

书写人身心条件变化笔迹，是指由于书写者本身的生理功能障碍或心境、情绪等变化而形成的变化笔迹。

书写运动是在大脑的统一协调支配下，由大脑皮层上主司言语及书写运动的中枢及周围神经系统支配肩、臂、肘、腕、指等的运动来实现的。正常的书写活动只有在神经系统和书写器官基本处于正常状态下方能进行。如果其中个别功能障碍，会使得所写成的笔迹发生相应的变化。障碍的程度越重，笔迹的变化越加明显。与书写活动相关的生理功能障碍的种类大体分为以下三种类型：

1. 神经系统障碍。因神经系统障碍而形成的变化笔迹有精神病人的笔迹、醉酒者的笔迹、右侧偏瘫者的笔迹等。

2. 书写器官障碍。因书写器官障碍而形成的变化笔迹主要是书写器官损伤者的笔迹。

3. 综合障碍。主要是指整个生理功能发生衰退的障碍，因此类障碍而形成的变化笔迹主要有老年人笔迹、重病缠身以及濒危者的笔迹等。

除此之外，书写人身心条件的变化还包括诸如心境、情绪、身心状态等方面的细微变化，这些变化也会带来笔迹特征反映的不同程度的变化。

二、精神病人的笔迹

精神病是指在各种生物学、心理学以及社会环境因素影响下，生物个体大脑功能失调，导致其认知、情感、意志和行为等精神活动出现不同程度障碍的疾病。

精神病人的笔迹，是指处于精神疾病状态下的病人书写而成的笔迹。

精神病人由于大脑功能的紊乱，导致其出现感知、思维、智能、意识、注意和记忆等辨认障碍以及情感、行为等控制障碍。这些大脑功能的异常状态所致的各种障碍，除了会对其日常生活的一些行为举动产生影响外，还会影响其言语及书写活动，使其笔迹发生异常的变化。（如图5-1-1）

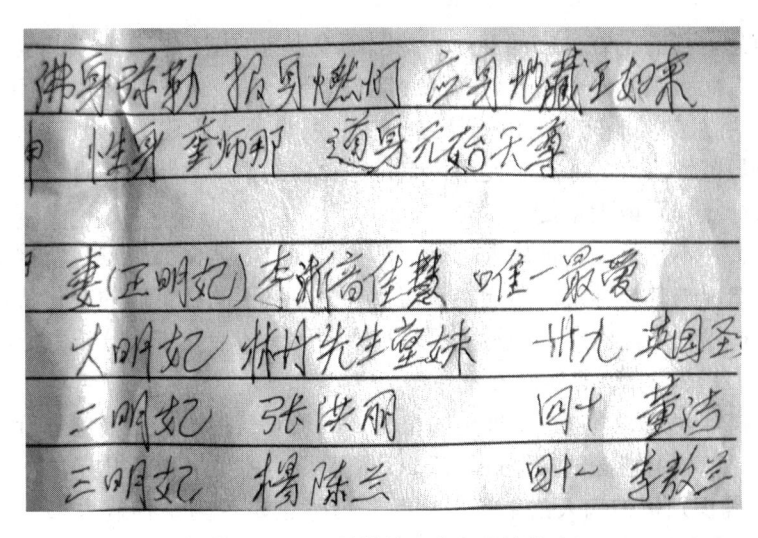

图 5-1-1　某精神病人书写的笔迹

熟悉并掌握精神病人笔迹的主要特点及检验要点，不仅有利于检验中去伪存真，把握本质特点，准确进行鉴定，也有利于缩小侦查范围，为侦查工作提供有价值的线索和方向。

（一）精神病人的笔迹的特点

1. 文字布局混乱且多不按格线书写。精神病人由于感知、思维等方面的障碍，导致其书写具有较大的随意性，往往全篇笔迹的文字布局混乱无章，不严守规范。其笔迹往往行行倾斜、弯曲，字间距、行间距不匀，且大多不按格线书写。更有甚者，有的精神病人在书写同一份文字材料时，还会换用不同种类、颜色的纸张和书写工具，并时常在自认为重要的字、词、句下面划横线、波浪线或者"△""○"等符号以示强调，使全篇字迹显得极为混乱。

2. 字迹潦草，结构松散。精神病人的笔迹大多写得潦草、随意，字形偏大，结构松散。特别是躁狂症患者，由于思维奔逸，字迹更加潦草。

3. 运笔抖动，多有添描。精神病人由于大脑功能紊乱，书写器官协调性降低，书写运动失衡，导致其书写时无论速度快慢，都或多或少会出现运笔抖动现象，笔画弯曲不稳，有时还会对个别字或笔画进行修饰重描。

4. 错别字、生造字多。精神病人由于大脑功能紊乱，感知、思维、记忆等产生障碍，笔迹中常出现错别字或寓意晦涩离奇的生造字（对于精神病人中出现生造字的症状，医学上称为"新词症"）。错字多为多笔少画或颠倒偏旁；别字多为音近别字。错别字往往时正时误，缺乏稳定性。生造字往往古怪离奇，脱离具体语言环境不易辨认，如有病人生造了一个"日日"，将其解释为"大放光明"的意思。还有的在文字间穿插一些图画或生造的图形，并赋予其复杂离奇的解释。如有病人画了一个符号"←"，将其解释为"一列飞驰的火车"的意思。

5. 乱用标点。精神病人由于情绪偏执、逻辑思维障碍等原因，标点符号的使用缺乏规范性。有的通篇不使用标点符号；有的滥用、错用标点符号。更有甚者，生造标点符号或大量使用叹号。

当然，并不是每个精神病人的笔迹都会表现出上述全部特点。精神病人的笔迹的变化情况与其精神疾病的症状密切相关，症状不同，笔迹的变化特点也会有所差异，检验中应注意结合书写人的精神疾病的具体症状进行分析和把握。

（二）精神病人的笔迹检验的要点

要对精神病人的笔迹进行准确的检验，必须对精神病人的笔迹进行准确的识别，并在此基础上正确选择笔迹特征。其检验要点主要有以下几点：

1. 准确识别精神病人的笔迹。判断一份笔迹是否为精神病人书写，除了根据精神病人的笔迹的特点，还要结合书面语言特点、表述的内容、作案的手段等情况进行综合判别，切忌孤立地就其某一方面妄下结论。精神病人因精神疾病影响而产生的思维、感知、情感、记忆等方面的障碍，除了会对其笔迹造成影响，还会在所写成的文字内容上表现出异常。尤其是精神病人中较为常见的幻听、幻觉、妄想等精神病典型症状，常会在其表述内容中留下端倪。检验中应结合案情进行认真分析，准确识别精神病人的笔迹。此外，检验中应注意将精神病人笔迹与书写水平低或故意降低书写水平的笔迹以及聋哑人笔迹相区别。

2. 正确选择和评断笔迹特征。精神病人的笔迹虽然会有一些病态改变，但毕竟要以他的书写习惯为基础，其本质性的书写习惯不会改变，而且精神病人的笔迹一般没有伪装，这为我们选取特征提供了有利条件。抛开精神病人笔迹的易变特点，就可抓住反映其个人书写习惯的本质特征。检验时，应注意多从特殊运笔动作、大体搭配比例、笔顺、基本写法等相对稳定的特征中选择笔迹特征。

此外，对于检验中发现的差异点，要结合该精神病人的疾病症状以及是否符合精神病人笔迹变化的规律加以考虑，从而对差异点作出客观的评断。

3. 尽可能收集和使用同期笔迹样本。检验时，为保证准确选择笔迹特征，合理解释差异点，应尽可能收集和使用同期样本。当然，正常状态下书写的笔迹样本也是必不可少的。但要注意，由于精神病人书写的随意性，同是精神病发病期的笔迹也会有差别，如突发奇想的错别字、生造字等，检验中应结合案情科学分析评断。

三、醉酒者的笔迹

醉酒者的笔迹，是指书写人处于醉酒状态下书写而成的笔迹。

临床医学研究表明，酒精是亲神经物质，具有直接的神经系统毒性。人在摄入一定量的酒精之后，可导致血脑屏障通透性增高，会对人的中枢神经系统造成不同程度的损伤，致使大脑功能紊乱甚至脑细胞的变性坏死。摄入过量酒精所致的神经障碍主要以意识障碍、记忆障碍以及智能障碍为主，进而导致大脑皮层与书写活动直接相关的几个功能区以及小脑、神经末梢等发生障碍，使得书写运动失调，导致书写人醉酒状态下书写的笔迹出现异常变化。醉酒者的笔迹变化的大小取决于酒精所致其神经系统功能障碍的程度。

日常生活中，人们人际关系的沟通、商业事务的洽谈时常在酒桌上进行。有些心存歹意的不法之徒，就利用当事人酒后头脑不清醒，难以自律时，签订协议，书写字据。有的饮酒过量者事后对自己酒后签写的事实全然不记得，或因酒醒后发现所签契约对己方不利而矢口否认。这时就要根据醉酒者笔迹的特点和变化规律，正确地进行检验。

（一）醉酒者的笔迹变化特点

由于酒精致人兴奋，血液循环加快，自制力降低，肢体动作不协调，手臂颤抖，视觉模糊，所以人在醉酒状态下书写的笔迹最为突出的变化特点主要有以下几点：

1. "快"，即速度较快，连笔增多。由于酒精进入人体后，其主要代谢物乙醛会刺激肾上腺素、去甲肾上腺素等的分泌和兴奋交感神经，使醉酒者处于兴奋状态。醉酒者在此状态下进行书写，往往书写速度较快，连笔增多，字迹相对潦草。

2. "大"，即字形明显增大，结构松散。醉酒状态下的书写人由于兴奋增强，视觉模糊，因此往往所写文字字形增大，结构松散。

3. "误"，即偶然性笔误增多，出现笔误性错别字。醉酒者由于自制力减弱，意识混乱，大脑皮层的整合机制发生障碍，因此笔迹中偶然性笔误增多。

4. "低"，即书写水平明显降低。醉酒状态下书写人肢体动作不协调，视觉模糊，因神经兴奋增强而书写速度快，字迹潦草，因此其醉酒状态下所写笔迹往往书写水平明显降低。

（二）醉酒者的笔迹的检验要点

1. 准确判断物证笔迹是否为醉酒者笔迹。实践中，涉及醉酒者笔迹的案件多为经济案件或民事案件，如果物证笔迹与本人笔迹相仿，那么要么是本人所写，要么是对方摹仿。所以，此类案件检验的关键是鉴别物证笔迹是本人醉酒状态下书写而成还是摹仿笔迹。醉酒者笔迹与摹仿笔迹的区别主要有以下四个方面：

（1）书写速度不同。醉酒后笔迹速度明显加快，连笔动作增多，字迹潦草。而摹仿笔迹除高水平的忆摹外，一般表现为"形快实慢"。

（2）字的大小不同。酒后笔迹字形普遍增大，有的甚至大出一倍。摹仿笔迹有时也有字形略微放大的现象，但因字形要仿照被摹仿笔迹，不会有大的改变。

（3）运笔方式不同。酒后笔迹运笔自然，笔力轻重疾徐的变化符合书写规律。摹仿笔迹运笔反常，笔力平缓，书写生涩缓慢，形快实慢，且出现弯曲抖动、异常停顿及修饰重描现象。

（4）笔误、紊乱现象不同。酒后笔迹有时会出现偶然性错别字；有时由于速度过快、行笔紊乱而导致笔顺的变化。摹仿笔迹则一般不会出现与被摹仿笔迹不同的错别字，但有时会因被摹仿笔迹结构不清，摹仿人难以分辨而"照猫画虎"，出现结构关系紊乱现象。

判断物证笔迹是酒后书写还是摹仿形成，除根据上述特点进行细致分析外，还应结合案情进行判别，如签写的时间、地点、场合，是否饮酒，饮量大小，状态如何，等等。

2. 尽量收集和使用正常快写的同期自由样本。在确定检材为醉酒者笔迹的基础上，由于醉酒者笔迹一般都有书写速度加快的现象，为了避免样本不利给检验带来的麻烦，应尽量收集和使用正常快写的同期自由样本供比对。

3. 正确选择和评断笔迹特征。醉酒者的笔迹虽然会发生不同程度的改变，但其本质性的书写习惯不会改变，而且醉酒者笔迹一般不存在伪装。检验时，只要我们抛开醉酒者笔迹的易变特点，就可抓住反映其个人书写习惯的本质特征。检验时，应注意多从特殊运笔动作、大体搭配比例、笔顺、基本写法等相对稳定的特征中选择笔迹特征。另外，对于检验中发现的差异点，应结合醉酒者笔迹的变化特点进行正确的评断。

四、老年人的笔迹

老年人的笔迹，泛指人到老年，书写技能进入退化阶段的笔迹。

人的生命都有一个生老病死的自然生理过程。人的一生一般要经历五个时期，即幼儿期、少儿期、青年期、成年期和老年期。习惯上一般认为60岁以上即为老年期。一个人要完成书写活动过程，不但需要心理活动的积极参与，更离不开生理机制这个物质基础。而人进入老年期后，随着生理器官功能、智力、体力的衰退，笔迹也会呈现相应的变化。并且由于书写人书面交际的需要也明显减少，有的甚至长时间很少从事书写活动，使得原来建立的书写动力定型的暂时联系系统得不到继续强化，因此，书写技能必然会出现不同程度的退化现象。（如图5-1-2）

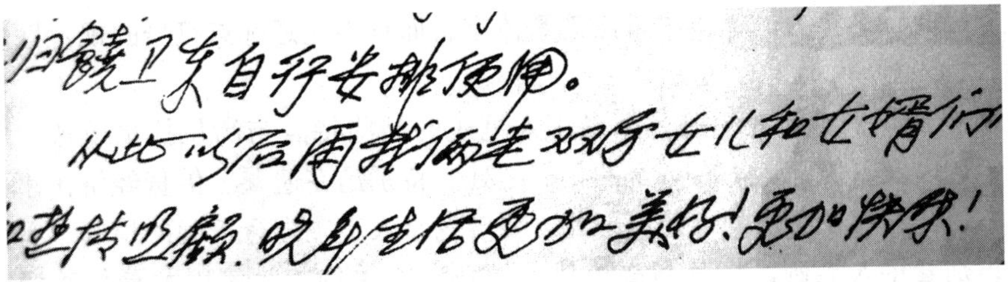

图 5-1-2 某老年人书写的笔迹

当然,老年人的笔迹的变化程度同样存在着个体的差异,有人过早出现书写技能退化,有人则推迟相当长的一段时间,如有书法爱好的老年人,由于经常书写,笔迹的变化表现不明显甚至书写水平还可能有所提升。正确认识老年人笔迹的特点,将其与其他变化笔迹、伪装笔迹相区别,是正确进行笔迹检验的基础和前提。

(一) 老年人的笔迹的特点

尽管会存在着一定的个体差异,但由于制约因素的相似性,老年人笔迹也会表现出一些相似的变化。一般说来,老年人笔迹普遍表现出以下几个特点:

1. 书写水平普遍降低。当人进入老年期后,神经系统功能逐渐衰退,不仅神经细胞逐渐老化,大脑皮层开始萎缩,而且神经传导开始迟缓,整个神经系统相互协调的能力下降,而且书写活动一般都有明显减少,这些改变使得老年人书写水平普遍降低。

2. 字形较大、结构松散,文字布局不齐整。人到老年后,眼睛的调节能力开始变弱,视力逐渐下降,使得视觉在书写活动中的监督矫正作用减弱,再加上神经系统功能逐渐衰退所致的协调能力下降,导致老年人书写时容易写大字,而且字的结构松散,字的大小不均,文字布局不齐整。

3. 起笔不稳,收笔拖拉,笔力平缓并常伴有抖动现象。老年人手臂肌肉松弛,握力减弱,动觉反应迟钝,手臂运动不灵活,甚至颤抖,书写时常出现运笔抖动、起笔不稳、收笔拖拉等现象,而且笔力平缓,缺乏明显的轻重缓急的节奏变化。

4. 偶然性错字、别字增多且多有断笔、重描现象。人进入老年后,记忆力逐渐减退,大脑中储存的一些字的结构形态信息变得模糊,再加上书写需求的减弱,书面交际的减少,记忆痕迹得不到经常反复的巩固而逐渐衰退,从而出现提笔忘字、中途停顿或加以修描的现象,偶然性错字、别字增多。

5. 常出现繁体字,标点符号不规范。由于我国老年人的学龄阶段大都在新中国成立前或新中国成立初期度过,繁体字在他们的学习过程中占了一定的主导地位。因此，老年人的笔迹中常出现繁体字，而且不注意标点符号的规范性。

（二）老年人的笔迹检验要点

1. 准确识别老年人笔迹。因老年人笔迹的某些特点与高位执笔笔迹、左手伪装笔迹以及摹仿笔迹都有一定的相似之处。特别是在遗嘱、借贷经济民事纠纷案件中，往往存在摹仿的可能。因此，要对老年人笔迹进行正确的检验，首先应准确识别老年人笔迹，将其与高位执笔笔迹、左手伪装笔迹以及摹仿笔迹相区别。判断物证笔迹是否属于老年人笔迹，一般应根据其是否具备老年人笔迹的特点来加以分析。

区别老年人笔迹与高位执笔笔迹、左手伪装笔迹，主要应从笔迹特点上加以分析。虽然老年人笔迹与高位执笔笔迹、左手伪装笔迹都可能表现出笔画弯曲、抖动，字形结构松散等特征，但老年人笔迹不会出现左手伪装笔迹横画、横行左高右低、反起笔、反行笔、镜像字等特点，也很少出现高位执笔笔迹所具有的笔画重叠或非正常交叉以及过早收笔、字形不正、笔力飘忽等特点，而且老年人笔迹字形结构松散、弯曲抖动等是普遍现象，往往通篇都能观察到。

区分老年人笔迹与摹仿笔迹，应综合多方面情况加以分析。①从案件情况上加以分析。检验时，要了解案件的基本情况，并仔细观察检材。不仅要详细询问书写人或有关当事人的年龄、文化、职业、经历及身体状况，还要了解是否具备摹仿条件等。如果嫌疑人年龄较大，身体状况不佳，则要侧重考虑老年人因素。②从笔迹特点上分析。老年人笔迹的抖动弯曲比较均匀自然，严重的时候，甚至每个笔画上都有抖动，且抖动幅度较大；而摹仿笔迹只是在局部，尤其是转折连接部位易出现不自然的抖动现象。老年人笔迹多因出现明显败笔而重描，修描笔画动作较大，痕迹明显；而摹仿笔迹则是在摹得不像的地方修饰重描，动作细微，不易察觉。除此之外，老年人笔迹起笔不稳、收笔拖拉现象是摹仿笔迹所不具备的。③还可以通过比较检验加以印证。如果嫌疑人是老年人，检材与样本在某些特点上一致，经检验确认检材为该人书写，检材笔迹当然是老年人笔迹。如果比较检验中只是大体特征相符，细节不同，则可能是摹仿笔迹。

2. 尽可能使用近期笔迹样本。在确定检材为老年人笔迹的基础上，应尽量收集近期样本供比较。因为人的笔迹在不同年龄时期是有自身差别的，特别是进入老年期以后，可能在一二年内笔迹就会出现明显的衰退变化。为了避免样本不利给检验带来的麻烦，应尽可能使用近期样本。如果提供的是相距较久的笔迹材料，则要结合书写技能衰退的变化规律来分析选择特征，防止机械比对和随意用生理机能衰退解释差异。

3. 尽量选择不易变化的笔迹特征。老年人笔迹虽然由于生理机能衰退而发生一些变化，但动力定型当中最基本的、最稳固的、惰性较强的习惯性错别字、习惯性的繁异体写法、笔顺特征、大体搭配比例和部分运笔特征等几类特征还是比较稳定，可根据具体案件酌情选取。

五、疲劳及情绪低落状态下的笔迹

疲劳及情绪低落状态下的笔迹是指书写人在精力疲乏、情绪低落等异常状态下书写而成的笔迹。

任何笔迹的形成都是在心理的直接引导和影响下产生的。书写人书写时的身心状况、情绪状态都会对笔迹产生一定的影响。正常的书写活动一般是在书写人精力充沛、心情相对平静的状态下进行的，在精力疲乏、情绪低落等异常状态下形成的笔迹，其笔迹特征会发生一定的变化。正确认识这些变化，是准确选择笔迹特征，合理解释差异点，得出正确检验结论的保证。

（一）疲劳及情绪低落状态下的笔迹的特点

由于当书写人处于疲劳、情绪低落状态下时，其大脑往往处于抑制状态，注意力分散，对书写对象的认识片面、模糊，因此其笔迹也会发生相应的变化，往往给人一种倦怠、拖沓、漫不经心、敷衍了事之感。一般来说，疲劳及情绪低落状态下的笔迹常具有以下特点：

1. 字迹凌乱，字间距、行间距不均匀。
2. 笔压较轻，结构松散，多连笔环绕及拖笔动作。
3. 笔画偶有省略，容易丢字漏字，笔误性错别字增多。
4. 在个别字或笔画上会出现重描，对错字、错句的涂改方式较随意。
5. 笔迹细节特征稳定性降低，运笔幅度时大时小，字形时简时繁，搭配比例及标点符号具有随意性。

（二）疲劳及情绪低落状态下的笔迹的检验要点

1. 正确认识特征变化规律，准确选择笔迹特征。疲劳、情绪低落状态虽然对一个人的笔迹会产生一定的影响，但总体看来，其基本的、本质的笔迹特征仍然保持不变。书写人在疲劳及情绪低落状态下书写的笔迹，其容易变化的特征主要表现在书写水平、整体风貌、布局安排、笔画的规范程度、笔力的轻重分布、搭配比例特征等方面。而字的基本写法特征、笔顺、基本的搭配比例关系、起收笔位置、运笔方向、动笔趋势等方面则基本不变，这足以构成一个人笔迹的总体特殊性。检验中，应正确地认识疲劳、情绪低落状态下笔迹的变化规律，从不易变化的笔迹特征中准确选择其本质特征。

2. 尽可能收集和使用同期样本。检验疲劳及情绪低落状态下的笔迹，除了作必要的调查了解，掌握嫌疑书写人当时的身心状态，通过笔迹研究一个人的身心状态，合理解释比较检验中的差异外，还要尽量收集和使用同期样本。如收集一两天内的日记、记录和其他文字材料。而且应尽可能选择书写时精力状况、情绪状态最为接近的样本供比对，使样本与检材形成时的身心状态条件最为接近，从而排除干扰，客观地进行综合评断。

六、书写器官损伤者的笔迹

书写器官损伤者的笔迹，是指书写人在臂、腕、肘、指等书写器官受损的状态下书写而成的笔迹。

书写器官，主要指臂、腕、肘、指。正常的书写活动，是在思维的引导下，以书写器官中的骨骼为支撑、肌腱为动力，依靠手臂的协调运动来完成的。书写器官是书写活动的具体执行者。虽然书写运动并不需要启动全部的指力和腕力，但如果上述器官损伤，重则丧失书写能力，轻者虽尚能书写，但由于指、腕、臂各部分不能协调配合，书写动作异常，难以精确地表现书写运动的轻重疾徐、抑扬顿挫的节奏和字体结构形态，必然会使笔迹表现出一些反常的变化特点。正确认识书写器官损伤者的笔迹的变化特点，是正确检验书写器官损伤者笔迹的前提和基础。

（一）书写器官损伤者的笔迹的变化特点

书写器官损伤的类型多种多样，损伤的部位和致病原因不同，书写器官的症状有别，笔迹的变化也不尽相同。一般情况下，书写器官损伤者的笔迹会出现下列变化特点：

1. 字形较大、笔力轻浮、结构松散。
2. 运笔出现明显且较均匀的抖动并常伴有多余的小动作。
3. 笔画时有中断、补笔、修描等现象。

（二）书写器官损伤者的笔迹的检验要点

1. 准确识别书写器官损伤者的笔迹。由于书写器官损伤者的笔迹的变化特点与老年人笔迹以及摹仿笔迹有一定的相似性，所以检验中要注意与摹仿笔迹、老年人的笔迹相区别。区别书写器官损伤者的笔迹与老年人的笔迹以及摹仿笔迹，主要应根据三者在笔迹特点上的不同来进行。老年人笔迹虽然也会出现结构松散、运笔抖动、断笔、重描等特点，但书写器官损伤者的笔迹一般不会出现老年人笔迹所具有的错别字增多、标点符号不规范以及间杂有繁体字等特点；至于摹仿笔迹，虽然也会出现抖动、重描等现象，但其抖动常为隐蔽的、非规律性的抖动，重描也多在摹得不像的地方修饰，动作细微，不易察觉，这与书写器官损伤者的笔迹所表现出的明显的规律性的抖动及为修正败笔、错笔的重描明显不同。当然，识别书写器官损伤者的笔迹，还应结合案情来综合分析。如能判断检材为书写器官损伤者的笔迹，不仅能为分析案情提供线索，还能给笔迹鉴定指明方向。

2. 收集和使用嫌疑人书写器官损伤后的笔迹样本。在检验中，当分析判明检材笔迹应为书写器官损伤者的笔迹时，就应该尽可能收集和使用嫌疑人书写器官损伤状态下书写而成的笔迹样本以供比对，使样本与检材形成时的生理条件最为接近，从而排除干扰，并用这种生理变化作为分析评断差异点的参考依据，作出正确的结论。

3. 多选取不易受书写器官损伤影响的笔迹特征。书写人的笔迹虽然会因书写器官受损而发生一些病态改变，但毕竟要以他的书写习惯为基础，其本质性的书写习惯不会改变。检验时，应注意多从字的基本写法、大体搭配比例、笔顺、文字布局等不易受书写器官损伤影响、相对稳定的特征中选择笔迹特征。

【任务实施】

一、任务目的

通过本任务的实施，使学员了解书写人身心条件变化对其笔迹特征的影响，熟悉和掌握几类常见的书写人身心条件变化笔迹的特点及检验要点，并能在笔迹检验实践中对几类书写人身心条件变化笔迹进行准确的分析识别，正确选择特征，合理解释差异点，得出正确的检验结论。

二、任务设备与材料

1. 普通铅笔、红蓝铅笔、直尺。
2. 白纸、带格线的空白稿纸、检验记录纸、实验报告。
3. 放大镜、体式显微镜。
4. 精神病人的笔迹及其正常时的笔迹材料若干。
5. 老年人的笔迹以及其生理机能未老化时的笔迹材料若干。
6. 书写器官损伤者的笔迹材料及其正常时的笔迹材料若干。
7. 书写人在醉酒时和正常状态下书写的笔迹材料若干。
8. 书写人在疲劳及情绪低落状态下和精力充沛、心情相对平静的状态下书写的笔迹材料若干。
9. 学生自己书写的正常笔迹材料若干。
10. 学生自己书写的摹仿笔迹材料若干。

三、任务指导

1. 实施任务时学员每两人为一组认真进行。
2. 任务实施以目力观察为主，适当借助放大镜和体式显微镜。
3. 按先一般特征后细节特征的顺序逐一进行认真细致的观察分析。
4. 观察的同时应在检验记录纸上认真做好记录。
5. 任务实施前应认真复习书写人身心条件变化笔迹的相关知识，重点复习几类常见的书写人身心条件变化笔迹的特点及检验要点。

四、任务组织

（一）认识精神病人的笔迹特点及检验要点

1. 对所提供的精神病人笔迹进行认真的观察分析，归纳总结精神病人的笔迹的特点，并将其填写在实验报告相应的位置上。

2. 将精神病人笔迹与其正常笔迹进行对照分析，比较同一人在精神病期间与正常时笔迹的异同之处，分析哪些笔迹特征发生了变化，哪些笔迹特征仍保持稳定，归纳总结精神病人的笔迹变化规律，并将其填写在实验报告相应的位置。

3. 归纳精神病人的笔迹检验要点，并将结果填写在实验报告相应的位置。

附：精神病人的笔迹实验报告格式。（见表5－1－1）

表5－1－1　精神病人的笔迹实验报告格式

笔迹种类		精神病人的笔迹
精神病人的笔迹的特点		
精神病人的笔迹特征变化与稳定的规律	稳定的笔迹特征	
	变化的笔迹特征	
精神病人的笔迹的检验要点		

（二）认识醉酒者的笔迹的特点及检验要点

1. 对所提供的醉酒者的笔迹进行认真的观察分析，归纳总结酒醉者的笔迹的特点，并将其填写在实验报告相应的位置上。

2. 将醉酒者的笔迹与其正常状态下书写的笔迹进行对照分析，比较同一人在醉酒状态与正常状态时笔迹的异同之处，归纳总结哪些笔迹特征发生了变化，哪些笔迹特征仍保持稳定，归纳总结醉酒者的笔迹变化规律，并将其填写在实验报告相应的位置上。

3. 学员在空白稿纸上仿照所给的醉酒者正常时书写的笔迹材料进行摹仿书写，并将所形成的摹仿笔迹材料与醉酒者的笔迹进行对照分析，观察分析醉酒者的笔迹与摹仿笔迹的异同，归纳总结醉酒者的笔迹与摹仿笔迹的区别，并将其填写在实验报告相应的位置上。

4. 总结醉酒者的笔迹检验要点，并将结果填写在实验报告相应的位置。

附：醉酒者的笔迹实验报告格式。（见表5-1-2）

表5-1-2　醉酒者的笔迹实验报告格式

笔迹种类	酒醉者的笔迹	
醉酒者的笔迹的特点		
醉酒者的笔迹特征变化与稳定的规律	稳定的笔迹特征	
	变化的笔迹特征	
醉酒者的笔迹与摹仿笔迹的区别		
醉酒者的笔迹检验要点		

（三）认识老年人的笔迹的特点及检验要点

1. 对所提供的老年人的笔迹进行认真的观察分析，归纳总结老年人的笔迹的特点，并将其填写在实验报告相应的位置上。

2. 将老年人的笔迹与其生理机能未老化时书写的笔迹进行对照分析，比较同一人在老年时与生理机能未老化时笔迹的异同之处，归纳总结哪些笔迹特征发生了变化，哪些笔迹特征仍保持稳定，归纳总结老年人的笔迹变化规律，并将其填写在实验报告相应的位置上。

3. 学员在空白稿纸上仿照所给的老年人在生理机能未老化时的笔迹材料进行摹仿书写，并将所形成的摹仿笔迹材料与老年人的笔迹进行对照分析，观察分析老年人的笔迹与摹仿笔迹的异同，归纳总结老年人的笔迹与摹仿笔迹的区别，并将其填写在实验报告相应的位置上。

4. 归纳总结老年人的笔迹检验要点，将结果填写在实验报告相应的位置上。

附：老年人的笔迹实验报告格式。（见表5-1-3）

表 5-1-3　老年人的笔迹实验报告格式

笔迹种类	老年人的笔迹	
老年人的笔迹的特点		
老年人的笔迹特征变化与稳定的规律	稳定的笔迹特征	
	变化的笔迹特征	
老年人的笔迹与摹仿笔迹的区别		
老年人的笔迹检验要点		

（四）认识疲劳及情绪低落状态下的笔迹的特点及检验要点

1. 对所提供的书写人在疲劳及情绪低落状态下书写的笔迹进行认真的观察分析，归纳总结书写人在疲劳及情绪低落状态下书写的笔迹的特点，并将其填写在实验报告相应的位置上。

2. 将书写人在疲劳及情绪低落状态下书写的笔迹与其在精力充沛、心情相对平静的状态下书写的笔迹进行对照分析，比较两类笔迹的异同之处，归纳总结哪些笔迹特征发生了变化，哪些笔迹特征仍保持稳定，归纳总结疲劳及情绪低落状态下的笔迹的变化规律，并将其填写在实验报告相应的位置上。

3. 归纳总结疲劳及情绪低落状态下书写的笔迹的检验要点，并将结果填写在实验报告相应的位置上。

附：疲劳及情绪低落状态下的笔迹实验报告格式。（见表 5-1-4）

表 5-1-4　疲劳及情绪低落状态下的笔迹实验报告格式

笔迹种类	疲劳及情绪低落状态下的笔迹
疲劳及情绪低落状态下的笔迹的特点	

续表

笔迹种类	疲劳及情绪低落状态下的笔迹	
疲劳及情绪低落状态下的笔迹特征变化与稳定的规律	稳定的笔迹特征	
	变化的笔迹特征	
疲劳及情绪低落状态下的笔迹的检验要点		

（五）认识书写器官损伤者的笔迹特点及检验要点

1. 对所提供的书写器官损伤者的笔迹进行认真的观察分析，归纳总结书写器官损伤者的笔迹的特点，并将其填写在实验报告相应的位置上。

2. 将书写人在书写器官损伤时的笔迹与其书写器官未损伤时书写的笔迹进行对照分析，比较两类笔迹的异同之处，归纳总结哪些笔迹特征发生了变化，哪些笔迹特征仍保持稳定，归纳总结书写器官损伤者的笔迹变化规律，并将其填写在实验报告相应的位置上。

3. 归纳总结书写器官损伤者的笔迹检验要点，并将结果填写在实验报告相应的位置上。

附：书写器官损伤者的笔迹实验报告格式。（见表5－1－5）

表5－1－5　书写器官损伤者的笔迹实验报告格式

笔迹种类	书写器官损伤者的笔迹	
书写器官损伤者的笔迹的特点		
书写器官损伤者的笔迹特征变化与稳定的规律	稳定的笔迹特征	
	变化的笔迹特征	
书写器官损伤者的笔迹的检验要点		

五、评分标准

成绩评定主要结合任务操作的认真程度、操作的规范程度、特征分析的准确程度以及实验报告的完成情况等进行综合评定。

六、操作注意事项

1. 为确保任务实施取得良好的效果，选择笔迹材料时应充分考虑到学员笔迹检验初学者的特点，选择与其知识储备、分析认识能力相适应的笔迹材料。应尽可能选择具有一定的典型性、该类变化笔迹特点表现相对明显、充分的笔迹材料供学员观察分析。此外，为排除其他因素所致的笔迹特征变化的干扰，所选笔迹材料应无伪装、其他书写条件尽可能相同。

2. 引起笔迹特征发生变化的因素不仅仅有书写人身心条件变化，伪装以及书写客观条件变化也会导致笔迹特征发生变化。而且书写活动不是简单的机械复制，同一书写人多次书写相同内容所形成的笔迹也不可能完全重合，本身也存在着书写随机性变化。因此，在分析确定相同特征和不同特征时，应充分考虑到这些可能的影响因素，应首先对引起笔迹特征变化的原因进行分析，必要时可结合有关案情来进行综合分析。只有确定是由书写人某一身心条件变化所引起的笔迹特征变化之后，再来分析总结书写人某一身心条件变化所引起的笔迹特征变化的规律特点。

3. 书写人某些身心条件发生变化后，其笔迹特征的某些表现形态也会随之发生较大变化。加上有些书写人书写水平低、适应能力差，笔迹变化会更大。如果检材字数少、特征反映不充分，检验会存在较大难度。因此，在对书写人身心条件变化笔迹案件进行检验时，检材不仅应在数量上满足检验需要，质量要求也较高。此外，在该类案件检验中，为最大限度地排除干扰，一般要求尽可能收集和使用书写时身心条件相近的同期自由样本供比对。

4. 在检验各类书写人身心条件变化的笔迹时，应注意从不易受该种条件变化影响的笔迹特征中选取笔迹特征，如精神病人的笔迹应多从特殊运笔动作、大体搭配比例、笔顺、基本写法等相对稳定的特征中选择笔迹特征；老年人的笔迹应多选择习惯性错别字、习惯性的繁异体写法、笔顺特征、大体搭配比例和部分运笔习惯特征等相对稳定的笔迹特征。

【技能测试】

1. 醉酒者的笔迹有哪些特点？不易受醉酒影响的笔迹特征有哪些？
2. 精神病人的笔迹有何特点？哪些笔迹特征不易受精神疾病影响？
3. 以下所附的检材笔迹与样本笔迹是否为同一人书写？（见图 5-1-3、5-1-4）

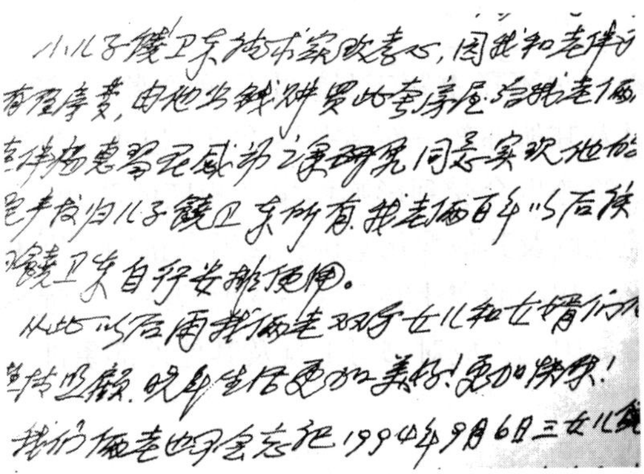

图 5-1-3　某遗嘱字迹（检材）

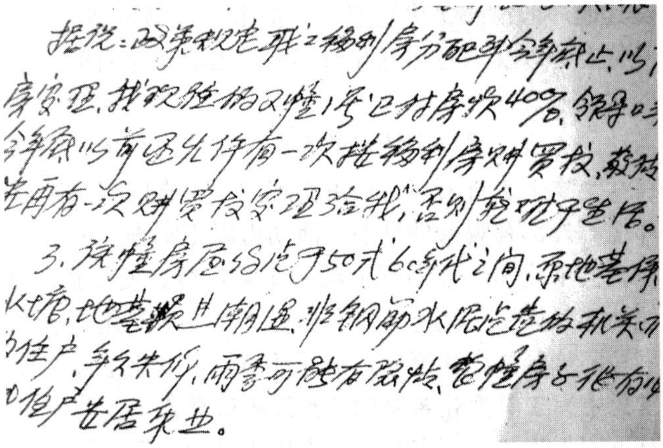

图 5-1-4　嫌疑书写人饶某的笔迹（样本）

任务二　认识书写工具及其他外部条件变化笔迹检验

【知识点】
1. 几种常见书写工具变化笔迹的特点及检验要点。
2. 书写承受物变化笔迹的特点及检验要点。
3. 执笔方式变化笔迹的特点及检验要点。
4. 书写环境变化笔迹的特点及检验要点。

【技能点】
书写工具及其他外部条件变化笔迹的识别与检验。

【任务导入】

任何书写活动都脱离不了书写工具、书写承受物、书写环境等外部客观条件。正常的书写工具及其他外部条件是书写活动得以正常进行的保障。如果其中某一条件发生变化，笔迹也会受到影响而发生相应的改变。在笔迹检验实践中，这些变化常与伪装笔迹以及其他变化笔迹相混淆。正确识别书写工具及其他外部条件变化笔迹并根据其相应的变化特点准确选取特征、合理解释差异点，是正确进行笔迹鉴定的基础。因此，应对书写工具及其他外部条件变化笔迹进行认真的学习了解。

【相关知识】

一、书写工具及其他外部条件变化笔迹的概念

书写工具及其他外部条件变化笔迹，是指由于与书写活动相关的书写工具、书写承受物、书写姿势以及书写环境等外部客观因素变化而影响书写活动的正常进行所形成的变化笔迹。

任何书写活动的完成，都是由特定的人在一定的场合下，使用书写工具，并以一定的姿势在承受物上进行书写运动来实现的。正常的书写工具、承受物、书写姿势和书写环境等外部客观条件是书写活动得以正常进行的必备条件，一旦其发生异常变化，就会干扰和破坏书写活动的正常进行，使笔迹发生相应的改变。书写工具及其他外部条件变化笔迹主要有书写工具异常变化笔迹、书写承受物异常变化笔迹、书写姿势异常变化笔迹、书写环境异常变化笔迹四种类型。

二、几种常见书写工具变化笔迹的特点及检验要点

书写活动是书写人通过运用书写工具作用于书写承受客体而进行的，如果书写工具发生异常变化，就会对书写活动造成一定的阻碍和干扰，使笔迹发生相应的变化。正常书写使用的工具是各种笔，包括软性和硬性两类。如毛笔、软笔、钢笔、签字笔、圆珠笔、铅笔等。书写工具异常变化笔迹是指使用其他器具、物品代替书写用笔或使用不习惯的笔类进行书写所形成的笔迹，如用毛刷、布卷、木棍、石块、玻璃片、铁钉、钥匙、小刀，甚至是手指或指甲等进行书写，或者习惯硬笔书写的改用软笔书写所形成的笔迹。书写工具异常所致的笔迹变化的大小，主要取决于书写人驾驭书写工具的能力、书写适应能力的高低以及工具与承受物相互作用产生的负面影响的大小。此外，不同的书写工具书写而成的笔迹，由于书写工具的结构性能不同，端部形态不同，所形成笔迹的笔痕特征也不同。下面主要对几种常见的书写工具变化笔迹的特点及检验要点进行介绍。

（一）刻划字迹

刻划字，是指利用各种硬性的非正常的书写工具，在各种硬性物体表面刻写而成的字迹。与篆刻艺术不同，刻划字是书写人为掩盖个人笔迹或受环境条件的

限制而采用的一种特殊的书写方式。笔迹检验中所涉的刻划字笔迹，多为政治性标语口号、诽谤性词语或某些刑事案件的现场留言等。

刻划字的客观条件变化比较复杂多样，不仅书写工具异常，书写姿势、书写承受客体也大多为非正常，笔迹变化较大，检验有一定难度。正确认识刻划字笔迹的特点，将其与其他变化笔迹、伪装笔迹相区别，是正确进行笔迹检验的基础和前提。在刻划字的笔迹检验中，要注意结合具体案件的刻写条件，从因果关系上进行分析，区分哪些是受刻写条件影响变化了的现象，哪些是个人固有书写习惯的反映，准确选取笔迹特征，合理解释差异点，才能得出正确的检验结论。

1. 刻划字笔迹的特点。刻划字变化的主要原因，是承受物对书写运动的摩擦阻力干扰和抑制了书写运动习惯动力定型的表现。在书写过程中，书写工具与承受物表面要产生一定的摩擦，这种摩擦力是维持和调整书写运动的一种反馈信息，也是使书写工具在承受物表面留下色料或划痕形成字迹的机械作用。这种摩擦阻力如果没有超出书写运动器官动作反馈和自动控制范围，书写人能够适应并克服其产生的影响，所形成的笔迹同正常书写的笔迹无明显差别。但当摩擦阻力过大或过小时，笔迹就会发生较大的变化。如用圆珠笔在玻璃或铁皮上书写时，由于摩擦阻力过小，笔尖容易滑动，会导致某些运笔特征发生较大改变；而在光滑坚硬、凹凸不平或有纹理结构的物体表面用力刻写，或使用带刃工具刻写时，则会由于摩擦阻力过大，刻划时必须施加较大的力量才能刻出字迹，承受物对书写工具的反作用力相应也会很大，这就必然阻碍和干扰书写活动的正常进行，限制了书写习惯的正常表露，笔迹一般都会有较大变化。

由于刻写过程中，主要是书写运动遇到阻力和干扰而导致笔迹发生改变，因此，刻划字笔迹变化主要表现在运笔及由于运笔的改变而涉及有关笔画搭配比例等特征的变化。总的说来，刻划字笔迹一般会表现出如下特点：（如图5-2-1）

图 5-2-1　某案件墙壁上的刻划字迹

（1）笔画僵直呆板。由于刻划字一般在较硬的物体上用尖锐的利器刻划，越是用力，刻写活动受到的阻力越大，所以难以表现运笔中的轻重疾徐等节律性的动作特点，笔画显得僵直呆板，连笔动作减少甚至消失。

（2）个别笔画过长或过短。刻划时由于阻力大，需要用力刻写，一旦力度偏小，笔画就会刻得深而短；一旦冲破阻力，控制不住刻写工具，便出现滑动性的过长笔画。

（3）笔画弯曲、跳动或间断。在凹凸不平的物体表面刻写时运笔容易跳动，笔画出现间断、错位或残缺现象。当顺着承受物上的沟纹运行时，则容易形成弯曲或偏斜的笔画。

（4）钩笔、挑笔、点笔易改变运笔方向。在刻写活动中，钩笔、挑笔、点笔的运笔较难，常由从下向上的挑钩变为另起笔自上而下运笔；挑笔有时变为撇笔；点画往往拉长，斜点易变为小竖或小横笔。

（5）转折形态生硬或分笔完成。刻写时，转折笔画比较吃力，原有的转折弧度、角度及其形态特征不易反映出来，常形成硬折动作或另起笔完成。

（6）常有补笔、重描或省略现象。受承受物表面纹理、裂痕或凹凸不平等因素的影响，笔画的运笔方向有时会出现偶然性的变化，刻写人就可能进行补笔或重描，从而出现笔画增加或凌乱现象。单字的复杂部位及其内部结构，因刻写不便，有省略或缺失笔画现象。

2. 刻划字的笔迹变化的规律。在不同刻划条件下，由于刻划工具的种类和承受物表面性状、二者之间相互作用力的大小不同，对书写活动的干扰、阻碍程度也不相同，由此导致的笔迹变化也不完全相同。但是，刻划字的笔迹变化仍然有一定的规律性。一般地说，刻划字笔迹变化主要表现在运笔特征以及与之相关的一些搭配比例特征上。而如由起笔构成的笔画搭配关系特征、偏旁部首的基本比例关系特征、特殊的运笔趋向特征、笔顺特征、基本写法特征等特征则相对稳定，受刻划书写方式的影响较小，能更多地反映出书写人的固有书写习惯，检验时应予以充分运用。

3. 刻划字笔迹检验的要点。

（1）详细了解检材笔迹的形成条件及相关案情。在对刻划笔迹进行检验时，最理想的条件是使用检材原件，这样便于对书写工具与承受物之间的作用关系进行深入切实的研究，以针对具体情况准确选择笔迹特征。但实际工作中，刻划字案件因为承受面大多为墙壁、树干、门板、地面等，不便提取检材原件，所以送检的多为检材照片。而照片往往对笔迹的细节反映不清，甚至部分字迹或笔画模糊难辨，加之刻划字笔迹一般字数都不多，这必然给检验增加难度。为弥补检材条件的不足，检验时应详细了解检材笔迹的形成条件及相关案情，如刻划工具、承受物的性状、刻写位置、单字大小、周围环境等。对照片上的字迹要逐个向送检人核对，分清刻划字笔画与无关的痕迹，明确模糊不清、不易判别之处在原物上的真实面貌，以便有针对性地研究笔迹的变化，正确选择笔迹特征。

（2）选择比对条件较好的笔迹样本。在对刻划字笔迹进行检验时，为弥补检材字数少，特征变化大的不足，应尽可能收集和使用比对条件较好的笔迹样本以供比对。最理想的笔迹样本是在相同或相近的书写条件下形成的刻划字笔迹样本，但实践中该类笔迹样本很难收集到。由于刻划字笔迹一般都是一笔一画慢慢刻写而成，因此检验时应注意收集嫌疑人慢速书写的自由样本以供比对。

（3）注意排除刻划字中可能存在的伪装现象的干扰。在刻划字案件中，书写人的主要精力用在了适应非正常的书写条件、克服刻写的阻力上，一般无暇顾及采取伪装手段。但个别案件的作案人在客观条件变化的同时，还可能采取随意性伪装，企图通过降低书写水平以求掩盖自己的书写习惯。因此，检验时应注意排除刻划字中还可能存在的伪装现象的干扰。

（4）复查现场或进行刻划实验。如果对物证笔迹的形成尚存疑问，或者在比较检验中发现一定的符合，又有个别差异不好解释，那么最好争取复查现场，仔细勘验原物。必要时还可以模拟检材笔迹的形成条件，进行刻划实验，从而印证对笔迹特征的认识。

（5）结合刻划字笔迹变化的规律特点准确选择笔迹特征。刻划条件对笔迹的影响，因果关系比较明显。在何种条件下会发生何种变化，有其一般规律，检验时应结合其笔迹变化的规律特点准确选取笔迹特征。一般说来，刻划字笔迹变化主要表现在运笔特征以及与之相关的一些搭配比例特征上。而某些特征则相对稳定，如由起笔构成的笔画搭配关系特征、偏旁部首的基本比例关系特征、特殊的运笔趋向特征、笔顺特征、基本写法特征等。检验时应首先对检材进行深入分析，判断刻划的工具、承受物的性状及二者之间相互作用力的大小，对书写活动的干扰、阻碍程度；然后分析刻写人在这种刻划条件下适应能力如何，其书写技能习惯发挥得怎样。在此基础上，排除由于条件的干扰而产生的变化现象，逐字逐笔地选取反映固有习惯的稳定的笔迹特征。

（二）尺划字笔迹

尺划字笔迹，是指用书写工具在某种直边工具如直尺、三角尺等的辅助制约下所画成的线段组合而成的笔迹。笔迹检验中所涉的尺划字笔迹，多为标语或匿名信件。尺划字笔迹是笔尺结合的产物，由于是在直边工具的辅助下书写而成，书写时笔尖的运行活动受到辅助工具的制约，笔迹的构成以直线性笔画为基本单位，这不仅改变了笔画原有的形态，还影响了字的正常结构，在丧失大量运笔特征的同时，也掩盖了部分搭配比例特征。因此，尺划字的笔迹变化较大，检验难度大。（如图5-2-2）

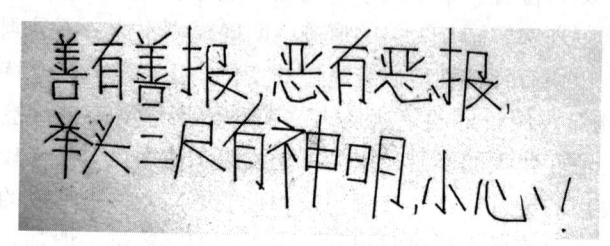

图5-2-2 尺划字笔迹示例

正确认识尺划字笔迹的特点及笔迹变化规律，准确选取和评断笔迹特征，合理解释差异点，是正确检验尺划字笔迹的前提和基础。

1. 尺划字笔迹的基本特点。

（1）笔画僵直，字形方正。由于尺划字笔迹是在某种直边工具的辅助下书写而成，书写时笔尖的运行活动受到辅助工具的制约，其以直线形笔画为笔迹构成的基本单位，故所形成的字迹笔画僵直，字形方正，难以表现运笔中的轻重疾徐等节律性的动作特点。

（2）笔画各自独立，互不连接。尺划字笔迹以直线形笔画为笔迹构成的基本单位，书写时连笔动作消失，笔画之间各自独立，互不连接。

（3）折画、勾画多分两笔完成。由于尺划字笔迹不是通过书写人手臂自动连续的书写运动完成的，而是借助直尺等直边工具以画线段的方式组合而成的，所以在书写折画、勾画等转折角度变化大的笔画时，难以一笔完成，多分两笔书写。

（4）间或有手写笔画出现。受作案人意志力的制约，加之汉字的一些转折或弧形笔画不便于尺划，所以在尺划字笔迹中间或会掺杂一些手写笔画。特别是在笔画多、结构繁杂的字上，书写人频繁调转尺子的方向、角度很麻烦，有时就脱离尺子的束缚而顺便自由书写出相邻的笔画。尺划字笔迹中出现的手写笔迹，往往能较为真实地反映书写人的书写习惯，是尺划笔迹检验的有利条件，检验时应充分加以利用。

2. 尺划字笔迹变化的一般规律。尺划字笔迹是在一种不正常的书写条件下写成的，其书写运动必然受到直边工具的类型、边缘形态、转动的方向、角度、移动距离等因素的限制和影响，使笔迹发生较大变化。但由于书写人采用尺划手段改变笔迹的同时，还要让人看懂书写内容，书写人还得以其书写习惯为基础，按照他所理解并已成为习惯的书写规范进行书写，而且有些类型的特征受尺划书写形式的影响较小。因此，尺划字笔迹仍然会不同程度地暴露书写人的书写习惯。只要我们注意分析尺划字笔迹变化的原因和规律，把握住个人习惯特征的反映，就能够正确地进行检验。

在尺划字笔迹中，容易变化的笔迹特征主要是以下几类特征：

（1）运笔特征，尤其是起收笔动作、运笔方向、角度等细节形态、笔力分布、折笔形式与角度。

（2）笔画的搭配位置、斜形笔画的倾斜角度等特征。该类特征有时会因受尺子摆放位置及角度等偶然因素的影响而发生变化。

（3）纵横相间的笔顺有时因不便频繁调转尺子方向而改成先将平行笔画依次完成。

尺划字笔迹不易变化的笔迹特征主要是那些不受尺划书写方式影响的特征，主要有以下几类：

（1）字的基本写法特征，习惯性错别字特征。

（2）部分笔顺特征以及基本搭配比例关系特征。

（3）运笔特征中的笔画变异以及其中的手写笔画或标点符号的运笔特征。

（4）笔迹的整体布局、局部安排及习惯用语特征也基本不变。

3. 尺划字笔迹检验的要点。

（1）检材、样本应符合检验要求。由于尺划字中个人习惯特征保留较少，检验难度较大，检验时要求使用检材原件，以便充分发现和利用复制件上难以反映的细微特征。所用样本要求是慢速书写的楷书、仿宋体等线体字迹。如有必要和可能，可收集尺划的实验样本，以增强可比性。

（2）全面选取一切可能有鉴别价值的特征，注意多选取不易受尺划书写方式影响的相对稳定的笔迹特征。由于尺划字不同于其他自如的书写，书写运动受到尺缘的限制，所以它只能体现字的结构形态等大体的习惯特征，而在运笔细节动作和笔力分布等方面很难暴露个人习惯。检验时，除按尺划字特征变化的一般规律选择特征，还应更全面地观察，具体地分析选用一切可能有鉴别价值的特征。只有这样，才能在不利的条件下作出正确的结论。

（3）充分利用手写笔画的特征。尺划字中或多或少会有自由书写的笔画及标点符号，这些个别的笔画和标点更容易暴露书写人固有的习惯，特别是手写笔画的运笔细节特征，具有较高的鉴别意义。有些手写笔画比较明显，有些则比较隐蔽，不经细致观察，不易识别。例如，有的笔画虽非尺划，但为了与尺划笔画保持一致，故意将笔画写得僵直。应当看到，只要是手写，就可能在一定程度上暴露个人的运笔习惯，所以要充分注意发现和利用手写笔画的特征。

（三）复写字迹

复写字迹，是指以复写纸为衬垫，通过一定的书写压力，使复写纸上的染料粘附在下面纸页上而形成的字迹。复写纸作为辅助的书写工具，在这一过程中起到了媒介作用。由于这种字迹是由复写纸染料附着而成，不是书写笔直接在纸上运行而成，所以不仅笔迹特征会因受复写方式的影响而不能充分地显露，笔痕特征也很少能反映出来。

正确认识复写字迹的特点及笔迹变化规律，准确选取和评断笔迹特征，合理解释差异点，是正确检验复写字迹的前提和基础。

1. 复写字的笔迹变化特点。

（1）单字笔画清晰度降低。由于复写字迹属于间接形成的字迹，笔画是由复写纸染料印上去而形成的。这种特殊的形成机理不仅使得书写运动的细节受到限制，不易表露，而且还缺少了书写工具直书其上而留下的生动、细腻的笔痕，所以复写字迹的单字笔画清晰度都会出现不同程度的降低。如果再遇上复写纸老化、陈旧，或一式多份的后面纸页，以及书写压力过轻，所形成的复写字迹就更加模糊。（如图5-2-3）

直接书写而成的笔迹

复写笔迹

图 5-2-3　复写笔迹与直接书写而成的笔迹示例

（2）笔迹特征部分丢失。由于复写字迹的笔迹清晰度降低，个人书写习惯不能得到全面反映，不仅使得诸如起收笔的细小动作、笔力分布特点、过轻的连笔动作等笔迹特征丢失，而且还由此影响到笔顺的判断。

（3）容易产生笔迹假象。由于复写纸的特性，在复写书写时，不仅正常书写的单字笔画会使复写纸染料转印到下层纸面上，而且指甲等硬物的滑碰和复写纸折叠后的边棱受到一定压力，都会在复写的纸页上留下点状、线状不规则的划痕，与单字笔画交织在一起，真伪难辨，形成一些笔迹假象。甚至有时复写纸使用不均衡、局部油墨浓淡反差过大，复写字迹笔画也会出现轻重不一现象，与笔力轻重造成的笔画浓淡变化不易区别；而且如果复写纸陈旧并有破损，也会使复写字迹笔画局部出现断笔或露白现象，这些也都会造成一些笔迹假象。

2. 复写字笔迹检验的要点。

（1）严格审查检验条件，注意与复写套摹字迹相区别。复写字迹案件的检验不仅受复写方式所致的字迹清晰度降低、部分笔迹特征丢失以及笔迹假象干扰等因素的影响，还常常涉及复写套摹的问题。而有否摹仿在直接书写的字迹中尚难确定，在复写时分析就难上加难。这使得复写字迹检验难度非常大，检验时必须严格审查检材检验条件，切忌在条件不佳的情况下草率行事。一般情况下，如果难以确定是否存在摹仿或者笔迹特征反映太差，我们认为这类复写字迹案件不具备检验条件。

因此，在复写字迹检验中，确定检材是否存在摹仿是这类案件检验的关键。而要确定检材是否存在摹仿，除了要结合案情进行客观分析外，还要注意发现被摹仿字迹原件，其上面一般都会留有描摹的笔痕或压痕，这是认定摹仿的确定依据。

（2）把握复写字迹中易于保留的个人习惯特征，准确选择笔迹特征。复写字迹只是个人书写习惯的部分反映，检验中能否把握住本质特征十分重要。复写字迹中容易保留的习惯特征一般有：基本写法、明显的笔顺、运笔的基本趋向、大体的搭配比例。还有一些特征可以通过显微观察、仔细推敲来确定。如起收笔动作、笔力轻重、连笔动作、模糊的点号等。检验时，应注意客观、全面地进行分析，把握复写字迹中易于保留的个人习惯特征，准确选择笔迹特征。

（四）毛笔字迹

所谓毛笔字迹，就是指书写人运用毛笔这一书写工具书写而成的字迹。毛笔是我国流传千年的传统书写工具，虽然在现代社会中，其重要地位已经被携带方便、使用简单的钢笔、圆珠笔等硬笔取代，但在一定范围内仍有使用，尤其多见于年长者及书法爱好者。因此，毛笔字笔迹也是笔迹检验实践中经常碰到的一类检验对象。如利用毛笔字书写的反动标语、传单及诬陷、诽谤的大小字报、遗嘱、契约等。

毛笔和各种硬笔虽然都属正常的书写工具，但由于毛笔与硬笔书写工具构造不同、执笔方式存在差异、书写训练的基础不同以及书写人对书写工具的适应性不同，使得毛笔字与硬笔字笔迹存在较大的差别。这种差别性使毛笔字与硬笔字之间的检验存在着一定的难度。但由于它们都是同一人的笔迹，其书写习惯内在本质的一致性不会因书写工具的差别而改变。这决定了毛笔字与硬笔字笔迹之间进行检验的可能性。（如图 5-2-4）

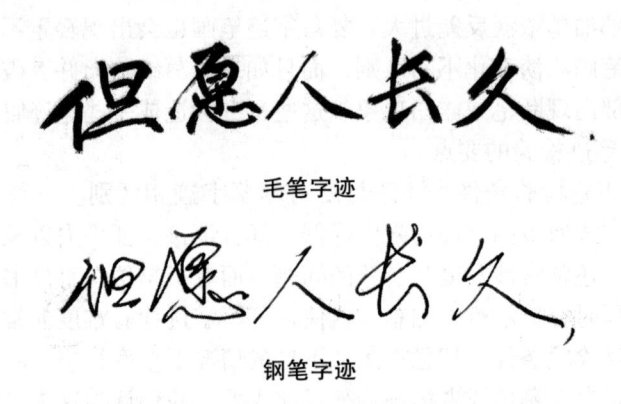

毛笔字迹

钢笔字迹

图 5-2-4　某书写人书写的毛笔字和钢笔字

在毛笔字检验中，我们不仅要熟悉毛笔字的规则、规范，掌握毛笔字与硬笔字的差别性和一致性，而且应注意把握以下检验要点：

1. 尽可能收集和使用毛笔字笔迹样本以供比对。在进行毛笔字的笔迹检验时，如能用毛笔字样本进行比较，不仅可以排除因书写工具不同而造成的笔迹自身的差异，使检材和样本更具可比性，而且还能在把握好字的基本写法、错别字、笔顺、搭配比例、运笔等相对稳定的特征外，针对毛笔书写的特点，抓住毛笔书写的个性化特征。所以，在进行毛笔字的笔迹检验时，应尽可能收集和使用毛笔字样本以供比对。在收集平时样本存在困难的情况下，必要时可收集实验样本。

2. 抓住笔迹变化规律，准确选取笔迹特征。尽管毛笔字笔迹与硬笔字笔迹存在着诸多变化，但同为书写人书写习惯的反映，某些笔迹特征相对比较稳定，因书写工具不同而产生的变化较小。如运笔特征，特别是那些速度较快的运笔方向、连笔方式、基本搭配比例特征、笔顺特征，以及非规范写法特征等。检验中，如果确实无法收集到嫌疑人书写的毛笔字样本，只好用硬笔字样本与毛笔字检材进行比较时，应抓住毛笔书写的变化规律，着重从那些不受书写工具变化影响的布局、写法、笔顺、错别字、搭配比例及特殊运笔等特征中准确选取笔迹特征，客观解释运笔及某些笔顺的差异，也可以正确地进行检验。

3. 全面了解案情进行综合判断。在毛笔字笔迹检验中，还应全面了解案情，特别是要了解嫌疑人是否具备笔、墨、纸张的条件，有无书法爱好，学习书法的历史以及训练时间的长短等。必要时，还可让嫌疑人书写毛笔字实验样本以供进一步比较鉴别。

三、书写承受物变化笔迹的特征变化规律及检验的要点

书写活动无不是在一定的书写承受物上进行的，如纸张、黑板、地面、树干等。书写承受物包括直接承受物和间接承受物。直接承受物是指直接作为书写面在其表面进行书写的物体，也称表面载体，如各种纸张、黑板等；间接承受物，也叫衬垫物，即表面载体的下衬物，如桌面。正常书写一般是在表面载体光滑且适宜书写、衬垫物平整的情况下进行的。如果书写承受物异常，所形成的笔迹也会受到制约和干扰而发生相应的变化，甚至会出现许多虚假的笔迹现象，对笔迹检验造成干扰。

（一）书写承受物变化导致笔迹变化的规律

就直接承受物而言，如果其适宜进行书写，则会相对真实、全面地反映书写人的书写习惯，笔迹特征反映正常。如在纸质较好的纸张上进行书写，不仅字迹整体反映清晰，而且起、收笔动作、连笔动作等细小的运笔特征都能较好地反映出来；而如果其不适宜书写，笔迹的细节特征反映就会受到限制或难以观察和发现，有时还会出现许多虚假的笔迹现象。如在结构粗糙、疏松的纸张上形成的笔迹，容易出现墨水洇散现象，而在质地细密的纸张上则较少出现这种现象。但总的说来，书写直接承受物的变化对笔迹的影响主要在部分运笔特征上，而字的基本写法、错别字、基本的搭配比例、笔顺以及文字布局、书面语言等特征一般不会发生大的改变。

衬垫物作为书写承受物的组成部分,对笔迹特征也有着较大的影响。正常书写的衬垫物一般是一沓纸或光滑平整稳固的桌面,这样可以为书写活动创造一个适宜的条件,使书写技能得以准确发挥。如果衬垫物不平、不稳、过硬或过软,都会干扰书写活动的正常进行,使笔迹发生相应的变化。

1. 衬垫物过软且不平。此类情况包括垫在掌心、膝上、他人背上、沙发扶手上书写等。衬垫物过软,笔尖与纸张接触面较大,笔画易粗。由于衬垫物表面不平整,纸张不能与衬垫物表面完全贴合,力的大小不好掌握,稍不留意,容易划破纸张,搭配比例也易变化,起收笔动作难以反映出来,运笔有抖动弯曲现象。(如图5-2-5)

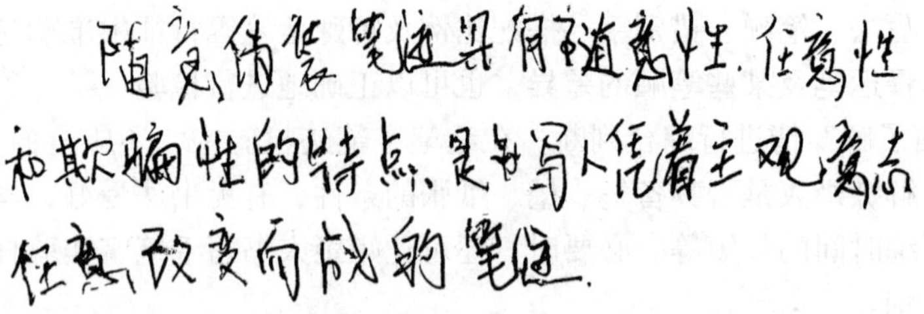

图5-2-5 垫在膝上书写的笔迹示例

2. 衬垫物过硬且凹凸不平。这类情况常见的有在粗糙的窗台、石桌,有裂痕的木桌等不光滑的硬物上书写。衬垫物过硬,笔尖与纸的接触面较小,笔画较细,特别是圆珠笔书写更明显。由于承受物表面凹凸不平,笔尖与承受物的摩擦力忽大忽小,要求书写人小心翼翼注意控制书写活动,往往要放慢速度,造成笔画僵直呆板,并有抖动、断笔、笔画变形、划破纸张等现象。(如图5-2-6)

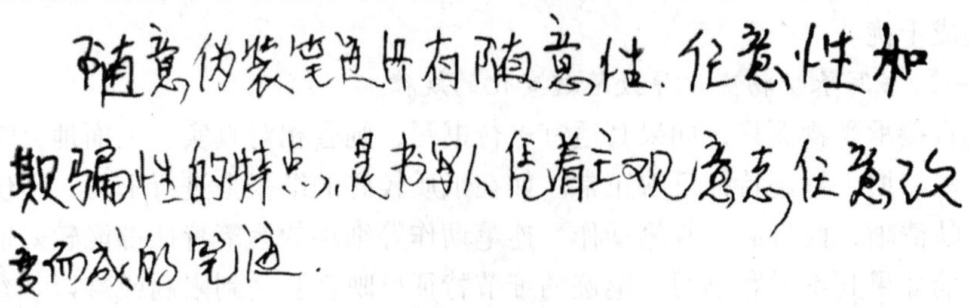

图5-2-6 垫在粗糙的窗台上书写的笔迹示例

(二)书写承受物变化笔迹检验的要点

1. 注意区分笔迹变化的原因。书写承受物变化的笔迹,多为经济案件中涉及的签名、收欠条以及绑票敲诈信、作案人的留言等，这些案件常存在伪装的可能，检验时应注意识别，准确区分笔迹变化的原因。一般来说，因书写承受物变化而导致的笔迹变化，没有故意伪装笔迹那种字形、结构和运笔上普遍存在的明显的反常现象。此外，在签名、收欠条的笔迹检验中，还应注意同摹仿相区别。摹仿笔迹很少会出现划破纸张的情况；而且形快实慢、涩行运笔、笔力平缓等表现在摹仿笔迹的始终，而不是局部、个别的现象；行笔中的抖动和停笔现象也远不如衬垫物变化造成的同类现象明显。只要注意区分，不难准确判别。

2. 多从不易受书写承受物变化影响的特征中选择笔迹。一般来讲，写法、错别字、笔顺、文字布局、书面语言等特征基本不受书写承受物的干扰，部分搭配比例及运笔基本趋向也都会不同程度地有所表现。此外，未受影响之处或用笔较轻的人，其起收转折的运笔细节特征也会反映出来。在笔迹检验实践中，对于书写承受物变化笔迹，我们应抓住其笔迹特征变化规律，多从不易受书写承受物变化影响的相对稳定的特征中选取笔迹特征。

3. 全面了解案情进行综合判断。如果怀疑物证笔迹是在书写承受物异常的条件下书写的，就应详细了解书写的时间、地点、场合，当事人就书写条件的具体陈述，包括是在什么上写的、以何为衬垫。这样可以引发我们对反常迹象的思考，可以通过深入分析、实验加以验证，以准确判定物证笔迹变化的性质，得出正确的检验结论。

四、高位执笔笔迹的特点及检验要点

高位执笔笔迹，是指书写人为了掩盖自己真实的笔迹特征，提高执笔位置书写，造成笔迹发生变化的笔迹。

正常的硬笔书写，手指握笔位置应在距笔尖 3cm～5cm 之间。以钢笔为例，应握在笔杆的下 1/3 处。如果将握点提高到笔杆的顶端，笔尖与握点距离加大，就会干扰书写动力的传导与释放，使之难以准确、自如地控制笔尖的运动。同时，高位执笔还常常伴随着悬腕书写，失去了手掌底部的支撑和调节功能，原有的动觉反馈系统也遭到破坏，手指、手腕的运动不习惯，笔迹必然产生相应的变化。（如图 5-2-7）

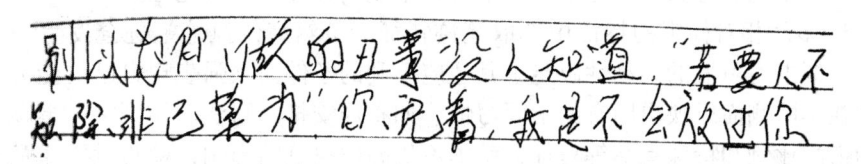

图 5-2-7　高位执笔笔迹示例

（一）高位执笔笔迹的特点

1. 字形增大，结构松散。在高位执笔书写时，由于握笔点提高，使得运笔幅度加大，字形普遍比正常书写增大，且字形不正，结构不严谨。

2. 运笔抖动，轻飘无力。高位执笔书写时，由于执笔高位，对笔尖的控制力减弱，运笔过程中必然出现抖动现象，笔尖触及纸面的抑压力普遍减弱，有时笔画纤细，笔力轻飘不实。

3. 起收笔处有反射或拖带动作。高位执笔书写，落笔不准、不稳，收笔不利索，容易出现反射动作或拖拉现象。

4. 书写速度缓慢。在高位执笔书写时，书写活动中力的平衡被打破，书写人难以适应这一变化，使得其对书写工具的控制能力减弱，书写时一般都会出现书写速度较平时缓慢。

5. 有多笔或笔画重叠现象。高位执笔动作不准，容易造成笔画重叠，有时因弥补不够圆满的动作而修描，易产生多笔现象。

（二）高位执笔笔迹的检验要点

1. 准确识别高位执笔笔迹，将其与左手伪装等其他伪装笔迹相区别。由于高位执笔笔迹与左手伪装笔迹有许多相似特点，很容易将这两类笔迹混淆。检验时应注意准确识别高位执笔笔迹，将其与左手伪装等其他伪装笔迹相区别。区别高位执笔笔迹与左手伪装笔迹，可以从以下几方面进行：

（1）高位执笔笔迹很少出现横画、横行左高右低、单字左右结构颠倒以及镜像字等左手伪装笔迹的典型特点。

（2）高位执笔笔迹中抖动弯曲现象只是偶尔出现，而左手伪装笔迹中则是普遍现象。

（3）左手伪装笔迹普遍呆滞无力，而高位执笔笔迹则会不时出现书写自然、正常的单字。

（4）高位执笔笔迹收笔易拖长，且有的字形过分松散，左手伪装笔迹则较少出现该现象。

2. 注意收集慢速样本以供比对。由于高位执笔笔迹一般都会书写速度缓慢，所以检验中应注意收集慢速书写的平时样本以增强样本的可比性。

3. 多从相对稳定的特征中选取笔迹特征。虽然高位执笔笔迹会发生一系列变化，但书写习惯的能动性决定了其适应不利的条件而顽强表现自己的能力，必然会在不同侧面反映出固有的书写习惯。如布局安排、写法、错别字、笔顺、大体的搭配比例和特殊运笔等特征，基本不受高位执笔的影响，检验时要注意多从这些相对稳定的特征中选取笔迹特征。

五、书写环境变化笔迹检验的要点

书写环境是指书写人进行书写活动时的光照条件、空间状况以及所处的动静状态等外部环境条件。正常的书写活动一般是在光线适宜、空间宽松且处于静态的书写环境条件中进行的。如果书写人所处的环境不利于书写活动的正常进行，会使笔迹发生相应的变化。

因书写环境变化而导致的笔迹变化特点，因变化的环境因素不同而表现不同。例如，空间狭小时，会限制书写动作幅度；光线微弱时，书写时视觉的监督矫正作用无法发挥，会导致搭配不准、字行弯曲、字迹重叠等；颠簸摇晃时，书写动作不稳定，会导致运笔不稳，笔画弯曲抖动等；气候寒冷时，书写人手指不灵活，会导致运笔不畅，甚至会出现抖动现象等。（如图5-2-8）

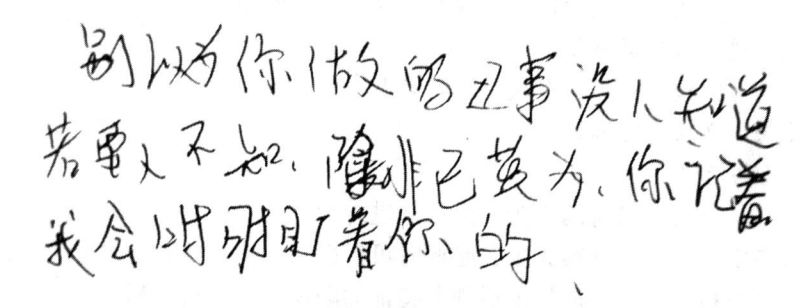

图5-2-8　在快速走动状态下书写的笔迹示例

在检验书写环境变化笔迹时，应把握以下检验要点：

1. 了解检材笔迹的形成条件，结合现场实际情况进行综合分析。检验中，如果怀疑检材笔迹是在书写环境异常的条件下书写形成时，应详细了解书写时的光照、气候、空间状况、动静状态等环境条件，除认真听取当事人就书写环境条件的具体陈述外，必要时还应实地查看现场，结合现场实际情况进行综合分析，准确识别检材笔迹变化情况，得出正确的检验结论。

2. 严格把握检验条件。由于某些书写环境变化会导致笔迹发生较大的改变，如果再遇上书写技能低、适应能力差的书写者，笔迹变化会更大，因此该类笔迹检验难度较大，甚至有些在当前条件下不具备检验条件。检验中，应注意严格把握检材的检验条件，无论数量还是质量都应符合检验要求。同时，应根据检材的形成条件，尽可能收集形成条件相同或相似的笔迹样本以供比对。

3. 多从相对稳定的特征中选取笔迹特征。虽然书写环境变化会导致笔迹发生一系列变化，但有些笔迹特征基本不受书写环境的影响，能在不同的书写环境中保持相对的稳定性。如字的基本写法、错别字、笔顺、笔画的起笔部位、大体的搭配比例和运笔趋势、书面语言以及标点符号等，检验时要注意多从这些相对稳定的特征中选取笔迹特征。

【任务实施】

一、任务目的

通过本任务的实施，使学员了解书写工具及其他外部条件变化对笔迹特征的影响，熟悉和掌握几类常见的书写工具及其他外部条件变化笔迹的特点及检验要点，并能在笔迹检验实践中对几类书写工具及其他外部条件变化笔迹进行准确的分析识别，正确选择笔迹特征。

二、任务设备与材料

1. 普通铅笔、红蓝铅笔、直尺。
2. 白纸、带格线的空白稿纸、检验记录纸、实验报告。
3. 放大镜、体式显微镜。
4. 钢笔、树枝、小刀、石块、钥匙等书写工具。
5. 木板、砖块、复写纸。

三、任务指导

1. 实施任务时学员每两人为一组认真进行。
2. 任务实施以目力观察为主，必要时可借助放大镜和体式显微镜进行观察。
3. 特征分析应按先一般特征后细节特征的顺序逐一进行分析。
4. 观察的同时应在检验记录纸上认真做好记录。
5. 任务实施前应认真复习书写工具及其他外部条件变化笔迹的相关知识，重点复习几类常见的书写工具及其他外部条件变化笔迹的特点及检验要点。

四、任务组织

（一）认识几种常见书写工具变化笔迹的特点及检验要点

1. 认识刻划字笔迹的特点及检验要点。

（1）每位学员分别用小刀、石块、钥匙在木板、砖块、地面等承受物上刻划书写。

（2）每个实验小组内成员互相交换观察对方用不同的刻划工具在不同的承受面上刻划而成的笔迹，归纳总结刻划笔迹的特点，并将结果填写在实验报告相应的位置上。

（3）结合检验记录结果再次进行观察分析，归纳总结刻划字笔迹特征变化与稳定的规律，并将其填写在实验报告相应的位置上。

（4）归纳总结刻划字笔迹的检验要点，将其填写在实验报告相应的位置上。

附：刻划字笔迹实验报告格式。（见表5-2-1）

表 5-2-1　刻划字笔迹实验报告格式

笔迹种类	刻划字笔迹	
刻划字笔迹的特点		
刻划字笔迹特征变化与稳定的规律	稳定的笔迹特征	
	变化的笔迹特征	
刻划字笔迹的检验要点		

2. 认识尺划字笔迹的特点及检验要点。

（1）每位学员在白纸上进行正常书写和在直尺的辅助下进行尺划书写。

（2）每个实验小组内成员互相交换各自书写的笔迹材料，观察对方的尺划字笔迹，归纳总结尺划字笔迹的特点，并将结果填写在实验报告相应的位置上。

（3）观察小组内成员的正常笔迹和尺划字笔迹，归纳总结尺划字笔迹特征稳定与变化的规律，并将结果填写在实验报告相应的位置上。

（4）归纳总结尺划字笔迹的检验要点，将其填写在实验报告相应的位置上。

附：尺划字笔迹实验报告格式。（见表5-2-2）

表 5-2-2　尺划字笔迹实验报告格式

笔迹种类	尺划字笔迹	
尺划字笔迹的特点		
尺划字笔迹特征稳定与变化的规律	稳定的笔迹特征	
	变化的笔迹特征	
尺划字笔迹的检验要点		

3. 认识复写字迹的特点及检验要点。

（1）每位学员分别在白纸上进行正常书写和在复写纸的衬垫下进行复写书写。

（2）每个实验小组内成员互相交换各自书写的笔迹材料，对复写字迹进行认真细致的观察分析，归纳总结复写字迹的特点，并将结果填写在实验报告相应的位置上。

（3）对同一人的正常笔迹和复写字迹进行观察分析，归纳总结复写字笔迹特征稳定与变化的规律，并将结果填写在实验报告相应的位置上。

（4）归纳总结复写字笔迹的检验要点，并将其填写在实验报告相应的位置上。

附：复写字迹实验报告格式。（见表5-2-3）

表5-2-3　复写字迹实验报告格式

笔迹种类		复写字笔迹
复写字笔迹的特点		
复写字笔迹特征稳定与变化的规律	稳定的笔迹特征	
	变化的笔迹特征	
复写字笔迹的检验要点		

4. 认识毛笔字的笔迹变化规律及其检验要点。

（1）每位学员在白纸上分别用毛笔、钢笔、圆珠笔、中性笔进行书写。

（2）每个实验小组内成员互相交换各自书写的笔迹材料，对同一人用毛笔、钢笔、圆珠笔、中性笔等书写工具书写的笔迹材料进行认真的观察分析，归纳总结毛笔字的笔迹特征稳定与变化的规律，将结果填写在实验报告相应的位置上。

（3）结合上一步的观察分析结果，归纳总结毛笔字笔迹的检验要点，并将结果填写在实验报告相应的位置上。

附：毛笔字笔迹实验报告格式。（见表5-2-4）

表5-2-4　毛笔字笔迹实验报告格式

笔迹种类	毛笔字笔迹	
毛笔字笔迹特征稳定与变化的规律	稳定的笔迹特征	
	变化的笔迹特征	
毛笔字笔迹的检验要点		

（二）认识书写承受物变化笔迹的变化规律及检验要点

1. 每位学员分别在粗糙坚硬、光滑坚硬、光滑柔软、粗糙柔软的书写直接承受面上随意书写一份笔迹材料（材料内容应相同），在笔迹材料上做好相应的标记。

2. 每位学员分别在正常、过软、过硬的书写衬垫物上进行随意书写，并在所形成的笔迹材料上做好相应的标记。

3. 每个实验小组内成员互相交换各自书写的笔迹材料，对同一人在不同的直接书写承受面上书写的笔迹材料进行认真的观察分析，归纳总结书写直接承受面变化的笔迹特征稳定与变化的规律，并将结果填写在实验报告相应的位置上。

4. 对同一人在不同的书写衬垫物上书写而成的笔迹材料进行认真的观察分析，归纳总结书写衬垫物变化的笔迹特征稳定与变化的规律，并将结果填写在实验报告相应的位置上。

5. 归纳总结书写承受物变化笔迹的检验要点，并将结果填写在实验报告相应的位置上。

附：书写承受物变化笔迹实验报告格式。（见表5-2-5）

表5-2-5　书写承受物变化笔迹实验报告格式

笔迹种类	书写承受物变化笔迹	
书写直接承受物变化笔迹特征稳定与变化的规律	稳定的笔迹特征	
	变化的笔迹特征	

续表

笔迹种类	书写承受物变化笔迹	
书写衬垫物变化笔迹特征稳定与变化的规律	稳定的笔迹特征	
	变化的笔迹特征	
书写承受物变化笔迹的检验要点		

（三）认识高位执笔笔迹的特点及检验要点

1. 每位学员在白纸上分别进行高位执笔书写、左手伪装书写和正常书写，并做好相应的标记。然后每个实验小组内成员互相交换各自书写的笔迹材料。

2. 认真观察对方的高位执笔笔迹，对照其正常笔迹归纳总结高位执笔笔迹的特点，并将结果填写在实验报告相应的位置上。

3. 对同一人的高位执笔笔迹和正常笔迹进行对照分析，归纳总结高位执笔笔迹特征稳定与变化的规律，并将结果填写在实验报告相应的位置上。

4. 对同一人的高位执笔笔迹和左手伪装笔迹进行对照分析，归纳总结两类笔迹的区别，将结果填写在实验报告相应的位置上。

5. 归纳总结高位执笔笔迹的检验要点，并将其填写在实验报告相应的位置上。

附：高位执笔笔迹实验报告格式。（见表5-2-6）

表5-2-6 高位执笔笔迹实验报告格式

笔迹种类	高位执笔笔迹	
高位执笔笔迹的特点		
高位执笔笔迹特征稳定与变化的规律	稳定的笔迹特征	
	变化的笔迹特征	
高位执笔笔迹与左手笔迹的区别		
高位执笔笔迹的检验要点		

（四）书写环境变化笔迹检验的要点

1. 每位学员分别在正常书写环境、光线微弱、快速走动、空间狭窄四种书写环境下进行书写，并做好相应的标记。然后每个实验小组内成员互相交换各自书写的笔迹材料。

2. 认真观察同一人在不同书写环境下书写的笔迹特点，归纳总结书写环境变化笔迹特征稳定与变化的规律，并将结果填写在实验报告相应的位置上。

3. 归纳总结书写环境变化笔迹检验的要点，并将结果填写在实验报告相应的位置上。

附：书写环境变化笔迹实验报告格式。（见表5-2-7）

表5-2-7 书写环境变化笔迹实验报告格式

笔迹种类	书写环境变化笔迹	
书写环境变化笔迹特征稳定与变化的规律	稳定的笔迹特征	
	变化的笔迹特征	
书写环境变化笔迹的检验要点		

五、评分标准

成绩评定主要结合任务操作的认真程度、操作的规范程度、特征分析的准确程度以及实验报告的完成情况等进行综合评定。

六、操作注意事项

1. 为确保任务实施取得良好的效果，学员在制作某一书写客观条件变化笔迹材料时，应尽量在其他书写条件正常的条件下进行书写，而且不应再使用其他的伪装手段，以免人为地增加难度，影响对该书写客观条件变化笔迹特征的认识。

2. 引起笔迹特征发生变化的因素不仅仅有书写工具及其他外部条件变化、伪装以及书写人身心条件变化也会导致笔迹特征发生变化。而且书写活动不是简单的机械复制，同一书写人多次书写相同内容所形成的笔迹也不可能完全重合，本身也存在着书写随机性变化。因此，任务实施时应注意排除其他因素所致的影响，切忌简单孤立地分析笔迹特征。在确定相同特征和不同特征时，应该首先分析特征产生变化是由书写客观条件变化引起的,还是由其他原因引起的,再来分析判断某书写条件的变化引起笔迹特征变化的规律。

3. 某些书写工具及其他外部条件发生变化后,其笔迹特征的某些表现形态也会随之发生较大变化。加上有些书写人书写水平低、适应能力差,笔迹变化会更大,如果检材字数少、特征反映不充分,检验会存在较大难度。因此,在对书写工具及其他外部书写条件变化笔迹案件进行检验时,应对检材的检验条件进行严格的审查。此外,在该类案件检验中,为最大限度地排除干扰,一般要求尽可能收集和使用书写条件相同或相近的同期自由样本供比对。

4. 在检验各类书写工具及其他外部条件变化笔迹时,应根据该类笔迹特征稳定与变化的规律,多从不易受该种条件变化影响的笔迹特征中选取笔迹特征。

5. 在分析各种书写工具及其他外部条件变化笔迹时,应注意遵循分别检验的原则,一份检材分析完毕后,才可开始观察分析下一份检材,不应在检验前先行比对检材。

【技能测试】

1. 高位执笔笔迹有哪些特点?不易受高位执笔书写方式影响的笔迹特征有哪些?
2. 书写承受物变化笔迹的笔迹变化有何规律?该类笔迹检验有哪些要点?
3. 试分析所给的两份笔迹材料是否为同一人书写?(见图5-2-9、5-2-10)

图5-2-9 某敲诈勒索信字迹(检材)

图 5-2-10 嫌疑书写人刘某书写的笔迹（样本）

第六章 认识伪装笔迹检验

内容提要

在笔迹检验实践中,涉案的物证笔迹常会存在不同程度的伪装,这大大增加了笔迹检验的难度。深入了解伪装笔迹的相关知识,是进行科学、客观的笔迹检验,得出正确检验结论的前提和基础。本章主要对形体变化笔迹、书写速度变化笔迹、左手笔迹、局部再现性笔迹以及混合伪装笔迹等五类常见伪装笔迹的概念、特点、笔迹变化规律及其检验要点进行了系统的阐述。

任务一 认识形体变化笔迹检验

【知识点】
1. 形体变化笔迹的概念。
2. 改变字体的笔迹变化规律及检验要点。
3. 改变字形的笔迹变化规律及检验要点。

【技能点】
形体变化笔迹的识别与检验。

【任务导入】
每个人都有其习惯书写的字体、字形。如果字的形体发生变化,其笔迹特征也会随之发生相应的改变。在笔迹检验实践中,常会遇到书写人为逃避笔迹鉴定而故意改变字的形体,以歪曲和掩盖自己的笔迹特征。正确识别形体变化笔迹并根据其相应的变化规律准确选取特征、合理解释差异点,是正确进行笔迹鉴定的基础。因此,应对形体变化笔迹的相关知识进行认真的学习掌握。

【相关知识】
一、形体变化笔迹的概念

文件检验中所说的字的形体,是指汉字的基本形状和体式,包括单字的字体、大小、形状及倾斜方向、角度等。

所谓单字的字体，是指汉字的笔画形态体系和结构体系。历经几千年的发展，我国目前常用的字体有12种，其中以篆书、隶书、草书、楷书和行书5种字体最为普遍。

所谓汉字的形状，一般简称字形，是指单个汉字整体所呈现出的外部轮廓形态。字形主要由笔画与组成部分的形态以及其搭配比例决定，常见的有方形字、长形字、长方形字、扁形字、圆形字、梯形字等。

形体变化笔迹，是指书写人为歪曲和掩盖自己的笔迹特征，将平时习惯书写的字体、字形改变为不习惯书写或根本不会书写的字体、字形而形成的笔迹。如不用平时习惯书写的长方形字而采用不习惯或不会书写的扁形字进行书写；不用平时习惯书写的自由体而用不习惯或不会书写的篆书、隶书进行书写等。形体变化笔迹根据伪装的主要变化因素不同，可分为改变字体的伪装笔迹和改变字形的伪装笔迹两大类。

二、改变字体的笔迹变化规律及检验要点

改变字体的伪装笔迹，是书写人为了歪曲和掩盖自己的笔迹特征而用平常不会书写或不习惯书写的某种字体书写而成的笔迹。

每种字体都有其相应的书写规范。在采用改变字体的伪装方式进行书写时，书写人由于不熟悉或不适应该种字体及其相应的书写规范，其书写的笔迹往往不完全符合该字体的书写规范，在某些地方甚至流露出其习惯使用的字体的特点，而且有部分笔迹特征可以不受字体规则的约束而更多的保留原有书写习惯，这为我们对改变字体的笔迹进行检验提供了可能。

（一）改变字体的笔迹变化规律

当书写人改变字体进行书写时，由于字体发生变化，而不同字体的书写规范不同，因此其笔迹也会发生相应的变化。而且字体的变化往往还会伴随着书写速度的变化，而书写速度的变化也会对笔迹产生一定的影响。因此，改变字体所致的笔迹变化其实有两类：因字体不同而产生的变化和因书写速度不同而产生的变化。

1. 因字体不同而导致的笔迹变化规律。由于不同的字体所遵循的书写规范不同，当字体发生变化时，在不同的书写规范下，其笔迹也会发生相应的改变。但同一人不同字体的笔迹，都是以其原有的书写习惯为基础进行改变的。原有的书写动力定型必然会对其书写造成干扰，从而在书写不同字体时不可避免地、或多或少地反映出其原有的书写习惯。在对字体变化笔迹进行检验时，我们只有充分利用字体改变的笔迹特征变化规律，准确选择和评断笔迹特征，合理解释差异点，才能得出正确的检验结论。一般说来，因字体不同而导致的笔迹特征变化具有如下规律：

（1）易变的笔迹特征。由于受不同书写规范的制约，字体发生改变时，运笔特征、连笔特征、比例特征、字的整体结构特征以及少数字的笔顺特征等笔迹特征相对容易发生改变。如当书写人由原来的行楷自由体改变为隶书时，其运笔特征因要遵循隶书"蚕头燕尾、一波三折"的书写运笔规则而发生较大的变化，字形也往往会由长方形而变为扁方形。检验中，应注意充分考虑到这类因字体书写规则不同而引起的笔迹变化，合理解释差异点。

（2）相对稳定的笔迹特征。在字体发生改变时，字的基本写法特征、错别字特征、绝大多数笔顺特征、交叉搭配等结构特征、标点符号特征、文字布局特征以及书面语言特征等笔迹特征相对较稳定，一般不容易随字体改变而发生改变，书写人原有的书写习惯会在这些特征中得到较多的保留。检验时，应注意多从这些相对稳定的笔迹特征中选择笔迹特征。

2. 书写速度不同而导致的笔迹变化规律。不同的字体因书写规范不同，往往会导致书写速度的差异。如书写篆书、隶书、楷书等几种字体时，其书写规范决定了其书写速度往往慢于书写自由体的书写速度，而行书、草书则要求快速书写。书写速度发生变化，书写人的笔迹也会发生一定的变化。因书写速度变化而导致的笔迹变化具有如下稳定与变化的一般规律：

（1）易变的笔迹特征。随着书写速度的提高，笔迹特征的变化表现出"连、简、省、应"的基本变化规律，连笔增多，结构简化，部分笔画省略，相互照应的动作增多。运笔特征、部分笔顺特征、搭配比例、交叉连接等结构特征和笔迹特征容易随书写速度的变化而发生变化。

（2）相对稳定的笔迹特征。在书写速度变化时，字的基本写法特征、错别字特征、字的基本结构特征、书面语言特征、文字布局特征等笔迹特征相对稳定，不易随书写速度变化而发生变化，检验时应注意充分加以运用。

（二）改变字体的笔迹检验要点

1. 准确确定检材笔迹的字体类型。判断笔迹材料的字体类型，一般是通过分析检材笔迹在字的结构、基本运笔特征以及部分字的基本写法的方面所表现出来的特点是否符合某种字体的书写规范来进行的。所以，要准确确定检材笔迹的字体类型，必须熟悉几种常用字体的书写规则。总体看来，篆书的特点是笔画粗细一致，起收笔浑圆婉转，笔画转折带弧形，字形修长，书写速度较为缓慢，适用于篆刻；隶书是由篆书演变而来，其特点是字形扁方，横竖画粗细均匀，起收笔两端圆中带方，横画逆锋起笔，形如蚕头，收笔带捺脚，状如燕尾，而且较长的横画运笔波折起伏，形成"蚕头燕尾、一波三折"的典型特点；草书是由草写的隶书简化而成的字体，其特点是笔画简化，书写连接，常把字的组成部分或单字简化成一、二个笔画，笔势连绵回绕，字的各个组成部分之间、单字与单字之间往往笔势牵连相同，字形变化较大，难于辨认；楷书是在隶书的基础上发展起来的书体，又被称为正书、真书，其特点是形体方正，笔画平直，笔画各自独立，互不连接，结构规矩整齐，方正严谨，和谐适度；行书是介于草书和楷书之间的一种字体，其特点是既没有草书潦草，又不像楷书那样工整，用连笔和省笔，却不用或少用草化符号，较多地保留字的可识性结构，书写时简省点画，笔势流动，用笔灵活，体态多变。（见图6-1-1）

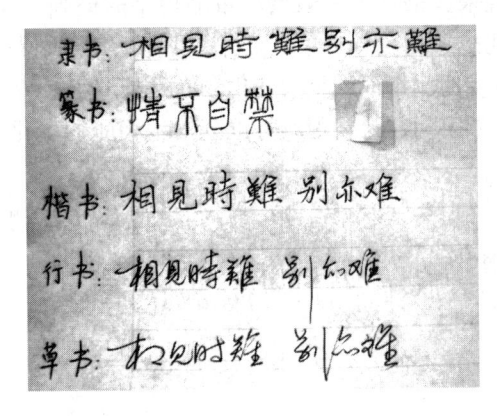

图6-1-1　五种字体笔迹示例

2. 多从不易受字体、书写速度变化影响的笔迹特征和违反字体书写规范、带有自由体倾向的笔迹特征中选择笔迹特征。检验中，如果检材笔迹与样本笔迹不是同一种字体，检验中应根据字体变化所致的笔迹变化规律和书写速度快慢变化规律正确选择笔迹特征，多从不易变化的字的基本写法特征、错别字特征、绝大多数笔顺特征、交叉搭配等结构特征、标点符号特征、文字布局特征以及书面语言特征等相对较稳定的笔迹特征中进行选择。此外，在字体变化笔迹中，那些违反字体书写规范、带有自由体倾向的笔迹中能更多地体现书写人的原有书写习惯，检验中应注意充分加以运用。

3. 尽可能收集和使用平时书写的同种字体笔迹、书写速度相当的自由笔迹样本以供比对。在字体变化笔迹检验中，为了增加检材和样本的可比性，应尽可能收集和使用平时书写的同种字体笔迹样本以供比对。确实难以收集时，应提取慢书写速度相当的自由笔迹以供比对，必要时可制作实验样本。

三、改变字形的笔迹变化规律及检验要点

改变字形的笔迹，是指书写人故意把字写成与其平时习惯不一致的字形的一种伪装笔迹。如平时习惯写长方形的书写人，故意把字写成扁形或圆形。在改变字形的伪装笔迹中，由于字的正常形态被改变，笔迹也会随之发生一定的变化，但字的基本写法、笔顺、基本的搭配比例关系以及文字布局、书面语言等特征不易随字形变化而发生较大改变，仍然会较多地表现出书写人的原有书写习惯，这为我们准确进行检验提供了可能。

（一）改变字形伪装的常见形式

笔迹检验实践中，常见的改变字形伪装主要有以下几种形式：

1. 长形字。长形字是指字的纵向长度明显大于横向宽度的一种字形。为了达到长形字的伪装效果，书写人一般会尽量缩短字的横画，拉长字的竖画，使字形变成瘦长形。因此故意伪装长形字时，书写速度一般较慢，字的连笔减少；由于横短竖长，势必造成比例特征的重大变化；而且长形字一般比正常字形大，因此整篇笔迹的布局特征如字间、行间距离等也会发生相应的变化。（见图6-1-2）

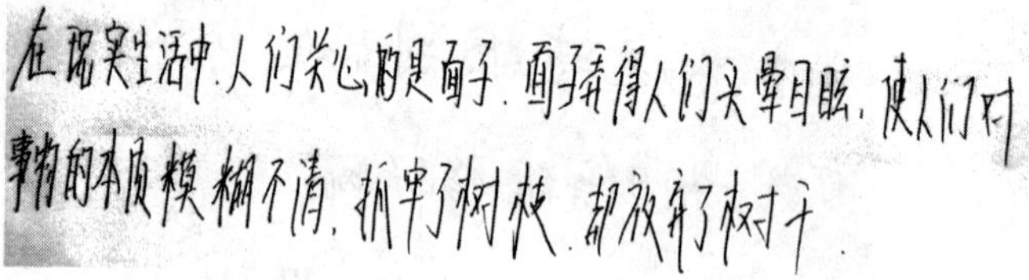

图6-1-2　长形字伪装笔迹示例

2. 扁形字。扁形字是指字的横向宽度明显大于纵向长度的一种字形。在进行扁形字伪装时，书写人必须尽量拉长字的横画，缩短字的竖画，使字变成扁宽形。因此故意伪装扁形字时，书写速度一般较慢，字的连笔减少。由于横长竖短，造成字大小比例、笔画长短以及搭配的重大变化，文字布局特征也随之相应地发生变化。（见图6-1-3）

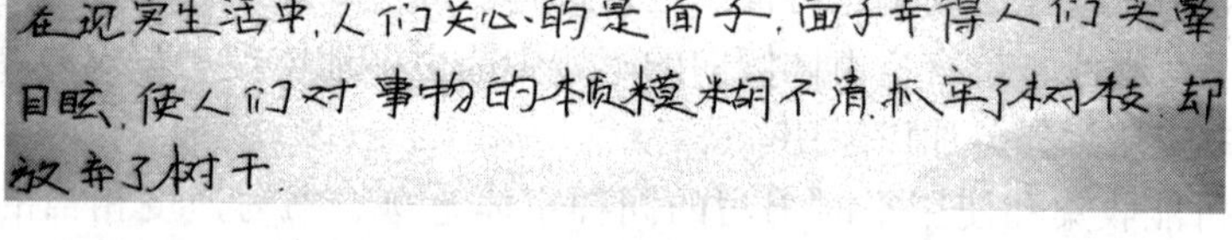

图6-1-3　扁形字伪装笔迹示例

3. 圆形字。圆形字是指书写人故意将直行笔画、转折笔画改写成弧形笔画构成的一种字形。在汉字的八个单一笔画中，"点、横、竖、挑、折"画为直行笔，"撇、捺、钩"画为略弧形笔。这些笔画组成的汉字横平竖直、匀称方正。而圆形字是书写人违背书写规范，故意改变笔画的规范要求，将部分笔画、甚至所有的笔画写成弧形笔画，因而导致字形由方变圆。书写人故意改变字形时，必须着力控制自身的书写方式和习惯。以圆形笔画取代直形笔画，导致笔画的转折角度、运行方向发生较大变化；部分搭配比例特征也相应发生变化。（见图6-1-4）

图6-1-4 圆形字伪装笔迹示例

（二）改变字形伪装的笔迹变化规律

在故意改变字形的伪装笔迹中，笔迹变化一般表现出如下规律：

1. 容易发生变化的笔迹特征。在字形变化笔迹中，整体结构特征、字的大小比例特征、笔画的长短比例特征、运笔特征、文字布局特征等笔迹特征容易随字形改变而发生变化。

2. 相对稳定的笔迹特征。在字形变化笔迹中，笔顺特征、起收笔特征、搭配比例等结构特征、字的写法特征、错别字特征、标点符号特征、书面语言特征等笔迹特征相对较稳定，一般不易随字形变化而变化，检验时应注意充分加以运用。

（三）改变字形的笔迹检验要点

1. 尽可能收集和使用慢速书写的自由样本以及同种字形的笔迹样本以供比对。由于改变字形的伪装笔迹书写速度一般都会有所减慢，所以在对改变字形的笔迹进行检验时，应尽量收集和使用平时书写的慢速笔迹样本以供比对。此外，为最大限度地排除不同字形所带来的干扰，应尽量收集同种字形的笔迹样本以供比对，在收集平时自由样本确实存在困难时，可以收集同种字形的实验样本以供比对。

2. 多从相对稳定的笔迹特征中选择笔迹特征。在字形变化笔迹中，笔顺特征、起收笔特征、搭配比例等结构特征、字的写法特征、错别字特征、标点符号特征、书面语言特征等笔迹特征相对稳定，能更多地体现书写人真实的书写习惯，检验中应注意多选择和使用这些笔迹特征。此外，字形变化笔迹一般会伴随着书写速度的减慢，所以检验中还应充分考虑到这一特点，注意"慢中找快"，多从书写速度相对较快的字中寻找笔迹特征。

【任务实施】

一、任务目的

通过本任务的实施，使学员熟悉和掌握字体、字形变化笔迹的特点及检验要点，并能在笔迹检验实践中对字体、字形变化笔迹进行准确的分析识别，正确选择笔迹特征，得出正确的检验结论。

二、任务设备与材料

1. 普通铅笔、红蓝铅笔。
2. 白纸、带格线的空白稿纸、检验记录表、特征比对表、鉴定意见书用纸、实验报告。
3. 放大镜、体式显微镜。
4. 字体字形变化笔迹案例。

三、任务指导

1. 实施任务时学员每两人为一组认真进行。
2. 任务实施以目力观察为主，必要时可借助放大镜和体式显微镜进行观察。
3. 特征分析应按先一般特征后细节特征的顺序逐一进行分析。
4. 观察的同时应在检验记录表上认真做好记录。
5. 任务实施前应认真复习形体变化笔迹的相关知识，重点复习字体、字形变化笔迹的特征变化规律及检验要点。

四、任务组织

（一）认识改变字体的笔迹变化规律及检验要点

1. 每位学员在带格线的空白稿纸上分别用隶书、楷书、行书以及自由体进行书写，制作实验材料。注意书写内容应尽可能相同。
2. 各实验小组内成员互相交换各自书写的笔迹材料。观察分析对方用四种不同字体书写所成的笔迹，归纳总结改变字体的笔迹特征稳定与变化的一般规律，并将结果填写在实验报告相应的位置上。
3. 对所给的字体变化笔迹案例材料进行分析，确定检材笔迹和样本笔迹属于何种字体、是否相同或相近，样本是否具有可比性，检材、样本数量是否充分，能否满足检验条件。
4. 对检材和样本进行分别检验，并将检验结果记录在检验记录表上。
5. 在分别检验的基础上，根据改变字体的笔迹特征变化规律及快慢字笔迹变化规律选择检材笔迹特征。重点选择那些不易受字体和书写速度变化影响的笔迹特征以及违反字体书写规范，带有自由体倾向的笔迹特征，将其描绘在特征比对表相应的位置上。
6. 按照相同的方法选择样本对应的笔迹特征，将其描绘在特征比对表相应的位置上。

7. 对检材、样本笔迹特征进行综合评断。运用字体规则以及改变字体的笔迹特征变化规律合理解释差异点，充分评估符合点的价值，得出准确的检验结论。

8. 制作符合要求的笔迹检验鉴定意见书。

9. 归纳总结改变字体的笔迹的检验要点，并将结果填写在实验报告相应的位置上。

附：改变字体的笔迹实验报告格式。（见表6－1－1）

表6－1－1　改变字体的笔迹实验报告格式

笔迹种类	改变字体的笔迹	
改变字体的笔迹特征稳定与变化的规律	稳定的笔迹特征	
	变化的笔迹特征	
改变字体的笔迹检验要点		

（二）认识改变字形的笔迹变化规律及检验要点

1. 每位学员在带格线的空白稿纸上分别用圆形字、扁形字、长形字和平时习惯书写的字形进行书写，制作实验材料。注意书写内容应尽可能相同。

2. 各实验小组内成员互相交换各自书写的笔迹材料。观察分析对方用不同字形书写所成的笔迹，归纳总结改变字形的笔迹特征稳定与变化的一般规律，并将结果填写在实验报告相应的位置上。

3. 对所给的改变字形的笔迹案例材料进行分析，确定检材笔迹和样本笔迹属于何种字形、是否相同或相近，样本是否具有可比性，检材、样本数量是否充分，能否满足检验条件。

4. 对检材和样本进行分别检验，并将检验结果记录在检验记录表上。

5. 在分别检验的基础上，根据改变字形的笔迹特征变化规律及快慢字变化规律选择检材笔迹特征，重点选择那些不易受字形和书写速度变化影响的笔迹特征，并将其描绘在特征比对表相应的位置上。

6. 按照相同的方法选择样本对应的笔迹特征，将其描绘在特征比对表相应的位置上。

7. 对检材、样本笔迹特征进行综合评断。运用改变字形的笔迹特征变化规律合理解释差异点，充分评估符合点的价值，得出准确的检验结论。

8. 制作符合要求的笔迹检验鉴定意见书。

9. 归纳总结改变字形的笔迹检验要点，并将结果填写在实验报告相应的位置上。

附：改变字形的笔迹实验报告格式。（见表6-1-2）

表6-1-2 改变字形的笔迹实验报告格式

笔迹种类	改变字形的笔迹	
改变字形的笔迹特征稳定与变化的规律	稳定的笔迹特征	
	变化的笔迹特征	
改变字形的笔迹检验要点		

五、评分标准

成绩评定主要结合任务操作的认真程度、操作的规范程度以及检验记录表、特征比对表、笔迹鉴定意见书的完成质量和实验报告的完成情况等进行综合评定。

六、操作注意事项

1. 为确保任务实施取得良好的效果，选择笔迹案例材料时应充分考虑到学员笔迹检验初学者的特点，选择与其知识储备、分析认识能力相适应的笔迹材料。应尽可能选择具有一定的典型性、字体、字形变化表现相对明显的笔迹案例材料供学员观察分析。此外，学员在制作字体、字形变化笔迹材料时，应尽量在其他书写条件正常的条件下进行书写，而且不应再使用其他的伪装手段，以免人为地增加难度，影响对该形体变化笔迹特征的认识。

2. 由于字的字体、字形等形体发生变化后，其笔迹特征的某些表现形态也会随之发生较大变化。加上有些书写人书写水平低、适应能力差，笔迹变化会更大。如果检材字数少、特征反映不充分，检验会存在较大难度。因此，在对形体变化笔迹案件进行检验时，应对检材的检验条件和样本的比对条件进行严格的审查。在该类案件检验中，为最大限度地排除干扰，一般要求尽可能收集和使用同种字体、字形的笔迹样本和同速书写的笔迹样本以供比对。

3. 任务实施前一定要熟悉常见字体的书写规范，了解和掌握改变字体、字形的笔迹特征变化的一般规律。在检验中应根据字体、字形变化笔迹特征稳定与变化的规律以及书写速度快慢变化的规律，多从不易受字体、字形以及书写速度变化影响的笔迹特征中选取笔迹特征。

4. 在对检材、样本笔迹特征进行综合评断时，应注意区分因字体、字形变化而形成的非本质差异和不同书写人书写习惯反映的本质差异以及因相同字体、字形所形成的共性特征和同一书写人书写习惯的个性特征，客观、科学地评断检材、样本的差异点和符合点，才能得出正确的检验结论。

5. 在分析字体、字形变化笔迹时，应注意遵循分别检验的原则，一份检材分析完毕后，才可开始观察分析下一份检材，不应在检验前先行比对检材。

【技能测试】

1. 常用的字体有哪些？分别有何书写规则？
2. 改变字形的笔迹特征变化有何规律？检验时应注意遵循哪些检验要点？
3. 以下所附的检材笔迹与样本笔迹是否同一人书写？（见图6-1-5、图6-1-6、图6-1-7）

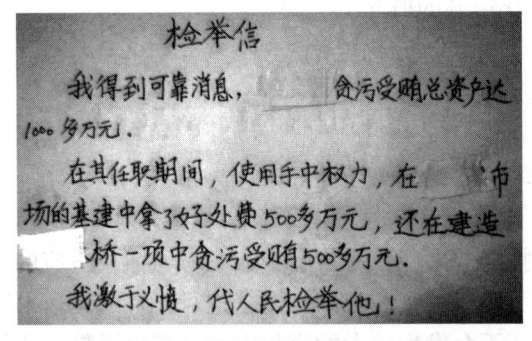

图6-1-5 某匿名检举信字迹（检材）

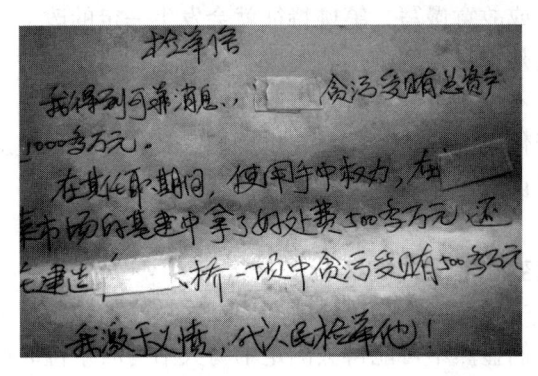

图6-1-6 嫌疑书写人李某的笔迹（样本1）

图6-1-7 嫌疑书写人李某的平时笔迹材料（样本2）

任务二　认识书写速度变化笔迹检验

【知识点】
1. 书写速度变化笔迹的概念。
2. 改变书写速度的笔迹变化规律。
3. 改变书写速度的笔迹检验要点。

【技能点】
书写速度变化笔迹的识别与检验。

【任务导入】
每个掌握书写技能的人，都有与其个人书写习惯相适应的书写速度范围。在该范围内，书写人可以根据主客观的需要，进行正常的慢速书写、中速书写和快速书写，其笔迹特征不会发生较大的变化。一旦超出了自己所能适应的书写速度范围进行强行快写或故意慢写，笔迹特征就会发生一定的改变。在笔迹检验实践中，改变书写速度是常见的笔迹伪装手段。正确识别改变书写速度的笔迹变化规律及其检验要点，不仅是正确进行笔迹鉴定的基础，而且对其他伴有书写速度变化的伪装笔迹、变化笔迹的检验都具有重要的意义。因此，应对书写速度变化笔迹的相关知识进行认真的学习掌握。

【相关知识】
一、书写速度变化笔迹的概念
从理论上将，书写速度是指单位时间内书写单字的数量。但作为书写活动结果的检材笔迹，我们显然不可能再去测定书写人书写时单位时间内所书写的单字的绝对数量。因此，判断检材笔迹书写速度的快慢，主要应以检材或样本整篇字迹的运笔速度、连笔数量以及字的结构被简化程度为依据进行判断。一般来说，整篇字迹的运笔越流畅、连笔数量越多、结构被简化程度越高，书写速度越快。

所谓书写速度变化笔迹，是指书写人超出其所适应的正常书写速度范围进行强行快写或故意慢写而引起部分笔迹特征发生变化的笔迹，主要有强行快写和故意慢写两大类。

导致书写速度变化笔迹的原因很多，故意伪装、某种字体书写规范的要求、书写时客观条件的影响、异常的心理状态等因素都会导致书写速度发生变化。这里主要研究因书写人故意伪装而形成的书写速度变化笔迹。

二、改变书写速度的笔迹变化规律

（一）书写速度由慢到快的笔迹变化基本规律

不管是基于何种因素的影响，书写人要想提高书写速度，必然要在简化结构、省略笔画、增加运笔的连接照应等方面下功夫。因此，随着书写人书写速度由慢到快，其笔迹变化表现出"连、简、省、应"的基本变化规律。（见图6-2-1）

图6-2-1　书写速度由慢到快的笔迹示例

1. 连笔增多。人们在慢速书写时，一般是一笔一画的进行，笔画之间、字的组成部分之间相互独立，互不连接；而快速书写时就必然要减少重新起笔的次数，增加连笔动作。随着笔画连接的增多，又会导致笔画之间、字的组成部分之间的搭配比例关系发生一定的变化。

2. 笔画简省。书写人在慢写时，是按照书写规范或本人的书写习惯进行书写，除习惯性的错写之外，一般不会简化或省略单字笔画；而在快写时，由于连接的增多，笔画之间、字的组成部分之间互相连接，容易把单字中某些细小笔画，尤其是组成部分框架结构之内的笔画加以简化甚至省略。

3. 运笔异常，顿压动作基本消失。书写人在进行慢速书写时，一般都能够基本遵守相应的书写规范，笔画之间相对分离，规范地进行起笔、行笔、收笔，在起收笔和折笔部位常常有较明显的顿压动作，而且笔画形态符合规范；而快写时由于连笔增多，某些相连笔画的运笔方向、角度和弧度常常发生改变，不仅相应部位的顿压动作基本消失，而且在折笔转折处容易呈现圆弧形改变。

4. 字形简化，字体变化。有的书写人书写部分字有多种写法，一般慢写时多采用结构复杂、笔画较多的写法,如繁体字;而快写时则多采用相对简单的简化写法。此外,书写速度的变化还会引起字体的变化,一般多数人慢写时近似楷书,快写时近似行书或草书。

在书写速度变化笔迹检验中,应充分利用书写速度快慢变化所体现出来的这一基本规律,准确选择笔迹特征,合理评断差异点和符合点。

(二)故意慢写笔迹的特点及变化规律

故意慢写笔迹是指书写人故意采用低于正常慢写的书写速度,一笔一画拼凑而成的笔迹。故意慢写作为一种常见的笔迹伪装手段,或被单独使用,或与其他伪装手法共同使用,都会导致笔迹发生变化,给检验带来一定的难度。检验时应注意根据其笔迹特点准确识别故意慢写,熟悉其笔迹变化规律,准确进行检验。

1. 故意慢写笔迹的特点。故意慢写笔迹的特点主要表现为运笔呆滞,书写熟练程度有不同程度的降低且前后不一致;运笔连贯性减弱,出现不正常的停笔现象,连笔动作减少甚至消失;习惯书写的自由体字体结构楷化;单字结构松散,有时还会出现部分笔画不适当的缩短或拉长等。(见图6-2-2)

图6-2-2 故意慢写笔迹

2. 故意慢写的笔迹变化规律。故意慢写的笔迹变化一般具有如下规律:

(1)容易变化的笔迹特征。在故意慢写笔迹中,由于是一笔一画慢慢拼凑而成,运笔特征、连笔特征、搭配比例特征等特征容易发生变化。此外,随着习惯书写的自由体结构楷化,部分笔顺特征也会发生一定的变化。

(2)相对稳定的笔迹特征。在故意慢写笔迹中,文字布局特征、书面语言特征、错别字特征、绝大多数笔顺特征、标点符号特征、基本的搭配比例特征等笔迹特征受故意慢写的伪装方式影响较小,不易发生较大改变。检验中应注意多从这些特征中分析选择笔迹特征。

(三)强行快写的笔迹特点及变化规律

强行快写笔迹是指在书写人主观动机驱动下,超出正常书写速度,以一笔连写几个笔画甚至几个单字的超快速书写所成的一种伪装笔迹。在强行快写时,由于它超出了正常的快写速度,书写时书写人的脑部活动和书写器官的活动均处于高度紧张状态，书写人的书写协调性和正常运笔的节律性都受到影响和干扰，笔迹特征往往会发生较大的变化。检验时应注意根据其笔迹特点准确识别强行快写伪装，根据其笔迹变化规律准确选择笔迹特征，合理解释差异点。

1. 强行快写笔迹的特点。强行快写由于是以超出正常书写速度的超快速书写，因此笔尖往往不离开书写面，形成笔笔相连、字字相接的现象。强行快写笔迹往往具有以下特点：连笔增多且缺乏规律性，部分连笔位置不当，连笔动作不准，连接环绕动作紊乱甚至出现多余的环绕笔画，笔画之间的搭配比例关系发生变化；运笔紊乱，行笔中的提顿转折动作基本消失，甚至有些单字出现补充笔画和多笔少画现象；字迹潦草，笔迹的书写水平有所降低。（见图6－2－3）

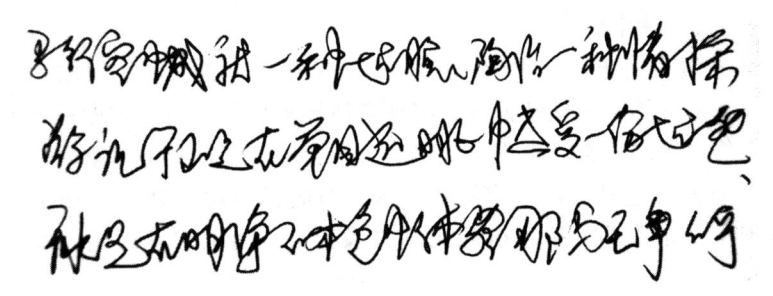

图6－2－3 强行快写笔迹

2. 强行快写的笔迹变化规律。在强行快写的伪装笔迹中，运笔特征、连笔特征、笔画间的搭配比例特征容易发生变化；而文字布局特征、书面语言特征、错别字特征、笔顺特征、标点符号特征以及起、收笔特征等笔迹特征则相对稳定，不易发生较大改变，能更多地体现书写人的原有书写习惯，检验时应注意充分加以运用。

三、改变书写速度的笔迹检验要点

（一）准确识别检材是否存在故意慢写或强行快写

在对改变书写速度的笔迹进行检验时，首先应准确判断检材性状，看其是否存在故意慢写或强行快写伪装。判断检材笔迹是否为故意慢写或强行快写笔迹，主要应从检材笔迹是否符合故意慢写或强行快写笔迹的特点及变化规律来进行，尤其要注意将故意慢写笔迹与正常慢写笔迹及书写水平低的笔迹、强行快写笔迹与正常快写笔迹区别开来。

1. 故意慢写笔迹与正常慢写笔迹的区别。故意慢写笔迹作为一种伪装笔迹，由于伪装的有限性，其笔迹的诸多方面表现异常，多有前后不一致的地方。这和正常慢写笔迹有着本质的区别。（图6－2－4）

图 6-2-4　故意慢写笔迹与正常慢写笔迹示例

（1）故意慢写笔迹整体书写速度快慢不一，"极慢"中间有正常慢写的单字和笔画，书写熟练程度也因此表现不一；而正常慢写笔迹一般书写速度一致，书写熟练程度也整体相同。

（2）故意慢写笔迹运笔生涩、呆板，偶有笔画弯曲、抖动现象，有时还伴有改变字体、字形等其他伪装方式，出现整体异常现象；而正常慢写笔迹通篇运笔流畅、自然，笔画正常，书写形式单一，不会出现多种异常现象反映。

（3）故意慢写笔迹往往单字结构松散，有时部分笔画还会出现不适当的拉长或缩短现象，导致部分单字搭配比例关系异常；而正常慢写笔迹单字结构适当，比例匀称。

2. 故意慢写笔迹与书写水平低的笔迹的区别。虽然故意慢写笔迹往往会出现书写水平不同程度的降低，与书写水平低的笔迹有一定的相似性，但两者仍然在诸多方面表现出本质的区别，检验中应注意认真分析，准确识别。（见图 6-2-5）

故意慢写笔迹示例

书写水平低的笔迹示例

图 6-2-5　故意慢写笔迹与书写水平低笔迹示例

（1）书写水平低的笔迹，往往书写人的语文水平也较低，笔迹常出现较多的错字、别字；而在故意慢写笔迹中，虽然也可能出现一些错字、别字，但整体上往往反映出较高的语文水平，而且可能出现简单常用字写成了错字、别字，而较难的字却正确的矛盾现象。

（2）书写水平低的笔迹，运笔呆板僵直，尤其是结构和笔画比较复杂的字，搭配比例往往失称，且这些现象在相同字、相同偏旁部首、相同笔画上基本呈规律性反映；而故意慢写笔迹，虽然字的结构也可能松散凌乱、东倒西歪，但将相同字、相同偏旁部首、相同笔画排列对照观察，则反应不一，前后矛盾。

（3）书写水平低的笔迹，自始至终都反映出低水平的现象；而故意慢写笔迹，表面上看似乎书写水平较低，但仔细观察，在有些快写的字或细小笔画的连笔等地方会反映出较高的运笔水平，部分单字结构较为严谨，搭配比例匀称，反映出"不熟练中有熟练""低中有高"的矛盾现象。

3. 强行快写笔迹与正常快写笔迹的区别。尽管强行快写笔迹与正常快写笔迹都表现为书写速度快，连笔多，但二者有着本质的区别。（见图6-2-6）

图6-2-6　强行快写笔迹与正常快写笔迹示例

（1）正常快写笔迹快而不乱，笔画清晰易辨认；而强行快写笔迹由于是超越正常书写速度书写而成，字迹潦草，笔画间关系不清晰，往往难以辨认。

（2）正常快写笔迹整体书写速度一致，文字布局整体反映匀称，字的大小、字间距、行间距反映一致；而强行快写多会出现书写速度不一致的现象，在强行快些笔迹中间杂有正常快写字迹，而且文字布局整体零乱，字的大小、字间距、行间距反映不均匀。

（3）正常快写笔迹通篇运笔流畅自然，动作连贯，一般不会出现错误、多余的连笔动作；而强行快写往往连笔方式异常，连笔动作紊乱，常有多余的连笔环绕动作。

（二）尽可能收集和使用与检材书写速度相同或相近的笔迹样本

在对改变书写速度的笔迹进行检验时，为尽量排除书写速度不同所导致的笔迹变化对检验的干扰，应尽可能收集和使用与检材书写速度相同或相近的笔迹样本以供比对，必要时可收集实验样本。此外，为保证所选特征的准确性，还应收集嫌疑书写人慢速、中速、快速书写的笔迹样本以供对照。

（三）正确运用笔迹变化规律选择笔迹特征

在对改变书写速度的笔迹进行检验时，应注意充分运用改变书写速度的笔迹变化规律，准确选择和评断笔迹特征，唯有如此，才能得出正确的检验结论。具体说来，应注意从以下几方面正确选择笔迹特征：

1. 充分运用书写速度快慢变化的一般规律，慢中找快，快中找慢。无论是在故意慢写笔迹还是在强行快写笔迹中，都会出现反常书写速度与正常书写速度混杂的现象，即在故意慢写笔迹中出现稍快的正常慢写或常速书写笔迹，在强行快写笔迹中出现稍慢的正常快写或常速书写笔迹。在这些间或出现的正常书写速度书写而成的字迹中，书写人的原有书写习惯能够得到更多的体现。检验时应充分利用这一特点，多在这一类笔迹中寻找和确定笔迹特征，慢中找快，快中找慢。

2. 多选择不易受特定的改变书写速度的伪装方式影响的笔迹特征。在对改变书写速度的笔迹进行检验时，应在准确识别出检材伪装方式的基础上，充分运用相应的笔迹变化规律，多从不易受该种伪装方式影响的相对稳定的笔迹特征中进行选择。具体说来，如果检材是故意慢写伪装笔迹，应多从文字布局特征、书面语言特征、错别字特征、笔顺特征、标点符号特征等受故意慢写的伪装方式影响较小、不易发生较大改变的笔迹特征中选择笔迹特征；如果检材是强行快写笔迹，则应多从起收笔特征、文字布局特征、书面语言特征、错别字特征、笔顺特征、标点符号特征等相对稳定的笔迹特征中选择笔迹特征。

【任务实施】

一、任务目的

通过本任务的实施，使学员熟悉和掌握书写速度变化笔迹的特点、笔迹变化规律及检验要点，并能在笔迹检验实践中对书写速度变化笔迹进行准确的分析识别，正确选择笔迹特征，得出正确的检验结论。

二、任务设备与材料

1、普通铅笔、红蓝铅笔。

2. 白纸、带格线的空白稿纸、检验记录表、特征比对表、鉴定意见书用纸、实验报告。

3. 放大镜、体式显微镜。

4. 书写速度变化笔迹案例。

三、任务指导

1. 实施任务时学员每两人为一组认真进行。

2. 任务实施以目力观察为主，必要时可借助放大镜和体式显微镜进行观察。

3. 特征分析应按先一般特征后细节特征的顺序逐一进行观察分析。

4. 观察的同时应在检验记录表上认真做好记录。

5. 任务实施前应认真复习书写速度变化笔迹的相关知识，重点复习故意慢写、强行快写笔迹的特点、笔迹变化规律及书写速度变化笔迹的检验要点。

四、任务组织

1. 每位学员在带格线的空白稿纸上分别用正常慢写、正常快写、常速书写、故意慢写和强行快写等五种书写速度进行书写，制作实验材料。注意书写内容应尽可能相同。

2. 各实验小组内成员互相交换各自书写的笔迹材料。分别将对方书写的故意慢写笔迹、强行快写笔迹与其他几种书写速度下形成的笔迹进行对照分析，归纳总结故意慢写笔迹和强行快写笔迹的特点。将结果填写在"书写速度变化笔迹实验报告"相应的位置上。

3. 观察分析对方在五种不同的书写速度下书写所成的笔迹，归纳总结书写速度变化笔迹的特征稳定与变化的一般规律，并将结果填写在"书写速度变化笔迹实验报告"相应的位置上。

4. 对所给的书写速度变化的笔迹案例材料进行分析，确定检材笔迹的书写速度，再根据故意慢写笔迹和强行快写笔迹的特点，分析检材笔迹是否存在改变书写速度的伪装；对所给样本笔迹进行分析，确定其书写速度与检材是否相同或相近、是否具有可比性，能否满足检验条件。

5. 对检材和样本进行分别检验，并将检验结果记录在检验记录表上。

6. 在分别检验的基础上，根据书写速度变化的笔迹特征变化规律选择检材笔迹特征，重点选择那些不易受书写速度变化影响的笔迹特征以及书写速度正常的笔迹特征，并将其描绘在特征比对表相应的位置上。

7. 按照相同的方法选择样本对应的笔迹特征，将其描绘在特征比对表相应的位置上。

8. 对检材、样本笔迹特征进行综合评断。运用书写速度变化笔迹的特征变化规律合理解释差异点，充分评估符合点的价值，得出准确的检验结论，并制作符合要求的笔迹检验鉴定意见书。

9. 归纳总结改变书写速度的笔迹检验要点，并将结果填写在"书写速度变化笔迹实验报告"相应的位置上。

附：书写速度变化笔迹实验报告格式。（见表6-2-1）

表6-2-1 书写速度变化笔迹实验报告格式

笔迹种类	书写速度变化笔迹	
故意慢写笔迹的特点		
强行快写笔迹的特点		
故意慢写笔迹特征变化与稳定的规律	变化的笔迹特征	
	稳定的笔迹特征	
强行快写笔迹特征变化与稳定的规律	变化的笔迹特征	
	稳定的笔迹特征	
书写速度变化笔迹的检验要点		

五、评分标准

成绩评定主要结合任务操作的认真程度、操作的规范程度以及检验记录表、特征比对表、笔迹鉴定意见书的完成质量和实验报告的完成情况等进行综合评定。

六、操作注意事项

1. 为确保任务实施取得良好的效果，选择书写速度变化笔迹案例材料时应充分考虑到学员笔迹检验初学者的特点，选择与其知识储备、分析认识能力相适应的笔迹材料供学员观察分析。

2. 在书写速度变化笔迹检验中，样本应具有较好的比对条件。为最大限度地排除干扰，一般要求尽可能收集和使用书写速度相同和相近的笔迹样本以供比对。为保证所选特征的准确性，还应收集嫌疑书写人慢速、中速、快速书写的笔迹样本以供对照。

3. 任务实施前一定要熟悉故意慢写和强行快写笔迹的特点及特征变化的一

般规律。在检验中应注意运用其笔迹特点准确识别伪装，利用书写速度变化笔迹特征稳定与变化的规律选择笔迹特征，多从不易受书写速度变化影响的笔迹特征中选取笔迹特征。此外，应学会"慢中找快、快中找慢"，多在混杂其中的书写速度相对正常的笔迹中寻找和选择笔迹特征。

4. 在分析字体、字形变化笔迹时，应注意遵循分别检验的原则，一份检材分析完毕后，才可开始观察分析下一份检材，不应在检验前先行比对检材。

【技能测试】

1. 故意慢写笔迹有何特点？其笔迹变化有何规律？
2. 改变书写速度的笔迹检验要点有哪些？
3. 以下所附的检材笔迹与样本笔迹是否为同一人书写？（见图6-2-7、图6-2-8、图6-2-9）

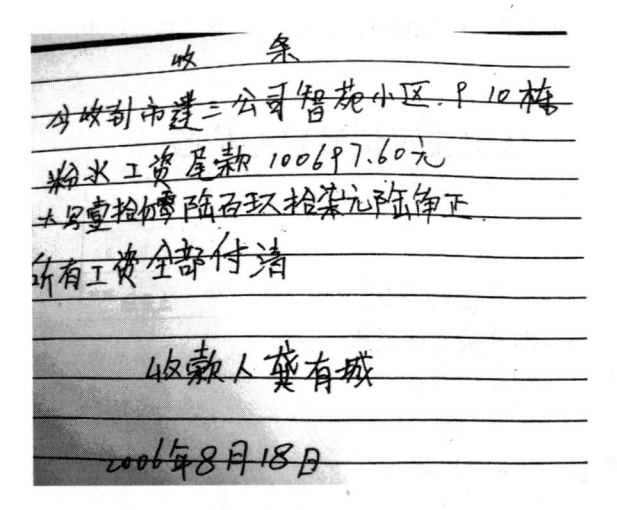

图6-2-7 某欠款纠纷案件"收条"字迹（检材）

图6-2-8 嫌疑书写人龚某写的实验样本（样本一）

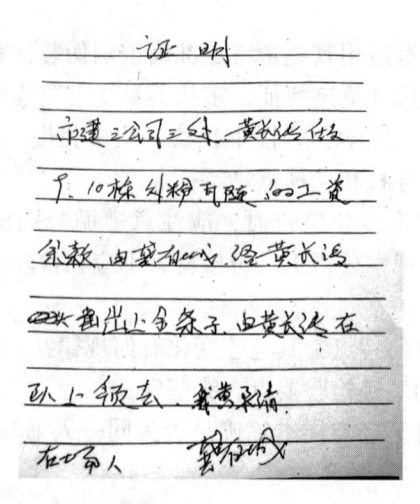

图6-2-9 嫌疑书写人龚某书写的笔迹（样本二）

任务三　认识左手伪装笔迹检验

【知识点】
1. 左手伪装笔迹的概念及特点。
2. 左手伪装笔迹的笔迹变化规律。
3. 左手伪装笔迹的检验要点。

【技能点】
左手伪装笔迹的识别与检验。

【任务导入】
在现实生活中，除了极少数人出于某种原因习惯用左手书写或左右手都能熟练书写外，绝大部分人都用右手进行书写。即使是左利手，书写时也大多使用右手。由于人的左右肢体构造的对称性，使左手与右手的正常活动功能相反。当书写人用左手书写时，不仅难以适应便于右手书写的汉字书写规则，而且还受到视觉监督矫正障碍的影响，笔迹会发生较大的变化。在笔迹检验实践中，左手伪装笔迹是一种常见的笔迹伪装方式。了解和掌握左手伪装笔迹的特点、笔迹变化规律以及检验要点，是正确检验该类笔迹的前提和基础。

【相关知识】
一、左手伪装笔迹的概念
左手笔迹，是指不习惯左手书写的人，出于某种原因偶尔改用左手书写所形

成的笔迹。其中，书写人出于故意而用左手进行伪装书写所形成的左手笔迹被称为左手伪装笔迹。（见图6-3-1）

图6-3-1　某敲诈勒索案件"勒索信"字迹

在笔迹检验实践中，左手伪装笔迹是一种常见的笔迹伪装方式。由于人的左右肢体构造的对称性，使左手与右手的正常活动功能相反。当书写人用左手伪装书写时，不仅难以适应便于右手书写的书写规则，而且还受到视觉监督矫正障碍的影响，因而左手伪装笔迹必然会发生一定的变化，给笔迹检验带来一定的难度。但大量的笔迹检验实践表明，在左手伪装笔迹中，书写人的书写习惯仍然会在诸多方面表现出来。只要检验人员掌握了左手伪装笔迹的特点及变化规律，检验时注意认真分析，准确识别伪装，正确选择笔迹特征，对左手伪装笔迹进行检验是完全可能的。

二、左手伪装笔迹的特点及变化规律

（一）左手伪装笔迹的特点

虽然左手伪装笔迹与右手正常笔迹相比有一定的变化，但是这种变化是有规律可循的。由于左右手功能的对称性、相向性，习惯用右手书写的书写人改用左手进行伪装书写时，笔迹必然会发生一定的变化。同时，受生理、书写规则以及书写实践的制约，必然会表现出一些特有的笔迹特点。掌握了这些特点，就能准确识别左手伪装笔迹。具体说来，左手伪装笔迹具有以下特点：（见图6-3-2）

图6-3-2　左手笔迹示例

1. 书写的协调性明显下降。对于习惯用右手书写的人来说，偶尔用左手书写时，由于缺乏左手书写的训练，以及伪装心理的影响，书写时动作生疏，书写的协调性明显下降。这使得左手伪装笔迹全篇文字的书写熟练程度下降，常表现出字行不整齐、字体结构松散、搭配失称、字形不正、个别字出现多笔少画甚至笔画重叠现象；字间和行间不匀称，字的大小不一且多表现为前小后大，笔画少的字小，笔画多的字大；下笔位置不准，运笔生涩、呆板，笔画多有抖动、弯曲等现象；转折生硬，起收笔易出现拖带痕迹或反射钩。

2. 多有反起笔、反行笔、反向钩、反字和组成部分左右结构颠倒等生理性因素引起的笔迹变化。由于左右手生理功能和人体解剖结构的对称性，当习惯用右手书写的书写人改用左手书写时，大脑必须有意识地控制左手以按照书写规则进行书写并不断矫正错误的书写动作，而且在左手书写时，视觉的监督矫正功能受限，加之汉字的书写规则本身所具有的便于右手书写的特点，一旦书写人注意力有所分散，左手很容易朝右手的相反方向运动。基于这一特殊生理因素的影响，左手笔迹常出现反向运笔或左右结构颠倒的笔迹变化，表现出反起笔、反行笔、反字和字的组成部分左右颠倒等特点。

3. 较长的横画和字行易呈现出左高右低的趋势。由于左右手书写支点与力点的分布关系是对称的，右手书写的支点位于书写重力点的右下方，而左手书写的支点位于书写重力点的左下方，二者的活动半径是对称的。汉字自左而右的书写规则对于右手是作由远及近向右后方的牵拉动作，非常顺手；而左手则是作由近及远向右前方的推送动作，越远越费力。同时，在支点固定不动的情况下，左手在一个半径内自左而右的推送动作必然向右下偏斜，从而在书写较长的横画、横折等笔画时出现左高右低的运笔趋势，横向书写的字行也容易出现左高右低的现象，而且书写一些较长的竖画容易向左下倾斜。同时，由于书写时支点每向右移动一步，就形成一个新的运动半径，于是出现一段又一段的左高右低区间，导致整个横向字行呈总体向右下倾斜而又参差不齐的波浪形。

（二）左手伪装笔迹的笔迹变化规律

由于左手伪装笔迹变化的原因主要在于左右手生理结构和功能的对称性和相向性，以及因缺乏左手书写训练而导致的书写动作的生疏和不协调，左手伪装笔迹往往表现出如下笔迹特征稳定与变化的一般规律：

1. 容易变化的笔迹特征。在左手伪装笔迹中，容易变化的笔迹特征主要有：书写水平；起收笔、行笔的趋势和方向；折笔、勾笔和其他一些笔画的环绕、连接、转折的角度和形状；部分笔画和组成部分的搭配比例关系以及部分不利于左手书写的笔顺特征；字行方向、形状以及字间距、行间距等文字布局特征。

2. 相对稳定的笔迹特征。在左手伪装笔迹中，字的基本写法、绝大部分笔顺特征、笔画间和组成部分间的大体搭配比例等结构关系、笔画的运笔趋势和某些书写自然的连笔特征、习惯性错别字特征以及书面语言特征和部分文字布局特征、标点符号特征等笔迹特征相对较稳定。这些特征受左手伪装书写的影响较小，能更多地表现书写人的书写习惯，检验中应注意加以充分运用。

三、左手伪装笔迹的检验要点

（一）准确识别左手伪装笔迹，将其与其他类似笔迹相区别

正确判明是否为左手伪装笔迹，是检验左手伪装笔迹的前提和关键。如判断失误，将会导致检验结果错误。在笔迹检验实践中，左手正常笔迹、高位执笔笔迹、老年人笔迹、故意慢写笔迹以及低书写水平笔迹等几类笔迹都会不同程度的反映出与左手伪装笔迹相似的一些特点，在检验中必须仔细观察，认真分析，正确区分。由于高位执笔笔迹、老年人笔迹与左手伪装笔迹的区别在第五章已经有所阐述，因此，下面将对左手伪装笔迹与左手正常笔迹、故意慢写笔迹以及低书写水平的笔迹等三类相似笔迹的区别进行介绍。

1. 左手伪装笔迹与左手正常笔迹的区别。左手正常笔迹是指左利手者或右手伤残者，经过长期的左手书写练习，形成稳固的动力定型后所写出的笔迹。长期习惯于左手书写的人的笔迹，它虽然与左手伪装书写具有一些共同特点，但前者经过长期的练习，已经形成了动力定型之后自然书写而成的笔迹；而左手伪装书写是为了掩盖右手的真实书写习惯，临时改用左手书写，所以两者的特点不尽相同，区别主要在于：

（1）左手正常笔迹运笔自然流畅，落笔位置基本准确，起笔力度虽不如右手，但下笔轻重基本一致，单字排列较为整齐、匀称，字间距、行间距均匀；而左手伪装笔迹的书写不自然，运笔生涩呆板，落笔位置不准，下笔轻重不一，起笔无力，收笔易拖长，而且字行往往多呈左高右低现象，字间距、行间距不匀称，单字大小不一致。

（2）左手正常笔迹的字行和较长的横画无明显的左高右低现象，而左手伪装笔迹的字行和较长的横画左高右低，呈明显的规律性。

（3）左手正常笔迹基本没有反起笔、反字或左右颠倒的字，而左手伪装笔迹则常出现反起笔，反字或左右颠倒的现象。

（4）左手正常笔迹单字结构较严密，笔画交叉搭配部位合理，少有多笔少笔或笔画重叠现象，而左手伪装笔迹单字结构松散，笔画交叉搭配部位常有改变，易出现多笔少笔甚至笔画重叠的现象。

2. 左手伪装笔迹与故意慢写笔迹的区别。故意慢写笔迹和左手伪装笔迹都容易出现运笔呆板生涩，笔画有弯曲、抖动，转折生硬，连笔减少，书写水平下降等类似的特点，但两者也存在着诸多区别，检验时如注意观察，不难将二者区别。具体来说，左手伪装笔迹与故意慢写笔迹的区别主要有以下几点：（见图6－3－3）

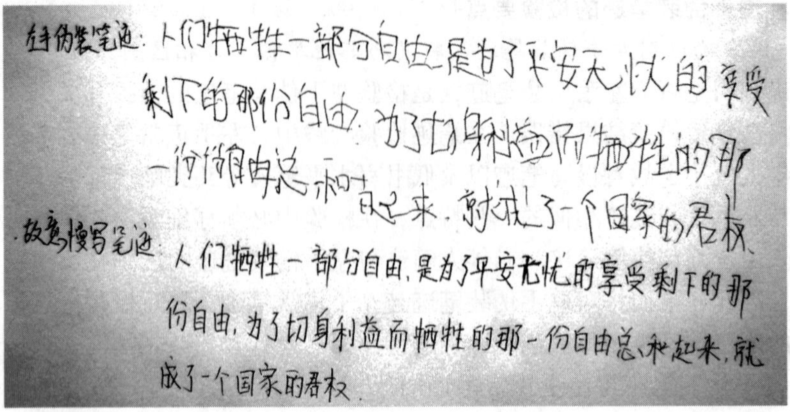

图6-3-3　左手伪装笔迹与故意慢写笔迹

（1）故意慢写笔迹无左手伪装笔迹易出现的有规律的左高右低和反字、反起笔、反笔顺或字的左右结构颠倒等生理性因素所引起的特点。

（2）故意慢写笔迹虽因故意减慢速度而显得笔画呆板，连笔减少，但有的笔画运笔有力，不漂浮，不像左手伪装笔迹运笔漂浮无力。

（3）故意慢写笔迹虽然会出现书写水平下降，但书写水平不一致，常慢中有快，低中有高，字体、字形、笔形也可能不一致，而左手伪装笔迹则基本一致。

3. 左手伪装笔迹与低水平笔迹的区别。低水平笔迹因书写人缺乏练习，其书写运动器官的协调性较差，书写动作不熟练，导致所写的字易出现运笔生涩呆板、连笔较少、搭配不匀、字形不正、字行不齐，甚至笔画抖动、错别字等类似左手伪装笔迹的特点，检验中应注意加以区别。这两类笔迹的区别主要体现在以下几个方面：

（1）低水平笔迹无左手伪装笔迹易出现的反字、反起笔、反行笔等特点；而且较少出现左手伪装笔迹较长的横画或横行字行呈规律性的左高右低的现象。

（2）低水平笔迹虽然运笔生涩呆板，连笔少，有时还伴有笔画弯曲抖动，但笔力较左手伪装笔迹重一些；而且低水平笔迹虽有笔画或偏旁部首搭配不匀的特点，但较少伴有左手伪装笔迹的落笔位置不准甚至笔画重叠等现象。

（3）低水平笔迹虽然也易出现错别字，但其错别字主要因书写水平低引起，具有一定的稳定性；而左手伪装笔迹的错别字则主要是因多笔少笔所致，多不具有稳定性，往往在全篇文字中出现时对时错的现象。

除上述类型笔迹以外，改变用笔方式的笔迹以及因诸如某些病理性书写器官障碍、书写衬垫物不平和书写环境变化等客观因素变化而导致的变化笔迹等，也可能表现出部分类似左手伪装笔迹特点，检验中要注意结合具体案件情况作出正确判断。

（二）正确收集和使用笔迹样本

在左手伪装笔迹检验中，能否正确收集和使用检验所需的笔迹样本，是决定检验成败的一个关键环节。在收集和使用检验左手伪装笔迹所需的笔迹样本时，应注意以下问题：

1. 应优先收集嫌疑书写人的慢速自由样本以供比对。由于左手伪装笔迹一般书写速度都较慢，所反映出的笔迹特点更接近书写人慢速书写时的笔迹特点，为尽量排除书写速度不同而对检验带来的干扰，在检验左手伪装笔迹时，应优先收集和使用嫌疑书写人的慢速自由样本以供比对。

2. 正确收集和使用左手笔迹样本。在左手伪装笔迹检验实践中，为避免把左手伪装笔迹的共性变化特点当作本质特征来使用，检验时最好有左手笔迹样本。只是在收集和使用左手笔迹样本时，必须采用正确的收集和使用方法。一般来说，凡收集和使用左手的笔迹样本均应注意以下几点：

（1）应尽可能收集嫌疑书写人平时左手偶尔书写的笔迹样本。在检验中，如经分析检材字迹系左手正常笔迹，则可以推断书写人可能为左利手者，平时习惯用左手书写或左、右手都能书写。对于此类案件，应当收集被鉴定人发案前的左手笔迹材料用以检验。而对于大多数左手伪装笔迹案件，也应尽量收集嫌疑书写人平时左手偶尔书写的笔迹样本，确实难以收集时，才考虑收集和使用左手实验样本，而且必须注意采取正确的方法进行收集和使用。

（2）正确收集左手实验样本。在收集左手书写的实验样本时，应尽可能在自然宽松的气氛中进行，并且应创造类似于检材的书写条件。用左手伪装书写的作案人一般平时都习惯用右手写字。偶尔用左手写字很生疏，笔迹特征变化较大，因此应尽量避免在被鉴定人情绪处于紧张状态时收集左手实验样本。否则，所收集的实验样本会因笔迹特征变化太大而难以符合检验要求。同时，收集左手实验样本还要模拟检材的书写工具、承受客体以及书写环境等。

（3）正确使用左手笔迹样本。在用左手笔迹样本检验时，不要把左手笔迹的共同特点当作检材与样本的符合特征。在左手伪装笔迹检验实践中，有两种情况必须避免，即当用右手笔迹样本检验左手伪装笔迹时，往往容易把左手书写形成的特点与右手字之间的差异作为否定结论的重要依据；同样，当用左手笔迹样本检验左手伪装笔迹时，也很可能把左手书写形成的共同特点作为认定同一的重要依据。检验中一定要特别注意分析左手字的共同特点及其变化规律，注意区分左手笔迹普遍出现的有规律的变化和书写人固有的书写习惯，正确选择和评断笔迹特征。

(三)根据左手伪装笔迹的笔迹变化规律正确选择和评断笔迹特征

在检验左手伪装笔迹时,应注意根据左手伪装笔迹的笔迹变化规律正确选择和评断笔迹特征。实践证明,在确定检材笔迹为左手伪装笔迹后,客观而全面地选择能反映书写人书写习惯的笔迹特征,并对其进行正确的评断,是正确检验左手伪装笔迹的重要保证。

1. 根据左手伪装笔迹的笔迹变化规律正确选择笔迹特征。选择特征是以分析检材笔迹为前提的。对于左手伪装笔迹来说,要正确选择笔迹特征,首先就要研究检材笔迹有无掺杂其他伪装手法。实践中,大部分作案人总是把左手伪装书写当作一种完全改变自己书写习惯的方法。因而,大多数左手伪装笔迹属于单一性的伪装,但也有少数除用左手伪装书写外,还采用了其他伪装书写手法的案件,检验中应注意准确识别检材的伪装手法。对于单一性的左手伪装笔迹,检验时先根据左手伪装笔迹的特点排除假象,然后根据左手伪装笔迹的变化规律挑选可供比对的特征即可。而对于掺杂有其他伪装手法的左手伪装笔迹,检验时还应准确判明作案人的伪装手法,分清检材哪些是左手伪装书写形成的,哪些是其他书写手法伪装的,然后才可按左手伪装笔迹和其他故意伪装笔迹的变化规律来选用特征。

此外,检验左手伪装笔迹,应根据左手伪装笔迹的笔迹变化规律,多从字的基本写法、笔顺特征、笔画间和组成部分间的搭配比例关系、笔画的运笔趋势和某些书写自然的连笔特征、习惯性错别字特征以及书面语言特征和部分文字布局特征、标点符号特征等相对较稳定、不易受左手伪装书写影响的笔迹特征中寻找和选择笔迹特征。

2. 正确评断特征的价值。要正确检验左手伪装笔迹,还必须正确评断特征的价值。对左手伪装笔迹特征价值的认识是一个由表及里,由粗至细,由浅入深,逐步深化的过程,对特征价值的评断也随此过程而逐步趋于客观、公正。可以说,对特征价值的评断是贯穿于检验始终的,而且,能否正确进行特征价值的评断,是左手伪装笔迹能否正确进行的重要条件。在检验中,不论在检验的哪个环节,都应注意对特征的价值进行正确的评断。

(1) 在分别检验阶段,由于认识上的限制,鉴定人在选用特征时对特征价值的评断尚处于初级阶段,选用特征是在一般规律的基础上对特征的价值作出估量和评断后进行的。然而,由于个案有不同的具体变化情况,所以此时对特征价值高低的评断是不确定的。但一般来说,左手伪装笔迹中不易变化而又重复出现的笔迹特征、虽偶然出现但很特殊的笔迹特征、反映一定个性的书面语言、标点符号以及文字布局等笔迹特征是左手伪装笔迹中特征价值相对较高的笔迹特征,分别检验时应侧重于这些特征的选用。

（2）在比较检验阶段，在分别检验阶段按一般规律对特征价值作出的评断有了对应的样本字迹，可以结合个案的具体情况来加以调整，从检材和样本材料中选配更切实际并能反映书写习惯本质的特征加以比较。此时鉴定人对特征价值的认识进入了比较成熟的阶段，对特征价值高低的评断不仅是比较确定的，而且也是比较客观的。在这一阶段，应特别注意避免把左手伪装所形成的共性特征误当作本质特征而选用以及把本质特征当作共性特征而弃用。

（3）综合评断是作出鉴定意见的论证阶段，就整个检验过程而言，对特征价值的评断也到了最后的关键阶段。这时，对特征价值的评断不仅针对符合点，也针对差异点，要对检材与样本材料进行比较检验后出现的符合点和差异点的价值分别作出评断，同时判明符合点和差异点的实质，为鉴定意见奠定最后的基础。

【任务实施】

一、任务目的

通过本任务的实施，使学员熟悉和掌握左手伪装笔迹的特点、笔迹变化规律及检验要点，并能在笔迹检验实践中对左手伪装笔迹进行准确的分析识别，正确选择笔迹特征，得出正确的检验结论。

二、任务设备与材料

1、普通铅笔、红蓝铅笔。

2．白纸、带格线的空白稿纸、检验记录表、特征比对表、鉴定意见书用纸、实验报告。

3．放大镜、体式显微镜。

4．左手伪装笔迹案例。

三、任务指导

1．实施任务时学员每两人为一组认真进行。

2．任务实施以目力观察为主，必要时可借助放大镜和体式显微镜进行观察。

3．特征分析应按先一般特征后细节特征的顺序逐一进行观察分析。

4．观察的同时应在检验记录表上认真做好记录。

5．任务实施前应认真复习左手伪装笔迹的相关知识，重点复习左手伪装笔迹的特点、笔迹变化规律及左手伪装笔迹的检验要点。

四、任务组织

1．每位学员以右手执笔分别以慢速和平时习惯的书写速度在带格线的稿纸上进行正常书写，制作两份笔迹材料。然后用左手执笔在质地相同的纸张上分别以慢速和正常速度随意书写两份笔迹材料，并做好相应的标记。注意书写时统一使用钢笔，采取正常的书写环境和保持最舒服的坐姿进行书写。

2．学生两人为一个实验小组。每个实验小组内成员相互交换各自书写的笔迹材料。观察对方以两种不同书写速度书写而成的左手笔迹材料，归纳总结左手笔迹的特点，并将结果填写在实验报告相应的位置上。

3. 观察对方分别用左右手按照不同书写速度书写的几份笔迹材料，按照分别检验的格式和要求分析和总结笔迹材料的笔迹特征。找出笔迹一般特征和细节特征，系统地记录在检验记录纸相应的位置上。

4. 仔细分析检验记录纸上的特征记录，比较每种笔迹的异同之处。分析哪些特征发生了变化，哪些特征保持相对稳定。归纳总结左手笔迹稳定与变化的规律，并将结果填写在实验报告相应的位置上。

5. 对所给的左手伪装笔迹案例材料进行分析，根据左手伪装笔迹的特点确定检材笔迹是否是左手伪装笔迹。对所提供的样本笔迹进行分析，确定其是否具有可比性，能否满足检验条件。

6. 对检材和样本进行分别检验，并将检验结果记录在检验记录表上。

7. 在分别检验的基础上，根据左手伪装笔迹的特征变化规律选择检材笔迹特征。重点选择那些不易受左手伪装方式影响的相对稳定的笔迹特征，并将其描绘在特征比对表相应的位置上。

8. 按照相同的方法选择样本对应的笔迹特征，将其描绘在特征比对表相应的位置上。

9. 对检材、样本笔迹特征进行综合评断。运用左手伪装笔迹的特点及特征变化规律合理解释差异点，充分评估符合点的价值，得出准确的检验结论，并制作符合要求的笔迹检验鉴定意见书。

10. 归纳左手伪装笔迹的检验要点，并将结果填写在实验报告相应的位置上。

附：左手伪装笔迹实验报告格式。（见表6-3-1）

表6-3-1 左手伪装笔迹实验报告格式

笔迹种类		左手伪装笔迹
左手伪装笔迹的特点		
左手伪装笔迹特征变化与稳定的规律	稳定的笔迹特征	
	变化的笔迹特征	
左手伪装笔迹的检验要点		

五、评分标准

成绩评定主要结合任务操作的认真程度、操作的规范程度以及检验记录表、特征比对表、笔迹鉴定意见书的完成质量和实验报告的完成情况等进行综合评定。

六、操作注意事项

1. 为确保任务实施取得良好的效果，在制作笔迹实验材料时，不应再掺杂其他伪装方式，而且应尽可能在正常的书写条件下进行书写。此外，选择左手伪装笔迹案例材料时，也应充分考虑到学员笔迹检验初学者的特点，选择与其知识储备、分析认识能力相适应的笔迹材料供学员观察分析。

2. 在左手伪装笔迹检验中，样本应具有较好的比对条件。为最大限度地排除干扰，一般应尽可能收集和使用嫌疑书写人的慢速自由样本以及左手笔迹样本以供比对，而且收集和使用都应正确进行。

3. 任务实施前一定要熟悉左手伪装笔迹的特点及特征变化的一般规律。在检验中应注意运用其笔迹特点准确识别伪装方式，充分利用左手伪装笔迹特征稳定与变化的规律选择笔迹特征，多从不易受左手伪装书写影响的笔迹特征中选取笔迹特征。

4. 检验中，对于检材和样本字迹所出现的差异点，应结合案件的客观情况具体分析，不能随意地都用左手伪装方式的影响来进行笼统的解释，防止因错判差异点的性质而影响检验的正确性。

5. 在分析左手伪装笔迹时，应注意遵循分别检验的原则，一份检材分析完毕后，才可开始观察分析下一份检材，不应在检验前先行比对检材。

【技能测试】

1. 左手伪装笔迹有何特点？其笔迹变化有何规律？
2. 左手伪装笔迹的检验要点有哪些？
3. 以下所附的检材笔迹与样本笔迹是否为同一人书写？（见图6-3-4、图6-3-5、图6-3-6、图6-3-7）

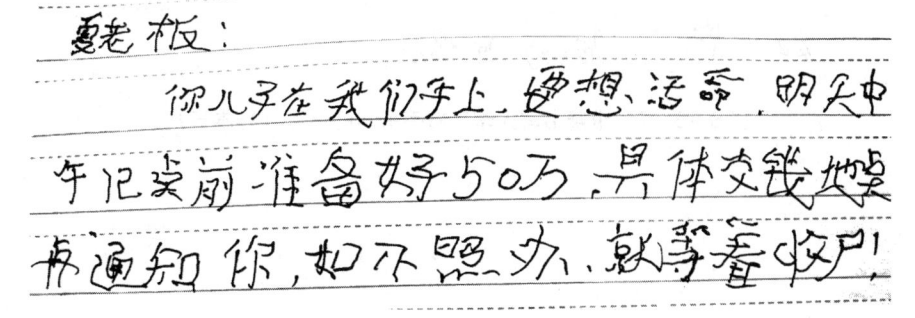

图6-3-4 某绑架案件"绑架信"字迹（检材）

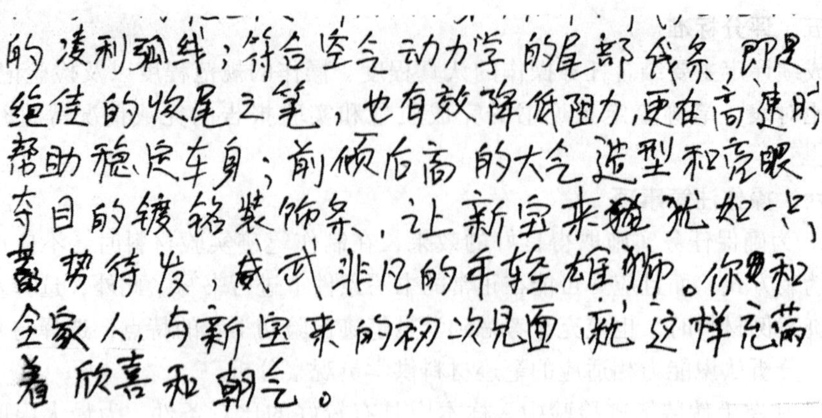

的凌利弧线；符合空气动力学的尾部线条，即是绝佳的收尾之笔，也有效降低阻力，更在高速时帮助稳定车身；前倾后高的大气造型和亮眼夺目的镀铬装饰条，让新宝来犹如一只蓄势待发，威武非凡的年轻雄狮。你或和全家人，与新宝来的初次见面就这样充满着欣喜和朝气。

图6-3-5　嫌疑书写人李某右手书写的字迹（样本一）

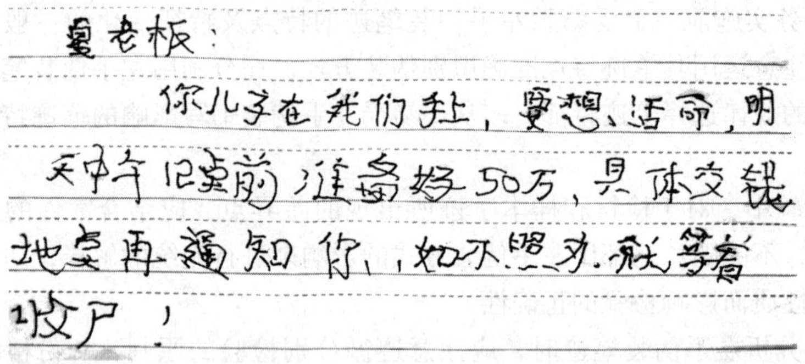

夏老板：

你儿子在我们手上，要想活命，明天中午12点前准备好50万，具体交钱地点再通知你，如不照办，就等着收尸！

图6-3-6　嫌疑书写人李某左手书写的字迹（样本二）

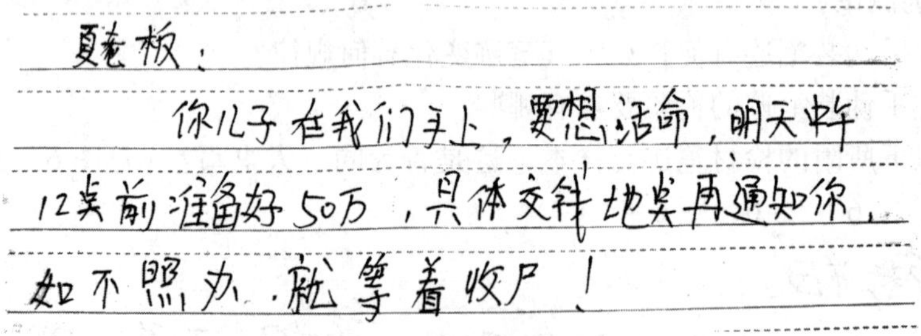

夏老板：

你儿子在我们手上，要想活命，明天中午12点前准备好50万，具体交钱地点再通知你，如不照办，就等着收尸！

图6-3-7　嫌疑书写人李某右手书写的字迹（样本三）

任务四　认识局部再现性伪装笔迹检验

【知识点】
1. 局部再现性伪装笔迹的概念。
2. 局部再现性伪装笔迹的特点及笔迹变化规律。
3. 局部再现性伪装笔迹的检验要点。

【技能点】
局部再现性伪装笔迹的识别与检验。

【任务导入】
局部再现性伪装是一种具有较强隐蔽性和迷惑性的伪装方式，实践中常被少数了解书法学知识或传统笔迹鉴定知识、具有较强反侦查能力的书写人所使用。由于局部再现性伪装笔迹往往书写动作呈现局部的假性规律，很容易给人造成一种笔迹书写正常的错觉。检验时如不认真分析，摈弃对笔迹特征简单化的认识和做法，就极有可能对检材性状作出错误的判断，导致检验结论的失误。因此，必须深入了解局部再现性伪装笔迹的特点、笔迹变化规律及其检验要点，这是对局部再现性伪装笔迹进行正确检验的前提和基础。

【相关知识】
一、局部再现性伪装笔迹的概念

局部再现性伪装笔迹，是指书写人采用在保持笔迹貌似正常的前提下，有选择性地改变某些单字、偏旁部首的写法以及部分运笔、笔顺甚至搭配比例等笔迹特征，并使这些被改变的笔迹特征在全篇文字中重复再现，用前后反映一致的伪装手法进行伪装书写而成的笔迹。由于这类伪装笔迹前后反映一致，给人一种书写动作稳定、呈规律性的感觉，所以又被称为"书写动作呈规律性"的伪装笔迹。（见图6－4－1）

图6－4－1　局部再现性伪装笔迹示例

局部再现性伪装笔迹是一种具有较强隐蔽性和迷惑性的伪装笔迹。书写人在进行伪装书写之前，对改变哪些笔迹特征、如何改变并使之重复再现往往都要进行周密的设计、反复的练习,而且书写人往往都或多或少地了解一些书法学知识或传统的笔迹检验知识,这使得这类伪装笔迹较其他伪装笔迹更难准确判明。检验时如不对检材进行深层次的分析、摈弃对笔迹特征简单化的认识和做法,就极有可能对检材性状作出错误的判断,导致检验结论的失误。当然,检验这类笔迹尽管难度较大,但由于书写人进行伪装书写时,同样要受到文字规范的制约,不能随意编造,而且必然是在自己原有书写习惯的基础上进行修改,加之受注意力和控制力的有限性的制约,决定了其不可能对原有书写习惯进行整体性的颠覆,所能改变的笔迹特征只能是局部的、暂时的。其原有书写习惯必然会不同程度的暴露出来,这为正确检验该类笔迹提供了可能。实践证明,只要我们改变对笔迹特征简单化的认识和做法,结合具体案件的实际情况,对检材进行认真的、深层次的分析,去伪存真,正确检验局部再现性伪装笔迹是完全有可能的。

二、局部再现性伪装笔迹的特点及笔迹变化规律

(一)局部再现性伪装笔迹的特点

局部再现性伪装笔迹尽管从字的外形上较少表现出故意伪装的迹象,易与正常笔迹相混淆。但其笔迹仍然会在诸多方面表现出不正常的笔迹现象,如运笔生涩抖动、异常的停顿、添改涂描等。如果我们对检材字迹进行认真的观察,深入的剖析,其伪装方式也不难识别。总的说来,局部再现性伪装笔迹是临时意志与书写习惯之间矛盾的结果,这类笔迹常表现出一些共同特点,这是检验时识别局部再现性伪装笔迹的重要依据。

1. 书写速度慢。局部再现性伪装笔迹是书写人通过有意识地控制,选择性地改变某些单字、偏旁部首的写法以及部分运笔、笔顺甚至搭配比例等笔迹特征,并使这些被改变的笔迹特征在全篇文字中重复再现、前后一致,以给人正常笔迹的假象。因此,书写人书写时必然要放慢书写速度,这是保证其临时改变的笔迹特征前后反映一致的基本时间条件。因此,局部再现性伪装笔迹多为慢速书写,在部分貌似快速书写的字迹中还可能出现"形快实慢"的反常现象。

2. 运笔生涩,笔力平缓。由于书写时要通过主观意识的控制以保证伪装呈规律性,书写时必然瞻前顾后;而且由于其所欲呈现的只是一种临时的、假性的"书写习惯",这导致这类笔迹往往运笔生涩,笔力平缓,缺乏正常的轻重疾徐的节奏性变化。

3. 常出现不正常的停顿、另起笔以及涂、改、添、描等现象。由于注意力和控制力的有限性以及书写习惯的反映性,书写人在进行局部再现性伪装书写时,其原有书写习惯必然会有不同程度的暴露,或出现书写未能前后一致的地方。此时书写人必然会采用各种措施加以弥补,以掩饰固有习惯,修饰不一致的地方。因此,在局部再现性伪装笔迹中,常常出现不正常的停顿、另起笔以及

涂、改、添、描等现象。

4. 全篇文字中相同笔迹特征具有双重性。由于局部再现性伪装笔迹不可能整体性地颠覆和改变书写人的真实书写习惯，其真实书写习惯必然会在诸多方面得以暴露和表现，这就使得全篇文字中相同的笔迹特征表现出双重性。该双重性常表现为相同单字存在两种不同的笔顺或写法，相同部位笔画表现出两种行笔方向且不稳定等。

（二）局部再现性伪装笔迹的笔迹变化规律

作为一种特殊的伪装笔迹，局部再现性伪装笔迹必然会导致笔迹发生较大的变化，但受多种因素的制约，书写人要想彻底颠覆其原有书写习惯是不可能的，其原有书写习惯必然会不同程度的反映出来。检验中，如何正确选取最能反映书写人原有书写习惯的笔迹特征，是进行科学检验的前提。尽管书写人为了达到局部再现性伪装的目的而改变的笔迹特征不可能完全相同，但该类伪装所导致的笔迹变化仍然有一定的规律可循。

1. 容易改变的笔迹特征。尽管书写人可能改变的笔迹特征不尽相同，但受制于书写人对自身书写习惯的认识深度和改变笔迹的能力，局部再现性伪装笔迹改变的多是一些一般人能够认识到的、比较明显的笔迹特征以及传统笔迹检验理论认为特征价值较高、相对比较重视的笔迹特征。总的说来，在局部再现性伪装笔迹中，部分单字的写法特征、某些常用字的形态和搭配比例关系、某些常用字或偏旁的笔顺以及单字中处于明显部位的笔画运笔方向、字的倾斜方向等笔迹特征容易因局部再现性伪装书写而改变。该类特征一般只能作为书写不正常的依据，而不能作为认定书写人的依据，检验时一定要认真识别，去伪存真，准确选择笔迹特征。

2. 相对稳定的笔迹特征。在局部再现性伪装笔迹中，尽管笔迹会发生较大的改变，但仍会有部分笔迹特征保持相对稳定，更多地暴露出书写人的固有书写习惯，这是不以书写人的主观意志为转移的客观存在。一般来说，单字结构和运笔中的细节特征、笔画交叉搭配特征、没有连写的笔顺特征、习惯性的错别字及部分特殊的写法特征、标点符号以及涂、改、添、描的符号使用特征以及文字布局特征等相对隐蔽的笔迹特征一般不易改变，更多地反映出书写人固有的书写习惯。检验中一定要注意该类特征的充分运用，有意识地多从这类笔迹特征中选择笔迹特征。

三、局部再现性伪装笔迹的检验要点

（一）深入分析检材，准确识别伪装

由于局部再现性伪装笔迹是一种貌似正常的、具有较强隐蔽性和迷惑性的伪装笔迹，检验中如果不深入分析检材，就极有可能对检材性状作出错误的判断，

得出错误的检验结论。实践证明,认真深入地分析检材,准确识别伪装,是正确检验局部再现性伪装笔迹的前提,只有吃透检材,把握检材字迹所反映出来的笔迹特征,才能得出正确的检验结论。

要准确识别检材笔迹是否为局部再现性伪装笔迹,主要应对检材进行逐字逐句的深入剖析,结合局部再现性伪装笔迹的一般特点进行分析判断。一般来说,如果检材中出现异常停顿、另起笔以及添、改、涂、描等反常现象,或者错字、别字、异体字、习俗字的书写运用出现反常,或与其语文水平不相符,就应考虑有局部再现性伪装的可能。

(二)确保笔迹样本真实充分

对局部再现性伪装笔迹进行检验时,对提供的笔迹样本一定要认真核实,确保其真实性;而且,应尽可能收集和使用嫌疑书写人的案前自由样本。如果使用的是案后自由样本甚至实验样本,一定要注意识别样本中可能存在的局部再现性伪装,慎重选用。

此外,样本材料应保证数量充分。检验时应根据检材的实际情况,必要时应尽可能收集嫌疑书写人各个时期的历史样本以供对照。因为有的书写人会采用重新使用在其书写习惯演变过程中被淘汰的笔迹特征的方式进行伪装书写。如果样本充分,便可发现这种伪装书写的依据,从而能更系统深入地了解和把握书写人笔迹的变化规律,为正确检验提供可靠依据。

(三)多从相对稳定的笔迹特征中选择笔迹特征

在对局部再现性伪装笔迹进行检验时,一定要注意区分假性书写规律与真性书写规律,去伪存真,多从易被书写人忽视、运笔自然的部位寻找相对稳定的笔迹特征。一般应注意多从单字结构和运笔中的细节特征、笔画交叉搭配特征、没有连写的笔顺特征、习惯性的错别字及部分特殊的写法特征、标点符号以及涂、改、添、描的符号使用特征以及文字布局特征等相对稳定的笔迹特征中选择笔迹特征。

(四)科学、系统地进行检验

在对局部再现性伪装笔迹进行检验时,无论是在分别检验阶段还是在比较检验阶段,都必须科学、系统地进行检验。在分别检验时,应系统排列检材字迹的笔迹特征,按特征类型逐一进行比较。即把检材中相同的单字、相同的组成部分、相同的笔画系统排列,逐一分析,找出其相同特征和不同特征,区分哪些为假性规律,哪些为真性规律。在比较检验阶段,应认真、科学地制作特征比对表。特征比对表上所反映的特征应全面、真实,不仅要选取研究相同字的变化规律,还要研究不同字相同部位、相同笔画的变化规律,既要选择前后反映一致的笔迹特征,也要选取反映其差异的笔迹特征,为科学、客观地进行综合评断提供依据。

（五）科学评断笔迹特征

局部再现性伪装笔迹一个突出的特点是差异点和符合点都比较多，正确认识、科学评断这些异同点，是正确检验该类笔迹的重要环节。检验时，我们应改变对笔迹特征简单化的认识和做法，结合具体案件的实际情况，深入分析所发现的符合点和差异点的性质，分清哪些是反映书写人书写习惯的特征，哪些是伪装变化的假象，去伪存真，准确把握，科学评断，得出正确的检验结论。

【任务实施】

一、任务目的

通过本任务的实施，使学员熟悉和掌握局部再现性伪装笔迹的特点、笔迹变化规律及检验要点，并能在笔迹检验实践中对局部再现性伪装笔迹进行准确的分析识别，正确选择笔迹特征，得出正确的检验结论。

二、任务设备与材料

1. 普通铅笔、红蓝铅笔。

2. 白纸、带格线的空白稿纸、检验记录表、特征比对表、鉴定意见书用纸、实验报告。

3. 放大镜、体式显微镜。

4. 局部再现性伪装笔迹案例。

三、任务指导

1. 实施任务时学员每两人为一组认真进行。

2. 任务实施以目力观察为主，必要时可借助放大镜和体式显微镜进行观察。

3. 特征分析应按先一般特征后细节特征的顺序逐一进行认真分析。

4. 观察的同时应在检验记录表上认真做好记录。

5. 任务实施前应认真复习局部再现性伪装笔迹的相关知识，重点复习局部再现性伪装笔迹的特点、笔迹变化规律及局部再现性伪装笔迹的检验要点。

6. 学员在任务实施前应认真分析自己的笔迹特征，根据自己的认识设计一套局部再现性伪装的方案，并进行适当的练习。

四、任务组织

1. 每位学员根据自己预先设计的局部再现性伪装方案在带格线的空白稿纸上进行伪装书写，然后再在另一张带格线的空白稿纸上以原有书写习惯进行正常书写，并分别做好相应的标记。注意书写时应尽可能保持其他书写条件相同或相近，而且不应再掺杂有其他伪装手段，书写内容也应尽量相同且不少于5行，每行不少于10个字。

2. 各实验小组内成员相互交换各自书写的笔迹材料。认真观察对方书写的局部再现性伪装笔迹材料，归纳总结局部再现性伪装笔迹的特点，并将结果填写在实验报告相应的位置上。

3. 将对方书写的局部再现性伪装笔迹与其正常笔迹进行对照观察，仔细分析哪些特征发生了变化，哪些特征保持相对稳定的形态。归纳总结局部再现性伪装笔迹稳定与变化的规律，并将结果填写在实验报告相应的位置上。

4. 对所给的局部再现性伪装笔迹案例材料进行分析，根据局部再现性伪装笔迹的特点确定检材笔迹是否是局部再现性伪装笔迹。对所提供的样本笔迹进行分析，确定其是否具有可比性，能否满足检验条件。

5. 对检材和样本进行分别检验，并将检验结果记录在检验记录表上。注意在对检材进行分别检验时，应系统排列检材字迹的笔迹特征，按特征类型逐一进行比较，找出其相同特征和不同特征，区分哪些为假性规律，哪些为真性规律。

6. 在分别检验的基础上，根据局部再现性伪装笔迹的特征变化规律选择检材笔迹特征。重点从那些相对稳定的笔迹特征中进行选择，注意排除假性特征的干扰，并将其描绘在特征比对表相应的位置上。

7. 按照相同的方法选择样本对应的笔迹特征，将其描绘在特征比对表相应的位置上。

8. 对检材、样本笔迹特征进行综合评断。运用局部再现性伪装笔迹的特点及特征变化规律合理解释差异点，充分评估符合点的价值，得出准确的检验结论，并制作符合要求的笔迹检验鉴定意见书。

9. 归纳总结局部再现性伪装笔迹的检验要点，并将结果填写在实验报告相应的位置上。

附：局部再现性伪装笔迹实验报告格式。（见表6-4-1）

表6-4-1　局部再现性伪装笔迹实验报告格式

笔迹种类	局部再现性伪装笔迹	
局部再现性伪装笔迹的特点		
局部再现性伪装笔迹特征变化与稳定的规律	稳定的笔迹特征	
	变化的笔迹特征	
局部再现性伪装笔迹的检验要点		

五、评分标准

成绩评定主要结合任务操作的认真程度、操作的规范程度以及检验记录表、特征比对表、笔迹鉴定意见书的完成质量和实验报告的完成情况等进行综合评定。

六、操作注意事项

1. 为确保任务实施取得良好的效果，在制作笔迹实验材料时，不应再掺杂有其他伪装方式，而且应尽可能在正常的书写条件下进行书写。此外，选择局部再现性伪装笔迹案例材料时，也应充分考虑到学员笔迹检验初学者的特点，选择与其知识储备、分析认识能力相适应的典型笔迹案例材料供学员观察分析。

2. 对局部再现性伪装笔迹进行检验时，对提供的笔迹样本一定要认真核实，确保其真实性。而且，应尽可能收集和使用嫌疑书写人的案前自由样本，如果使用的是案后自由样本甚至实验样本，一定要注意识别样本中可能存在的局部再现性伪装，慎重选用。此外，样本材料应保证数量充分。根据检材的情况，必要时还应收集嫌疑书写人的历史样本以供对照。

3. 任务实施前一定要熟悉局部再现性伪装笔迹的特点及特征变化的一般规律。在检验中应注意运用其笔迹特点准确识别伪装方式，充分利用局部再现性伪装笔迹特征稳定与变化的规律选择笔迹特征，注意排除假性规律的干扰，多从相对稳定的笔迹特征中选取笔迹特征。

4. 检验中，对于检材和样本字迹所出现的差异点，应结合案件的客观情况具体分析，科学评断符合点和差异点的性质，得出正确的检验结论。

5. 在分析局部再现性伪装笔迹时，应注意遵循分别检验的原则，一份检材分析完毕后，才可开始观察分析下一份检材，不应在检验前先行比对检材。

【技能测试】
1. 局部再现性伪装笔迹有何特点？其笔迹变化有何规律？
2. 局部再现性伪装笔迹的检验要点有哪些？

任务五　认识混合伪装笔迹检验

【知识点】
1. 混合伪装笔迹的概念。
2. 混合伪装笔迹的特点。
3. 混合伪装笔迹的检验要点。

【技能点】
混合伪装笔迹的识别与检验。

【任务导入】

在笔迹检验实践中，偶尔会碰到混合伪装笔迹。作为一种特殊的笔迹伪装形式，混合伪装笔迹往往在同一份文件物证中包含了同一书写人以多种伪装方式书写而成的笔迹或是多名书写人书写习惯的体现。检验时检材多种不同性质的笔迹特征彼此混淆，交互杂陈，检验时如不仔细分析，深入研究，极易被误导，检验难度较大。认真学习和了解混合伪装笔迹的相关知识，是正确检验混合伪装笔迹的前提和基础。

【相关知识】

一、混合伪装笔迹的概念

混合伪装笔迹是指同一物证文书中采用多种伪装手法书写而成，或者由两人或两人以上交替书写而成的笔迹。其中采用多种伪装手法书写而成的伪装笔迹称为混合手法伪装笔迹；由多名书写人交替书写而成的伪装笔迹称为多人合写伪装笔迹。

在笔迹检验实践中，混合伪装笔迹不仅会出现在标语、传单、匿名信类案件中，而且还常见于伪造票证等经济、民事案件中。由于混合伪装笔迹往往检材中多种不同性质的笔迹特征彼此混淆，交互杂陈，检验时如不仔细分析，深入研究，极易被误导，检验难度较大。

二、混合手法伪装笔迹

混合手法伪装笔迹是指在同一份物证文书中，采用两种或两种以上不同伪装手法书写而成的伪装笔迹。如左手伪装混杂改变笔形的伪装方式、摹仿伪装混合故意慢写伪装的伪装方式以及尺划加重描的伪装方式等。混合手法伪装笔迹由于采用了多种伪装方式，而不同的伪装方式所引起的笔迹变化不完全相同，因此这类伪装笔迹很容易被误认为多人混合书写伪装笔迹，检验时一定要注意区分，准确识别伪装手法，正确选择笔迹特征。

（一）混合手法伪装笔迹的特点

尽管不同的书写人在进行混合手法伪装时所混合采用的伪装手法不尽相同，但混合手法伪装笔迹还是会表现出一些共同的特点，这些特点是检验时准确识别伪装方式的重要依据。一般来说，混合手法伪装笔迹常表现出以下特点：（见图6-5-1）

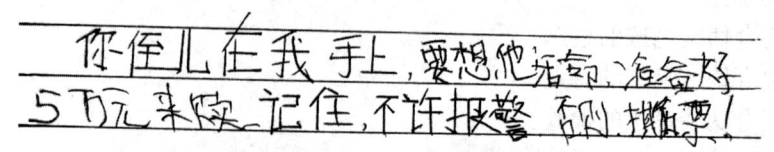

图6-5-1　混合手法伪装笔迹示例

1. 全篇文字的笔迹熟练程度反映可能不一致。由于不同的伪装手法对书写熟练程度的影响不一，有的伪装方式会导致书写熟练程度明显降低，而有的则影响不大。当两种混用时，这就使得全篇文字的笔迹熟练程度反映高低不一。

2. 检材字迹书写速度快慢不一，字的大小不均，形态前后不相同。这主要是由不同伪装手法对书写速度、字的大小、形态的影响不同而引起的。

3. 同一篇物证文书中同时反映出多种伪装手法的规律性特点。采用特定的伪装手法书写而成的字迹必然表现出该种伪装笔迹的规律特点，如左手伪装笔迹往往左高右低，出现反字、反起笔、反运笔等标志性特点，摹仿笔迹则一般会出现形快实慢、弯曲抖动、添改重描等特点。当多种伪装手法混合采用时，必然出现同一篇物证文书中同时反映出多种伪装手法的规律性特点，这是识别混合手法伪装的重要依据。

4. 隐蔽的、细小的、稳定性强的笔迹特征表现一致。不管如何伪装，混合手法伪装都是以同一书写人的书写习惯为基础进行的。伪装的有限性决定了书写人的固有书写习惯必然会从诸多方面表现出来。因此，尽管混合手法伪装笔迹表面上看像是由多人混合书写而成，但仔细观察会发现，这种伪装笔迹隐蔽的、细小的、稳定性强的笔迹特征表现一致，反映出同一人的书写习惯体系。

（二）混合手法伪装笔迹的检验要点

混合手法伪装笔迹尽管有一定的检验难度，但只要我们熟悉该类笔迹的特点，遵循正确的检验方法步骤进行检验，仔细观察，深入分析，仍然可以正确地检验这类笔迹。一般来说，检验混合手法伪装笔迹主要应遵守以下检验要点：

1. 准确识别伪装方式。检验混合手法伪装笔迹，首先应准确判断检材的伪装方式，确定是否是同一书写人采用混合手法伪装书写而成。如果是，还应进一步分析采用了哪几种伪装手法进行伪装书写。为此，检验时，对于疑似混合手法伪装笔迹的，应把检材字迹中所有不同的笔迹逐一进行对照分析，找出符合点和差异点，并进行科学的评断，审查是否是同一人书写习惯体系的反映。

2. 根据所采用的伪装手法的相应特点，将检材中采用不同伪装手法书写而成的字迹进行分类整理。

3. 根据所采用的伪装手法的相应笔迹变化规律，从相应的相对稳定笔迹特征中寻找和选择笔迹特征，然后用这些特征与样本笔迹特征进行比较，找出其符合点和差异点，为进行科学的综合评断提供依据。

4. 应根据相应的伪装手法收集充分的相应笔迹样本以供比对。不同的伪装手法对样本的要求不尽相同，因此在检验混合手法伪装笔迹时，应根据所确定的伪装手法对检验样本的要求来收集样本，而且应保证样本数量充分、真实可靠，具有较好的比对条件。

三、多人合写伪装笔迹

多人合写伪装笔迹是指在同一份物证文件中，由两个或两个以上的书写人按照一定的顺序交替书写而成的伪装笔迹。因合写的方式不同，多人合写伪装笔迹主要包括以行、段为单位交替合写的笔迹、以词组或单字为单位交替合写的笔迹、以单字组成部分或笔画为单位交替合写的笔迹。不论采用何种合写方式，所形成的笔迹都必然包含着多人的笔迹特征，这些笔迹特征彼此交混，不易识别，检验难度较大。

（一）多人合写伪装笔迹的特点

多人合写伪装笔迹的书写人多为两人以上，而且大多使用同一书写工具进行合写，这使得该类笔迹具有一定的迷惑性，如再遇到书写人书写风格相近时，迷惑性更强。检验时如不熟悉多人合写伪装笔迹的特点，对检材进行深入细致的分析，极容易出现失误。一般来说，多人合写伪装笔迹常表现出以下特点：（见图6－5－2）

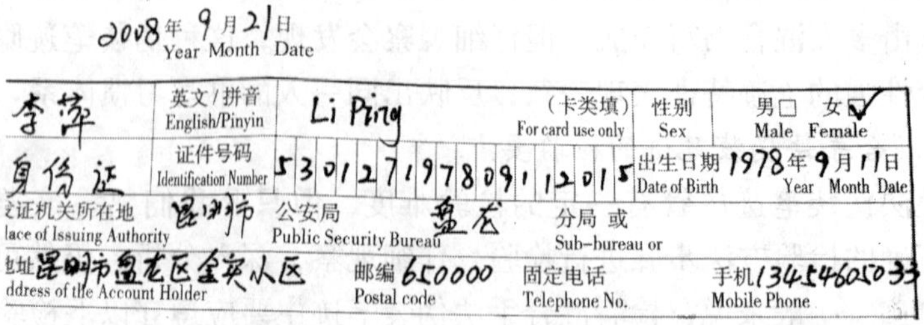
2008年 9月21日 Year Month Date
李萍 英文/拼音 English/Pinyin Li Ping （卡类填）For card use only 性别 Sex 男□ 女☑ Male Female
身份证 证件号码 Identification Number 530127197809112015 出生日期 Date of Birth 1978年9月11日 Year Month Date
发证机关所在地 Place of Issuing Authority 昆明市 公安局 Public Security Bureau 盘龙 分局 或 Sub-bureau or
地址 Address of the Account Holder 昆明市盘龙区金实小区 邮编 Postal code 650000 固定电话 Telephone No. 手机 Mobile Phone 13454605033

图6－5－2 两人合写的信用卡申请书

1. 全篇文字的笔迹熟练程度、字体字形、字的大小、间距、倾斜程度等笔迹一般特征可能反映不一致。

2. 全篇文字的字迹颜色、墨迹浓淡以及墨水的成分可能不一致。这主要是由不同书写人的笔压不同以及书写工具可能不一致造成的。

3. 如果还掺杂有其他伪装方式，则可能出现伪装的程度高低不一。

4. 行段交替合写的伪装笔迹字体字形、字的大小、倾斜程度等特征差异一般较明显，笔迹特征反映出多个书写人的书写习惯体系。

5. 单字交替合写时还常出现字与字之间缺乏正常的连贯性，快写时字与字之间的自然过渡笔画消失，应有的意连缺失等特点。

（二）多人合写伪装笔迹的笔迹变化规律

一般情况下，多人合写伪装笔迹如果不再伴有其他伪装方式，则各合写人的笔迹特征除文字布局特征、书面语言特征容易受多人合写伪装方式的影响而发生较大的改变或无法反映外，其他笔迹特征一般不会发生较大变化，能被较真实地反映出来。对于这类笔迹，关键在于正确区别各合写人所写的字迹，然后再分别与相应的嫌疑书写人的笔迹样本做比对。

在部分案件中，也可能出现伴有其他伪装方式的情况，在这类笔迹中，除文字布局特征、书面语言特征仍然会受合写伪装方式影响外，其他笔迹特征还可能因所伴有的伪装方式影响而发生不同程度的改变，但其笔迹变化规律往往与所伴有的其他伪装方式的笔迹变化规律相同。检验这类笔迹，在准确识别出各合写人书写的字迹外，还要具体分析其所采用的其他伪装方式，然后再确定相应的笔迹变化规律并据此选择笔迹特征。

（三）多人合写伪装笔迹的检验要点

多人合写伪装笔迹尽管有一定的检验难度，而且其检验过程也较一般的笔迹检验复杂，但只要我们熟悉该类笔迹的特点，遵循正确的检验方法步骤进行检验，仔细观察，深入分析，吃透检材，仍然可以正确检验这类笔迹。一般来说，检验多人合写伪装笔迹主要应遵守以下检验要点：

1. 准确识别伪装方式并初步区分各书写人所写的字迹。准确识别检材伪装方式，是检验多人合写伪装笔迹的关键。在具体检验时，首先应对检材笔迹进行深入的分析，当发现检材笔迹存在可疑的差异或根据案件情况看有多人合写伪装可能时，就应结合多人合写伪装的笔迹特点进行针对性的分析。具体来说，应把检材字迹中所有相同的单字、相同的组成部分、相同的笔画以及标点符号等逐一描绘，排列在一起进行分析比较，找出相同特征和不同特征，并结合案件情况对符合点和差异点的性质进行科学的评断，确定是同一书写人书写习惯体系的反映还是多人书写习惯体系的反映。如果经分析评断认定为多人合写伪装的，则应进一步分析是几人所写，并初步区分各书写人可能书写的字迹。

2. 根据所确定的嫌疑书写人的情况及检材笔迹情况正确收集笔迹样本。一旦确定检材笔迹为多人合写伪装笔迹后，就应根据检材笔迹的相关情况，参照相应笔迹检验对样本的要求收集各嫌疑书写人的笔迹样本以供比对。

3. 将检材相应的字迹分别与嫌疑书写人笔迹样本进行比对。比对时，应遵照常规的检验方法，分别将检材上疑为某书写人所写的笔迹与相应的笔迹样本进行比对，发现其相应笔迹特征的异同点，并认真制作特征比对表，为综合评断提供依据。

4. 科学评断符合点和差异点。在多人合写伪装笔迹中，符合点和差异点都是多层面的，符合既有不同书写人书写共性的符合，也有同一人书写习惯的个性特征的符合；差异既有多人书写习惯的差异，也有个人自身书写习惯多样性以及条件变化的差异。检验中应结合案件具体情况，科学、客观地进行评断，准确判断符合点和差异点的性质，得出正确的检验结论。

【任务实施】

一、任务目的

通过本任务的实施，使学员熟悉和掌握混合伪装笔迹的特点及检验要点，并能在笔迹检验实践中对混合伪装笔迹进行准确的分析识别，正确选择笔迹特征，得出正确的检验结论。

二、任务设备与材料

1、普通铅笔、红蓝铅笔。

2. 白纸、带格线的空白稿纸、检验记录表、特征比对表、鉴定意见书用纸、实验报告。

3. 放大镜、体式显微镜。

4. 混合伪装笔迹案例。

三、任务指导

1. 实施任务时学员每两人为一组认真进行。

2. 任务实施以目力观察为主，必要时可借助放大镜和体式显微镜进行观察。

3. 特征分析应按先一般特征后细节特征的顺序逐一认真分析。

4. 观察的同时应在检验记录表上认真做好记录。

5. 任务实施前应认真复习混合伪装笔迹的相关知识，重点复习混合手法伪装以及多人合写伪装笔迹的特点及相应的检验要点。

四、任务组织

1. 每位学员分别采用尺划伪装和左手伪装的伪装手法在带格线的空白稿纸上进行伪装书写，书写时两种伪装手法以行为单位交替运用，然后再在另一张带格线的空白稿纸上进行正常慢速书写，并分别做好相应的标记。注意书写内容也应尽量相同且不少于5行，每行不少于10个字。

2. 各实验小组内成员相互交换各自书写的笔迹材料。认真观察对方采用混合手法伪装书写的笔迹材料，归纳总结混合手法伪装笔迹的特点，并将结果填写在实验报告相应的位置上。

3. 将对方书写的混合手法伪装笔迹作为检材，其正常慢写笔迹作为样本进行检验。检验时注意认真体会混合手法伪装笔迹的检验流程，按要求认真制作检验记录表、特征比对表以及符合法律要求的笔迹鉴定意见书。

4. 归纳总结混合手法伪装笔迹的检验要点，并将结果填写在实验报告相应的位置上。

5. 每个实验小组的两名学员分别以正常书写速度在带格线的空白稿纸上进行两人合写伪装书写，书写时注意以行为单位交替进行，然后每位学员分别在另一张带格线的空白稿纸上以正常书写速度进行正常书写，并分别做好相应的标记。注意书写内容也应尽量相同且不少于 6 行，每行不少于 10 个字，而且不应再采用其他伪装方式。

6. 相邻的实验小组相互交换各自书写的笔迹材料。认真观察对方采用多人合写伪装方式书写的笔迹材料，归纳总结多人合写伪装笔迹的特点，并将结果填写在实验报告相应的位置上。

7. 将多人合写伪装笔迹作为检材，各小组成员的正常笔迹作为样本进行检验。检验时注意认真领会多人合写伪装笔迹的检验流程，按要求认真制作检验记录表、特征比对表以及符合法律要求的笔迹鉴定意见书。

8. 归纳总结多人合写伪装笔迹的检验要点，并将结果填写在实验报告相应的位置上。

附：混合伪装笔迹实验报告格式。（见表 6-5-1）

表 6-5-1　混合伪装笔迹实验报告格式

笔迹种类	混合伪装笔迹
混合手法伪装笔迹的特点	
混合手法伪装笔迹检验要点	
多人合写伪装笔迹的特点	
多人合写伪装笔迹的检验要点	

五、评分标准

成绩评定主要结合任务操作的认真程度、操作的规范程度以及检验记录表、特征比对表、笔迹鉴定意见书的完成质量和实验报告的完成情况等进行综合评定。

六、操作注意事项

1. 为确保任务实施取得良好的效果，在制作笔迹实验材料时，不论是混合手法还是多人合写伪装，都以行为单位交替进行，而且不应再掺杂有其他伪装方式，并应尽可能在其他书写条件正常的情况下进行书写。

2. 对混合伪装笔迹进行检验时，一定要根据检材笔迹所混合采用的相关伪装手法或各混合书写人所写笔迹的相关情况来收集符合相应要求的笔迹样本;而且,样本材料应保证数量充分。

3. 任务实施前一定要熟悉混合伪装笔迹的特点及检验要求。在检验中应注意运用其笔迹特点准确识别伪装方式,并充分利用相应的伪装笔迹特征稳定与变化的规律准确选择笔迹特征,注意多从相对稳定的笔迹特征中选取笔迹特征。

4. 检验中,对于检材和样本字迹所出现的符合点和差异点,应结合案件的客观情况具体分析,科学评断符合点和差异点的性质,得出正确的检验结论。

【技能测试】

1. 混合手法伪装笔迹有何特点?检验时应遵循哪些检验要点?
2. 如何准确识别多人混合书写伪装笔迹?
3. 以下所附的检材笔迹与样本笔迹是否为同一人书写?(见图6-5-3、图6-5-4、图6-5-5、图6-5-6)

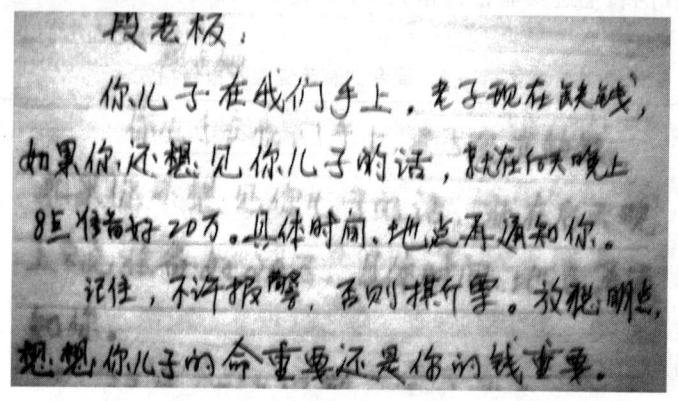

图6-5-3 某绑架信笔迹(检材)

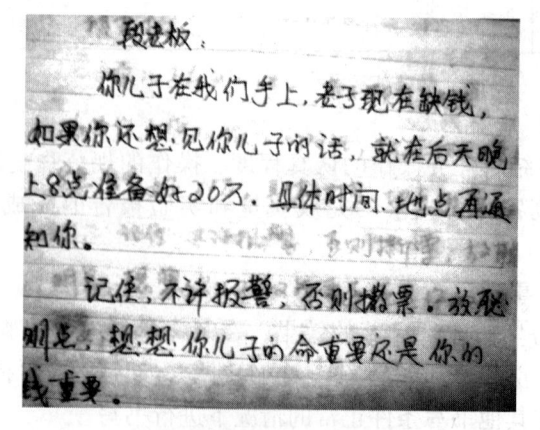

图6-5-4 嫌疑书写人张某的笔迹(样本一)

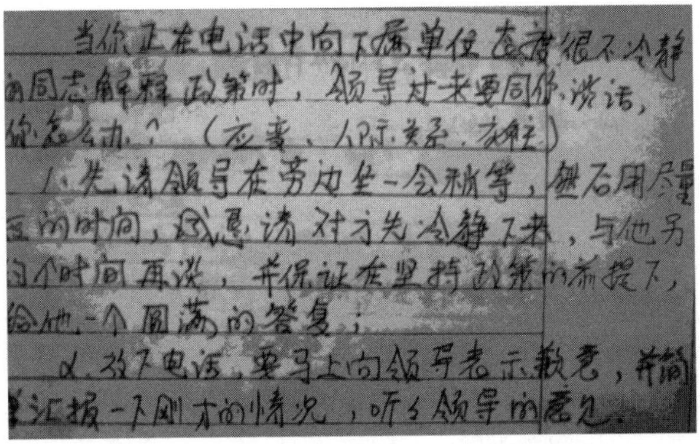

当你正在电话中向下属单位在很不冷静的同志解释政策时，领导过来要同你谈话，你怎么办？（应变、人际关系、松弛）
1.先请领导在旁边坐一会稍等，然后用尽量短的时间，或是请对方先冷静下来，与他另约个时间再谈，并保证在坚持政策的前提下，给他一个圆满的答复；
2.放下电话，要马上向领导表示歉意，并简单汇报一下刚才的情况，听听领导的意见。

图6－5－5　嫌疑书写人张某的笔迹（样本二）

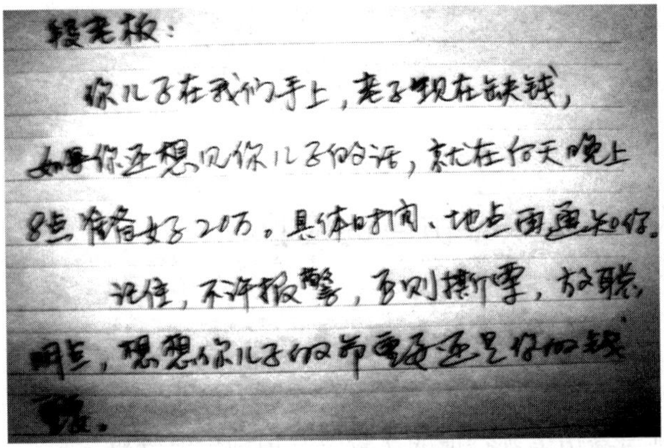

张老板：
你儿子在我们手上，老子现在缺钱，如果你还想见你儿子的话，就在今天晚上8点准备好20万。具体时间、地点再通知你。
记住，不许报警，否则撕票，放聪明点，想想你儿子的命重要还是你的钱重要。

图6－5－6　嫌疑书写人李某的笔迹（样本三）

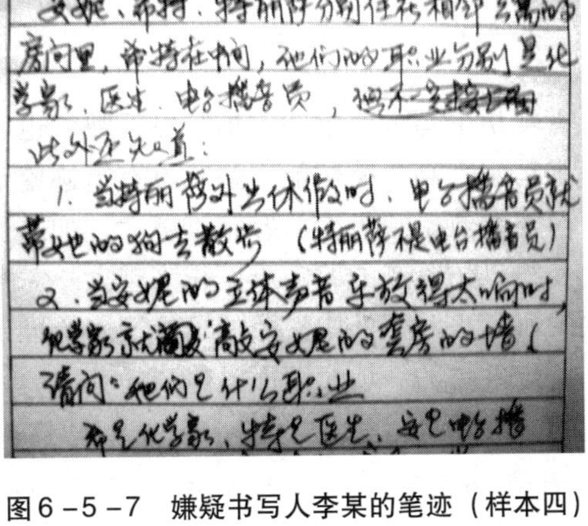

安妮、蒂特、特丽萨分别住在相邻公寓的房间里，蒂特在中间，她们的职业分别是化学家、医生、电台播音员，但不一定按此顺序，此外还知道：
1.当特丽萨外出休假时，电台播音员就帮她的狗去散步（特丽萨不是电台播音员）
2.当安妮的立体声音响放得太响时，化学家就敲安妮的套房的墙（
请问：她们是什么职业
蒂是化学家，特是医生，安是电台播

图6－5－7　嫌疑书写人李某的笔迹（样本四）

第七章 认识摹仿笔迹检验

> **内容提要**
>
> 摹仿书写是伪装笔迹的一种特殊手法。书写人以被摹仿人的笔迹作为样本，按其所观察和理解的笔迹特征进行套写及描摹仿写，妄图以他人的书写习惯体系代替自己的书写习惯体系，通过对他人笔迹及特征的视觉感知和对书写动作的控制与监督来完成伪装书写所形成的笔迹，即摹仿笔迹。本章主要对临摹笔迹、套摹笔迹、观察记忆摹仿笔迹、练习摹仿笔迹四类常见摹仿笔迹的概念、特点、笔迹变化规律及其检验要点进行系统的阐述。

任务一　认识摹仿笔迹检验

【知识点】
1. 摹仿笔迹的概念及一般特点。
2. 正常笔迹与摹仿笔迹特征的比较及其识别价值分析。
3. 摹仿笔迹鉴定的科学依据及其一般方法。

【技能点】
摹仿笔迹的识别与检验。

【任务导入】
由于摹仿笔迹既有摹仿书写人的书写习惯特点反映，也有被摹仿人的书写习惯特点反映，特别是书写水平高、摹仿能力强、具有笔迹鉴定知识的人进行摹仿书写，其自身的书写习惯特点反映极少，鉴定难度大，加之受摹仿书写越来越少的字数条件的影响，使得摹仿笔迹的鉴定难度越来越大。对摹仿笔迹规律特点的认识、对其鉴定方法的研究、对案件中涉及的摹仿笔迹的准确认识和鉴定，是笔迹鉴定理论工作者和鉴定人员的一项光荣而紧迫的任务。

【相关知识】
一、摹仿笔迹的概念及一般特点
（一）摹仿笔迹的概念
摹仿书写本是初学写字的必由之路，包括历代名家，为了掌握和提高书写技能，无一不是从临摹碑帖、名人书法开始。晋代书法家王羲之早年从学卫夫人，后又改学魏钟繇；唐代书法家柳公权，初学王羲之，后又学颜真卿、欧阳询。这里所说的"学"实则是临写，亦即临摹。通过摹仿书写，博采众长，便自成一体。

文书检验所称的摹仿笔迹则是另一种完全不同的概念，它是指作案人出于某种不良的动机和目的，利用摹仿书写的手法，仿照他人笔迹书写形成的笔迹。因此，摹仿笔迹是作案人出于某种不良的动机和目的，仿照他人笔迹写成的字迹。摹仿笔迹一般字数较少，特征选择面窄，可供比对的特征少，书写人的特征暴露少，检验难度大。每个人都有其独特的笔迹特征，主要在于书写速度、力度、角度以及它的连贯性和节奏感，即使书写时环境、心情、时间、用笔等条件不同，每次所写的字也不一样，但因个性与习惯等不可更改的因素，并不影响真伪的鉴定。

（二）摹仿笔迹的形成机制
摹仿笔迹是一种伪造笔迹，是一种非常规书写。在摹写时，书写人要注意观察被摹仿的字形，感知其结构和笔法，在与原文对照下，监视控制仿写活动。此类书写主要靠视觉、动觉系统的配合。摹仿他人的笔迹，首先要感知他人的字是如何写的，摹仿人对被摹仿字所产生的"心理印象"主要由被摹仿字的外形轮廓所决定。笔画简单、结构清晰的字，"心理印象"较清晰；笔画复杂，连笔环绕交错，结构不清的字，"心理印象"较模糊。经过选择之后，大量信息被淘汰掉，只有那些被摹仿人认为有用的信息才被暂存于大脑之中。人们总是有重点、有先后、有理解地进行感知。由于这种选择和摹仿与过去的经验以及所受过的文化教育有关，所以信息的选择具有自主性。同一个字，在不同的人眼里总是有别的，各人所接收的信息量也就不同。然后，摹仿人对被摹仿字的形态信息进行加工，一些明显的突出特征被选用，一些与自身书写习惯近似的细节特征被"揉合"。显然，加工的结果是把外来的信息与个人的知识经验组合在一起，其自身的书写习惯必然掺杂其间。

摹仿书写主要靠视觉对效应活动产生的效果进行监督，即物理性反馈。这种物理性反馈比正常书写时的生理性反馈要粗糙、迟缓得多，所以摹写过程中的反馈必然有以下特点：①反馈的依据是对被摹仿人运笔动作的揣摩和猜测；②反馈的目的不是自身书写技能的最优化表现，而是从字迹形态上"仿他"；③尽管摹仿书写的速度已经降低，但反馈的信息仍有滞后性，故不得不对已写好的字进行添、补、修、描；④频繁发生的校正改写致使仿写动作机械生硬，摹仿痕迹的遗留是不可避免的。所以必然导致摹仿笔迹与被摹仿笔迹之间的"形同实异、貌合神离"。字外形的反映形象可以仿得像一点，而书写运动方面的一些较复杂的连笔方式、运笔形态、笔力大小和力的分布，则不易摹仿，甚至还会出现修饰重描、弯曲抖动等不正常现象。至于某些表现书写水平的神韵特征，那更是摹仿人望尘莫及的事情。

（三）摹仿笔迹的手法及种类

摹仿笔迹的分类目前尚无统一的标准。实践中常根据其摹仿手法进行分类，可分为观察记忆摹仿、临摹、套摹以及练习摹仿四种类型。

1. 观察记忆摹仿笔迹。观察记忆摹仿，亦称"背摹"。它是凭借摹仿人对被摹仿字迹形体特征的观察和感知，在大脑皮层高级神经中枢建立神经联系，通过记忆的储存，使其获得的一些仿写技能重复再现。它与练习摹仿的区别是：不临帖，也未经过一定时间的练习，仅凭对被摹仿笔迹的模糊记忆，只是因临时起"犯意"，根据"心理印象"摹仿他人的笔迹。记忆摹仿依据心理和实践过程，可分为长时记忆摹仿和短时记忆摹仿。两者的最大区别是，观察和感知的时间不同，这是由摹仿人和被摹仿人的工作关系和生活关系所决定的。长时记忆摹仿，是摹仿人通过工作或生活的便利对被摹仿人字迹进行长期的、仔细地观察，形成较深的"心理印象"，通过记忆储存，便能长期保持，一旦需要便可重复再现。短时记忆摹仿，是摹仿人由于特定的需要而临时起意，同时又受摹本条件的限制，只对摹本进行短时间的观察、感知之后，便离开摹本进行仿写。短时记忆摹仿笔迹与摹本字迹的相似程度，较之长时记忆摹仿笔迹与摹本的相似程度差之甚远。

2. 临摹笔迹。临摹，即临写仿摹，边临边摹。摹仿人将被摹仿人的笔迹样品作为摹本，通过视觉、知觉、注意等心理过程，对被摹仿人的笔迹获得形象的认识后，一笔一画进行仿写。

3. 套摹笔迹。套摹即套取仿本字样进行描摹仿写，是利用各种物理方法使被摹仿的字迹轮廓在书写工具上显现，通过对字迹轮廓的描绘形成摹仿字迹，如透光法、压痕法、复写法、静电法均属于套摹，区别在于所套的痕迹不同。透光法即将透明纸张直接放到被摹仿的笔迹上进行摹仿。压痕法即用书写工具在被摹仿的笔迹上直接书写，将压痕留在下面的纸张上，然后在压痕上描绘所形成的笔迹。静电法只不过多了一个复印过程，在压或透的过程中不直接使用原始笔迹。套摹笔迹还可以分为完全套摹笔迹和部分套摹笔迹。所谓"完全套摹笔迹"，是指仿本数量充分、笔迹特征反映清晰，能够完整地进行描摹仿写所形成的笔迹。

其不反映摹仿人的笔迹特征，只是被摹仿人笔迹特征的重复再现，因此不具备鉴定条件。而"部分套摹笔迹"，是指因为仿本数量不充分或笔迹特征反映不清晰，部分笔迹能够进行描摹仿写，而另外部分以其他方式书写形成的笔迹。其能够部分反映出摹仿人的笔迹特征，如果特征反映充分，则具备鉴定条件。

4. 练习摹仿笔迹。练习摹仿，是指书写人为了临时需要而对他人的笔迹特征进行一段时间反复多次的临摹练习后，在其大脑皮层的有关中枢之间形成一种稳固的神经联系，使其获得的一些仿写技能重复再现。练习摹仿笔迹与被摹仿人笔迹的相似程度，关键取决于摹仿人的书写技能，对摹样笔迹特征观察、感知的程度以及练习的次数。但是笔迹特征是多方面的，有些特征又是多层次的，摹仿人感知到的特征往往是有限的。一般情况下，练习摹仿他人笔迹不可能达到惟妙惟肖、十分相似的程度。

（四）摹仿笔迹的一般特点

摹仿笔迹的最大特点是貌似正常，有的几乎达到真假难辨的程度，即摹仿笔迹在概貌特征上与被摹仿人的笔迹极为相似，如在字的基本写法、结构字形、大体上的搭配关系及连笔特征等方面易于摹仿得相似。而摹仿笔迹在细节特征方面易暴露摹仿书写人自己的书写习惯，与被摹仿的笔迹形成差异。主要体现在以下几个方面：

1. 书写水平降低。摹仿时摹仿人放弃了自己所惯用的书写习惯，改用自己不熟悉的习惯书写，因而比较检材和样本（摹仿人笔迹），相对而言样本书写速度快，运笔自然、流畅，书写熟练程度高，书写水平高；检材笔迹书写速度慢，运笔生涩，书写熟练程度低，书写水平也相对低。书写水平低并不一定表明是摹仿笔迹，还需将因摹仿而书写水平降低与正常低水平加以区分。因摹仿而书写水平降低带有一定的局部性，不是全部，某些字、某些笔画仍可能反映出较高水平。而正常水平低的，没有不正常的停笔、抖动现象，在整个材料上都水平低，但运笔仍比较自然。而且，不同书写人因摹仿手法不同导致此特征表现不同。临摹、套摹和短时记忆摹仿，书写水平降低明显；长时记忆摹仿和练习摹仿书写，水平降低不明显，甚至书写水平与被摹仿人书写水平非常接近。当然，这还与摹仿人自己的书写水平相关，书写水平越高，此特征表现越不明显，书写水平越低，此特征表现越明显。（见图7－1－1、图7－1－2）

图7－1－1　被摹仿人笔迹　　　　　图7－1－2　摹仿人笔迹

2. 运笔动作异常。这主要表现为：①运笔中出现弯曲抖动现象；②行笔中出现停笔、重起笔现象；③连笔紊乱、错绕、环绕方向或顺序颠倒等现象。摹仿笔迹是用意志有意控制的书写活动。由于摹仿涉及法律责任，摹仿人摹仿时心情紧张，使意志的控制力受到影响；同时由于受书写动力定型的干扰，意志的控制力下降，在运笔中常常出现异常现象。但运笔动作异常的原因是复杂的，除了摹仿外，疾病、高龄、健康不佳，纸张粗糙、桌面不平，书写环境震动等均可形成。如果是疾病、高龄、健康和环境原因形成的运笔动作异常，整个材料都存在这种现象。如果是纸张粗糙、桌面不平形成的，运笔动作异常则是个别现象，整个材料书写还是运笔自然流利。如果是摹仿形成的，则是部分的、局部的，它与书写速度慢、运笔生涩相照应，但部分字仍可能写得自然流利。在分析形成原因时，应将纸张质量、运笔是否自然流利结合起来。同时要判明运笔动作异常是整体的，还是局部的、部分的或个别的。必要时还应对书写人在书写时的年龄、健康、书写环境进行了解。运笔动作异常特征在临摹、套摹和短时记忆摹仿笔迹中表现明显，而在其他手法中则偶尔出现，这是因为此特征的出现率与摹仿人对被摹仿人笔迹的熟悉程度、观察感知时间以及练习时间成反比。

3. 修饰重描。正常书写文字除因笔误出现修改外，一般情况下很少有修饰重描现象；而摹仿笔迹此现象表现明显。由于对被摹仿人的笔迹特征观察不细、记忆不清，或套摹所用纸张透光力差，无法看清下边的笔画，或摹仿人发现摹仿笔迹的一些部首或笔画仿得不像或是暴露自己的笔迹特征太明显，于是就要采用添、改、修、描等手法加以补救，以使其同被摹仿笔迹更接近一些。此类现象多数反映为在笔画的开头、结尾有意增补伸延笔画，或是通过修饰重描，改变笔画转折的弧度、角度以及上下笔画的连接形态。这些特征只在低水平摹仿者笔迹中出现，而那些高水平摹仿者几乎不可能出现，即便出现也只会在套摹、临摹笔迹中，至于观察记忆摹仿和练习摹仿中除非笔误，否则很少出现。

4. 文字的布局呆板。此特征在摹仿笔迹中很少出现，只会在因摹样条件、布局受限制的套摹笔迹中出现。套摹书写有时不是原稿的完整套摹，而是利用原稿的文字重新组成新的内容。每写一个字就要重换字样，移动字样的位置，重新安排布局。重新安排布局的字在密度上、纵轴线和横轴线方向上都会发生变化，致使字与字之间疏密不一致，字东倒西歪，倾斜方向不一致，布局特征不一致。正常书写的，是按照自己的书写习惯书写，字距、字的倾斜方向都会一致，保持已有的习惯。（见图7-1-3）

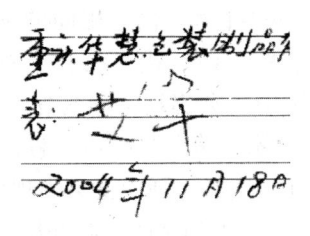

图 7 – 1 – 3　文字布局特征

5. 有的出现同字重合。此特征，在套摹笔迹中会出现，其他摹仿手法中很少出现，甚至不出现。套摹时，在被套摹的字相对较少而要重复利用时，多次被套摹的字可能形成字的结构、形体、笔画走向等方面的重合。但手写文字不是机械重复，手写文字的规律性决定了不可能是完全的重合，只能是大致重合。（见图 7 – 1 – 4）

图 7 – 1 – 4　单字重合特征

二、正常笔迹与摹仿笔迹特征的比较及其识别价值分析

（一）根据正常笔迹与摹仿笔迹书写动作要素的异同识别

摹仿笔迹的特点是由"动作"和"形态"两方面的要素决定的。[1] 笔迹书写动作的要素是力、方向和幅度。书写动作"力"的轻重是在书写习惯形成过程中，在无意识的情况下自然确定的，它具有精细、协调的特性及相对的稳定性。书写动作的方向是在书写规范指引下动作力的运动指向。书写动作的幅度是指动作运动量的多少。每个书写人的书写动作要素的"量"，在宏观上受书写规范的制约，而在微观上比较随意。因而不同的书写人书写的字迹表现出形形色色的个性特点。笔迹形成后，书写动作的要素通过静止的要素固定下来，即由笔画的"三维"，笔画之间、组成部分之间的搭配，字与字的排列位置关系以及它们具体的数量等要素表现出来。在正常的笔迹中，静态的和动态的要素之间以及它们相互之间是有机统一的。摹仿只能摹仿他人笔迹的静止的要素，而绝不可能摹仿他人笔迹的书写动作要素。在正常情况下的笔迹，无论书写水平高低，书写动

---

[1]　贾治辉："书写动作的要素及鉴定价值"，载《侦查》1996 年第 2 期。

作都具有"轻、重、疾、徐"的自然变化，相同的书写动作的方向和幅度前后有规律性。摹仿的笔迹具有"添、改、描、涂、停"[1]的动作现象，虽然这种现象在书写技能水平低的笔迹中也会出现，但是这些动作各自的表现形态不同。摹仿笔迹（除练习摹仿）的"添、改、描、涂、停"的现象在每个字中都有出现，尤其在起收笔、转折笔画、连接笔画中也会出现。书写技能水平低的笔迹的"添、改、描、涂、停"现象只在个别字的笔画和组成部分中出现。

摹仿笔迹因摹仿手法不同而呈现相应的动作异同特点。临摹笔迹的动作要素与正常笔迹的动作要素的异同因摹仿人的摹仿水平不同而不同：摹仿水平高则所摹仿的字迹形态差异小，动作相似性大；而摹仿水平低则摹仿的字迹形态差异大，动作相似性小。两者在动态的本质的运笔笔力、顺序、笔画细节形态和笔画的配置细节等方面存在差异，而在静态的字体、字形、字位，笔画、字的组成部分之间的明显搭配比例，字与字之间的明显位置、距离、排列方向、整体幅度等方面的相似性大。套摹笔迹一般是整体套摹，因受摹仿方法及形成要素的影响，其动态要素与正常笔迹明显不同，而静态形态特点与正常笔迹基本一致。观察记忆摹仿笔迹的本质是动作和形态的双重摹仿。其动作要素的实现比较自然，形态也与被摹仿的对象相似，因而观察记忆摹仿笔迹与正常笔迹的动作要素和字迹形态都有一定的相似性，它们的本质差异存在于部分精细的动作及要素之中，笔迹形态的差异与动作要素的差异一致。这种摹仿笔迹的异同一般较难区分，只有细致地比较书写动作的要素及表现形态才能准确地识别。

（二）根据正常笔迹与摹仿笔迹特征的异同识别摹仿笔迹

1. 笔形、字形和整体形态的异同。笔迹的笔形、字形和整体形态的特点通过脱离规范文字的特点表现出来。在正常笔迹中，同一个人前后笔迹的笔形、字形和整体形态只有局部相同，而不会机械地重复。伪造者摹仿笔迹的直接目的是企求所摹仿的笔迹与真实的笔迹在笔形、字形和整体形态方面相似或相同。决定摹仿相似程度的主要因素是摹仿手法、摹仿者的能力和摹仿的条件等。在不同的摹仿手法中，套摹是机械式复制；临摹是在观察的基础上仿写；观察记忆摹仿是经观察、感知和记忆后书写；练习摹仿是经过多次反复练习后书写。所以套摹的笔迹与被套摹对象的笔形、字形和整体形态"相同"。在套摹笔迹的情况下，一般不能反映出摹仿人的书写习惯，而只能反映摹仿人的套摹技能及方式的特点，所以从套摹笔迹的机制及特点来说，套摹笔迹只能确定笔迹的形成方式，而不能进行书写人的同一认定。临摹的形成特点是书写式复制。临摹笔迹的字形、笔形

---

[1] 陈明春："如何分析伪装笔迹中的添改填描涂停现象"，提交"第二届全国文检学术交流会"的论文。

和整体形态与被摹仿的笔迹不完全相同，这种不同是摹仿书写人书写习惯和摹仿的临时"变异"的表现形态。当然临摹的字的笔形、字形和整体形态的相似程度与书写人的书写技能水平高低、观察能力的强弱以及摹仿经验等因素有关。所以临摹笔迹在摹仿程度不高的情况下不仅能确定摹仿事实和手法，而且能认定摹仿人。观察记忆摹仿的形成特点是观察、感知和记忆书写复制。观察记忆摹仿的形成方式与正常笔迹相同，而笔形、字形和整体形态与被摹仿的笔迹相似或相同。练习摹仿的形成特点是练习书写复制，形成方式与正常笔迹相同，常见的摹仿笔迹特征不会出现，甚至与被摹仿人笔迹"一模一样"，一般不能反映摹仿人的书写习惯，不能进行书写人的同一认定。

2. 笔力特征的异同。在正常情况下，每个人笔迹及笔画笔力的轻重有相对特定的点位和段位及变化规律。正常笔迹的笔力轻重在笔形中表现的力点和力段的分布及变化具有规律性。其规律表现为：不连接笔画笔力比连接笔画笔力重，主笔画的笔力比附笔画笔力重，比连接笔画的笔力轻重的变化精细自然。摹仿笔迹的笔力轻重在笔形中所表现的力点和力段的分布错乱，如果与正常笔迹相比较，则呈现出"形近力异"或"力近形异"的特点。这种特点即使在观察记忆摹仿的笔迹中也会表现出来。研究表明，任何摹仿笔迹的笔力与正常笔迹的笔力在整体分布上绝不相同。[1]

3. 笔顺特征的异同。在摹仿笔迹中，明显的笔顺特征容易被摹仿，但是不连笔的笔迹和笔画连接复杂的笔迹容易出现摹仿笔画顺序的特殊错误。摹仿笔迹的特殊笔顺错误在各种摹仿手法的笔迹中都会出现，是确定摹仿笔迹的重要依据。

4. 结构特征的异同。手写字迹的结构本质是书写动作的系统反映，所以结构特征是书写动作连续运动所形成的平面位置及关系习惯的系统反映。不同的人书写的同一字迹，笔画和组成部分在数量上有增减，笔画的量值和相互位置关系的量值往往是不同的。文字的笔画和组成部分越多，结构关系越复杂，结构习惯的特殊性越强。在摹仿笔迹中越明显的结构，越容易摹仿；越复杂的结构，越容易出现摹仿差异。所以摹仿笔迹与被摹仿笔迹的结构异同有"同在明显处、异在细微中"的特点。

（三）根据正常笔迹与摹仿笔迹其他特征的异同识别摹仿笔迹

1. 笔痕特征的异同。笔痕是书写习惯和书写工具特点的综合反映。虽然摹仿笔迹的笔形、字形和整体形态等特征与被摹仿的笔迹相似，但由于摹仿书写改变了书写动作习惯的动作要素，使得书写工具运动的力和方式被改变，进而导致

---

[1] 朱超编译："摹仿笔迹特点的实验研究"，载《侦查》1995年第2期。

条痕、划痕、墨痕等笔痕特征与正常书写的笔痕特征不同。笔痕特征的异同有助于识别摹仿笔迹。

2. 附加痕迹特征的异同。正常笔迹没有附加的痕迹特征，而套摹笔迹经常发现附加痕迹特征，如复印痕迹，印刷油墨痕迹，纸张上出现划破的孔洞或渗散的墨迹及被染上的复写纸颜色，存在书写工具尖端的无色压痕和固定纸张的夹痕、钉孔等痕迹特征。

3. 文字布局的异同。摹仿人有时并未找到真实笔迹的完整样本，于是将被摹仿人的笔迹东拼西凑摹仿合并成一个字，这样更会出现字的间隔大小不匀称，笔迹各单字之间互不照应，甚至字体不同，快写字、慢写字混杂等现象。

三、摹仿笔迹鉴定的科学依据及一般方法

（一）摹仿笔迹鉴定的科学依据

摹仿笔迹之所以能够鉴定，是与书写习惯动力定型密切相关的。人在长期书写实践中，经过反复练习，在大脑皮层各中枢与书写运动器官之间形成稳固的条件反射系统，这种条件反射达到自动化程度时，就形成了书写动力定型。动力定型一旦形成就具有一定的稳定性。根据巴甫洛夫神经学说原理，动力定型是经过艰苦的神经劳动才建立起来的，如果要改变，一方面必须排除旧动力定型的干扰阻挠，另一方面要付出新的劳动以建立新的动力定型，这是倍加困难的。书写习惯动力定型也不例外，具有相对稳定性。摹仿人一方面要放弃、改变自己原来形成的动力定型，另一方面，要以一种自己不熟悉的书写习惯代替之，这是违反书写动力定型规律的，是不可能完全实现的。因为：①被摹仿人的书写习惯对摹仿人来说是陌生的，摹仿人未经过长期、严格训练而未形成动力定型；②摹仿人原有书写习惯的顽固阻挠和干扰，使摹仿不能顺利进行。在此条件下，摹仿要想完全达到高仿真的程度是不可能的，一般只能在有限的范围内实现摹仿。

书写动力定型形成以后，书写进入自动化阶段，此时的书写活动受意识控制的成分极少，主要靠书写自动化完成。摹仿书写时反而要摆脱书写自动化的轨迹，用意志有意识地控制，但这种意志控制的能力是有限的。在控制与反控制的这对矛盾中，书写动力定型比意志更占优势，动力定型起着决定性作用。书写人要故意改变自己的笔迹特征，就必须用意志控制自己的书写动作，然而由于动力定型的作用总是力不从心，总会保留一些个人的书写习惯并通过笔迹特征反映出来；而且摹仿书写时，摹仿人必须在调节自己的心理状态的同时，调节外部动作。由于摹仿笔迹是与犯罪联系在一起的，必然要承担一定的法律责任，摹仿人在摹仿时难免紧张、慌乱，意志控制的准确性和有效性就会降低，摹仿不可能尽如人意，暴露自己的书写习惯在所难免。

鉴于以上分析，一个人要完全改变自己的书写习惯，按照别人的书写习惯进

行书写是不可能的，因而不可避免地保留一些个人固有的习惯，所以摹仿笔迹也是能够进行鉴定的。

（二）摹仿笔迹鉴定的一般方法

1. 观察识别检材笔迹的性质，确定笔迹有无伪装和变化。目力直接观察和借助放大镜、显微镜观察是识别摹仿笔迹的基本方法。对可疑的笔迹应逐字逐画地进行观察，并全面地发现和确定摹仿的特点。如果可疑笔迹有明显的摹仿特点，可以直接判定为摹仿；如果摹仿的特点不明显，则应应用各种文书技术检验手段进一步识别，如利用放大镜、显微镜、紫外线灯等仪器仔细观察笔迹笔画的压痕特征，染色物质的洇散、污染痕迹，钢笔、复写纸打样痕迹，笔迹附近纸张颜色、厚度、纹理的变化情况，等等。必要时还可利用检验照相方法或静电压痕显现仪进行检验，为分析判断可疑笔迹的性质提供辅助的依据。

2. 测量检材笔迹的笔形、结构的量值，识别摹仿和确定鉴定依据。[1] 笔形有粗细、深浅、长短、弧度的大小等变化。如果将笔形分成不同的笔段（以折点和弧顶点为切分点）并借助仪器进行测量，就可以确定笔形的粗细、深浅、长短、弧度的大小以及笔力轻重等变化的系统量值。[2] 通常相同字体的相同字的同一笔画的笔形系统量值在特定的范围内变化，而在字大或字小的情况下笔形的系统量值也成一定比例的变化。字的结构关系可以通过测量而量化，笔画之间和组成部分之间的关系量值系统是特定的。由于个人的笔力量值及字的量值系统是特定的，因此笔力量值的测定结果是识别摹仿笔迹的重要依据。笔迹测量通常难以准确地确定书写习惯的特殊本质，但是笔迹的定量分析有助于科学地识别摹仿和确定鉴定的依据。如果可疑笔迹的笔形、结构的量值与正常笔迹相同或显著不同，则这种量值特点可以作为判断摹仿笔迹的依据之一。

3. 全面寻找检材字迹特征，分析检材字迹是否是摹仿书写形成。在选取特征时，要在"吃透"检材、科学地解释笔迹中出现的特征变异的基础上，选取常人难以伪装、稳定性强、价值大的特征。在笔迹中，可作为鉴定依据的特征主要有：起笔、行笔、收笔、笔画间的交叉搭配特征，单字间的组合连写特征，文字布局特征，字的间距、整体高度、倾斜度、笔力特征等。

4. 比较识别，确定真实笔迹特征和可疑笔迹特征的异同。比较是识别笔迹真伪的基本方法。摹仿笔迹的识别事实上是一种真伪鉴别。所以将真实的笔迹与可疑的笔迹进行比较检验才能确定可疑笔迹是否是摹仿笔迹。比较时应采用与可

---

[1] 贾治辉："论摹仿签名笔迹的特点及同一认定的规范"，载《中国人民公安大学学报（自然科学版）》2001年第1期。

[2] [日]吉田公著，李济州译："日文笔迹鉴定的依据和方法"，载《侦查》1994年第2期。

疑笔迹形成时间相近、文书形式相同、且能反映多样性的真实笔迹进行比较。比较的内容有：二者的笔迹格式和具体笔迹方法是否相同；主要笔画的运笔、连笔特征，特别是笔画的起收笔部位的抑压力特征，笔画转折、连接部位的笔画粗细与书写速度是否相称，较长笔画中力的分布与书写速度的变化是否一致。比较的步骤是：首先比较整体形态特征的异同；其次比较笔形、笔力、笔顺和结构等特征的异同；最后比较系统特征的异同。

5. 综合评断，科学、合理地解释检材中出现的笔迹特征变异。个人的笔迹往往具有多样性。笔迹多是在不同时间、不同条件和不同地点形成的，它们之间必然存在一定的差异。

四、摹仿笔迹鉴定的规范与标准的一般理论

（一）检材笔迹的数量和质量的规范与标准

1. 检材笔迹的数量与质量的一般标准。检材必须使用原件。摹仿笔迹的征象很细微，如果检材是照片或复印件则难以观察到相应的摹仿征象，尤其是复印文书上的可疑笔迹的细小特征会在复印过程中遗失，比如，笔画质量、运笔力度、书写节奏，尤其是抑压痕迹会观察不到，这对鉴定意见的科学性有很大的影响。

2. 检材笔迹数量与质量的特殊规范。检材笔迹因摹仿手法、摹仿者的能力和摹仿的条件不同，对鉴定标准的要求也不同，具有相对性。完全套摹笔迹是物理性机械复制书写形成，不具备鉴定条件。部分套摹笔迹，因笔迹变异特征较多，具备鉴定条件。临摹笔迹是观察仿写，这种仿写活动所形成的笔迹是断断续续的，必然具有"变异性"，如果特征反映较充分，就可以认定摹仿人。观察记忆摹仿笔迹必须根据观察、感知和记忆时间的长短来确定标准。长时观察记忆摹仿笔迹一般不具备鉴定条件，而短时观察记忆摹仿笔迹则可以认定摹仿事实，但不能认定摹仿书写人。对于练习摹仿笔迹，笔者认为一般不具备鉴定条件，尤其是专业性练习摹仿笔迹，但如果提供了摹本，并且反映出了多处笔迹特征变异，则可以认定摹仿事实。

（二）样本笔迹的数量和质量的规范与标准

1. 样本笔迹的数量与质量的一般标准。样本材料的数量必须充分。应收集大量的检材形成时期前后的样本笔迹，要求同部位同笔画的构成元素相同，可比对性强。尤其是练习摹仿笔迹的特征性质及表现复杂，只有收取较多的各种条件、不同时段的相同部位相同笔画的笔迹样本，才能为练习摹仿笔迹的鉴定提供充分的条件。由于笔迹应用的范围比较广泛，它总是在特定的环境和某种心理状态下完成的，书写人对所需文书重视程度和某种行为习惯、客观环境都影响着笔迹的形成。因此，在检验笔迹时，要力求提供与检材形成条件、书写速度基本一致的样本，从而增加可比特征的检出率，增强结论的可靠性。

2. 样本笔迹数量与质量的特殊规范。鉴定摹仿笔迹需要的样本：①被摹仿人的笔迹样本，尤其是直接被摹仿的笔迹样本；②摹仿人书写的笔迹样本，包括正常书写的笔迹样本和慢写的楷书笔迹样本；③按法定程序提取的与摹仿手法相一致的实验样本。

（三）确定检材摹仿事实的规范与标准

摹仿笔迹鉴定，确定摹仿事实至关重要，对鉴定意见的正确性有决定性的影响。如果将摹仿笔迹判断为正常笔迹，或将正常笔迹判断为摹仿笔迹，则会作出相反的鉴定意见。因此，建立和确定检材摹仿事实的规范与标准至关重要。确定摹仿事实的规范与标准是：有摹仿笔迹的一般状况特点；有运笔、结构、笔顺、整体形态等摹仿特征；经比较检验与被摹仿人的笔迹特征"大同小异"或与摹仿人的笔迹特征"大同小异"；采用观察、测量、比较、综合等方法进行系统的识别，所得的结论能互相印证。

（四）同一认定书写人的规范与标准

通常而言，完全套摹、高水平的临摹和长时观察记忆摹仿以及练习摹仿笔迹不具备同一认定的条件，一般只能确定摹仿事实。但如果检材笔迹的细小的运笔、搭配位置及比例关系，笔画的连接位置、方向、倾斜的角度，单字中的笔顺、连笔、绕笔、断笔、转折及其相互关系，笔迹的抑压力等独特稳定的细节特征与受审查人的相同，且特征数量较多、质量较高，可以作出同一认定的结论。而部分套摹、低水平的临摹以及短时观察记忆摹仿笔迹，能在一定程度上反映摹仿人的书写习惯，具备同一认定的条件。肯定同一结论的条件规范是：摹仿笔迹的多数细节特征和少数的一般特征与嫌疑人的笔迹特征相同，而差异的笔迹一般特征和少数的笔迹细节特征是摹仿和"摹仿变异"所形成的。否定同一结论的条件规范是：摹仿笔迹的多数细节特征和少数的一般特征与嫌疑人的笔迹特征不同，而相同的笔迹一般特征和少数的笔迹细节特征是书写习惯的共性所致或摹仿偶然形成。

（五）摹仿笔迹鉴定意见书制作规范与标准

在分别检验阶段对检材特点进行描述时，应只叙述检材的主要摹仿书写特点，而不在该部分直接认定其摹仿书写的性质。因为最终认定摹仿是在检材笔迹与样本笔迹系统比较和评断后依据相互间的特征关系确定的，所以对于确认检材为摹仿书写形成的描述应放在综合评断部分。

对比较检验的描述顺序为先描述检材笔迹与被摹仿嫌疑人笔迹之间的相同特征和不同特征方面，再描述检材笔迹与摹仿嫌疑人笔迹特征之间的相同特征和不同特征方面。

对综合评断部分的描述应注意：在比较检验的基础上，对检材与被摹仿人的相同特征和不同特征的性质、检材与摹仿人的相同特征和不同特征的性质进行综合分析和评断，在此基础上指出三者的特征关系符合摹仿书写的检材笔迹与被摹仿人笔迹、摹仿人笔迹三者的特征关系，并以此认定检材笔迹是摹仿人摹仿被摹仿人的笔迹形成的。

特征比对表应从左至右按检材笔迹、被摹仿人笔迹、摹仿人笔迹顺序排列特征，三者相同特征与不同特征均应分别列出。

【任务实施】

一、任务目的

通过本任务的实施，使学员熟悉和掌握摹仿笔迹的特点及检验要点，并能在笔迹检验实践中对摹仿笔迹进行准确的分析识别，正确选择笔迹特征，得出正确的检验结论。

二、任务设备与材料

1. 普通铅笔、红蓝铅笔。
2. 白纸、带格线的空白稿纸、检验记录表、特征比对表、鉴定意见书用纸、实验报告。
3. 放大镜、体式显微镜。
4. 摹仿笔迹案例。

三、任务指导

1. 实施任务时学员每两人为一组认真进行。
2. 任务实施以目力观察为主，适当借助放大镜和体式显微镜。
3. 特征分析应按先一般特征后细节特征的顺序进行认真细致的观察分析。
4. 观察的同时应在检验记录表上认真做好记录。
5. 任务实施前应认真复习摹仿笔迹的相关知识，重点复习摹仿笔迹的特征变化规律及检验要点。

四、任务组织

1. 每位学员在带格线的空白稿纸上用平时的书写习惯正常书写一段笔迹，交给同组学员用不同的摹仿手法制作实验材料。注意书写内容应尽可能相同。
2. 各实验小组内成员互相交换各自制作的摹仿笔迹材料。观察分析对方用摹仿书写所成的笔迹，归纳总结摹仿笔迹特征稳定与变化的一般规律，并将结果填写在实验报告相应的位置上。
3. 对所给的摹仿笔迹案例材料进行分析，确定检材笔迹属于何种摹仿手法，样本是否具有可比性，检材、样本数量是否充分，能否满足检验条件。
4. 对检材和样本进行分别检验，并将检验结果记录在检验记录表上。

5. 在分别检验的基础上，根据摹仿笔迹的特征变化规律选择检材笔迹特征。重点选择那些不易摹仿的笔迹特征，将其描绘在特征比对表相应的位置上。

6. 按照相同的方法选择样本对应的笔迹特征，将其描绘在特征比对表相应的位置上。

7. 对检材、样本笔迹特征进行综合评断。运用摹仿笔迹特征变化规律合理解释差异点，充分评断符合点的价值，得出准确的检验结论。

8. 制作符合要求的笔迹检验鉴定意见书。

9. 归纳总结摹仿笔迹的检验要点，并将结果填写在实验报告相应的位置上。

附：摹仿笔迹实验报告格式。（见表7-1-1）

表7-1-1 摹仿笔迹实验报告格式

笔迹种类	摹仿笔迹	
摹仿笔迹特征稳定与变化的规律	被摹仿人的笔迹特征	
	摹仿人的笔迹特征	
	摹仿走样的笔迹特征	
摹仿笔迹检验要点		

五、评分标准

成绩评定主要结合任务操作的认真程度、操作的规范程度以及检验记录表、特征比对表、笔迹鉴定意见书的完成质量和实验报告的完成情况等进行综合评定。

六、操作注意事项

1. 为确保任务实施取得良好的效果，选择笔迹案例材料时应充分考虑到学员笔迹检验初学者的特点，选择与其知识储备、分析认识能力相适应的笔迹材料。应尽可能选择具有一定的典型性、摹仿征象表现相对明显的笔迹案例材料供学员观察分析。此外，学员在制作摹仿笔迹材料时，应尽量在其他书写条件正常的条件下书写，而且不应再使用其他的伪装手段，以免人为地增加难度，影响对该摹仿笔迹特征的认识。

2. 由于摹仿笔迹既有摹仿书写人的书写习惯特点反映，也有被摹仿人的书写习惯特点反映，特别是书写水平高、摹仿能力强、具有笔迹鉴定知识的人进行摹仿书写，其自身的书写习惯特点反映极少，鉴定难度大。因此，在对摹仿笔迹案件进行检验时，应对检材的检验条件和样本的比对条件进行严格的审查。

3. 任务实施前一定要熟悉常见的摹仿手法，了解和掌握摹仿笔迹特征变化的一般规律。在检验中应根据摹仿笔迹特征稳定与变化的规律，多从不易摹仿的笔迹特征中选取笔迹特征。

4. 在对检材、样本笔迹特征进行综合评断时，应注意区分因书写条件变化而形成的非本质差异和因不同书写人书写习惯反映的本质差异以及不同人书写的共性特征和同一人书写习惯的个性特征，客观、科学地评断检材、样本的差异点和符合点，才能得出正确的检验结论。

5. 在分析摹仿笔迹时，应注意遵循分别检验的原则。一份检材分析完毕后，才可开始观察分析下一份检材，不应在检验前先行比较检材。

【技能测试】
1. 摹仿笔迹特征变化有何规律？检验时应注意遵循哪些检验要点？
2. 以下所附的检材笔迹与样本笔迹是否为同一人书写？（见图 7-1-5、图 7-1-6）

图 7-1-5　检材笔迹材料　　　　　图 7-1-6　样本笔迹材料

任务二　认识临摹笔迹检验

【知识点】
1. 临摹笔迹的形成机制和特点。
2. 临摹笔迹检验方法要点。

【技能点】
临摹笔迹的识别与检验。

【任务导入】

临摹笔迹是摹仿字迹中较为常见的一种。它是违法犯罪人动机上出于陷害、恐吓他人或贪污冒领侵占公私钱财而仿照他人笔迹写成的文字，目的上达到转移视线、逃避打击而采取的一种伪装手法。正确识别临摹笔迹并根据其相应的变化规律准确选取特征，合理解释差异点，是正确进行笔迹鉴定的基础。因此，应对临摹笔迹的相关知识进行认真的学习和掌握。

【相关知识】

一、临摹笔迹的形成机制和特点

临摹笔迹，是将被摹仿人的笔迹置于一旁，边观察边仿写而形成的笔迹。为了摹仿得逼真，摹仿人需要仔细观察被摹仿人的笔迹，同时小心地监督与控制自身的书写习惯，去完成摹仿过程。临摹笔迹暴露出摹仿人书写习惯的特征一般少于记忆摹仿暴露出的摹仿人书写习惯的特征。临摹笔迹有以下特点：

1. 笔力平缓。临摹笔迹，由于边看边仿，不仅运笔缓慢，该快不快，该慢不慢，而且在笔力上表现得无轻无重，笔画该粗不粗，该细不细，着墨也无浓淡之分。运笔显得平缓无力，缺乏节奏感。特别是在某些钩笔、挑笔以及某些上下笔的连接部位，不是疾速轻提，有节奏地环绕连接，而是拖、送而成。

2. 形快实慢。真实笔迹的最显著特点是流利性，而临摹由于是边看边仿，书写速度必然降低，这表现为连笔处运笔缓慢；主要笔画容易呈现断续性的墨迹浓淡不均，笔画粗细不均；有些意连笔画缺乏照应关系，甚至体现不出来；在一些连贯笔画处出现不应有的滞笔现象，容易造成局部笔画变粗、墨水洇散，甚至有的笔画突然中断，出现另起笔现象；笔画中的不正常抖动及局部弯曲现象也有可能出现。（见图7-2-1）

图7-2-1　形快实慢特征

3. 中途停顿，提笔和虚假连笔较多。正常运笔，例如写楷书时，多数人在起笔、收笔或笔画转折处驻笔或顿压。此外，特别是快速书写时，很少人习惯中途停顿；而临摹笔迹则常在一些较长笔画、转折笔画和笔画间的连接处出现停顿或另起笔的现象，因为摹仿人在临摹过程中，不可避免地会出现提笔观察被摹写笔迹的形态，然后又在原处续写的行为，因而形成提笔现象和虚假连笔现象，但是这种特点比较隐蔽，需要仔细观察，一般要借助于显微镜，在显微镜下可观察

到局部墨水洇散，笔画间断、叠合等现象。（见图7-2-2）

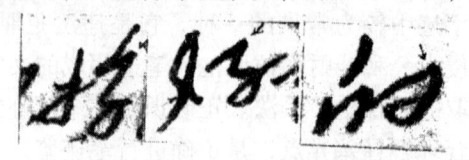

图7-2-2 中途停顿特征

4. 修饰重描。真实笔迹除因偶尔笔误会有局部修改之外，一般很少有修饰重描现象，这是由真实笔迹的稳定性决定的。临摹笔迹则会出现不正常的修饰重描现象，在起收笔及连绕笔处有可能出现改写、重描、添加笔画，这是由书写人眼睛的监督作用与企图改变自身书写习惯的动作不协调所致。（见图7-2-3）

图7-2-3 修饰重描特征

二、临摹笔迹检验方法要点

临摹即边临边书，临的过程中形成的对被摹仿笔迹的短暂记忆在书写的时候被强制重现，一临一书过程形成的单个笔画除书写速度稍慢可能表现正常外，每个单字势必产生多个停顿，但停顿较摹书有规律，在笔画繁多或转折较多处表现明显，过多的停顿也造成整个单字及至整个笔迹"气乱神散"，书写特征便杂乱无章。临摹者对被摹仿者的笔迹中因偶然性因素形成的带有过渡、夸张性质的个别笔画，往往会刻意摹仿。因此，在临摹笔迹的鉴定中要特别注重对整体特征的把握，分析整个检材的整体与局部的关系，分析单个单字的整体与局部的关系。在单字特征层面上，尽可能选择笔画繁多或转折较多的单字，在这些地方，一般会出现笔画停顿、运笔迟缓、笔顺紊乱、修饰重描等现象。

【任务实施】

一、任务目的

通过本任务的实施，使学员熟悉和掌握临摹笔迹的特点及检验要点，并能在笔迹检验实践中对临摹笔迹进行准确的分析识别，正确选择笔迹特征，得出正确的检验结论。

二、任务设备与材料

1. 普通铅笔、红蓝铅笔。

2. 白纸、带格线的空白稿纸、检验记录表、特征比对表、鉴定意见书用纸、实验报告。

3. 放大镜、体式显微镜。

4. 摹仿笔迹案例。

三、任务指导

1. 实施任务时学员每两人为一组认真进行。

2. 任务实施以目力观察为主，适当借助放大镜和体式显微镜。

3. 特征分析应按先一般特征后细节特征的顺序进行认真细致的观察分析。

4. 观察的同时应在检验记录表上认真做好记录。

5. 任务实施前应认真复习临摹笔迹的相关知识，重点复习临摹笔迹的特征变化规律及检验要点。

四、任务组织

1. 每位学员在带格线的空白稿纸上用平时的书写习惯正常书写一段笔迹，交给同组学员用临摹手法制作实验材料。注意书写内容应尽可能相同。

2. 各实验小组内成员互相交换各自制作的临摹笔迹材料。观察分析并归纳总结临摹笔迹特征稳定与变化的一般规律，并将结果填写在实验报告相应的位置上。

3. 对所给的临摹笔迹案例材料进行分析，确定检材笔迹的临摹征象，样本是否具有可比性，检材、样本数量是否充分，能否满足检验条件。

4. 对检材和样本进行分别检验，并将检验结果记录在检验记录表上。

5. 在分别检验的基础上，根据临摹笔迹特征的变化规律选择检材笔迹特征。重点选择那些临摹走样的笔迹特征，将其描绘在特征比对表相应的位置上。

6. 按照相同的方法选择样本对应的笔迹特征，将其描绘在特征比对表相应的位置上。

7. 对检材、样本笔迹特征进行综合评断。运用临摹笔迹特征变化规律合理解释差异点，充分评断符合点的价值，得出准确的检验结论。

8. 制作符合要求的笔迹检验鉴定意见书。

9. 归纳总结临摹笔迹的检验要点，并将结果填写在实验报告相应的位置上。

附：临摹笔迹实验报告格式。（见表7-2-1）

表 7-2-1　临摹笔迹实验报告格式

笔迹种类	临摹笔迹	
临摹笔迹特征稳定与变化的规律	被摹仿人的笔迹特征	
	摹仿人的笔迹特征	
	临摹走样的笔迹特征	
临摹笔迹检验要点		

五、评分标准

成绩评定主要结合任务操作的认真程度、操作的规范程度以及检验记录表、特征比对表、笔迹鉴定意见书的完成质量和实验报告的完成情况等进行综合评定。

六、操作注意事项

1. 为确保任务实施取得良好的效果，选择临摹笔迹案例材料时应充分考虑到学员笔迹检验初学者的特点，选择与其知识储备、分析认识能力相适应的笔迹材料。应尽可能选择具有一定的典型性、临摹征象表现相对明显的笔迹案例材料供学员观察分析。此外，学员在制作临摹笔迹材料时，应尽量在其他书写条件正常的条件下进行，而且不应再使用其他的伪装手段，以免人为地增加难度，影响对该摹仿笔迹特征的认识。

2. 由于临摹笔迹既有摹仿书写人的书写习惯特点反映，也有被摹仿人的书写习惯特点反映，有较明显的摹仿征象，但必须与低水平书写人的笔迹特征相区分。因此，在对临摹笔迹案件进行检验时，应对检材的检验条件和样本（尤其是摹仿人的自然样本）的比对条件进行严格的审查。

3. 任务实施前一定要了解和掌握临摹笔迹特征变化的一般规律。在检验中应根据摹仿笔迹特征稳定与变化的规律，多从不易临摹的笔迹特征中选取笔迹特征。

4. 在对检材、样本笔迹特征进行综合评断时，应注意区分因书写条件变化而形成的非本质差异和因不同书写人书写习惯反映的本质差异以及不同人书写的共性特征和同一人书写的个性特征，客观、科学地评断检材、样本的差异点和符合点，才能得出正确的检验结论。

5. 在分析临摹笔迹时，应注意遵循分别检验的原则。一份检材分析完毕后，才可开始观察分析下一份检材，不应在检验前先行比较检材。

【技能测试】

1. 临摹笔迹特征变化有何规律？检验时应注意遵循哪些检验要点？

2. 以下所附的检材笔迹与样本笔迹是否为同一人书写？（见图 7-2-4、图 7-2-5）

图 7-2-4　检材笔迹材料　　　　　　　图 7-2-5　样本笔迹材料

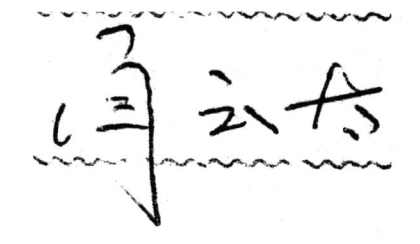

任务三　认识套摹笔迹检验

【知识点】

1. 套摹笔迹的形成机制和特点。

2. 套摹笔迹检验方法要点。

【技能点】

套摹笔迹的识别与检验。

【任务导入】

许多犯罪嫌疑人，特别是近年来经济领域中的犯罪嫌疑人，为了逃避打击，嫁祸于人，往往采用套摹的方法，伪造票据和证件，进行贪污诈骗等犯罪活动。因此，从理论上探讨检验套摹笔迹的原理，从实际工作中研究套摹笔迹的特点及其特征变化规律，总结检验经验和方法，对提高笔迹鉴定质量和效率，配合当前严厉打击严重刑事犯罪分子的斗争，保护国家和人民财产安全都有重要意义。

【相关知识】

一、套摹笔迹的形成机制和特点

（一）套摹笔迹的形成机制

套摹笔迹是以被摹仿人的笔迹为摹本，依靠摹仿者的书写技能和对被摹仿人的笔迹的辨识，通过视觉及其表象，一方面抑制自身的书写动作习惯，另一方面监督、调节摹写运动，按摹本式样进行，书写速度减慢，加之辨识条件不佳和摹仿人与被摹仿人两种书写动作习惯的冲突，套摹笔迹将呈现出比较明显的摹仿笔迹的特点。

（二）套摹笔迹的特点

套摹笔迹是指摹仿人通过透视法、复写法、抑压法等方法，对被摹仿人的笔迹进行描摹所形成的笔迹。其有以下特点：

1. 笔力平缓。套摹笔迹给人最大的感觉是"呆滞"。表现为运笔平缓无力，缺乏应有的节奏感；起收笔处笔画粗细均匀，基本无笔锋；笔画会出现不正常的抖动及滞笔，临摹笔迹的基本特点都有可能出现。

2. 丢笔少画。套摹时，被摹仿笔迹的清晰度、透视影像的能见度、摹仿人的仿写能力及心理状况，都会不同程度地影响套摹笔迹的完整性，很容易造成丢笔少画的现象。如一些动作很小的笔画，较复杂的绕笔动作，都可能在套摹过程中丢失。

3. 有可能留下套摹痕迹。摹仿人如果利用复写法套摹，套摹笔迹是复写字，被摹仿笔迹正面会留下抑压痕迹，背面会留下复写痕迹；摹仿人如果通过抑压法套摹，在套摹笔迹及被套摹笔迹上会留下抑压痕迹；摹仿人如果通过透视法套摹，在被摹仿笔迹上可能留下墨水的洇透痕迹，在套摹笔迹的笔画处纸张常常会被划破，这是因为透视法套摹要求纸张薄，透明度好。

二、正常笔迹与套摹笔迹重合性的比较分析

正常笔迹富于自然变化，其重合度较低，平均整体重合率为3.62%。但是慢写的、工整的楷书笔迹，特别是连续书写的几个笔迹之间，其重合率会明显提高。而套摹笔迹，基本属于按式样复制，其重合性更强，平均整体重合率可达52.36%。

正常笔迹的重合，主要是笔迹的主体笔画或笔画的主干部分重合，而起笔点、收笔点的位置（笔画的长度）和弧度笔画则难以重合。所以正常笔迹的重合可称为基本重合。套摹笔迹的重合具有机械性重合的特点，有的可达到完全重合的程度，即不仅主体笔画重合，笔画的起收笔位置和笔画长短乃至笔画的弧度也相重合。尽管不是所有的套摹笔迹都能达到如此程度的重合，但正常笔迹之间不会出现这种完全重合的现象。

三、套摹笔迹检验方法要点

套摹笔迹与临摹笔迹特征的选择是不同的，套摹"易得位置而易失笔意"。摹仿者的注意力不会离开字迹轮廓，导致书写速度缓慢，笔力均匀，停顿较多且停顿的位置无特征，还可能导致书写顺序反常。书写过程中的停顿，导致笔迹在整体特征上无"气"可言。在套摹笔迹中要注意寻找套摹过程中留下的物理特性，如压痕、残留笔迹轮廓、涂擦痕等，只要找到这些物理特征，一般可以确认为套摹笔迹。当然对这些特征也要辩证分析，结合检材字迹本身的笔迹特征综合评判，否则可能产生错误。如某某财务纠纷案件中，当事人对某某在法院送达回证上的笔迹提出异议，鉴定时发现某某笔迹的三个字笔画下面均有明显的压痕，但三个字的书写特征正常，分析时应考虑为当事人故意制造压痕特征，以期误导鉴定人。

　　套摹笔迹的形态特征与被套摹的笔迹基本一致，如有被摹仿的笔迹样本，可以尝试将检材与被摹仿样本笔迹直接进行比较，看是否存在重合的字画，这种检验比较方便，可以用透光直接观察、文件比较仪比对或者将字迹扫描再用 photoshop 等软件分析。（见图 7-3-1）

检材和样本透光重叠比对示意图

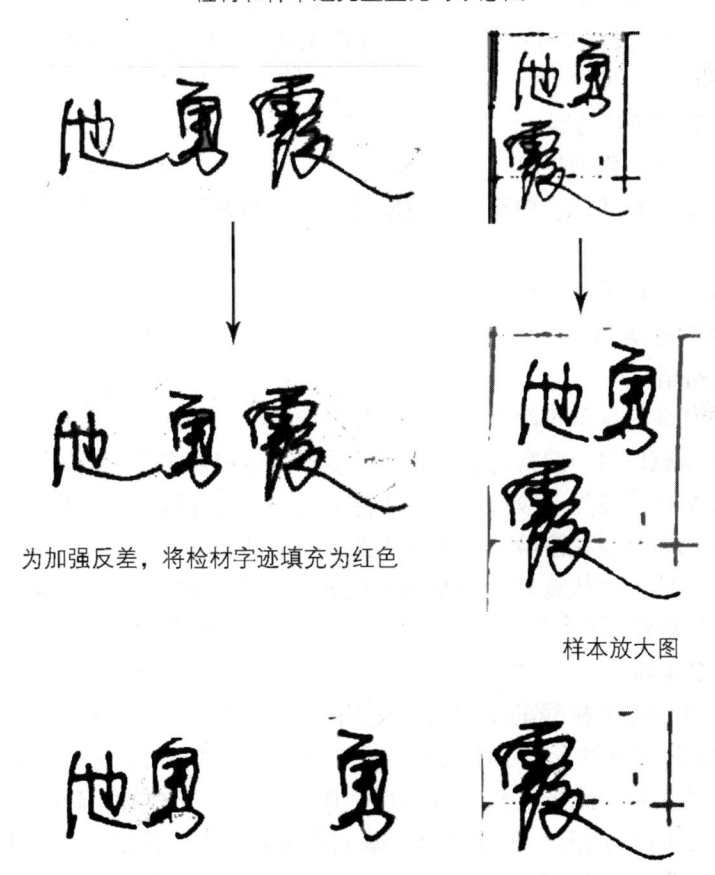

为加强反差，将检材字迹填充为红色

样本放大图

单字重叠图

图 7-3-1　特征重叠图

套摹案字迹情况比较复杂，对这类案件的检验，也要认真了解和正确运用案情。套摹字迹案件一般范围不大，但情况复杂。收案时必须详细准确搞清发案时间、地点、范围、经过，样本的书写时间、收集方式，被摹仿人和嫌疑人的年龄、性别、职业、社会经历、知识范围、文化水平、习惯爱好、作案条件以及相互关系等。在全面了解案情的基础上吃透检材，研究套摹的方法、特点，然后认真选用特征。既要重视符合点的研究，也要细致地推敲差异点的形成，从而进行客观的评断，作出正确的鉴定意见。

【任务实施】

一、任务目的

　　通过本任务的实施，使学员熟悉和掌握套摹笔迹的特点及检验要点，并能在笔迹检验实践中对套摹笔迹进行准确的分析识别，正确选择笔迹特征，得出正确的检验结论。

二、任务设备与材料

　　1. 普通铅笔、红蓝铅笔。

　　2. 白纸、带格线的空白稿纸、检验记录表、特征比对表、鉴定意见书用纸、实验报告。

　　3. 放大镜、体式显微镜。

　　4. 套摹笔迹案例。

三、任务指导

　　1. 实施任务时学员每两人为一组认真进行。

　　2. 任务实施以目力观察为主，适当借助放大镜和体式显微镜。

　　3. 特征分析应按先一般特征后细节特征的顺序进行认真细致的观察分析。

　　4. 观察的同时应在检验记录表上认真做好记录。

　　5. 任务实施前应认真复习套摹笔迹的相关知识，重点复习套摹笔迹的特征变化规律及检验要点。

四、任务组织

　　1. 每位学员在带格线的空白稿纸上用平时的书写习惯正常书写一段笔迹，交给同组学员用不同的套摹手法制作实验材料。注意书写内容应尽可能相同。

　　2. 各实验小组内成员互相交换各自制作的套摹笔迹材料。观察分析对方用套摹手法书写所成的笔迹，归纳总结套摹笔迹特征稳定与变化的一般规律，并将结果填写在实验报告相应的位置上。

　　3. 对所给的套摹笔迹案例材料进行分析，确定检材笔迹属于何种套摹手法，样本是否具有可比性，检材、样本数量是否充分，能否满足检验条件。

4. 对检材和样本进行分别检验,并将检验结果记录在检验记录表上。

5. 在分别检验的基础上,根据套摹笔迹特征变化规律选择检材。重点选择那些不易摹仿的笔迹特征,将其描绘在特征比对表相应的位置上。

6. 按照相同的方法选择样本对应的笔迹特征,将其描绘在特征比对表相应的位置上。

7. 对检材、样本笔迹特征进行综合评断。运用套摹笔迹特征变化规律合理解释差异点,充分评断符合点的价值,得出准确的检验结论。

8. 制作符合要求的笔迹检验鉴定意见书。

9. 归纳总结套摹笔迹的检验要点,并将结果填写在实验报告相应的位置上。

附:套摹笔迹实验报告格式。(见表7-3-1)

表7-3-1 套摹笔迹实验报告格式

笔迹种类	套摹笔迹	
套摹笔迹特征稳定与变化的规律	被摹仿人的笔迹特征	
	摹仿人的笔迹特征	
	套摹走样的笔迹特征	
套摹笔迹检验要点		

五、评分标准

成绩评定主要结合任务操作的认真程度、操作的规范程度以及检验记录表、特征比对表、笔迹鉴定意见书的完成质量和实验报告的完成情况等进行综合评定。

六、操作注意事项

1. 为确保任务实施取得良好的效果,选择笔迹案例材料时应充分考虑到学员笔迹检验初学者的特点,选择与其知识储备、分析认识能力相适应的笔迹材料。应尽可能选择具有一定的典型性、套摹征象表现相对明显的笔迹案例材料供学员观察分析。此外,学员在制作套摹笔迹材料时,应尽量在其他书写条件正常的条件下进行,而且不应再使用其他的伪装手段,以免人为地增加难度,影响对该套摹笔迹特征的认识。

2. 由于套摹笔迹既有套摹书写人的书写习惯特点反映,也有被套摹人的书写习惯特点反映,特别是书写水平高、套摹能力强、具有笔迹鉴定知识的人进行套摹,其自身的书写习惯特点反映极少,鉴定难度大。因此,在对套摹笔迹案件进行检验时,应对检材的检验条件和样本的比对条件进行严格的审查。

3. 任务实施前一定要熟悉常见的套摹手法,了解和掌握套摹笔迹特征变化的一般规律。在检验中应根据套摹笔迹特征稳定与变化的规律,多从不易套摹的笔迹特征中选取笔迹特征。

4. 在对检材、样本笔迹特征进行综合评断时,应注意区分因书写条件变化而形成的非本质差异和因不同书写人书写习惯反映的本质差异以及不同人书写的共性特征和同一人书写的个性特征,客观、科学地评断检材、样本的差异点和符合点,才能得出正确的检验结论。

5. 在分析套摹笔迹时,应注意遵循分别检验的原则,一份检材分析完毕后,才可开始观察分析下一份检材,不应在检验前先行比较检材。

【技能测试】

以下所附的检材笔迹与样本笔迹是否为同一人书写?(见图7-3-2、图7-3-3)

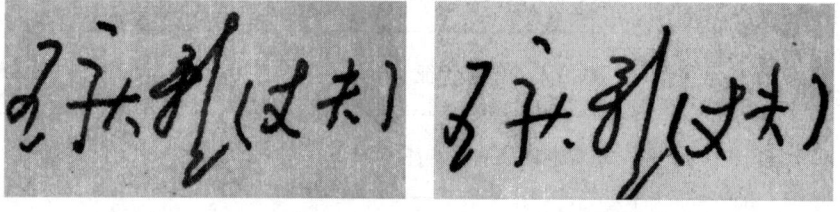

图7-3-2　检材笔迹材料　　　图7-3-3　样本笔迹材料

任务四　认识观察记忆摹仿笔迹检验

【知识点】
1. 观察记忆摹仿笔迹的形成机制和特点。
2. 观察记忆摹仿笔迹检验方法要点。

【技能点】
观察记忆摹仿笔迹的识别与检验。

【任务导入】

观察记忆摹仿多发生在摹仿签名、收据等少量字迹的案件中。这种笔迹一般运笔比较流利,很少出现抖动弯曲、停笔另起的现象,仅就检材本身不易判定是摹仿笔迹。但是观察记忆摹仿笔迹只是在某些特殊写法、特殊运笔上和被摹仿笔迹大体相似，在细节特征上却相距甚远，并且观察记忆摹仿字迹也保留有较多摹仿人自身的书写习惯特征，从而为鉴定提供了有利条件。因此，应对观察记忆摹仿笔迹的相关知识进行认真的学习和掌握。

【相关知识】

一、观察记忆摹仿笔迹的形成机制和特点

观察记忆摹仿笔迹是摹仿人对被摹仿人的笔迹经过一定时间的观察、感知和记忆，形成一种临时的神经联系，在其自认为已经掌握了被摹仿人的笔迹特征后，根据仿写人所能记忆的单字特征脱手书写形成的笔迹。

（一）观察记忆摹仿笔迹的形成机制

观察记忆摹仿笔迹是摹仿人在没有被摹仿笔迹的条件下，凭借其平时对被摹仿笔迹的印象进行的摹仿书写所形成的笔迹。这种印象的深浅程度是由摹仿人对被摹仿人的笔迹的熟悉程度决定的。换句话说，摹仿人对被摹仿人的笔迹越熟悉，其印象就越深，摹仿的逼真程度可能就越大；摹仿人对被摹仿人的笔迹越生疏，其印象就越浅，摹仿的逼真程度可能就越小。

（二）观察记忆摹仿笔迹的特点

1. 运笔特征相对于临摹和套摹的运笔特征流利、自然，表现为大多数笔画有笔锋，笔画衔接较自然。

2. 搭配比例特征较容易暴露摹仿人的书写习惯。搭配比例特征，是指字的笔画结构及字与字之间的结构特征。这个特征在书写活动中是最难改变的特征之一。

3. 大部分细节特征较容易与被摹仿人的笔迹形成差异。这是由于摹仿过程中仅凭其对被摹仿人的笔迹的印象进行摹仿，而这种印象有可能是模糊的，比如短时观察记忆摹仿笔迹；而且摹仿人的注意力是有限的，其可能注意到大的方面，却不可能注意到所有细节；再就是在摹仿过程中，摹仿人改变自身书写习惯适应被摹仿人书写习惯的动机与其自身书写动力定型的顽固性始终处于矛盾状态。

二、观察记忆摹仿笔迹检验方法要点

1. 了解案情，确定观察记忆摹仿的可能性。观察记忆摹仿笔迹案件，无论是报复陷害，还是经济上的诈骗、徇私舞弊，一般来说范围比较狭窄，摹仿人与被摹仿人之间有一定的瓜葛或制约关系。因此，在了解、分析案情中可以发现某些异常现象。同时，还要了解被摹仿人的经历、身份、年龄、文化、书写技能和业余爱好以及与摹仿人之间的关系，在政治思想、生活作风和经济利益上有无瓜葛和磕碰，以利于综合分析中作出客观的评断。当然，鉴定人对了解到的案情，一定要采取客观的分析态度，防止先入为主，偏听偏信。

2. 全面比较和区分摹仿人、被摹仿人的笔迹特征以及摹仿走样的特征，把握容易记忆摹仿的特征和不容易记忆摹仿的特征。摹仿人经对被摹仿人的笔迹特征进行观察、分析并记忆后，一些容易被他所认识、接受的特征，如单字的基本写法、明显的连接笔顺和连笔形态、大体上的笔画搭配比例和运笔的大致趋势等大体上、轮廓性的特征不容易被忘记。但是那些复杂的、不易辨认的特征，如意连的笔顺和某些较为特殊的笔顺、意连的动作、起收笔的细小动作、笔力分布、运笔的弧度和转折角度特别是框架内的细小笔画等特征容易被忘记。这些特征最容易暴露摹仿人的书写习惯，对认定摹仿人起着举足轻重的作用。

【任务实施】

一、任务目的

通过本任务的实施，使学员熟悉和掌握观察记忆摹仿笔迹的特点及检验要点，并能在笔迹检验实践中对观察记忆摹仿笔迹进行准确的分析识别，正确选择笔迹特征，得出正确的检验结论。

二、任务设备与材料

1. 普通铅笔、红蓝铅笔。

2. 白纸、带格线的空白稿纸、检验记录表、特征比对表、鉴定意见书用纸、实验报告。

3. 放大镜、体式显微镜。

4. 观察记忆摹仿笔迹案例。

三、任务指导

1. 实施任务时学员每两人为一组认真进行。

2. 任务实施以目力观察为主，适当借助放大镜和体式显微镜。

3. 特征分析应按先一般特征后细节特征的顺序进行认真细致的观察分析。

4. 观察的同时应在检验记录表上认真做好记录。

5. 任务实施前应认真复习观察记忆摹仿笔迹的相关知识，重点复习观察记忆摹仿笔迹的特征变化规律及检验要点。

四、任务组织

1. 每位学员对所给的观察记忆摹仿笔迹案例材料进行分析，确定检材笔迹属于何种观察记忆摹仿手法，样本是否具有可比性，检材、样本数量是否充分，能否满足检验条件。

2. 对检材和样本进行分别检验，并将检验结果记录在检验记录表上。

3. 在分别检验的基础上，根据观察记忆摹仿笔迹特征变化规律选择检材。重点选择那些不易观察记忆摹仿的笔迹特征，将其描绘在特征比对表相应的位置上。

4. 按照相同的方法选择样本对应的笔迹特征，将其描绘在特征比对表相应的位置上。

5. 对检材、样本笔迹特征进行综合评断。运用观察记忆摹仿笔迹特征变化规律合理解释差异点，充分评断符合点的价值，得出准确的检验结论。

6. 制作符合要求的笔迹检验鉴定意见书。

7. 归纳总结观察记忆摹仿笔迹的检验要点，并将结果填写在实验报告相应的位置上。

附：观察记忆摹仿笔迹实验报告格式。（见表 7 - 4 - 1）

表 7 - 4 - 1　观察记忆摹仿笔迹实验报告格式

笔迹种类	观察记忆摹仿笔迹	
观察记忆摹仿笔迹特征稳定与变化的规律	被摹仿人的笔迹特征	
	摹仿人的笔迹特征	
	观察记忆摹仿走样的笔迹特征	
观察记忆摹仿笔迹检验要点		

五、评分标准

成绩评定主要结合任务操作的认真程度、操作的规范程度以及检验记录表、特征比对表、笔迹鉴定意见书的完成质量和实验报告的完成情况等进行综合评定。

六、操作注意事项

1. 为确保任务实施取得良好的效果，选择笔迹案例材料时应充分考虑到学员笔迹检验初学者的特点，选择与其知识储备、分析认识能力相适应的笔迹材料。应尽可能选择具有一定的典型性、观察记忆摹仿征象表现相对明显的笔迹案例材料供学员观察分析。

2. 由于观察记忆摹仿笔迹既有观察记忆摹仿书写人的书写习惯特点反映，也有被观察记忆摹仿人的书写习惯特点反映，特别是书写水平高、观察记忆摹仿能力强、具有笔迹鉴定知识的人进行观察记忆摹仿书写，其自身的书写习惯特点反映极少，鉴定难度大。因此，在对观察记忆摹仿笔迹案件进行检验时，应对检材的检验条件和样本的比对条件进行严格的审查。

3. 任务实施前一定要熟悉常见的观察记忆摹仿手法，了解和掌握观察记忆摹仿笔迹特征变化的一般规律。在检验中应根据观察记忆摹仿笔迹特征稳定与变化的规律，多从不易观察记忆摹仿的笔迹特征中选取笔迹特征。

4. 在对检材、样本笔迹特征进行综合评断时，应注意区分因书写条件变化而形成的非本质差异和因不同书写人书写习惯反映的本质差异以及不同人书写的共性特征和同一人书写的个性特征，客观、科学地评断检材、样本的差异点和符合点，才能得出正确的检验结论。

5. 在分析观察记忆摹仿笔迹时，应注意遵循分别检验的原则。一份检材分析完毕后，才可开始观察分析下一份检材，不应在检验前先行比较检材。

【技能测试】

1. 常见的观察记忆摹仿手法有哪些？
2. 观察记忆摹仿笔迹特征变化有何规律？检验时应注意遵循哪些检验要点？
3. 以下所附特征比对表的检材笔迹与样本笔迹是否为同一人书写？（见表7-4-2）

表7-4-2 特征比对表

检材	样本
检材一	
检材二	

任务五　认识练习摹仿笔迹检验

【知识点】
1. 练习摹仿笔迹的形成机制。
2. 练习摹仿笔迹的特征分析。
3. 练习摹仿笔迹的检验要点。

【技能点】
练习摹仿笔迹的识别与检验。

【任务导入】
近年来，笔迹鉴定知识已较广泛地被人们熟知，在笔迹鉴定中出现了较高程度的练习摹仿笔迹，对此应认真研究，总结其笔迹特征的各种变化规律、影响因素，寻找稳定可靠的笔迹特征，从而准确果断地作出科学、符合客观实际的鉴定意见。

【相关知识】
一、练习摹仿笔迹的形成机制
摹仿是人的本能，而摹仿效果的好坏与其所掌握的摹仿知识有重要的关系。摹仿的目的在于获得摹仿效果的最佳"相似度"。要达到最佳的摹仿笔迹效果，需要书写知识、书写技能、练习方法和鉴定知识。练习摹仿笔迹是书写人为了临时需要而对他人的笔迹特征进行一段时间的学仿练习后，在其大脑皮层的有关中枢之间形成一种暂时性的神经联系，这种暂时性的神经联系要时时受到仿写人旧的书写动力定型系统的干扰，自身的书写习惯会不同程度地流露出来，导致那些特征突出、印象深刻的字或组成部分和笔画仿写得比较相似，而对于那些特征不明显、不易识记的细微特征仿写的相似程度低。如果练习摹仿的书写人掌握了一定的笔迹鉴定知识，则能较全面地掌握被摹仿笔迹的一般特征和细节特征，从而能够使摹仿的笔迹与被摹仿的笔迹具有更高的相似度以及相应的欺骗性。

（一）练习摹仿的认知因素
练习摹仿笔迹的目的在于伪造他人的笔迹，要实现这一目的，摹仿者一方面希望被摹仿者不能识别，另一方面还希望不能通过专家的科学鉴定而被识别。而决定摹仿笔迹能否被识别的关键因素在于摹仿相似程度的高低。如果摹仿者具有较高的文化知识水平和笔迹鉴定知识，则对被摹仿笔迹的特征能够有较全面的认识，所书写的摹仿笔迹的相似程度可能较高，反之则较低。练习摹仿书写人在练习摹仿的过程中一般经过反复观察被摹仿的笔迹、临摹、凭记忆摹仿练习、练习结果与摹本反复对照修正、再凭记忆摹仿练习等过程。一般的摹仿书写人都对被摹仿笔迹的书写格式、造型特征以及各单字之间的相对位置、距离、方向、大小比例关系和连接照应关系特征等整体风貌特征能够认识和把握，而具有一定笔迹鉴定专门知识的人则能够对笔迹细节特征有一定程度的认识和把握，但是他们都不能对笔迹特征进行全面和细致的认识和把握。

（二）练习摹仿的客观因素

练习摹仿笔迹受书写人书写技能的高低，被摹仿字迹的数量、复杂程度，练习的时间、次数等因素的影响。这些因素对摹仿的相似程度有重要的影响，同时也是发现摹仿征象和摹仿书写者笔迹特征的重要基础。由于懂得专业知识的书写人懂得如何解剖单字的笔迹特征，对笔迹的大小、笔画的长短及结构关系以及明显的书写顺序，甚至一些细节特征都能够感知，摹仿得很相似。但是，书写人对笔画的粗细、笔力的轻重和复杂的连笔特征不能够准确感知，因而也就不能摹仿；而不懂专业知识的书写人对单字的特征辨别判断能力较差，仿真程度也就很低。

（三）练习摹仿因素对摹仿效果的影响

练习摹仿的因素对摹仿的效果有直接的影响，这表现在书写人书写技能水平的高低与练习摹仿效果的好坏成正比；被摹仿字迹的数量多少、复杂程度的高低与练习摹仿效果的好坏成反比；练习的时间长短、次数的多少与练习摹仿效果的好坏成正比。当然，这与练习摹仿笔迹的识别、鉴定的难易程度也成正比。

二、练习摹仿笔迹的征象分析

准确地识别检材笔迹是否为练习摹仿笔迹是正确实施鉴定的关键环节。识别练习摹仿笔迹必须有科学可靠的依据，否则极有可能导致鉴定错误。具体而言，笔压、笔力、运笔和结构的方式等不能准确认知和控制的书写动态特征不能被摹仿或摹仿的相似度低，是识别摹仿最重要的依据；不明显的笔顺，不易辨识的细小笔画的运笔、连笔的方向以及相互位置关系特征相对不易摹仿，是识别练习摹仿的主要依据；笔画起收笔的位置，部分笔画的搭配位置异常、笔痕细节特征也是识别的依据之一。

三、练习摹仿笔迹的特征分析

（一）笔迹的整体风貌特征

根据对不同组和不同练习阶段摹仿笔迹的观察和分析可知，对摹仿笔迹中笔迹的书写速度概貌、书写水平以及各单字和主要笔画之间的相对位置、距离、方向、大小比例关系和明显连接照应关系等特征能够被较好的摹仿，其效果与被摹仿笔迹非常相似。因此，整体风貌特征摹仿的相似程度较高，检验的价值相对较低。

（二）笔迹的一般特征

字体、字形、字的大小以及字的倾斜程度特征是对笔迹特征概括性的描述。

这类宏观特征最易引起摹仿者的重视，同时在书写时也较容易控制，摹仿的相似程度较高。这类特征价值相对较低，只能作为检验的参考依据。

（三）笔迹的细节特征

起收笔位置和动作方式特征，运笔的方式，运笔转折的弧度、角度和力度以及单字中的笔顺、连笔、绕笔、断笔、转折及其相互关系特征是识别和认定书写人的主要依据。不同笔与不同执笔人书写的笔迹，其笔痕特征具有区别的特定性，能够作为识别真伪的依据，其特征价值较高。这些特征是由于书写人在练习时对被摹仿笔迹的一些特征并未认识或认识不清，或者是有的书写人经过长期的练习摹仿，自信程度增加，对书写动作控制放松，自然暴露书写人自己的书写习惯而形成的。因此，这些特征反映了摹仿人的书写习惯，特征较稳定，检验价值高，可以作为同一认定的依据。（见图7-5-1）

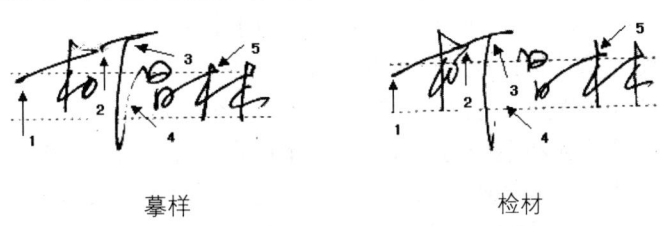

摹样　　　　　　　　　　　检材

图7-5-1　练习摹仿笔迹特征分析

四、练习摹仿笔迹鉴定条件要求

（一）检材的条件要求

检材必须使用原件。练习摹仿笔迹的征象很细微，如果检材是照片或复印件，则难以观察到相应的摹仿征象，尤其是复印文书上的可疑笔迹的细小特征会在复印过程中失落，比如，笔画质量、运笔力度、书写节奏，尤其是抑压痕迹都会观察不到，这对鉴定意见的科学性有很大的影响。如果检材的字迹少，伪装程度高，则只能认定摹仿事实，而不能认定书写人；如果检材的字迹少，而检材的份数多，经综合检验也能够认定书写人。

（二）样本的条件要求

样本材料的数量必须充分。应收集大量的检材形成时期前后的样本笔迹，要求同部位同笔画的构成元素相同，可比对性强。尤其是练习笔迹的特征性质表现复杂，只有收取较多的各种条件、不同时段的相同部位、相同笔画的笔迹样本，才能为练习摹仿笔迹的鉴定提供充分条件。样本的书写条件、书写速度应与检材尽可能相一致。因此，在检验笔迹时，要力求提供与检材形成条件、书写速度一致的样本，从而增加可比特征的检出率，增强结论的可靠性。

（三）同一认定书写人的依据要求

对检材字迹较少的练习摹仿笔迹，一般只能确定摹仿事实，而要认定书写人极其困难。但如果检材笔迹的细小的运笔、搭配位置及比例关系，笔画的连接位置、方向、倾斜的角度，单字中的笔顺、连笔、绕笔、断笔、转折及其相互关系，笔迹的抑压力等独特稳定的细节特征与受审查人的相同，且特征数量较多，质量较高，我们就可以作出同一认定的结论。

五、练习摹仿笔迹检验方法要点

由于练习摹仿笔迹在字的写法、笔画形态上酷似真迹，这就易使检验中常有一些"寡不敌众"的细微差异被大量的表象符合点"遮盖"起来，而不能唤起我们应有的注意和警觉。如果对此视而不见，势必铸成大错。只有牢牢把握各种笔迹产生的心理因素，善于从摹仿笔迹的"盲区"中发现蛛丝马迹，才能找到"差之毫厘，谬之千里"的本质差别，揭示出两事物间迥然有别的本质属性。笔者认为，检验练习摹仿笔迹应从以下几个方面入手：

1. 把握书写心理特点，分析笔迹变异成因。在鉴定环节，与摹仿作案时的心理截然相反，摹仿人在案后的实验笔迹样本中常常采取故意降低书写水平，变换字体和字的写法，躲避关键词句甚至故意错写、别写等方法，掩饰自己的书写习惯。遇此情形，尤其应注重结合收集嫌疑人的案前样本进行检验，研究把握其书写心理，科学分析笔迹变异的成因。一般来说，心态正常的人提供笔迹样本时积极配合、态度认真，书写的字迹自然、工整有序，差异仅属书写条件、环境、情绪原因所致；而在非正常心理驱使下书写的文字，无论书写条件好坏，都不乏出现不同程度的错写、别写、变体、变形等伪装现象。

2. 发掘笔迹"盲区""死角"，促使有限特征升值。无论技术多么高超的摹仿者，在其竭力根据视觉印象不断调整仿写动作的过程中，囿于心理、生理方面调控能力的制约，受其注意力的局限和书写动力定型的束缚，在力图避免和减少"败笔"的同时，都必然会在自己意识不到和无法抑制之处出现一些原本属于他自己熟练流利的习惯动作，我们称其为摹仿伪装所顾及不到的"盲区"和"死角"。在摹仿伪装失控的"盲区"和"死角"内，练习摹仿笔迹不免由于摹仿者的顾此失彼而"美中不足"。尽管外形相似，但却"貌合神离、形同实异"。其精神实质正蕴含于"大同小异"之中，很难达到形神兼备。这种"形似有余而神韵不足"的摹仿笔迹常因其字行间距、程式安排方面的纰漏而给我们留下判明真伪的重要线索。

3. 解剖笔迹的细枝末节，揭示检材本质特征。摹仿笔迹与被摹仿笔迹二者的大同与小异是现象与本质的关系，同是现象，异为本质。检验摹仿笔迹，就要不被大量的表象符合所惑，专门选择那些与被摹仿人笔迹特征存在差异的"细枝末节"作为认定的突破口，经过认真研究、深刻剖析、谨慎比对，发现事物的内在联系，揭示检材的本质特征。凡摹仿者，在其致力于对字形轮廓及特殊的字迹特征的仿真摹写的同时，必然对繁杂字迹的笔顺、搭配，起收笔的细小动作及照应关系，运笔弧度、转折角度，笔力分布等某个方面有所忽略或失去控制。这些不被关注的"细枝末节"恰恰能够真实地反映摹仿人书写习惯的本质特点，且以其蕴含量大、覆盖面广、稳定性强的优势，成为鉴别书写人书写习惯的重要依据。

【任务实施】

一、任务目的

通过本任务的实施，使学员熟悉和掌握练习摹仿笔迹的特点及检验要点，并能在笔迹检验实践中对练习摹仿笔迹进行准确的分析识别，正确选择笔迹特征，得出正确的检验结论。

二、任务设备与材料

1. 普通铅笔、红蓝铅笔。

2. 白纸、带格线的空白稿纸、检验记录表、特征比对表、鉴定意见书用纸、实验报告。

3. 放大镜、体式显微镜。

4. 练习摹仿笔迹案例。

三、任务指导

1. 实施任务时学员每两人为一组认真进行。

2. 任务实施以目力观察为主，适当借助放大镜和体式显微镜。

3. 特征分析应按先一般特征后细节特征的顺序进行认真细致的观察分析。

4. 观察的同时应在检验记录表上认真做好记录。

5. 任务实施前应认真复习练习摹仿笔迹的相关知识，重点复习练习摹仿笔迹的特征变化规律及检验要点。

四、任务组织

1. 每位学员对所给的练习摹仿笔迹案例材料进行分析，确定检材笔迹是否具备鉴定条件，样本是否具有可比性，检材、样本数量是否充分，能否满足检验条件。

2. 对检材和样本进行分别检验，并将检验结果记录在检验记录表上。

3. 在分别检验的基础上，根据练习摹仿笔迹特征变化规律选择检材笔迹特征。重点选择那些不易练习摹仿的笔迹特征，将其描绘在特征比对表相应的位置上。

4. 按照相同的方法选择样本对应的笔迹特征，将其描绘在特征比对表相应的位置上。

5. 对检材、样本笔迹特征进行综合评断。运用练习摹仿笔迹特征变化规律合理解释差异点，充分评断符合点的价值，得出准确的检验结论。

6. 制作符合要求的笔迹检验鉴定意见书。

7. 归纳总结练习摹仿笔迹的检验要点，并将结果填写在实验报告相应的位置上。

附：练习摹仿笔迹实验报告格式。（见表7-5-1）

表7-5-1　练习摹仿笔迹实验报告格式

笔迹种类		练习摹仿笔迹
练习摹仿笔迹特征稳定与变化的规律	被摹仿人的笔迹特征	
	摹仿人的笔迹特征	
	摹仿走样的笔迹特征	
练习摹仿笔迹检验要点		

五、评分标准

成绩评定主要结合任务操作的认真程度、操作的规范程度以及检验记录表、特征比对表、笔迹鉴定意见书的完成质量和实验报告的完成情况等进行综合评定。

六、操作注意事项

1. 为确保任务实施取得良好的效果，选择笔迹案例材料时应充分考虑到学员笔迹检验初学者的特点，选择与其知识储备、分析认识能力相适应的笔迹材料。应尽可能选择具有一定的典型性、练习摹仿征象表现相对明显的笔迹案例材料供学员观察分析。

2. 由于练习摹仿笔迹既有练习摹仿书写人的书写习惯特点反映，也有被练习摹仿人的书写习惯特点反映，特别是书写水平高、练习摹仿能力强、具有笔迹鉴定知识的人进行练习摹仿书写，其自身的书写习惯特点反映极少，鉴定难度大。因此，在对练习摹仿笔迹案件进行检验时，应对检材的检验条件和样本的比对条件进行严格的审查。

3. 任务实施前一定要熟悉常见的练习摹仿手法，了解和掌握练习摹仿笔迹特征变化的一般规律。在检验中应根据练习摹仿笔迹特征稳定与变化的规律，多从不易练习摹仿的笔迹特征中选取笔迹特征。

4. 在对检材、样本笔迹特征进行综合评断时，应注意区分因书写条件变化而形成的非本质差异、不同书写人书写习惯反映的本质差异以及不同人书写的共性特征和同一人书写的个性特征，客观、科学地评断检材、样本的差异点和符合点，才能得出正确的检验结论。

5. 在分析练习摹仿笔迹时，应注意遵循分别检验的原则。一份检材分析完毕后，才可开始观察分析下一份检材，不应在检验前先行比较检材。

【技能测试】

以下所附的检材笔迹与样本笔迹是否为同一人书写？（见图7-5-2、图7-5-3、图7-5-4）

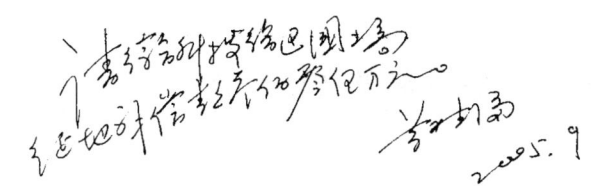

图7-5-2　嫌疑书写人书写的笔迹材料

图7-5-3　样本笔迹材料（样本一）

图7-5-4　样本笔迹材料（样本二）

第八章 认识签名笔迹检验

> **内容提要**
> 随着信息化进程的不断推进，大量的手写文字检验日见减少，少量的手写文字鉴定开始占据主导地位。签名尤其是人们在社会交往中必不可少的一项重要程序，因而检验实践中签名笔迹鉴定占很大比重。本章对签名和签名笔迹、窃取他人签名检验作了系统的阐述。

任务一 认识签名笔迹的特点

【知识点】
1. 签名笔迹的概念及特点。
2. 签名造假的手段及其特点。

【技能点】
识别签名造假的手段。

【任务导入】
所谓签名，就是把自己的姓名通过书写的方式反映在书写的承受客体上。它与我们的日常生活、工作密切相关。在签订合同、办理公证、提取款项、订立协议、处理单据等过程中，签名都是必不可少的程序，具有相应的法律效力。签名是文书真实性、有效性的证明。它既是社会信誉的担保，又是对承担相应法律义务的承诺。在笔迹检验实践中，由于签名笔迹字数少且容易学仿伪装，因此鉴定的难度大。了解和掌握签名笔迹的特点、签名造假的手段以及检验要点，是正确检验该类笔迹的前提和基础。

【相关知识】
一、签名笔迹的概念及特点
（一）签名笔迹的概念与分类

签名笔迹就是在文书上签署自己的姓名而形成的手写文字，是文字符号的特殊组合方式。一般来讲，签名是书写者对某一行为或者某一事件的认可或承诺。签名是证明文件真实性的一种重要凭记，是对文件所规定的当事人权利、义务的认可，是对文件所证明的资格、身份和所从事活动的肯定，也是在发生问题之后，追究签名人责任的直接凭据。尤其在法治社会，凡是依靠法律所调整的活动中，无不要求对形成的有关文件进行签名或盖章。所以亲笔签名也是遵守法律、适用法律的活动。在实际生活中，常常出现在文件中的签名笔迹非所签姓名所指的人亲笔书写的情况。因此，签名笔迹可以分为真实签名笔迹和伪造签名笔迹。

1. 真实签名笔迹，是本人书写在一定载体上的本名笔迹，即"本人书写"的笔迹。真实笔迹又可分为正常签名笔迹、书写条件变化签名笔迹和伪装签名笔迹。正常签名笔迹是书写者在身体、书写工具和承载客体正常的条件下形成的签名笔迹。正常签名笔迹反映了书写者的书写习惯和书写特征。书写条件变化签名笔迹是书写者在生理病理和书写工具、承载客体发生变化的条件下形成的签名笔迹。这种笔迹只反映书写者的部分书写习惯和书写特征。伪装签名笔迹是书写者出于某些目的而故意改变自己平时书写风格的一种签名笔迹。这种笔迹只反映书写者很少的书写习惯和书写特征，也是最容易影响分析结果准确性的一种签名笔迹。

2. 伪造签名笔迹，是出于某种目的而冒充他人在一定载体上的签名，即非本人书写、非真实的签名。伪造签名不是签名人的意思表示，而是损害签名人形象或利益的行为。伪造签名有冒充他人签名、摹仿他人签名、复制他人签名之分。摹仿他人签名又分为临摹、套摹、描摹、忆摹等。分析和研究伪造签名笔迹，是文检工作现实的需要。摹仿签名是伪造签名的一种，是伪造者智能技能较高水平的表现，因此成为签名笔迹鉴定中的难点。文检界对摹仿签名进行了大量深入的理论和实践研究，著述颇多，研究和应用效果良好。

（二）签名笔迹的特点

签名笔迹的特点主要有四个方面：签名的整体性；特征的隐蔽性；签名过程的短暂性；签名笔迹的指向性。（见图 8-1-1）

图 8-1-1　签名笔迹的特点

1. 签名笔迹的整体性。姓名是由固定的几个字或若干字母按一定顺序组成的不可分割的整体。签名是一个人最为普通的、最常用的书写活动之一，由于签名笔迹的使用频率较其他文字的使用频率高，所以其笔迹熟练程度也高于其他文字，尤其是行草书签名和花体签名，因其书写速度快，笔画与笔画、字与字之间的连贯性强，使签名笔迹在结构和连笔动作上形成一个独立的整体词组。签名笔迹整体性的特点，使签名笔迹包含了比其他笔迹更多的特征。特别是签名的整体结构特征，更具检验鉴定价值。但是由于签名笔迹整体性强，使得签名笔迹这个整体中的某个字或字母，已不同于单独书写的那个字或字母，两者往往在结构、运笔上有较大差别，这增加了鉴定的难度。因此，签名的笔迹检验应取签名样本进行比较检验。只有在楷书签名或伪装签名时，才有必要补充单个字的笔迹样本。

2. 签名笔迹特征的隐蔽性。签名笔迹特征具有较大的隐蔽性。由于许多人的签名是经过精心设计的，不按正常的形体规范与书写规则书写，加之有些姓名使用的字本身又是结构特殊的生僻字，尤其是用行草体签写，或设计花体签名，让一个不熟悉的人很难识读和摹仿。签名笔画环转动作密集，又多用意连的方式，其结构、笔顺并非一目了然，甚至不能用一般形体规范与书写规则去理解和识别，这就决定了签名笔迹的特征更具隐蔽性。这种隐蔽性的特征一般是指意连动作的方向、弧度、起落笔角度和位置，不连笔或连笔紊乱的笔顺，密集的平行运笔或环绕动作的方向、幅度以及用笔的压力分布和笔力特征。签名笔迹特征的隐蔽性，使签名更具防伪性，不容易摹仿。同时也提示我们，在检验过程中必须反复仔细地观察，深入领会，才能把这些带有隐蔽性的更具特殊意义的特征充分发掘出来。

3. 签名过程的短暂性。一般书写活动的笔迹，是在思考书写内容、表达方式、斟酌词句的同时，由内部言语导引着书写运动形成的。这就有个理清思路、调整心绪、试笔并适应书写条件的过程。由于字数较多，开始时在某个字或某一笔画上的失误，可以在该字或该笔画再现时得以纠正。这就便于我们将其前后联系起来，准确把握其笔迹的本质特征。但是签名笔迹只是由几个字或少量字母组成的，一个签名很少有重复字或偏旁，完成一个签名只需几秒钟时间，而且大多数只有一次签写的机会。这种无需事先思考，仅一次的稍纵即逝的过程，没有给签名人留下调整心理状态、适应书写条件、修正失误的机会和余地。因此，一气呵成的签名笔迹，往往因为当时的生理状况、心理情绪、书写条件的影响而发生变化。譬如，手指受伤时的签名，醉酒时的签名，顺手拿别人的笔签名，手托着纸本签名，心虚状态下当庭书写的签名等，都可能与其平时的签名有所不同。

签名笔迹形成过程的短暂性给签名笔迹的检验增加了难度。在检验过程中，必须从签名笔迹的形成过程分析签名笔迹的变化，使用充分的签名样本进行比较，找出稳定性特征。同时，由于签名过程的短暂性（尤其是当场签名），没有给签名人留下仔细伪装、造假的机会，这又是签名笔迹检验鉴定的有利条件。

4. 签名笔迹的指向性。一般的书写活动笔迹，最初并不知道是何人的，或者可能是谁的笔迹。这个问题需待分析、调查并通过笔迹鉴别后才能解决。但是签名笔迹本身就是一个人的名字，有待解决的问题是本人签名还是他人所写。即使是他人所写，这个他人也是与其有某种联系的人。所以，签名笔迹具有明确的指向性。

虽然签名笔迹案件的类型繁多，检材形式多样，但这类案件往往调查范围较小，涉案人数有限，通常能找出较为明确的重点对象，受审查人与事主、当事人或受害人之间往往有比较明显的关系，如亲属关系、同事关系、上下级关系、同学关系、社会交往中的朋友关系、业务往来中的合作关系，或者其他工作关系。刑事案件中，实施签名的动机和目标明确，有的是为了贪污或诈骗国家、集体或他人的财物，有的是为了攫取财产的所有权或继承权，有的是为了掩盖犯罪事实，有的则是为了栽赃陷害他人，等等。民事案件和行政案件中涉及的签名笔迹案件大多与逃避债务、夺取继承权和躲避法律责任等目的有关。签名笔迹案件的这一特点在很大程度上弥补了字数少、鉴定困难的缺陷，将受审查对象限制在一定范围内，给鉴定工作提供了良好的条件。

二、签名造假的手段及特点

（一）冒签他人姓名

知其姓名，但不知其签名的式样，或者知其式样而不适宜用这种式样填写姓名时，一般是凭借自己的书写技能和习惯去书写他人的姓名。如冒领他人的邮件、汇款，冒支他人的存款等，在填单或单独签名时，通常是采取这种方式。有的为了掩盖自己，或者事后否认亲笔书写，签写时进行了一定的伪装。这种签名与其本人的亲笔签名差别比较明显，反映书写人自身的笔迹特征比较充分。只要找到了嫌疑对象进行笔迹鉴定，是非常容易鉴别的。

（二）摹仿他人签名

摹仿他人签名就是在占有他人签名的式样，或在非常熟悉他人签名的式样的基础上，摹仿他人的笔迹或用其他方法把他人的姓名写在承载客体上。摹仿他人签名的方法与一般摹仿笔迹的方法相同，摹仿的签名也具有摹仿笔迹所固有的特点，或称摹仿手段的特征。主要有以下几种：

1. 临摹签名。临摹就是将他人签名的式样摆在一旁，经过观察、练习，比照签名式样进行仿写。这种摹仿签名不可能与被摹签名的大小、间隔、笔画长短完全一样。在摹仿签名上程度不同地表现出"形快实慢"、笔力平缓、中途停笔、笔断意断等摹仿特征。（见图8-1-2）

本人签名　　　周亚平　　周亚平

临摹签名　　　周亚平　　周亚平

　　　临摹签名的起、收笔位置和方向（标示1、2），笔画长短（标示3），字与字之间的搭配比例（标示4），运笔的"形快实慢"的特征都明显地被反映出来。

图8－1－2　临摹签名

　　2. 套摹签名。套摹是采取透光方式将纸张覆盖在被摹仿签名上，按照签名的透影进行仿写。这种签名同样具有临摹签名的特征。如果透影不十分清楚，对被摹的签名观察不细，感知不够明晰，套摹时易产生连笔紊乱、结构失真、笔画缺失等特点。如果连续套摹几份签名，各个签名均一模一样，几乎可以重合。如能找到被摹仿的那一个签名摹本，譬如以存档文件上的签名或会计凭证中的签名为摹本，那么套摹的签名与摹本将完全重合。同时可以发现摹本上留下的套摹压痕和墨迹污染现象。由于套摹是按透影进行的机械摹仿，它不易暴露摹仿人的书写习惯，但摹仿笔迹的固有特点很明显。

　　3. 描摹签名。在被摹签名下面垫纸张，或中间衬一张复写纸，然后用硬尖笔照着被摹签名的式样逐字逐画描写，目的是为伪造签名打样，最后用墨水笔或圆珠笔沿着纸上形成的签名压痕或复写纸痕迹，描成伪造的签名。描摹与套摹基本特点类似，但具体手法不同。在描摹签名上可以发现描摹打样痕迹，即与笔画相伴行的压痕或复写痕迹。为了伪造复写票据或合同第二、三联上的复写签名，也可以采取上述方法，只不过复写摹仿之后无需再描。这种签名的清晰、完整程度往往与本联应有的特点不符。在被描摹的签名摹本上，可以发现相应的描摹痕迹。

　　4. 忆摹签名。摹仿人凭借自己对被摹签名的熟悉，经过回忆和反复练习，然后摹仿成他人签名，叫忆摹签名。摹仿得像不像，主要取决于他对被摹签名式样记忆的准确性和他的书写技能。这种摹仿签名与被摹签名大体式样相同，细节结构和运笔有差别，容易反映出摹仿人自身的一些笔迹特征。由于是凭记忆经过练习的摹仿，与其他摹仿方法相比，其书写运动的自由度较大，摹仿笔迹的固有特点表现不太明显。

　　上述几种摹仿手段，单就签名式样的摹仿效果而言，套摹、描摹仿得最像，其次是临摹、忆摹。就出现摹仿笔迹固有特征的明显性而言，也是套摹、描摹比较典型，其次是临摹和忆摹。摹仿得像不像，与摹仿人书写技能高低、对被摹签名特征认识的准确性成正比，而与被摹签名结构的复杂性、书写运动的连贯性以及被摹签名书写水平的高低成反比。

（三）窃取他人签名

窃取他人签名，是指行为人出于非法目的，秘密地利用他人亲笔签名制作虚假文件的行为。在实际案件中，由于签名的被窃取人往往否认文件记载的事实而否认文件全部，不承认文件的签名笔迹是自己所写，所以送检单位提出的鉴定要求往往是确定签名笔迹是否是亲笔书写形成或是有关嫌疑人摹仿书写形成。若就事论事，鉴定往往会出现认定签名是某人亲笔书写的结论，按此结论处理案件，势必出现错案。窃取他人签名的手段有：

1. 截取有签名笔迹的空白纸页伪造文件。截取有签名笔迹的空白纸页伪造文件签名，是指行为人利用自己手中掌握的他人亲笔签名的文件，将其正文后的空白部分截取下来，在签名前的纸页空白处填写（或打印）有关文字内容形成假文件。这是一种典型的亲笔签名被盗用的伪造文件方法。其签名笔迹自然，无任何伪造或摹仿痕迹，识别难度较大。

在签名笔迹鉴定过程中，单纯地进行签名笔迹鉴定来认定书写人是不够的。由于文件本身还存在利用真实签名进行伪造的可能性，所以仅凭笔迹鉴定意见处理案件，会出现鉴定意见与案件其他证据相互矛盾的情形，甚至将案件的侦查、审判工作引入歧途。正确的方式应该是，在通过笔迹认定了签名笔迹（有些包括附加词句和日期）书写人之后，再充分利用其他各项技术手段仔细检验检材，全面发现和确定检材上反映出来的各方面的特征，结合其他材料的检验和案件的实际情况，准确判明文件的来源及形成方式，判明文件有无伪造变造情形。

（1）结合案情判明伪造文件的可能性。审查案件可疑文件自身的性质、用途，文件内容对谁有利，有无明显的正文字迹书写水平低于签名笔迹和日期字迹现象；审查案件涉及的双方当事人之间有无经济往来和其他利害关系，签名笔迹书写人在与对方交往过程中是否给对方写过或提供过有自己真实签名的文件材料，或者对方有无从其他地方获取其有真实签名文件的条件；若文件上日期也为签名笔迹书写人书写的，可以让其回忆并具体指明在该日期内给对方提供过什么具体文件，以此确定文件伪造的可能性。

（2）寻找发现检材与文件内容之间的矛盾。截取有签名笔迹的空白纸页伪造的文件，虽然其签名是亲笔书写的，但从其整体形成过程乃至内容所记载的事实而言，毕竟是伪造形成的，因此必然反映出各方面的矛盾和伪造的特点。通过仔细观察，如果发现一份简单文件由两人书写又没有合理理由，纸页大小与文字内容不成比例，标题、正文与签名、日期之间在字间距离、行间距离、页边距等方面存在矛盾，纸面前部分文字过于挤密、后部分空白过大，文件条款布局不规范，重要词句或大写金额等内容不全，签名前后的附加词与文件用途、性质存在明显矛盾等情况，可考虑是他人窃取签名伪造文件。

（3）检验文件上的压痕文字特征。检验可疑文件本身的除正文内容外的压痕文字，确定其内容，认定其是否由签名笔迹书写人书写形成，压痕文字内容与签名书写人提供给对方的原有文件的内容是否相同，压痕文字形成方式是否与签名笔迹和日期形成方式一致。条件具备的，应对原有文件书写时的衬垫纸面进行压痕文字检验，分析其压痕文字内容是否与可疑文件或争议文件内容相同，有无文件上签名笔迹的压痕。通过对文件自身的压痕文字检验和衬垫纸面上的压痕文字检验，往往可以直接确认利用其他真实文件上的签名及空白部分伪造文件的事实。

（4）进行书写时间和书写工具检验。对签名笔迹与文件其他内容进行书写时间和书写工具检验，确定文件伪造事实。通过对文件上两部分文字的书写工具和书写时间鉴定，确定文件上形成两部分文字的工具和时间是否一致。特别在出现签名笔迹书写时间在前、正文内容书写时间在后的矛盾时可以直接揭露文件伪造事实。

（5）将两部分文件进行整体分离痕迹检验。鉴定委托单位应采取多种手段，尽可能收全嫌疑人手中掌握的可能用于伪造的签名笔迹书写人的手写文字材料，特别是内容不全、已被分离且缺乏应有签名的文件。将那些被分离的文件与可疑文件进行对比检验，确定两者的种类、颜色、光泽度、纤维种类、走向是否一致，纸面花纹、格线的类型及拼接情况，分离缘的形态及拼合情况，从而判明可疑文件纸页是否是从某份文件上分离下来的，以确定文件是否为伪造形成。

2. 复印签名伪造文件。复印签名伪造文件是指利用静电复印技术，将他人原有亲笔签名复印到伪造文件上的行为。复印签名伪造的文件因其是复印形成的，其签名笔迹表现出来的复印特征易于确定，加之伪造文件的签名笔迹与其他文字内容之间有拼凑、补接等痕迹，所以识别其伪造事实较为容易。

（1）判明可疑文件上的签名笔迹是否是复印形成。主要方法为分析文件纸张是否复印专用纸张，墨迹是否为静电复印粉末，笔画上的墨层形态，有无笔道，有无复印形成的底灰、附加影像、感光鼓老化损伤痕迹、分纸部件污染痕迹及其他机械装置上脏痕等复印文件特定痕迹反映。文件纸张可能是某种特定复印方式所使用的特殊纸张和普通纸张。

（2）判明可疑文件上签名笔迹与其他文字的形成方式是否一致。复印签名笔迹与文件其他部分文字形成方式不同。若伪造文件只复印签名笔迹，而文件其他内容则由打印方式完成，文件的签名部分与其他内容必然反映出各自的形成方式特点。一个完整文件两部分内容形成方式的差异，特别是正文内容为打印字迹，而签名为复印字迹，是无效文件的重要特点之一。检验时，分别依据两部分文字各自的笔画物质、笔痕及其他附加痕迹特征，确定两者的形成方式，判明两者形成方式是否一致，有无与真实文件形成方式上的矛盾。如果其他内容字迹形成方式为打印而签名笔迹为复印，则判明可疑文件上签名笔迹是被他人复印形成。

（3）确定可疑文件上有无拼凑痕迹。拼凑复印伪造文件除了反映出复印特点外，文件还反映出拼凑、补接的痕迹特点。直接把签名与其他内容经一次复印合成整体的伪造文件，在签名部分与其他内容之间往往出现一条反映拼接缘的复印线痕。先复印签名笔迹再复印其他内容的两次复印形成的伪造文件，除拼接缘的复印线痕外，与其他内容之间可能出现位置不正、原文件行线对接不准的现象，并且文件上能够反映出两次复印痕迹。先逐字拼凑粘贴后复印形成的整体伪造文件，单字边缘有复印拼接线痕，纸张上的格线因粘贴文字而被破坏，表现出格线不完整现象。若单字在原真实文件上压格书写而剪裁后在伪造文件上往往形成多余格线复印痕迹，或者因去除多余格线而使文字笔画出现残缺现象。检验时，通过分析文件正文与签名之间有无被复印下来的拼接线痕，单字边缘有无拼接线痕，文件格线是否完整，文字笔画有无多余格线或笔画残缺现象，来确定是否为复印伪造。

（4）确定可疑文件全部内容是否是一次性连续书写形成。因逐字拼凑的字迹不是来自同一份文件，由于原有文件形成过程中书写工具、书写速度、墨水的种类和颜色、字体类型、大小等条件不同，拼接后复印出来的文件单字与单字之间的连笔多少、墨迹数量、字体类型与大小、笔画痕迹等方面不一致，字间间距不均匀，行线不整齐，倾斜程度不一致，文件上表现出单字不是一次连续书写形成的特点。文件中前后相同的单字若原文件中只出现了一次而用同字反复拼接复印，其相同单字能完全重合。检验时，若文件全部手写字迹都是出自签名笔迹书写人，应分析单字与单字之间在书写速度、书写工具、墨迹颜色深浅、字的大小及形体方面的特点是否一致，字间距、行间距是否均匀一致，行线是否整齐，字的倾斜程度是否一致，前后相同单字特征是否相同，来分析确定文件是否为复印伪造。

（5）进行比较检验，寻找可疑文件签名笔迹的来源。对可疑文件签名笔迹与书写人真实签名的其他文件进行比较检验，准确认定文件上的复印签名笔迹是利用哪份文件上的签名笔迹复印形成的，甚至认定文件全部文字是从哪些真实文件上复印下来经剪贴拼接再复印形成的，从而认定文件的伪造事实。只要能认定文件上的部分字迹是出自两份或两份以上的文件，伪造文件事实就可确定。

3. 转印签名伪造文件。转印签名是指行为人利用所掌握的他人亲笔签名的文件，采用物理、化学、脱蓝、提取后转印等方法，使真实签名的部分笔画物质转印到伪造文件上形成签名笔迹的行为。转印签名伪造文件的方法包括直接转印和间接转印。直接转印是指将他人真实签名笔画上或复写的部分笔画物质直接转印到伪造文件上，常见的是利用真实复写签名文件纸张背部的复写印痕，将伪造文件置于其下，然后在真实文件签名部位进行擦压，使其复写颜料脱落并附着于伪造文件表面，形成签名笔迹的复写颜料痕迹。间接转印是指先将真实文件签名笔迹的部分笔画物质经擦压转印到一定介质物面上，再将介质物面上的笔画物质（反像文字）经擦压转印到伪造文件上形成签名笔迹。这种方法所用介质物多为带有药膜层的印相纸或涂有凡士林、鱼蜡等介质的白纸。转印法伪造文件签名虽然笔画形态、签名整体结构和布局等方面反映逼真，但伪造特点明显，易于识别。

（1）转印签名笔迹颜色浅淡，无笔压、无笔道沟痕特征。转印签名笔迹颜色浅淡，着色粗糙，笔画物质悬浮于文件纸面纤维上而与纸张结合不紧密，无笔压反映，笔画部位无笔道沟痕。检验笔画物质在纸面分布情况及其与纸面的结合度，有无笔画沟痕，有无介质残留物，从检材自身特点入手，确定转印签名伪造文件的事实。

（2）转印签名笔迹笔画不规则、边缘界线模糊。擦压复写印痕直接转印的签名易出现笔画不规则、边缘界线模糊现象，纸面有擦压形成的条状压痕。若被转印签名是圆珠笔书写的，转印下来的签名笔迹笔画边缘无圆珠笔油堆积和泅散现象；若新鲜钢笔墨水签名笔迹被转印，形成的签名笔迹无墨水渗透、泅散现象。

（3）转印签名笔迹部位有蜡屑、凡士林油渍附着痕迹。使用介质物质转印的，形成的签名笔迹部位有蜡屑、凡士林油渍附着痕迹；加有机溶剂转印的，相应部位有有机溶剂残存。

（4）被转印签名的文件有相应特点反映。如原文件上的擦压条状痕迹和复写印痕模糊，被转印部分有蜡屑、凡士林油、有机溶剂附着，被转印的圆珠笔签名笔迹部位笔画堆积状笔油被压平，笔画表面立体形态变形等。

（5）发现被转印文件，确定转印签名出处。与样本比较过程中，发现被转印文件，确定转印签名出处。根据检材与样本签名笔迹形体是否相近，样本有无擦压条状压痕、介质物质、有机溶剂等条件，发现被转印文件原件，再将原件签名笔迹与转印签名笔迹重合比较，或进行笔画物质种类、成分鉴定，确定检材文件的伪造事实和出处。

4. 偷垫复写纸窃取签名。以复写方式签写的合同、票据类文件，有人在签名时多垫一张复写纸,将伪造的文件偷放在下面,秘密取得签名。套取复写签名笔迹的方法大致有两种:①行为人按文件格式,事先写好或填好除签名外的文件全部内容,在寻找到窃取机会时,将伪造文件置于需签名人亲笔签名的真实文件之下,将两者签名部位对齐,再将适当大小的复写纸置于两者之间的签名部位,使书写人一次签名活动形成两份签名笔迹,实现不法目的。②行为人利用他人在真实文件上签名的机会,采用复写方法窃取签名之后,在有多余复写签名的纸张上添写所需内容,形成假文件。采用这种方法伪造的文件,因其内容、形式等与同类真实文件相同,且签名笔迹具有亲笔书写的特性,所以其伪造行为不易分辨。但是,这种假文件形成的条件与真实文件相比,仍会反映出不同的特点和自身的矛盾,这又为检验提供了条件。

(1) 审查案情,查明窃取复写签名伪造文件的可能性。窃取复写签名笔迹的检验工作往往是从鉴定签名笔迹书写人开始的。鉴定过程中若发现检材有诸多矛盾,就不应急于出结论,而应在准确认定书写人的基础上,进一步确定文件的伪造事实。主要了解签名人有无面对伪造嫌疑人书写签名的事实,历次的签名笔迹是在哪些条件下、哪些文件上书写的,可疑文件或有争议文件是由谁提供的、由谁持有或保管,文件记载的内容对谁有利等情况。

(2) 从分析文件自身特点入手,发现矛盾。窃取他人真实复写签名伪造的文件,其签名复写字迹之间由于受书写要求、形成方式、物质材料、书写工具等多种不同条件的影响,必然出现正常书写不应出现的某些差异现象,形成明显矛盾。

(3) 检验样本材料,发现检材复写签名的来源线索。全面收集签名人给文件伪造嫌疑人书写的各种签名文件,特别是书写速度快、签名位置固定的文件。仔细检验这些样本文件,从中发现窃取复写签名的线索。检验时,注意观察样本文件上的签名笔迹与检材上的签名笔迹在字的大小、字间距离、字间组合方式等一般特征方面是否相同;文件上有无因窃取复写签名而出现的签名笔迹颜料明显淡于其他复写文字的现象;单份文件签名笔迹部位及一次复写的多份复写文件尾页签名笔迹部位,背面有无正常书写不应出现的签名文字复写印痕,印痕是否是在正面签名时一次性书写形成的,是否是复写套摹签名留下的。

(4) 对检材和样本文件上的签名笔迹进行比较检验。通过检验样本,找出与检材文件签名笔迹形体相同的样本文件,若某份文件上的签名笔迹经透光重叠检验能与检材文件的签名笔迹完全重合,且检材文件上的签名笔迹无任何伪装或摹仿特征反映,就可以认定,检材文件与样本文件的签名笔迹是利用复写方式一次书写形成的。结合检材文件与样本文件两者在内容、性质、用途上的本质差异,可以直接确定检材文件的伪造事实。

（四）伪装自己的签名

伪装自己的签名是指签名者出于某种个人原因，为逃避签名的法律责任，在书写签名时，主观故意进行伪装书写形成的签名。在签名时有意改变自己签名的书写习惯，其动机一般是为了事后不承认或在发生问题与争议时，摆脱自己的责任，甚至反诬他人伪造签名。伪装自己签名的特点主要表现为降低书写水平和改变字的形态和结构，如降低书写速度，改变倾斜方向，改变书体，改变某个字的习惯写法，在起收笔处附加动作或有意拖长，等等。

签名笔迹本身字迹少，笔迹特征少，伪装签名反映书写人习惯的笔迹特征相对更少。检验中，应该占有尽量多的历史样本，不能只求某时的样本数量，要注意样本反映的书写习惯的多样性。通过样本，进一步认识和印证检材的特征，全面地把握其书写习惯及变化规律。

（五）自我摹仿签名

自我摹仿签名是指书写人在特定的情况下，以自己书写的姓名为摹样，采用摹仿方法，尤其是套摹的方法把自己的姓名写在承载客体上。自我摹仿签名按照摹仿书写的目的不同，可以分为否定类的自我摹仿签名和肯定类的自我摹仿签名：

1. 否定类的自我摹仿签名，是指书写人企图借摹仿签名的假象割断摹仿签名笔迹与自身的必然联系，从而逃避法律责任。

2. 肯定类的自我摹仿签名，是指书写人企图通过摹仿已有的签名笔迹确定签名与案件事实联系的必然性，从而逃避法律责任。

自我摹仿签名笔迹与他人摹仿签名笔迹的不同。一般情况下，书写人摹仿他人签名的目的是希望所书写形成的签名笔迹与摹样"相同"从而"以假充真"。否定类的自我摹仿书写的目的是希望摹仿书写的签名笔迹与摹样"不相同"从而"由真变假"。肯定类的自我摹仿书写的目的是希望摹仿签名笔迹与摹样"相同"达到"以'假'乱真"。自我摹仿签名笔迹与他人摹仿签名笔迹虽然在摹仿的一般特点方面具有相同反映，但是自我摹仿签名笔迹与被摹仿的笔迹是由同一书写习惯形成的，而他人摹仿签名笔迹与被摹仿的笔迹是不同人书写习惯形成的，这是两者的本质区别。同时，把自我摹仿签名笔迹与被摹仿人的笔迹进行比较，发现两者独特稳定的细节特征相同，且特征相同的数量多，如：起收笔位置，形态特征，运笔的方向、形态及笔力特征，笔顺特征等；把他人摹仿签名笔迹与被摹仿人的笔迹进行比较，发现两者独特稳定的细节特征不相同，只在一般特征上出现"形似"。

因此，在检验自我摹仿签名笔迹时，首先根据签名笔迹所反映出来的摹仿特点确定摹仿事实；在此基础上进一步确定摹仿伪装的程度；最后根据签名笔迹摹仿的特点并结合笔迹特征稳定与变化的规律特点以及他人摹仿与自我摹仿的区别，判断签名笔迹是他人摹仿还是自我摹仿。

【任务实施】

一、任务目的

通过本任务的实施，使学员熟悉和掌握签名造假笔迹的特点，并在笔迹检验实践中能对签名造假手段进行准确的识别。

二、任务设备与材料

1. 普通铅笔、红蓝铅笔、钢笔。

2. 白纸、复印纸、检验记录表、实验报告。

3. 放大镜、体式显微镜。

4. 签名造假的案例。

三、任务指导

1. 实施任务时学员每两人为一组认真进行。

2. 任务实施以目力观察为主，适当借助放大镜和体式显微镜。

3. 特征分析应按先一般特征后细节特征的顺序逐一进行认真细致的观察分析。

4. 观察的同时应在检验记录表上认真做好记录。

5. 任务实施前应认真复习签名造假手段及特点的相关知识。

四、任务组织

1. 准备5张白纸，分别标记为样本、检材1、检材2、检材3、检材4，复印纸1张。将样本和检材1重叠，在中间放上1张复印纸，每位学员以正常的书写速度在样本纸上书写自己的姓名20次。注意书写时统一使用钢笔，采取正常的书写速度和保持最舒服的坐姿进行书写。在检材2上，伪装自己的签名笔迹，书写10次。

2. 学生两人为一个实验小组。每个实验小组内成员相互交换各自的样本和检材。在检材3上，正常的书写同组人的姓名10次。在检材4上，以同组人的样本字迹为摹样，摹仿签名10次。

3. 每个实验小组内成员相互交换手中的笔迹材料。

4. 观察检材1、检材2、检材3、检材4和样本，按照分别检验的格式和要求分析和总结笔迹特征。找出笔迹材料一般特征和细节特征，系统地记录在检验记录表相应的位置上。仔细分析检验记录表上的特征记录，比较每种笔迹的异同之处。分析哪些特征发生了变化，哪些特征保持稳定的形态。归纳总结不同造假手段签名笔迹特征稳定与变化的规律，并将结果填写在实验报告相应的位置上。

5. 对所给的签名造假的案例材料进行分析，根据不同造假手段签名笔迹的特点确定检材笔迹是否存在造假,并进一步确定造假的手段。

附:签名造假笔迹实验报告格式。(见表8-1-1)

表8-1-1 签名造假笔迹实验报告格式

签名造假笔迹实验报告		
签名造假笔迹种类	稳定的笔迹特征	变化的笔迹特征

五、评分标准

成绩评定主要结合任务操作的认真程度、操作的规范程度以及检验记录表的完成质量和实验报告的完成情况等进行综合评定。

六、操作注意事项

1. 为确保任务实施取得良好的效果,在制作笔迹实验材料时,不应再掺杂有其他伪装方式,而且应尽可能在正常的书写条件下进行书写。

2. 在伪造签名笔迹检验中,样本应具有较好的比对条件。

3. 在分析检材笔迹时,应注意遵循分别检验的原则。一份检材分析完毕后,才可开始观察分析下一份检材,不应在检验前先行比对检材。对于检材1、2、3,应该分为3组,不能混在一起比对。

【技能测试】

判断下列检材签名笔迹的造假手段,并说明理由。(见图8-1-3、图8-1-4)

图8-1-3 检材   图8-1-4 样本

任务二　签名笔迹检验

【知识点】
1. 签名笔迹检验的依据。
2. 签名笔迹检验的思路。
3. 认定签名书写人的方法要点。

【技能点】
签名书写人的认定。

【任务导入】
签名笔迹的检验，是笔迹检验的一个组成部分，一般的笔迹检验方法仍然适用。但签名笔迹有其特殊的一面，因此，在检验中应针对其特点加以分析。一般先了解签名争议的由来和文件的形成，然后根据初步比对理出检验思路，进一步认定是属于他人摹仿的签名还是自我摹仿的签名，最后作出签名书写人的认定。

【相关知识】
一、签名笔迹检验的依据
（一）理论依据

签名笔迹具有笔迹的基本特性，即特殊性、稳定性和反映性。

1. 书写动力定型决定书写习惯。书写动力定型，是指自动支配和调节书写活动的大脑皮层机能系统性的效应活动体系。人在书写练习过程中，大脑皮层接受一定顺序出现的复合刺激，形成与之相适应的暂时联系（条件反射）系统。经过反复的书写练习刺激，即可形成书写动力定型。书写习惯的生理机制就是建立在条件反射基础上的书写动力定型。

2. 书写习惯受人的生理结构、教育程度、书写练习情况、气质个性等综合影响，每个人的书写习惯均不相同。

3. 笔迹的反映性是签名笔迹检验的物质基础。书写习惯必然要在书写的笔迹材料中不同程度地反映出来，是不以人的意志为转移的客观存在。它不仅能在长篇的、正常书写的笔迹材料中反映出来，而且能在签名笔迹数量少和非正常的笔迹材料中不同程度地反映出来，就是有故意伪装也不会彻底改变。

4. 笔迹的相对稳定性是签名笔迹检验的基本条件。一个人的笔迹在长时间内不会发生重大变化，这是因为人的书写动力定型的守常性，语言文字社会规范与规则变化的缓慢性等，决定了一个人不同时期形成的笔迹虽有差别，但其本质特征不变。

5. 笔迹的总体特殊性是签名笔迹检验的鉴别依据。这是由于个人的书写习惯具有共同性与特殊性的双重属性，决定了不同人的笔迹特征既有符合点又有差异点，而特征总和则各不相同。

笔迹鉴定的过程是一个发现特征和认识特征的过程，鉴定人员要善于发现笔迹中特殊的、稳定的、不受书写人伪装和条件变化影响的特征，以其鉴定经验准确地判断这些特征的价值，并依据特征的价值、数量进行综合评断得出鉴定意见。特征价值的大小可用该特征在人群中的出现率来具体衡量，比如某个字的特殊搭配，在1000人当中只有1人会出现这种特殊，这个字的特征价值就较高。得出这个"价值较高"的认识和鉴定人的业务素质与鉴定人的检案经验有关。如果认为该特征价值平平而不予采用，或认为价值过大能一字定案，都可能产生错误判断。如果没有价值大的差异，并排除周围相互学仿的可能，这些特征就能定案。

（二）笔迹特征

笔迹特征是笔迹检验的依据，特别是签名笔迹检验，必须把握好签名笔迹的整体特征，才能做好检验工作。（见图8-2-1）

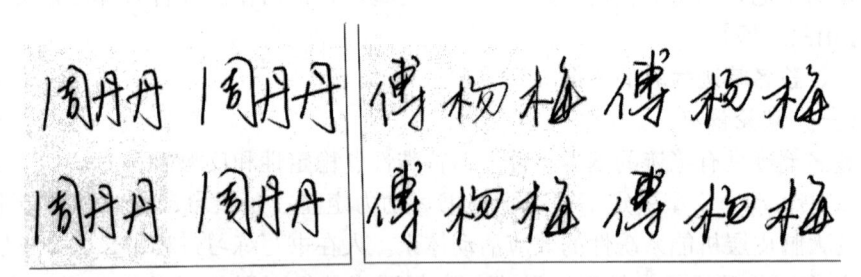

签名笔迹单字特征和整体组合特征都很稳定，为鉴定提供了重要依据。

图8-2-1 签名笔迹

1. 签名笔迹单字特征。

（1）单字的形体特征。包括签名笔迹单字的形状、大小、倾斜方向和倾斜程度。

（2）单字的基本写法特征。由于签名笔迹书写形式的特殊性，签名笔迹中单字的特殊书写形式特征往往比其他书写字迹特殊并且稳定。如单字的繁简或异体写法；单字的图案化或象形化写法；单字相同笔画或形体近似笔画的合并或共用写法；单字笔画的增加、减少或省略；单字某一笔画借用其他字的某一延长笔画构成等。因此，进行检验时必须把握好单字的基本写法特征。

（3）单字结构的搭配比例特征，即构成单字的组合结构、笔画之间的位置关系所表现出来的特点。这主要包括签名笔迹各单字的组合结构，笔画间的搭配方式、位置和比例关系与照应关系，等等。

（4）单字笔画和结构的书写顺序特征。由于签名的特定组合特点，加之书写人的风格设计，签名笔迹单字内部的笔画往往不按规范顺序书写，形成自己特有的笔顺特征。这主要包括组字结构间的笔顺关系和笔画间的笔顺关系，尤其是连写式签名中的某些笔画或结构在整体布局方面的交错笔顺出现率较高。在书写形式较为简单、连笔较少的签名笔迹中，单字的笔顺特征往往还是判断检材签名是否是摹仿和认定书写人的一个重要方面。

（5）单个笔画的运笔、连笔特征。单个笔画的运笔、连笔特征是构成签名笔迹特征的最基本单元，其特征细小、隐蔽，书写动作精细，具有难于伪装和摹仿的特点，是签名笔迹鉴定应重点寻找和使用的一类特征。其主要包括连笔笔画的形态特征，笔画起笔、收笔部位的动作特点。如连笔书写的笔画部位，运笔方向，环绕回转的方向和弧度、角度、形态，连笔笔画中各部分的粗细变化及所反映出来的书写速度的快慢变化规律和笔迹抑压力的轻重变化规律，单一笔画习惯性的特殊形态，起笔、收笔部位的停顿、拖带、回转、环绕、上翘、下压动作特点，笔力分布特点。

（6）附加笔画和装饰笔画特征。签名笔迹书写人为了增加签名的特殊性，根据设计需要，往往在签名笔迹中加入一些附加笔画或装饰性笔画，如签名笔迹末尾笔画书写完成后所打的习惯性小点，单字某一结构部位或外围的装饰性环绕笔画，末尾单字尾部笔画的故意加长且多次环绕形成的多余笔画。这类笔画是签名笔迹的特定组成部分，在分析特征时应像对待单字单个笔画的连写和运笔特征一样加以重视。

（7）笔痕特征。签名笔迹往往是书写人持有特定书写工具形成的，书写工具会在文件上形成特定的笔痕特征。不同书写工具在笔画局部形成的笔痕特征是不同的。当案件说明书写人应持有某一特定书写工具完成签名时，书写工具笔痕检验是认定书写工具、确定书写人的一个重要依据。

2. 签名笔迹的整体组合特征。签名笔迹不同于其他笔迹的一个重要表现就是几个单字（或一组字母或符号）是一组特定的组合文字。签名笔迹的书写形式，排列组合关系，文字间的连写、合并、借用、省略、增减特点等，构成了签名笔迹单字间的整体书写形式。这类特征主要包括以下几个方面：

（1）整体组合书写特征，即签名笔迹的书写方向以及倾斜角度特征。应分析签名是从左至右的横式书写，还是从上至下的竖式书写，或者是左高右低或左低右高的倾斜式书写，倾斜度如何。

（2）整体组合种类特征，是指签名笔迹属何种形式的签名。应分析签名笔迹是规范性签名，还是非规范性签名，非规范性签名又是采用的哪种具体排列组合形式；是采用何种方法进行单字组合的，是字迹大小相近的均等方法，还是反差明显的对比方法；是否采用了图案、合并、省略等方式。

(3) 整体组合的总体轮廓特征，即签名笔迹整体所具有的外部轮廓的具体形态特征。受签名笔迹的书写格式、方法的影响，签名笔迹几个字构成的整体形式的外部轮廓的形态反映不同。字迹大小不等，位置高低不同，个别突出笔画和装饰笔画的长短、方向和形态直接确定了签名笔迹的整体外形特征。

(4) 整体组合的排列组合特征，主要指签名笔迹各个字相互之间的位置关系、距离远近、方向及大小比例关系等具体特点。该类特征较前面几个方面的特征更为细小、具体，有一定的特定性。

(5) 整体组合字间连写及照应关系特征。其主要分析签名笔迹单字之间的连写方式，连笔部位，连笔的形状，连笔环绕转折的数量、方向、角度、弧度、大小，连笔部位的笔画粗细、抑压力大小，连笔书写反映出来的连写过程中的书写速度和笔力的起伏变化规律。这类特征鉴于连写式签名的书写运动整体性特点，可以将其视为单字结构与笔画间的连写性，有其细微、精细、独特的特点。

3. 签名笔迹附加文字符号特征。有些文件的签名要求，除签名外，书写人还要同时书写其他文字、数字和符号，如填写支票、汇票、取款凭条，除签名外需填注账号、金额，在某些特定法律文件上签名，还应填明日期等。这些附加文字、数字、符号特征往往是书写人自身习惯的反映。常常涉及的货币符号（如¥）、质量单位符号（如 t、kg）、容积符号（如 l、ml）、长度符号（如 km、m、cm、mm）、阿拉伯数字及其他相关文字。分析符号、阿拉伯数字特征时，要注意分析其书写方式、书写水平、连笔方向和形态、起收笔动作特点、起收笔之间的位置关系、数字间的大小比例关系和排列方向及位置高低关系。

4. 签名笔迹其他方面的特征。签名笔迹鉴定并非单一认定签名笔迹的书写人，有时需要判明签名笔迹的形成方式。因此，综合利用检材上反映出来的各方面的特点，对于认识签名笔迹的形成、来源有极大的好处，也能为认定书写人提供必要的帮助。

(1) 签名笔迹与文件上其他字迹之间的关系特征。主要指签名笔迹与文件上其他字迹之间大小是否相称，位置、距离远近是否恰当、正常；有无本应由签名人全文填写的内容却只有签名的情况；条据实质内容的文字是否过小且过于紧凑而签名笔迹和日期排列稀疏；签名笔迹与文件其他文字的书写工具、材料是否一致，有无书写工具不同、复写纸种类和新旧程度不同等特点；签名笔迹的形成方式是否与文件其余文字一致，复印文件检材有无剪贴拼接痕迹反映；有无两部分的笔迹抑压力明显不一致甚至签名笔迹模糊、残缺、无笔迹压痕等现象；签名笔迹同文件上的其余文字是否为同时期书写形成；等等。

(2) 签名笔迹在文件纸面上的位置关系特征。包括签名笔迹与文件纸张的格线关系特点，即签名笔迹在格线中的位置是否适中；有无偏离特点以及签名笔迹与预留部分的大小比例是否恰当；是否过大而超出预留部位的面积或过小而难以辨认使其比例失称。

（3）签名笔迹与文件种类、性质关系特征。即签名笔迹是否与文件种类、性质相适应；有无签名笔迹与文件种类、性质不相符合的现象；非规范性签名是否出现在非常正式的文件上。

（4）签名笔迹与其相关文件之间的关系特征。如签名笔迹文件与其衬垫纸页上的压痕文字之间的关系，有无在第二页无关纸页上留有该签名笔迹的压痕情况；复写签名笔迹与其余联上的签名笔迹之间是否为一次复写形成；其余文件上的签名笔迹与该签名是否有不应为一次复写形成而又能相互重合的情况。

二、签名笔迹检验的思路

鉴于签名造假手法的复杂多样，签名笔迹检验的一个重要环节就是理出检验思路，即整理出检验线索。大致可以从以下几个方面进行：

（一）吃透检材，识别伪装

签名笔迹检验中，判明检材的性质，是正确进行检验的前提。判明检材有无伪装、伪装手段及特征变化程度，才能在检验中去伪存真，从而正确认识书写习惯。一般来说，签名笔迹的形成不外乎这么几种：签名是本人亲笔书写的，签名是他人摹仿的，签名是自我摹仿的，签名是被复制而成的，签名是他人冒充或替代的，签名是本人伪装的。签名笔迹的伪装与识别其他笔迹的伪装方法是一致的，但是，签名笔迹由于字数少，同字、同偏旁部首出现少，这就要求对签名笔迹进行更全面、细致的分析判断。

1. 仔细研究签名笔迹的书写动作特点，分析其单字的书写水平前后是否一致。

2. 分析单字结构、笔画形态及连接、搭配比例等关系是否正常，如有反常现象，应结合案情查清形成反常现象的具体原因。

3. 把可疑签名笔迹与当事人的真实签名笔迹进行对照分析，比较二者的签名格式和具体签名方法是否相同，主要笔画的运笔、连笔特征，特别是笔画的起收笔部位的抑压力特征，笔画转折、连接部位的笔画粗细与书写速度是否相称，较长笔画中力的分布与书写速度的变化是否一致。

4. 根据各种伪装方法的规律特点，对可疑签名笔迹进行具体分析，确定可疑签名笔迹的伪装手法。

（二）科学、合理地解释检材中出现的笔迹特征变异

个人的签名笔迹往往具有多样性。签名笔迹多是在不同时间、不同条件和不同地点书写的，它们之间必然存在一定的差异，这些差异一般由以下几种原因形成：

1. 受书写姿势影响出现的差异。人的书写姿势有坐姿、站姿、蹲姿、睡姿、弯腰等，采取不同的姿势书写的签名会出现不同的笔迹特征变异。

2. 受书写工具和承受物的影响出现的差异。不同的书写工具，如钢笔、圆珠笔、毛笔、蘸水笔、签字笔，承受物的软硬、厚薄等均可产生笔迹特征的变异。

3. 受书写环境和书写人心理影响出现的差异。书写环境的安静或嘈杂，书写人心理平静、高兴、紧张或愤怒等因素也可引起签名笔迹特征的变异。

4. 签字要求不同出现的差异。因不同场合签名的要求不同，签名笔迹会表现出随意性和规范性。随意性字迹书写较快，连笔较多，形态特征明显，如工作需要的签字。规范性签名书写速度较慢，连笔较少，形态特征不明显，如填写表格。不同的要求会使同一人的签名发生特征变异。

（三）选取稳定性强、难以伪装的特征

个人的签名，往往具有高度的个性化，特殊性强；而明显的、具有较强的个性化的特征也是最易被摹仿的特征。在一份摹仿的签名笔迹中，既有被摹仿人的特点，又有摹仿人自身的特点，同时还有在摹仿过程中笔迹的变化。在选取特征时，要在"吃透"检材、科学地解释签名中出现的特征变异的基础上，选取常人难以伪装、稳定性强、价值大的特征。在签名笔迹中，可作为鉴定依据的特征主要有：起笔、行笔、收笔、笔画间的交叉搭配特征，单字间的组合连写特征，文字布局特征，字的间距、整体高度、倾斜度、笔力特征等。在分析签名笔迹特征时，一般步骤如下：

1. 从单字的形状、大小、倾斜方向分析单字的外部形态特征。

2. 分析单字的结构特征。是否使用了繁简写法；笔画的增减、合并、省略、细小笔画的位置照应关系及独特的笔顺特征。

3. 分析笔画的运笔、连笔特征，着重分析笔画的形态和起笔收笔的运笔动作特点、连写笔画各部分的粗细、书写速度与抑压力分布的规律，分析附加笔画、装饰性笔画的特征。

4. 分析签名笔迹的整体布局，包括书写方向、倾斜度、单字间的相对位置、距离、方向、大小比例特征、单字之间的连接、照应关系等特征。

5. 注意发现和运用附加在签名笔迹后面的标点符号特征。一般情况下，书写人的这个习惯一旦形成，就难以改变，而且常为伪装者所忽略。

6. 从笔画的分解中找出反映书写人书写动作规律的特征。笔画的分解，就是笔画的起、行、收三个动作及其表现形态的分解。在签名案件的检验中，对单字的每一个笔画进行分解，将单字若干单一笔画进行归类比较，寻找规律的、稳定的特征。

7. 结合样本笔迹，寻找书写习惯特征。在检验中，不仅应从检材中寻找书写习惯特征，而且在一定条件下，要充分利用样本材料弥补检材字迹的不足，把检材与样本对照起来进行研究并相互验证，从中找出更有价值的特征。

三、认定签名书写人的方法要点

认定有争议签名的书写人，是送检单位要求笔迹检验解决的根本问题。它包括签名是否为本人所写和签名是否为该人摹仿。

（一）认定签名书写人

1. 判断是否存在伪装，准确把握伪装的程度以及伪装引起的特征变化规律。

2. 从不受伪装影响的方面找特征，尽可能地增加特征的数量，尤其是比较隐性的特征。

3. 认真研究样本的特征、表现规律及特点，通过样本特征的高度确定性，比较、印证检材特征，确定其异同。

（二）认定签名摹仿人

摹仿人也是书写人，只不过他是特殊的一类，所以单独提出来讲。

在经济和民事纠纷案件中，一般只要肯定了签名不是本人所写，或者确定了签名是他人摹仿的，就解决问题了，并不要求鉴定是谁写的。但有些案件，主要是刑事案件（如诈骗），只有确定了是谁摹仿，才能认定某人有罪，才算达到鉴定的目的。

检验时，首先要制作包括可疑签名、被摹仿人签名样本、嫌疑人的笔迹样本在内的比对表。如果发现笔痕有可利用的条件，还要注意笔痕的形态，墨流是否存在反常现象等笔痕特征的比对，等等。这样做，是为了充实检验的依据，使鉴定意见更加可靠。不仅如此，摹仿签名的鉴定，还要与案情和其他证据相结合，不放过任何可供利用的条件。经过综合权衡，才能作出最后的鉴定意见。

【任务实施】

一、任务目的

通过本任务的实施，使学员熟悉和掌握签名笔迹检验的步骤和方法，并在笔迹检验实践中能对签名笔迹的特征体系有更深刻的认识。

二、任务设备与材料

1. 普通铅笔、红蓝铅笔、钢笔。

2. 白纸、复印纸、检验记录表、特征比对表、司法鉴定意见书。

3. 放大镜、体式显微镜。

4. 签名笔迹鉴定的案例。

三、任务指导

1. 实施任务时学员独立进行操作。

2. 任务实施以目力观察为主，适当借助放大镜和体式显微镜。

3. 特征分析应按先一般特征后细节特征的顺序逐一进行认真细致的观察分析。

4. 观察的同时应在检验记录表上认真做好记录。

5. 任务实施前应认真复习签名笔迹检验的相关知识。

四、任务组织

1. 给每位学员发放一份签名笔迹鉴定的案例，并附上案件的基本情况。

2. 学员拿到案例后，先按照案情分清楚哪些是检材，哪些是样本。

3. 学员按照分别检验的要求，分别寻找检材和样本的一般特征和细节特征，系统地记录在检验记录纸相应的位置上。

4. 按照比较检验的任务和方法，仔细分析检验记录纸上的特征，用特征标示法比较检材特征和样本特征的异同，记录在特征比对表上。

5. 根据签名笔迹特征的稳定和变化规律，综合分析检材和样本笔迹特征的差异点和相同点，判断特征质量的高低、数量的多少。

6. 最后作出司法鉴定意见，并出具司法鉴定意见书。

五、评分标准

成绩评定主要结合任务操作的认真程度、操作的规范程度以及检验记录表、特征比对表的完成质量和司法鉴定意见书的制作情况等进行综合评定。

六、操作注意事项

1. 为确保任务实施取得良好的效果，在选择签名笔迹鉴定案例时，应该考虑典型性，难度应该适中。

2. 在伪造签名笔迹检验中，样本应具有较好的比对条件。

3. 在制作司法鉴定意见书时，可以给学生提供模板。

【技能测试】

1. 签名笔迹的笔迹特征有哪些？

2. 签名笔迹鉴定的大致思路如何？

3. 以下所附的检材笔迹与样本笔迹是否为同一人书写？（见图 8-2-2）

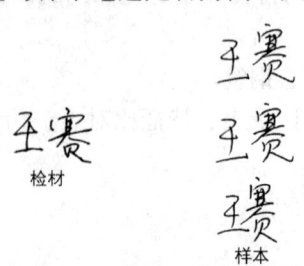

图 8-2-2 检材和样本笔迹材料

第九章　认识印刷文书检验

内容提要

本章所讲述的印刷为计算机印刷，即采用喷墨打印机、复印机、激光打印机等印刷设备对原稿内容进行批量复制的技术。印刷设备是一种精密打印设备，制作精度很高，同类机器之间的各项控制指标相差很小。对于新印刷设备，几乎找不出可以供同一认定的特征。但是使用一定时期的印刷设备，在使用过程中总会出现一些磨损变化，甚至会留下持久性的痕迹，这些变化因不同机器而存在差别，这就为识别不同的印刷设备提供了检验依据。本章通过对打印文书和复印文书的形成原理、制作过程以及各类文书所具有的相应特点的介绍，展示各类文书的所具有的相应特点，展示各类文书的本质特性，从而将不同种类的印刷文书存在的差异加以区分，为检验印刷文书提供依据和方法。

任务一　认识喷墨打印文书

【知识点】

1. 喷墨打印机的工作原理。
2. 喷墨打印文书的特征识别。

【技能点】

1. 喷墨打印机的种类识别。
2. 喷墨打印机的同一认定。

【任务导入】

在家用打印机市场中，喷墨打印机以色彩表现能力强、采购成本低的特点成为许多家庭用户的选择。为正确认识喷墨打印文书，对有此类嫌疑案件的文书进行正确的检验和鉴别，需要我们正确认识喷墨打印文书的种类特征和同一认定特征。

【相关知识】

一、喷墨打印机

喷墨打印机（Ink-jet Printer）使用大量的喷嘴，将墨点喷射到纸张上。由于喷嘴的数量较多，且墨点细小，能够做出比撞击式打印机更细致、混合更多种色彩的效果。不单如此，亦由于墨点喷射的方式并不会对色带或印头造成损耗，而且不需要如针式打印机一般重复打印数遍来做成混色的效果，所以这种技术很适合用来制造高速的彩色打印机。

喷墨打印机的结构与针式打印机类似，但它是非击打式打印机。它的打印头上安装的不是钢针而是喷墨头。在打印时，喷墨打印机接受计算机指令，字车带动喷墨头移动，由喷墨头向打印纸喷射墨点，形成文字或图像内容。另外，喷墨打印机由墨盒代替了针式打印机的色带。

喷墨打印机使用的墨水有液态和固态之分。液态墨水是水溶性的，其打印的字迹色泽较暗淡，印点中心部位平实，边缘则不规整，有浸润模糊的现象，甚至印点还有喷溅形成的长尾巴。刚打印出的字迹，遇到摩擦时笔画上会留下擦迹，遇水会很快洇散。印字头使用过久，个别喷嘴阻塞，或墨水快用完时，打印的字迹笔画中间有白点，颜色变浅，笔画边缘的飞点更明显。固态墨喷墨打印机打出的字迹，墨水渗透性强，附着性好，色彩鲜艳，打印效果赶上甚至超过热转印彩色印字机，但不能打印胶片，适用于大公司的设计部门、广告商及彩色打印服务部门。

二、喷墨打印机工作原理

喷墨打印机的结构与针式打印机类似，但它是非击打式打印机。它的打印头上安装的不是钢针而是喷墨头。在打印时，喷墨打印机接受计算机指令，字车带动喷墨头移动，由喷墨头向打印纸喷射墨点，形成文字或图像内容；另外，喷墨打印机由墨盒代替了针式打印机的色带。市场上的绝大多数喷墨打印机根据液态喷墨打印机喷墨头的工作原理可分为气泡式和压电式两种。

（一）气泡式喷墨头

气泡式喷墨头的管壁上设置加热电极作为换能器，在计算机将指令传送给打印机后，打印机将指令转换为脉冲电流，脉冲电流传导到加热电极，使加热电极温度升高，加热电极作用于墨水，墨水受热后产生的蒸汽形成很小的气泡，实现墨水在短时间内经历温度剧烈变化，气泡受热膨胀，形成压力驱动墨滴喷射，从而实现文字、图像的输出。使用气泡式喷墨技术的主要有惠普公司和佳能公司。

（二）压电式喷墨头

压电式喷墨头上也设置有换能器，与气泡式喷墨头的加热电极不同，压电式喷墨头的换能器是多层压电晶体，在接到电流信号时，压电晶体会出现线性位移，换能器产生振荡及变形，从而挤压喷头中的墨水喷出。使用压电式喷墨技术的主要是爱普生公司。

三、喷墨打印机打印文书的检验

（一）喷墨打印机的种类认定特征

1. 机械压痕特征。各类喷墨打印机在硬件上都必须配有记录纸的抓取和传送机构，如辊轮和齿轮等部件。它们在完成输送纸张的功能时，必然与纸张有一定压力的接触，在纸张的正背面留下可重复再现的机械压痕，这种压痕可以利用静电压痕仪或侧光光源进行发现和显现。不同品牌和种类的输出设备在硬件设计和部件上均存在一定的差异。形成机械压痕的部位包括打印机的进纸部位（如橡胶搓纸轮等）、走纸机构（打印过程中）、出纸部位和打印机内部一些接触到纸张的其他部件。当然，压痕特征也会因纸张纤维变化而部分或个部损失。例如，浸水后干燥，或曾为了张贴用胶水、浆糊涂抹过，纸张膨胀后有不规则收缩，这时机械压痕特征将无法获得。

2. 墨水种类特征。固态墨打印是将固态墨加热液化后喷到纸上，墨水一接触到纸就立即固化。因此，固态墨打印文书没有洇散，色彩非常亮丽，在显微镜下观察，墨层较厚，凸起于纸面，笔画边缘有极少量的喷溅。液态墨打印的文书印点中心部位印迹平实，色泽相对较为暗淡，笔画无冲压痕，无墨粉堆积。显微镜下观察，笔画有洇散现象，且笔画边缘有微小的墨点痕迹。

3. 墨水的化学特征。目前使用液态墨打印的主要厂商都对各自的墨水配方严加保密，墨水盒不能通用，墨水的化学成分各不相同。每一型号的墨水都有特殊的配方，同型号每一批号的墨水都由厂家在墨水成分上做了一定的改变，根据原装墨的成分分析结果，完全可以区别不同打印文书的机器种类。用不同厂商的墨水做溶解实验发现，惠普系列打印机的油墨可溶于水和甘油，不溶于冰乙酸和高纯度的乙醇；爱普生系列打印机墨水在甘油、水、冰乙酸和高纯度的乙醇中均可溶解。同时，现代分析方法有多种，包括毛细管电泳分离法、气相色谱或质谱连用系统分析法、激光拉曼显微光谱测定法和傅立叶变换红外光谱法等，均可以用来分析墨水，确定打印机种类、墨水的制造厂商。

需要注意的是，目前很多喷墨打印机使用者在原装墨盒的墨水耗尽后，由于费用等原因，可能会选择填充市场上其他生产打印机耗材厂家的墨水，这给以通过分析墨水的化学特征来区分打印机生产商的方法增加了难度。

4. 打印机的打印特征。一般来说，喷墨打印机使用水溶性染料打印字符时易形成喷溅，笔画喷点周围存在由细小、杂散墨滴形成的轻微底灰，刚打上的字符湿而不牢，因摩擦易形成擦痕，尤其是沿打印头打印方向摩擦形成的擦痕明显。喷墨打印机打印文书的墨迹由小点组成；墨迹呈堆积状，无冲击痕和挤墨迹象，但墨水有洇散，有时有墨水污染。喷墨打印机打印的字迹上的墨迹易溶于水，遇水易模糊。由于喷墨打印机喷墨头工作原理不同，各品牌打印机打印文书所表现出的特点也不尽相同。

在显微镜下观察，气泡式喷墨打印件的文字笔画边缘的飞溅墨点较多，且易出现墨点不均匀的现象；而压电式喷墨打印件的文字笔画墨点均匀，且几乎没有飞溅墨点。造成这种差异的主要原因是压电式喷墨打印机使用的是多层压电晶体式喷墨头。这种技术在控制墨点喷射的精度上更高，解决了墨点乱飞和墨点不均匀的问题。

气泡式喷墨打印机使用的是气泡式喷墨打印头，由于一些技术的不同，其内部还存在气泡技术（佳能公司）和热感技术（惠普公司）两种，两种技术形成的打印件也各自具有自身的特点。

气泡技术喷墨打印件的散落墨点较少，主要分布在笔画边缘，其他部位也有少量分布。笔画边缘散落墨点主要是沿字车前进方向散落在笔画的一侧，如字车由右向左移动时，与字车移动方向有一定角度的笔画（如竖笔、撇笔、捺笔、折笔等）的左侧就会出现一些散落的墨点，而与字车移动方向平行的横笔两侧则不会出现散落墨点。另外，气泡技术喷墨打印件的笔画边缘相对不够清晰，"毛刺"较其他技术要多。

热感技术打印件的散落墨点较多，但集中在笔画边缘，其他部位基本没有。其笔画边缘墨点的分布与气泡技术打印件笔画边缘散落墨点的分布存在一些细微的差异：①笔画边缘散落墨点排列比较规则；②单个散落墨点的大小普遍大于气泡技术打印件的散落墨点；③散落墨点有时会出现喷溅形成的长尾巴。另外，热感技术打印件的边缘相对锐利，"毛刺"现象不明显，着墨均匀。

（二）喷墨打印机的同一认定特征

喷墨打印机同一认定主要是利用打印机在日常使用过程中由喷墨头运行轨迹不同、喷墨头喷嘴堵塞或打印机机械故障等原因而产生的痕迹特征进行认定。

1. 打印字符笔画残缺或模糊性特征。喷墨头是喷墨打印机中使用最频繁的元件，易出现墨水干涸导致喷墨嘴被堵塞、电路故障导致某个或某些喷墨头无法工作等问题，反映在打印件上就是会出现字符笔画残缺或模糊，主要表现为横向贯通的白色线条。这种白色线条在一段时间内具有一定的稳定性和可靠性。在进行比对检验时要注意线条出现的规律、数量及线条的宽度。

2. 打印字符串行接字错位特征。字车是喷墨打印机中运动频繁的部件。在打印时，当字符大小超出喷墨头高度时，喷墨头打完上半截字符后，字车在脉冲电流的指令下会调转方向，继续打印下半截字符。在长期使用过程中，字车及相关零件之间发生摩擦，就会出现机械间隙。这种摩擦带来的机械间隙会导致在脉冲电流控制和机械运转之间存在一个时间间隙，表现在打印文书上就是字符上下错位。机械间隙越大，错位的程度越大。检验时，要比对错位方向、错位距离。

需要注意的是，目前，大多数喷墨打印机都采用双向打印的方式，但有些机型可以将双向打印切换为单向打印，使字符上下错位现象消失。

3. 打印字符左右不对称特征。打印时，在电流控制下，字车匀速前进，同时喷墨头向纸张喷出墨水，形成字符；在经过字符与字符之间的空白部分时，字车是先加速，后减速，然后回归到匀速状态，进行下一个字符的打印。同样由于长期使用等原因，带动字车左右运动的传动带及其他零件有可能出现故障，致使机械控制与电流控制出现时间间隙。这样，字车在变速运动过程中喷墨头就开始喷墨，造成字符出现左右不对称变形的情况。检验时，要比对两次变形之间的间距及每次变形的长度。

4. 打印字符偏斜特征。字车一般安装在导轨上做往返运动，由于安装或磨损等原因，字车与导轨之间的间隙会增大，在打印过程中被传动带拖拽，喷墨头会略偏，从而造成打印字符的列阵与字行轴线不垂直。情况严重时，肉眼可直接看出字符不正，轻微时也能在竖线条上表现出来。检验时，要比较偏斜方向及偏斜程度。

【任务实施】

一、任务目的

1. 掌握喷墨打印机打印文书的原理，能够识别某份文书是否为喷墨打印机打印。

2. 了解喷墨打印机的同一认定特征，学会喷墨打印机同一认定的程序和方法。

二、任务设备

1. 放大镜、体式显微镜、三维立体显微镜。

2. 喷墨打印机打印材料（检材）一张，几种常见品牌的喷墨打印机（样本）各一张。

三、任务指导

1. 实施任务时学员每两人为一组认真进行。

2. 任务实施以目力观察为主，适当借助放大镜、体式显微镜和三维立体显微镜。

3. 特征分析应按先种类认定特征后同一认定特征的顺序进行认真细致的观察分析。

4. 任务实施前应认真复习喷墨打印机打印文书的相关知识，重点复习喷墨打印机工作原理及种类认定和同一认定的检验要点。

四、任务组织

以 3~5 人为一组，分组完成任务。

五、评分标准

步骤	内容	要求	配分	得分
1	认识喷墨打印文书的一般特征		30 分	
2	识别喷墨打印文书的同一认定特征		50 分	
3	检验程序		20 分	
训练时间：		学生签名：	教师签名：	

六、操作注意事项

1. 以喷墨打印机的种类特征为线索，在打印文书上寻找和发现各类痕迹物证。

2. 先找大的方面的特征，然后再找细节特征。

3. 先分别检验，再进行综合比较。

4. 仔细观察，找出喷墨打印机本身的特征，将其与字库特征区别开来。

5. 注意收集同期样本，防止因打印机维修、换件使检材与样本形成的条件发生变化。

【技能测试】

一、填空题

1. 市场上的绝大多数喷墨打印机的工作原理可分为_____和_____两种。

2. 喷墨打印机使用的墨水有_____和_____。

3. 由于喷墨打印机的_____、_____、_____或_____，可能会造成同一认定特征的改变或消失。

二、判断题

1. 墨水洇散现象是喷墨打印机的基本特征之一，任何喷墨打印文书上都会出现墨水洇散现象。（   ）

2. 评断气泡式喷墨打印机使用的是气泡技术还是热感技术时，可凭散落墨点的数量多少来加以区分，散落墨点较少的为气泡技术。（   ）

3. 如文书中有字迹的部分出现空白状线条，即可判断为喷墨打印文书。（   ）

三、选择题

1. 喷墨打印机在打印文书时会在文书表面形成"底灰",其原因是(　　)。
   A. 喷墨头故障　　　B. 墨水质量差　　　C. 墨水喷溅
2. 喷墨打印机在打印文书时可能会造成"毛刺现象",其原因是(　　)。
   A. 喷墨头压力过大　B. 纸张被污染　　　C. 墨水洇散
3. 喷墨打印机打印的文书上的压痕特征可能会消失,其不能成立的原因有(　　)。
   A. 浸水后干燥　　　B. 存放一段时间　　C. 粘胶水后张贴

四、问答题

1. 喷墨打印机打印的文书各具有什么特点?
2. 如何区分同一、不同机型的喷墨打印机?

五、操作题

按照文书检验的步骤和程序,检验一张喷墨打印机打印的文书,并写出检验要点。

任务二　认识复印文书

【知识点】
1. 静电复印机的基本结构和工作过程。
2. 静电复印机鉴别的依据。
3. 静电复印机检验的方法要点。

【技能点】
1. 静电复印机的种类识别。
2. 静电复印机的同一认定。

【任务导入】

静电复印机是一种便捷的文书复印设备,也叫静电印刷或电子照相。世界上第一台干板式光电复印机问世于 1949 年,并由美国的哈曼德公司投产。由于复印机在复制份数较少的文书时快捷方便,并能保持原件的原样,因此很快得到了推广使用,目前已成为一种常用的现代办公设备。同时由于静电复印机功能强大、操作简单,违法犯罪分子利用复印文书造假的案件也越来越多,正确认识静电复印机的工作原理、种类识别、同一认定的方法和要点,是解决这类案件的关键。

【相关知识】

一、静电复印机的工作原理

静电复印是利用光电导体在未受光照的暗态下电阻率大而近似于绝缘体,但经过光照激发后电阻率又迅速下降转化成导体的这种"光电导效应"特性,通过光学系统把原稿图文成像在带电荷的光电导体表面,形成静电潜影后,再用带电墨粉把图像显现出来的图文复制技术。

光电导体是由一种具有光电效应的半导体材料制成。其材料有硒(Se)、氧化锌(ZnO)、硫化镉(CdS)和有机光导体(O、P、C)。

静电复印机所使用的墨粉(也称为带电染色剂),有些是由着色剂(炭黑、颜料、热塑料高聚物、添加剂)和载体(玻璃球、钢珠、铁粉、有机溶剂)组成,而有些是由单一的着色剂组成。

二、复印机的基本结构和工作过程

美国物理学家卡尔森于 1938 年发明了静电复印技术,1950 年美国施乐(XEROX)公司推出了手工操作的商业静电复印设备。1991 年,日本佳能(CANON)公司率先推出了数码复印机。复印机在上述发展历程中,在结构和工作程序上存在着一个由模拟技术到数码技术的过程。

(一)模拟复印机的基本结构和工作过程

虽然模拟复印机存在多种型号、功能和用途,但其内部基本结构都是相同的,主要由以下五大部分构成:

1. 曝光系统。主要包括光源、镜头、反射镜等光学部件,其使图像系统经光学镜头成像后投影到感光鼓表面完成曝光。

2. 感光鼓及其周围部件。

(1)充电电极:对感光鼓进行充电。

(2)光缝:完成对感光鼓的原稿曝光。

(3)显影器:用带点墨粉显出感光鼓上的静电潜影。

(4)转印电极:把带电墨粉图像从感光鼓表面转移到纸上。

(5)分离装置:使纸张与感光鼓分离。

(6)消电电极:消除感光鼓上残余的电荷。

(7)清扫装置:消除感光鼓表面未转移的残存墨粉。

(8)消电灯:对残余电荷进行再一次消除。

3. 供纸与输纸系统。插入复印纸,在转印位置与感光鼓接触,在分离位置分离,经定影后出机。

4. 定影装置。把转印到纸面的图像固定于纸面。

5. 电子器件部分。电子器件部分控制各部分同步运转。

模拟复印机的工作过程是：通过曝光、扫描的方式将原稿的光学模拟图像通过光学系统直接投射到已被充电的感光鼓上，产生静电潜像，再让感光鼓表面掠过各功能部件，由供纸与输纸系统传递纸张，经过显影、转印、定影等步骤，完成复印过程。

（二）数码复印机的基本结构和工作过程

数码复印机与之前的模拟复印机比较，虽然在功能和用途上是一次质的飞跃，但在基本结构和工作过程上，并没有翻天覆地的改变，只是在调整光缝的基础上，增加了部分数码处理构件。主要是在曝光系统中增加了 CCD（电荷耦合器件）传感器和激光调制器及相对应的数据处理系统。

在工作过程上，数码复印机首先通过 CCD（电荷耦合器件）传感器对经过曝光、扫描产生的光学模拟图像信号进行光电转换，成为数字信号，然后将经过技术处理的图像数码信号输入到激光调制器上，调制的激光束对被充电的感光鼓进行扫描，在感光鼓上产生静电潜像，图像处理装置进行诸如图像模式、放大、图像重叠等作数码处理后，再经过显影、转印、定影等步骤完成复印过程。

2000 年以后，全球各大生产商将模拟机型转为开发数码机型，融通信技术、计算机技术、激光打印技术为一体。至此，数码复印机凭借其诸多的优势，在大多数领域已经基本替代了模拟复印机的使用。数码复印机是我们复印文书检验的主要对象。但无论怎样，模拟和数码复印机在工作原理、基本部件和复印过程上保持了一致，存在许多的相同之处。

三、复印机的鉴别所依据的特征

（一）复印机的种类鉴别所依据的特征

1. 感光鼓特征。感光鼓是数码复印机的核心部件，不同牌号、型号的数码复印机的感光鼓的制作材料不同，反映在复印文书上的某些特征也不相同。大多数厂家如理光、佳能、美能达系列生产的各种型号的数码复印机的感光鼓均为有机光导体（OPC）制作而成，只有少部分产品如施乐系列中的 XE60、XE80、XD130F 等为硒鼓数码复印机。因此不同的感光鼓对色彩的敏感程度及其老化所形成的复印特征是有差异的。

除了感光鼓材质上的差异外，感光鼓在其尺寸大小上的区别也是我们鉴别复印机种类的重要依据。通过标记和测量感光鼓表面确定位置擦痕或其他固定痕迹在复印件上的反映，在满足特定条件的情况下，我们可以准确计算得到感光鼓的直径的大小。

随着技术的发展，各生产厂家在生产激光数码复印机以外，还生产喷墨数码复印机，如佳能产品，这样也可以通过打印方式来鉴别不同的数码复印机机型。

2. 显影方式特征。根据墨粉（显影剂）的构成不同，墨粉可以分为单组分显影和双组分显影两种显影方式。双组分显影所用墨粉是由载体和着色剂两部分组成，而单组分显影所用墨粉则只有着色剂，通常是黑色墨粉。根据墨粉状态不同，显影方式可以分为湿式显影和干式显影两大类。干式显影所用墨粉为干粉，湿式显影所用墨粉为胶状浓缩油墨，载体是甲苯等有机溶剂，湿式显影目前已基本被淘汰。而干式显影具体方法有瀑布式、液干式、磁刷式和单组分跳动式四种。

瀑布式复印图文密度大，因墨粉颗粒粗而使图文的分辨率较低，在图上易产生边缘效应，即较宽线条或图案出现边缘浓、中间淡，甚至无墨粉的现象。液干式复印件图像最大，密度比较低，总色调浅淡，易出现底灰和通篇条痕，连续调原稿图案的层次较好，墨粉呈片状。磁刷式复印图文密度大，分辨率高，成像质量好，无边缘效应，图文线条由细小颗粒组成。单组分跳动式复印图文密度大，分辨率高，墨粉颗粒也细小，边缘效应小。根据市场调查，目前的复印机主要以单组分跳动式和磁刷式显影方式为主，其他方式已经基本被淘汰。因此，我们要注意区分这两者在复印图文间的区别：

（1）单组分跳动式显影的墨粉有磁性，而磁刷式显影的墨粉无磁性，可以用磁性检验器直接在复印文书上检验。

（2）由于显影过程的差别，磁刷式显影时与感光鼓有接触，墨粉是被刷上去的，反映在复印文书上为沿走纸方向有露白痕即刷痕，而单组分跳动式显影与感光鼓无接触，所以复印文书上无刷痕。

3. 分离方式特征。由于静电吸附作用，感光鼓将墨粉图像转印到纸张上时，将纸张紧紧吸附在鼓面，因此需采取一定的方式将其分离下来。复印机采用的分离方式主要有分离带机械分离、电晕分离、复合分离和气吸分离四种方式。分离带机械分离方式容易在复印文书的一侧或两侧出现平行于输纸方向而贯穿整个纸面的条状空白或浅淡痕迹；电晕分离方式容易在大幅复印文书中看到图像或底灰布满整个纸面；复合分离即是电晕和分离带分离方式同时使用；气吸分离容易造成墨粉图像移位和错动，使得复印文书中有局部的图像模糊不清或污染痕迹。

目前，电晕分离方式为绝大多数复印机所采用，如东芝、优美、夏普、三洋、施乐、基士得耶等。施乐和基士得耶的部分机型采用复合分离方式，分离带机械分离的复印机主要有佳能系列和美能达系列的复印机，气吸方式分离的复印机较少。

4. 定影方式特征。经转印分离后，纸面上的图像是浮在纸上的，必须采取一定的定影方式才能将图像固定于纸面。常用的定影方式有热辐射、热压和冷压三种。

（1）热辐射定影。用加热元件直接对转印后的复印件进行烘烤，使墨粉吸热后熔融在纸面上。墨迹特征表现为墨粉呈松散状,墨粉较多的部位有立体感,手触有凸凹感,墨粉外表光滑,纸张容易出现焦灼痕迹。

(2) 热压定影(又称热辊定影)。用一对加热的辊直接对转印后的复印件加热挤压,使墨粉熔融在纸上。其特点是:图文墨迹平整,墨粉颗粒紧凑,呈溶化集结状,无明显的亮光和立体感,有时因定影辊局部磨损引起压力不均会使复印件被碾压起皱。

(3) 冷压定影。使转印后的复印件通过一对钢辊,在高压作用下,使在常温下呈柔软性状的含有压敏树脂和蜡的墨粉粘附在纸上。其特征表现为:图文平整,墨粉颗粒紧凑,墨色较黑,有光亮,但无立体感,但由于附着力较差,墨迹很容易出现擦蹭污染。

目前,绝大多数复印机使用的定影方式均为热压定影,施乐的部分机型采用热辐射定影,佳能的部分机型采用冷压定影方式。

5. 纸规格特征。复印机的基本工作过程和结构要求,要想顺利完成一次复印,对于纸张的挺度(主要决定于纸张的定量)和大小(纸幅)都有一定的约束。如纸张的分离方式限制了用纸的定量,输纸道的宽度及其与压辊间的距离限制了复印用纸的最大和最小幅面。因此,我们可以通过复印机所使用的复印纸张的定量和纸的幅面进行种类分析。而目前大部分复印机对复印纸的定量范围在 $60g/m^2 \sim 90g/m^2$,但也有的在 $40g/m^2 \sim 120\ g/m^2$ 左右。纸幅的规格有 A0~A8、B0~B8。常用的复印机的纸幅一般在 A3 以下,但是工程用复印机可以使用 A2 以上纸张,如施乐 8855DDS、MAX200 最大可使用 A0。大部分的用纸最大纸幅是 A3,如松下 DY-2000、DY-2500,东芝 DY-2570、DY-3580。也有的用纸最大纸幅是 A4,如施乐 WorkCen-tre-365CX、WorkCen-tre-385,松下 DY-1501、DY-150FP 等。因此如果被检验复印件是 A3 用纸,则可排除最大用纸为 A4 的复印机。

6. 墨粉种类特征。不同厂家生产的墨粉成分是不同的,大部分复印机使用的是黑色墨粉,也有使用彩色墨粉的,如佳能 CP-660 等。有的复印机使用复印墨粉,有的使用喷墨墨水,在复印件上的特征表现为喷墨打复印特征,如有墨水洇散痕迹,有喷嘴堵塞造成的空白缺痕。因此,可以通过区分复印件上复印墨粉的颜色、成分、粒度等鉴别复印机的种类。

(二) 复印机的同一认定所依据的特征

从复印机的基本构造可知其主要由曝光系统、显影系统、转印与分离系统、定影系统、供纸系统等组件构成,因此我们主要从以上主要部件系统分析和寻找可能产生的个体鉴别特征。

1. 附加影像特征。无论是模拟机或是数码机复印文书都要经过稿台玻璃、光学镜头和反射镜头等，然后在感光鼓上成像。如果这些部件上有污染和磕碰、擦划等损伤，定会在复印文书上反映出来，形成非原稿所有的附加影像。如果稿台上有小纸屑、毛发等造成的污染痕，它会随着原稿的移动而移动，表现出位置的不稳定性，而稿台或光学镜头上的损伤痕却不会变动，表现出特征的稳定性。但要想准确地确定复印件上的特征是否是光学系统污染所形成的附加影像特征，是哪个部件上的哪类特征，必须要对两份以上复印件比较后，才能够认定。

2. 感光鼓损伤特征。感光鼓在长期使用过程中，由于复印机内部机件或外部杂质等原因会形成外在的损伤，同时也会因为不断地重复充放电而出现内在的老化现象。这些原因形成的感光鼓表面损伤一旦形成，就具有了一定的稳定性，可以在相对长的时间内，以同样的形态重复地出现在复印件当中，为我们认定复印机的同一提供了条件。上述的感光鼓损伤特征具体表现为：

（1）擦刮痕。在转动过程中与周围部件摩擦所形成，形态为细密线条，反映到复印纸上为沿输纸方向上的细密黑线，长短不一。

（2）磕碰痕。在拿取、安装、维修过程中，由于磕碰引起的，形态为不规则的斑痕，反映到复印纸上为不规则的线痕、点痕。

（3）电击穿痕。由电极丝与感光鼓部分局部导通形成弧光放电造成，形态为圆形斑点，反映到复印纸上为带黑点的空白漏印点。

（4）老化痕。感光鼓长期使用而出现的自然老化损伤，表现为感光鼓表层脱落或龟裂，在复印纸上反映为不规则的黑色漏印点或大面积细密短线。

3. 感光鼓周围部件反常痕迹。有电极丝污染印痕、清洁器掉粉印迹、刮板漏粉印迹等。表现为复印件图像清晰，只是有纵向黑条，或者出现"液滴溅落状"墨粉斑迹、条、带状浓重墨痕等。

4. 其他印迹。如输纸部位脏痕。这类特征往往易被检验人员所忽略，且特征在数码复印某一段使用时期内会出现，之后可能因清洁或修理而消失或变化。但是一旦出现则是价值较高的特征，据此还可以进行复印时间先后的鉴别。

（三）复印机复印文书样本的收集

1. 收取原则。在收集复印机复印文书样本时，要做到及时、准确、充分、全面，也就是要做到在收取过程中，及早尽快地采取行动，明确辨识区分收取的对象，充分满足检验对于样本的数量要求，全面收集复印机使用过程中各相关时期的文书样本。

2. 复印文书样本的种类。

（1）平时样本。复印机在正常使用过程中，由机关单位存档或是由个人保存的各类复印件。根据案件发生的先后，其又分为案前样本和案后样本。但无论是哪种样本，鉴定所需要的是与检材形成时间相近的同时期样本。

（2）实验样本。根据检验的需要，为充分反映和证实可疑复印机的各类特点，可在其上变换各种复印条件，从而收集得到样本。在制作实验样本中，主要是有针对性地变换墨粉、纸张的规格种类，使用复印机的缩放等功能。

（3）其他样本。除复印件以外，对于与可疑复印机相关时间段的其他各类物品也应纳入收集范围，如采购信息、换下的机件、维修情况记载等，以提供充分的评断依据。

（四）复印文书复印机同一认定的步骤

1. 分别检验，准确认定各特征性质。首先，分别在检材和样本上选取特征点，并详细加以标识记录。应当注意的是，所要检验的是复印机的同一与否，而不是作为"底版"的原稿。因此，特征的选择要选取那些来源于复印机上的。同时，在具体认识特征性质的时候，要注意比较多份相同或不同时期的，相同或不同原稿复印所得复印件样本，可能的话也要比较检材与检材原稿，准确认定在检材和样本上所找到的各特征的来源和性质。

2. 比较检验，明确相同与不同的程度。在分别检验的基础上，对照检材与样本中发现的各特征，在比较形态、位置等基本特征的同时，更重要的是特征变化的可能性和变化范围，两者间相同点的一致程度和差异点的区别程度，为综合评断环节的分析提供量化的比较检验结果。

3. 结合其他样本信息，综合给出结论。结合案件相关信息，平时样本的形成时间、顺序，实验样本的形成条件，机器设备的使用、保养、维修情况等，重点是将检材对应的复印机放置于一个动态的使用环境当中，遵循复印机使用变化规律，顺时性地分析判断比较检验中得到的结果，合理解释相同与不同的存在，再根据分析结果，给出肯定或否定性的检验结论。

【任务实施】

一、任务目的

1. 通过任务，掌握复印机的种类特征，学会根据复印机的种类特征对复印机进行复印机机种的认定。

2. 通过任务，了解复印机的同一认定特征，学会复印机同一认定的程序和方法。

二、任务设备

1. 放大镜、体式显微镜、读数显微镜。

2. 复印机复印材料（检材）一张，几种常见复印机复印件各一张。

三、任务指导

1. 实施任务时学员每两人为一组认真进行。

2. 任务实施以目力观察为主，适当借助放大镜、体式显微镜和读数显微镜。

3. 特征分析应按先种类认定特征后同一认定特征的顺序进行认真细致的观察分析。

4. 任务实施前应认真复习复印文书的相关知识，重点复习复印机的工作原理及其种类认定和同一认定的检验要点。

四、任务组织

以 3～5 人为一组，分组完成任务。

五、评分标准

步 骤	内 容	要 求	配 分	得 分
1	认识喷墨打印文书的一般特征		30 分	
2	识别喷墨打印文书的同一认定特征		50 分	
3	检验程序		20 分	

训练时间： 　　　　学生签名： 　　　　教师签名：

六、操作注意事项

1. 各类特征应认真、仔细找全。

2. 注意复印机维修情况、使用纸张的尺寸、墨色的深浅程度对种类特征的影响。

3. 按照样本收集的要求进行检验。

4. 收集的样本一定要是同期样本，否则可能由于复印机维修、换件的影响导致同一认定特征发生变化。

5. 应了解送检复印机使用中的维修、换件等情况。

【技能测试】

一、填空题

1. 模拟复印机主要由_____、_____、_____、_____和_____五个部分组成。

2. 复印机的感光鼓及其周围部件有_____、_____、_____、_____以及_____、_____、_____和_____八个。

3. 复印机常见的感光鼓特征有_____、_____、_____或_____等。

二、判断题

1. 复印机复印的文书上产生边缘效应，即较宽线条或图案出现边缘浓、中间淡，甚至无墨粉的现象，那么该复印机的显影方式应为单组分跳动式。（　　）

2. 如在复印纸上反映为不规则的黑色漏印点或大面积细密短线，则可推断该复印机的感光鼓表层上存在脱落或龟裂。（　　）

3. 案件中的复印机有可能因为变换墨粉、纸张的规格种类，使用复印机的缩放等功能而导致复印特征变化，因而我们要有针对性地收集平时样本。（　　）

三、选择题

1. 常见能发生"光电导现象"的半导体材料有（　　）。
A. Si　　　　　　　　B. Se　　　　　　　　C. S

2. 如复印机的感光鼓周围部件出现反常，那么复印时不会出现的现象有（　　）。
A. 纵向黑条　　　　　B. 纵向白条　　　　　C. 带状浓重墨痕

3. 复印机在使用过程中曾维修、换件，不会因此而产生变化的特征有（　　）。
A. 附加影像特征　　　B. 感光鼓损伤特征　　C. 显影方式特征

四、问答题

1. 复印机常见的种类特征有哪些？
2. 复印机的同一认定特征有哪些？

五、操作题

按照文书检验的步骤和程序，检验一张复印机复印的文书，并写出检验要点。

任务三　认识激光打印文书

【知识点】

1. 激光打印机的工作原理。
2. 数字水印识别。

【技能点】

1. 激光打印机的识别与认定。
2. 数字水印在激光打印文书检验中的应用。

【任务导入】

激光打印机因其成本低、打印质量好、速度快、能承载较大的打印负荷且性能稳定而深受大众欢迎，目前已占据打印机市场的大部分份额。其使用的普遍性也令其成了制造、伪造、变造嫌疑文书的主要工具，正确识别激光打印机的原理和特征成为识别该类文书的前提。

【相关知识】

一、激光打印机及其工作原理

激光打印机是 20 世纪 60 年代末 XEROX 公司发明的，采用的是电子照相（Electro－photo－graphy）技术。该技术利用激光束扫描光鼓，通过控制激光束的开与关使传感光鼓吸与不吸墨粉，光鼓再把吸附的墨粉转印到纸上而形成打印结果。激光打印机的整个打印过程可以分为控制器处理阶段、墨影及转印阶段。激光打印机虽然发明很早，但真正普及和推广是 20 世纪 80 年代初开始的，近两年呈加速发展的趋势。

激光打印机是由激光器、声光调制器、高频驱动、扫描器、同步器及光偏转器等组成，其作用是把接口电路送来的二进制点阵信息调制在激光束上，之后再扫描到感光体上。感光体与照相机构组成电子照相转印系统，把射到感光鼓上的图文映像转印到打印纸上，其原理与复印机相同。激光打印机是将激光扫描技术和电子显像技术相结合的非击打输出设备。它的机型不同，打印功能也有区别，但工作原理基本相同，都要经过充电、曝光、显影、转印、消电、清洁、定影 7 道工序。其中有 5 道工序是围绕感光鼓进行的，都要把打印的文本或图像输入到计算机中，通过计算机软件对其进行预处理。然后由打印机驱动程序转换成打印机可以识别的打印命令（打印机语言）送到高频驱动电路，以控制激光发射器的开与关，形成点阵激光束再经扫描转镜对电子显像系统中的感光鼓进行轴向扫描曝光，纵向扫描由感光鼓的自身旋转实现。

二、激光打印文书的基本特点

激光打印机打印的文书字迹笔画边缘齐整，墨迹平实，分辨率高，清晰度好，色泽鲜艳，撇捺笔画比较平滑，点阵痕迹不明显。用放大镜观察，可见笔画是由细小墨粉颗粒堆积而成，笔画交叉处墨粉堆积更明显，或由不规则的片状、块状墨迹构成，在文书空白处也有细小的墨点存在。

三、激光打印机打印文书的检验

（一）激光打印机的特征

激光打印机属于页式印刷，其种类认定和同一认定与静电复印机相似，可参考本章"任务二"的相关内容，应当加以注意的其他特征如下：

1. 打印方式特征。激光打印机没有喷墨打印机的可以直接在纸上留痕迹的打印头。激光打印机打印文件的墨迹有复印文件的特征，字符印迹由墨粉颗粒堆积而成，无点痕；笔画边缘和空白部位有分散的墨粉颗粒（底灰），呈导电性显影分布特征；图文附近比远离图文的空白部位底灰大；文件字行端正，无原稿边痕迹；形成的字符整洁、鲜明、分辨率高、清晰度好，边缘平整，撇捺笔画较平滑，表面整洁；放大观察，笔画由细小墨点堆积而成的是干法显影的粉末，有色片组成的是湿法显影的液体。使用普通点阵字库打印的字符斜笔画呈阶梯状形态特征，犹如热敏式打印那样清晰明显；使用高点阵字库打印时，看不出斜笔画的阶梯状形态特征。

2. 功能部件的缺损、污染痕迹特征。激光打印机的感光鼓等部件容易损坏或者受到污染，因而留下缺损或污染痕迹。例如，打印文书出现诸如复印件类似的缺损痕迹，则可以判断是激光打印机打印的文件。

3. 品牌差异特征。市场上常见的不同种类激光打印机的鉴别。不同种类的打印文件有明显的区别，这与打印机之间所用的打印技术与油墨材料的差异化密切相关，与激光打印文件与激光透镜的精度、激光点的大小、使用的碳粉的精细度及电机长度均匀情况等都有很大的关系，这些差别为打印文件种类鉴别提供了鉴别依据。

（1）激光打印技术的差异化。出于市场竞争的需要，不同厂商各自拥有自己独特的打印技术专利，如在分辨率增强技术方面，佳能公司首创的自动图像精细技术；爱普生公司采用的分辨增强技术、精细墨点控制技术，以及其研发的色阶扩展技术；惠普公司的色彩分层技术；联想公司的超长寿命陶瓷硒鼓技术。

（2）打印控制装置的不断改进。同一厂商不同系列机型激光打印机的设计开发时间的不同，所用打印控制装置得到不断的改进，如充电胶磙、墨粉盒与单组分（无磁性）墨粉盒，定影装置等。

（3）打印程序控制语言、内置字体的不同。不同型号的打印机所支持的打印控制语言、内置字体并不一样。

（4）显影、定影材料的差别。不同种类的打印机，所用的墨粉材料不一样且不能相互替换，定影材料也有区别。

（5）打印墨迹的细节特征差异。观察打印墨迹的细节特征（借助三维立体显微镜观察），可以对激光打印机的种类进行基本判别。细节特征主要有墨粉颗粒粗细特征。硅油定影特征，在传统打印机中，需要安装一个硅油墨粉盒来确保分散的色彩墨粉颗粒平滑地组合在一起，打印出的纸张上往往留有油渍，使打印纸表面油亮发光，显微观察墨迹平整，存在不规则、深度较浅的空隙，无颗粒状墨粉颗粒，墨迹有反光。含蜡质墨粉特征，部分新的打印技术采用全新的蜡滴球形墨粉，来实现更出色、更自然的打印效果。含树脂碳粉，含有聚酯颗粒的新型碳粉，定影的温度较低，墨迹结构具有非常规则的外形，可以适应各种纸张，并显著地提高输出效果，使得打印画面的细节更加精细，色彩的分布均匀一致。

（二）数字水印技术

以下对于激光彩色打印机、复印机新出现的同一认定方法加以介绍。

1. 彩色激光打印、复印文书中的数字水印概述。随着彩色激光打印机、复印机的不断发展，以美国财政部为代表的一些政府机构于20世纪80年代后期开始采取行动阻止把它们作为伪造工具，除了对票据本身采取各种防伪措施之外，在彩色复印机、打印机和多功能设备中加入一定的防伪功能。以麻省理工学院媒体实验室、IBM公司等为代表的一些研究机构在美国财政部的支持下开展了基于数字水印技术的票据防伪研究。该技术可以通过将可疑彩色机制文书提交美国联邦经济情报局实验室，通过对文书上数字水印的解码来确定所用彩色打印机、复印机的型号。从生产厂家的角度来说，防伪技术有利于减轻他们对彩色复印机、打印机便于伪造的恐惧，有利于扩大市场。因此，各大厂商积极开发和利用防伪技术。一些生产厂家悄然在他们的彩色激光打印机、彩色数字复印机制作的每一份文书上编制了机器代码和制作序列号。此技术应用在大型的打印机公司已几十年，但并没有被要求告知消费者。

数字水印（Digital Watermark）技术是一种信息隐藏技术，是指用信号处理的方法在数字化的多媒体数据中嵌入隐蔽的标记，这种标记通常是不可见的，只有通过专用的检测器或阅读器才能提取。其主要目的是保护著作权人的合法利益，避免非法盗版的威胁。不同的应用需求造就了不同的水印技术，按照用途进行分类，可以将数字水印划分为票据防伪水印、版权保护水印、篡改提示水印和隐蔽标识水印。

彩色激光打印机、复印机采用的数字水印就是一种票据防伪水印。它是一种特殊的数字水印，它具有数字水印的基本特性：隐蔽性和安全性。隐蔽性是指不被裸眼察觉，安全性表现为水印标识与输出内容无关，也就是说输出的内容和设置不影响水印信号的形态（除了用彩色打印机输出纯黑白Word文档时没有水印）。

2. 数字水印的可视状态及其显现方法。目前彩色激光打印机和彩色复印机的数字水印技术是将一定点阵图形的小黄点作为每一台机器的代码插入所有的输出文书中，在一张纸上大约每英寸出现一次，图文印迹处和空白处都有，规律性地分布于整个纸面。因白色和黄色的反差较小，白纸上的黄色墨迹可见度低，而且小点的尺寸在0.1mm左右，受人眼分辨率的限制，它们不被裸眼识别。对数字水印的检测和识别需要借助发射光谱范围较为集中的蓝光灯。在蓝色光源环境下，黄色染料全部吸收蓝色光线，人眼接受到的反射光很少，自然光下的黄点变成深灰色，而白纸对蓝光全部反射，这时两者的反差大大增强，从而使数字水印显现出来。小点尺寸明显大于构成图文的网点墨迹，因此点阵图形易于识别。借助放大镜，可以清楚地看见相同的点阵图形布满纸面，类似纸张中的传统防伪水印。

3. 数字水印点阵的形成。运用此项数字水印技术的机器都是基于电子照相原理的自动化办公外接设备，包括彩色复印机、彩色激光打印机，它们都是以彩色碳粉为印刷油墨的机器。其他技术如喷墨、热敏、针击等硬输出设备，由于成像原理和工艺的缘故，无法使用同样的数字水印技术。

彩色激光打印机和彩色复印机将彩色原稿进行分色处理，使用青、品、黄、黑四色碳粉分别转印到纸张上，来还原自然彩色。那么其基本工作步骤就需要重复四次，每次吸附上不同颜色的墨粉，然后转印鼓上就形成青、品、黄、黑四色影像。最新的所谓激光打印"一次成像"技术是把发光管做得足够小，对应于四种颜色的四个激光发光管，各自在四个感光鼓上曝光后，分别负责吸附和转印一种颜色的墨粉。

嵌入这种点阵小黄点就是在感光鼓曝光的过程中进行的，其机构设备是安置在机器中的一个芯片。生产厂家将机器序号编码为独一无二的点阵图形存储在芯片中，由它来控制光源以大约百万分之二十秒的时间在感光鼓上曝光来插入吸附黄色墨粉的小点。一般的机器故障不会影响这个编码系统的正常工作。如果企图毁坏此编码系统，那么就可能毁了这台机器。

4. 数字水印在文书检验中的作用。文书检验技术人员可以充分利用办公设备机制彩色文书上的编码图形信息进行机器的种类认定和同一认定，对于某些机制文书还可以进行文书制成时间的判断。

（1）机器种类认定。同一厂商（同一品牌）不同型号的机器在点阵图形上有相似的部分。这可以作为确定相同厂商机器产品的鉴定依据。同一商标和型号机器的水印相似但又有所区别，不同之处在于点阵图案。通过水印图形的差异可以区分为不同的机器。也就是说，利用数字水印既可以判断属于同种机型，又可以区别同种机型的不同机器个体。但想要找到规律，确定机种鉴别的特征，还有待进一步收集和研究样本，建立样本库。

（2）同一认定。对于同一机器制作的文书，点阵图形的数字水印存在两种编码情况：①有的机型同一台机器不同时期制作的文书上的点阵图形均完全相同，如 HPCLJ 3500、Sharp AR - C260m、Xerox Docuprint C621 等。这种情况下，同一机器拥有一个独一无二的数字水印标记，每一张输出都具有同一性，成为同一认定的依据。②有的机型同一台机器输出每页文书的水印点阵的一部分相同，另一部分每一次输出都有所变化，输出时间越接近的文书其变化越小，只是个别小点的位置移动而已。此类水印编码技术更加成熟，点阵图形由机器代码和文书输出序号两部分组成，保持不变的点阵图形部分属于机器代码，是同一认定的依据，因每页输出而变化的部分属于输出序号编码，可用于判断文书制成时间。对于采用第二种数字水印编码技术的机器，可以进行文书制作时间的鉴定。

这种数字水印技术的应用为进行彩色激光打印机和彩色复印机文书检验提供

了准确、快捷的方法,是办公设备机制文书检验技术的重大发现。此新发现、新方法使文书检验技术人员跨越了办公设备彩色机制文书检验的障碍,此前打印机、复印机文书检验一直存在的困境被一举突破,将对文书检验技术的发展产生深远的影响。当然,对彩色碳粉类办公设备的数字水印技术的利用还需要进一步的开发。在中国,此项数字水印技术在文书检验领域的开发利用,需要大量的基础工作,诸如大量收集各种机器的输出样本,建立样本库,进一步研究其规律。对于一些没有利用数字水印技术的机型机种的检验,依然可以对机制文书的一些其他特征加以利用。

【任务实施】

一、任务目的

1. 掌握喷墨打印机打印文书的原理,能够识别某份文书是否是喷墨打印机打印。

2. 了解喷墨打印机的同一认定特征,学会喷墨打印机同一认定的程序和方法。

二、任务设备

1. 放大镜、体式显微镜、三维立体显微镜。

2. 喷墨打印机打印材料(检材)一张,几种常见品牌的喷墨打印机打印件(样本)各一张。

三、任务指导

1. 实施任务时学员每两人为一组认真进行。

2. 任务实施以目力观察为主,适当借助放大镜、体式显微镜和三维立体显微镜。

3. 特征分析应按先种类认定特征后同一认定特征的顺序进行认真细致的观察分析。

4. 任务实施前应认真复习激光打印机打印文书的相关知识,重点复习激光打印机工作原理及种类认定和同一认定的检验要点。

四、任务组织

以3~5人为一组,分组完成任务。

五、评分标准

步　骤	内　容	要　求	配　分	得　分
1	认识喷墨打印文书的一般特征		30 分	
2	识别喷墨打印文书的同一认定特征		50 分	
3	检验程序		20 分	
训练时间：		学生签名：	教师签名：	

六、操作注意事项

1. 以激光打印机的特征为根据，在打印文书上全面寻找和发现各类痕迹物证。

2. 先找大的方面的特征，然后再找细节特征。

3. 先分别检验，再进行综合比较。

4. 注意收集同期样本，防止打印机维修、换件使检材与样本形成的条件发生变化。

【技能测试】

一、填空题

1. 激光打印机与_____的工作原理相似，产生的特征也相似。

2. 激光打印机的工作程序有_____、_____、_____、_____以及_____、_____、_____七道。

3. 彩色激光打印机、复印机采用的数字水印就是一种票据防伪水印，它具有数字水印的基本特性_____和_____。

二、判断题

1. 激光打印机打印的文书的笔画是由细小墨粉颗粒堆积而成。笔画交叉处墨粉堆积更明显，或由不规则的片状、块状墨迹构成，在文书空白处也有细小的墨点存在。（　　）

2. 数字水印技术在文检中可为种类认定和同一认定提供依据。（　　）

3. 激光打印机性能高而且稳定，打印出的文书只会出现细小的底灰，而不会出现大面积的黑条、黑带等特征。（　　）

三、选择题

1. 激光打印机使用的材料是（　　）。

A. 墨水　　　　　　　B. 油墨　　　　　　　C. 磁性墨粉

2. 以下属于激光打印机打印文书特点的有（　　）。

A. 画边缘齐整，墨迹平实　　　　　B. 分辨率高，清晰度好

C. 中淡变浓

3. 以下有关数字水印的说法正确的是（　　）。

A. 裸眼可见　　　B. 同一机器固定不变　　　C. 可作同一认定

四、问答题

1. 激光打印机打印的文书各具有什么特点？
2. 如何区分同一、不同机型的激光打印机？

五、操作题

按照文书检验的步骤和程序，检验一张激光打印机打印的文书，并写出检验要点。

第十章　认识印章印文检验

> **内容提要**
>
> 本章阐述了印章印文的概念，印章印文的一般特征、细节特征，影响印章印文特征变化的因素，原子印章印文检验的方法要点以及印文与其他文字形成顺序的检验等问题。

任务一　认识印章印文

【知识点】
1. 印章印文的概念。
2. 印章印文的特征。
3. 影响印章印文特征变化的因素。

【技能点】
能准确找出印章印文的特征。

【任务导入】
印章作为一种身份、权威的标记和凭证，有着广泛的用途。随着社会的迅速发展，使用印章的单位、团体、个人越来越多。小至私章，作为个人身份的证明，体现公民个人一定的权利义务关系；大到机关、企业、团体的公章（如财务章、供销专用章、合同章等），是各单位处理各项业务，对外进行业务联系的凭证，是一些文件、合同、协议等是否有效的权威性证明，尤其是党、政、军机关等重要单位的公章，在某种程度上体现着国家的权威，代表着国家的意志，是国家行政管理等政治生活不可缺少的重要组成部分。

【相关知识】
一、印章印文的概念
（一）印章的概念及其种类
印章是国家机关、企事业单位、社会团体或个人为了证明文书所记载内容的真实性、有效性或表明权力，而在一定形状的物质材料上按一定的规范制作的名称、图文或姓名用于盖印的一种印模。印章又称图章、印戳等,历史上还称为印信、关防、朱记、花押等。

印章由印柄和印面两部分构成(见图10-1-1)。印面是形成印文的造型体,是印章的核心部分。印面中的图文主要分为两种:凸起的图文称阳文或朱文,凹入的图文称为阴文或白文。但有的印章比较特殊,印章印面由阴文和阳文各半组成。

1—印柄　　2—印面

图10-1-1　印章组成部分

印章按用途可分为公章、专用章和私章三种(见图10-1-2)。公章是指党、政、军各级机关,社会团体,企事业单位及其所属机构使用的代表本单位或部门的印章。专用章是指专用于某种业务或某种文书的印章。其不具有普遍的证明作用,这类印章常见的有:"财务专用章""税务专用章""户口专用章""合同专用章""现金收讫专用章""调查专用章""证明专用章"等。用于证件上的钢印也属于专用章的一种,它由上下两块印面合成,上面为凹入的阴文,下面为凸起的阳文,文书在上下两个印面之间被挤压形成凸起的无色印文。国务院有关部委外事用的火漆印也是专用章的一种。专用章种类繁多,除主要、常用者外,没有一定的规格要求,印面形状有圆、方、扁、椭圆、菱形等,印章大小、字体各异。私章是指个人所用的名章。私章的款式、大小、形状、字体等较繁杂,但一般用作名章的多为方形、圆形等,字体多为隶书体、篆书体、楷书体或宋体。

钢印：1-钢印上面：凹入的阴文
2-钢印下面：凸起的阳文

图 10 -1 -2　不同印章种类

（二）印文的概念及其种类

印文是印章印面在蘸附印泥、印油等介质后或直接在文书等物品上盖压所形成的印迹，它是印章印面结构的反映形象（见图 10 -1 -3）。用介质的印文为有色印文，其颜色多为红色，有的为紫色或蓝色，这类印文一般被盖印在纸张类文书上，印迹的物质构成形态为平面加层痕迹。直接盖印的印文为无色印迹，一般被印压在有人像照片的文书上，其印迹为立体的无色印迹。文书上的印文是证明文书真实性与有效性的凭证。

印章　　　　　印文

图 10 -1 -3　印章和印文

文书上的印文通常为盖印印文，有的是压凸印文，特殊情况下也用印刷印文。

1. 盖印印文。用印章蘸印泥（油）或用印章自身含有的印油（如原子印章）盖印到文书上，这是通常的用印方式。这种印文具有凸版印刷印迹的特征。这种印文的形成取决于印章印面的材质和结构，又与盖印的作用力大小，作用力的均衡性和衬垫物的软硬程度，蘸用印泥、印油或印台水的多少，分布是否均匀，文书纸张是否平整光滑，以及洇油、洇水性如何等因素有关。在研究印章、印文及其特征时，必须全面考虑上述诸因素的影响。

2. 压凸印文。压凸印文一般指钢印印文。它是用下有印章凸模、上有印章凹模的钢印，从正反面同时挤压文书所形成的，一般用于证件、证书和银行汇票。这种印文无色，凸起于文书表面。它的形成，不仅取决于印章钢模的结构及凸凹模咬合的精度，又与作用力的大小、文书的厚薄等有关。

3. 印刷印文。需要一次性批量用印的公文、证件等，往往在印制该类文书时便将印章、印文直接印到文书上。在文书上印制这种印文，需由单位提供"套印印章"或将印章的印文作为制版用的印模。一般是制成平版进行胶印，个别重要证件的印文也有制成凸版或凹版印刷的。因此，这类印文的形成完全按印刷机理，有胶印、凸印或凹印制品的特征。

二、印章印文的特征

印章类型、制成方式、使用情况不同，导致印章印文的特征也不一样。对此主要可以从一般特征和细节特征两个方面来分析，本书在细节特征的描述中适当加入了对类型特征的阐述。

（一）印章印文的一般特征

印章印文的一般特征是指印章印文的形态状况及其组成部分的一般状况特征。印章印文的一般特征因受其制作规格的限制而特定程度相对较低，该类特征容易被伪造者发现和仿制。因此，印章印文的一般特征相似或相同，不能据此认定其真实性；一般特征明显不同，可作出否定的结论。印章印文的一般特征包括：

1. 制成方式特征。印章的制成方式有手工雕刻、机械雕刻、照相制模，印文的制成方式有盖印、印刷等。印章印文的形成方式不同，图文的形态、位置等一般特征也不同。

2. 形态特征。印章印文的形态是指其整体所构成的几何形状，一般有一定的规范要求（见图 10-1-4）。公章统一的形态为正圆形，专用章有长方形、三角形、椭圆形、菱形等，私章的形态没有统一的要求。

图10－1－4　印章印文的几何形状

3. 大小特征。印章印文的大小特征是指印章印文形态的几何数值。公章的大小有统一的规定，专用章和私章的大小规格虽有一定的行业规范，但任何人均可以自由确定。不管是何种印章印文，其大小可以通过测定其面积、直径或长、高等进行确定。例如，圆形印文测直径，椭圆形印文测纵径和横径，正方形印文测边长，长方形印文测对角线，三角形印文测高，等等。在测定印章印文的大小时，有边框的从边框外缘测量，没有边框的从文字外缘测量。

4. 图文内容特征。图文内容特征包括印章印文的文字和图案。文字一般表示名称、姓名和用途，名称必须表明全称，姓名应为全名，用途必须明确具体。公章的中心图案有明确规定，如各级人民代表大会及其常务委员会印章印文的中心图案为国徽，各级人民政府及各部门为五角星，各级党组织及各部门为党徽等。

5. 图文内容的排列形式特征。图文内容的排列形式特征是指图案、文字在印面上的安排位置和排列特点。圆形印章多为自左至右环行或横行排列，或环行加横行、环行加竖行排列。椭圆形专用章多为上环行或上下环行排列。三角形章多为竖行或竖行加横行排列。

6. 文字形体特征。文字形体特征是指印章印文使用字体、字形的特点。公章印文的字体一般为简化的宋体字。专用章印文字体一般为简化的宋体或仿宋体。私章印文的字体较为多样，有篆体、楷书、隶书、宋体、仿宋体等。

7. 边框类型及形态特征。公章的边框为单边框，呈线状，宽1mm～2mm。专用章、私章的边框类型、宽窄无明确规定。

8. 图文、线条的规范程度特征。印章的规范程度与雕刻方法及雕刻水平有关。其主要特征表现在文字的大小，笔画的粗细、长短，图文、线条的位置、距离等。

（二）印章印文的细节特征

印章印文的细节特征是印章制作人的个人风格、制作方法、制作的技术水平，以及印章在使用过程中形成的印面结构的细微特点在印文中的反映。由于每一个印章印文的细节特征体系都是特定的，因此，印章印文的细节特征是鉴别印

文真伪、进行印章同一认定的主要依据。（见图 10-1-5）

图 10-1-5　某印章印文的部分细节特征

1. 图文、线条的细节特征指印文图案、文字、线条或边框的形态和搭配比例以及在印面上的相互位置关系特点。

（1）字间的位置、距离特征指印文的文字与文字之间、文字与边框之间、文字与中心图案之间的相对位置与距离。

（2）笔画线条的交接和搭配位置特征指相交叉或连接的笔画或线条的交叉部位、搭配的位置。

（3）笔画、线条间的比例特征指邻近的笔画之间或线条之间的长短、粗细的比例关系。

（4）笔画、线条的倾斜方向特征指笔画或线条相对其相邻近的笔画或线条的倾斜方向。

（5）笔画、线条的形状特征指笔画或线条的弧度、转折角度及两端形态。

（6）国徽、星徽的结构形态特征指印文的国徽、五角星的具体结构形状的细节特点。

2. 磨损、修补特征。印章的材质不同，磨损、修补的情况不同。

（1）磨损特征。主要表现为文字笔画和线条变粗，图文的边缘不齐，笔画、线条、图案的交角边钝，印面结构的疵点、缺损等。这种特征在印面上往往分布不均，印章使用的时间越长越容易磨损，呈现出阶段性特点。

（2）修补特征。由于印章受到损坏，尤其是图文损坏后采用补贴的方法所形成。其特征表现为点、线、局部面的补、贴，补、贴部分有的凹，有的凸，且没有规律性。

3. 暗记特征。印章印文的暗记是制作人或使用人在印章的制作或使用过程中，为了防伪或区别印章在不同时期的使用情况而有意在图文、线条的某一部位增加或减少某一部分所形成的不易察觉的形态特点。主要表现为图案局部较规则的缺损、细小笔画缺失、边框中断或空白部分出现色点等。

4. 盲字特征。指印章在使用过程中由于印泥或其他异物堵塞文字笔画造成的暂时性模糊不清现象，或因磨损、腐蚀、老化等原因，造成印文文字的某些细密结构永久性的模糊不清现象。

5. 制作工艺细节特征。印章按制作工艺分为手刻印章、机刻印章和铸塑印章三类。多数基层单位的公章、专用章和名章等是用手工雕刻的方法制作的。部分金属或某些非金属材料的印章，是采用激光或刀具仿形雕刻的方法制作的。某些印章是首先被制成印章印面的凹模，再浇注或填充塑性材料热压而成，某些橡胶章和现在流行的原子印章即属此类。印章由于制作方法不同，其印文往往带有制作方法特有的类型特征。

（1）雕刻法制作印章印文的特点：印文笔画清晰，棱角分明；印章印文通过盖印方式呈现于介质上，文字笔画会有中间轻、两边重的挤墨现象；手工雕刻的印章印文字体规范程度一般，笔画上易出现刀痕；印章底子清理不干净，有时会出现残留的底痕。

（2）照相制版法制作印章印文的特点：印文棱角不是很分明，比较圆滑，立体感差；易出现挤墨现象；由于树脂浸油性、附着力差，印文笔画会出现斑驳的漏白痕迹。

（3）原子印章印文的特点：章面印油分布均匀，印文清晰，无印油堆积现象；因制作时采用照相制版，印文笔迹笔画棱角不分明，比较圆滑；印油储存在章体内，使用时不用蘸油，印文不易出现疵点；介质表面易留下章壳支撑的痕迹；印文颜色比较鲜艳。

三、影响印章印文特征变化的因素

印章同任何客观事物一样，也处于不断变化之中。在使用过程中，印面特征会出现一定的变化，新的特征产生，旧的特征消失。由于盖印时的作用力、作用条件的变化，同一印章盖印出的印文会有不同表现，因此文检人员必须了解和掌握印文特征变化的一般规律。

引起印文特征变化的原因很多，主要可以从印章印面、盖印力、承受面以及印染物质四个方面入手。

（一）印章印面自身的变化

1. 印章质料的物理变化。印章自身的胀缩性变化会导致印文大小和形态的改变。当然，不同质料的印章改变的程度不同。木质印章在干湿的情况下发生胀缩变化，使印面整体成比例地缩小或扩大，甚至出现裂纹。橡皮章、原子印章的印面在干湿、冷热和盖印力轻重不同的情况下发生变化，印面整体地扩大或缩小，图文、线条变粗或变细，有的残缺、模糊，笔画和线条的交角变钝，有的笔画、线条以及交角变形。

2. 印章印面在使用过程中因磕碰、磨损、老化以及印染物质的填塞、浸润等引起的变化。在使用过程中，木质、石料和橡皮印章易发生磨损、划伤或碰伤，橡皮还会出现老化。磨损、划伤或碰伤会在印面上形成新的细节特征。印章的印面是有凹凸变化的，因而在使用过程中，图文的凹入部分容易粘填印泥、纤维和其他异物，形成"脏印"现象。脏印使细小的文字笔画和笔画的交角发生变化，具体变化为出现附加的点、线以及模糊的交角等。因此常出现印章清洗后，印文变清晰，出现笔画、线条的缺损特征。

（二）盖印力的影响

印章印面在盖印力的作用下，在承受面留下印文。盖印力是形成印章印文不可缺少的一个因素，其大小、方向都会影响印章印文的形态。盖印时盖印力直接通过印柄作用于印面，当盖印力垂直于印面时，印面接触承受面不会发生位移，而当盖印力倾斜作用于印面时，印面接触承受面会发生位移，印面位移使印文图文、线条变形。盖印过程中按盖印大小不同，也会产生变化。盖印力轻的，笔画、线条不太清晰，有的笔画不完整；盖印力重的，笔画、线条变粗，字间间距缩小，原有的笔画线条的间断现象有时会缩小或弥合。盖印力不均匀的，就会导致笔画、线条一边清晰一边不太清晰，盖印力重的一边，可能出现外框变形、笔画线条变粗等现象，特别是具有弹性的橡皮或塑料印章，很容易受作用力变化的影响（见图 10-1-6）。如印章在按印过程中稍有挪动，就会使印文边框变宽，甚至出现双线、笔画起止点变形或笔画变粗等现象。

图 10-1-6　盖印力不均匀

(三) 承受面的影响

承受面由文书纸张、衬垫物、承受物组成。当印章直接作用于文书纸张时，盖印力的轻重、衬垫物的厚薄、承受物面是否平整等都会对印文的形成产生影响。

1. 文书纸张的质量引起的变化。文书纸张较厚较软，盖印的印文就清晰完整；文书纸张较薄，衬垫物又较硬，盖印的印文往往不实，甚至不完整。在某些施胶层较差的纸张上用印油和墨水盖印时，往往因印染物洇散而出现笔画变宽、边缘不清等现象。

2. 衬垫物的软硬及表面性状不同引起印文特征发生变化。衬垫物较软，盖印的印文清晰完整；衬垫物较硬，盖印的印文往往不实，甚至不完整。如果在表面硬而不平的衬垫物上盖印时，则容易出现印文残缺不全，笔画、线条间断或边框消失等现象。如在手掌及其他过软的衬垫物上盖印时，则易出现"飞边"或假边框（即原来印章上并没有边框，由于衬垫物过软，以致将印章底部的四边都印在纸上而形成类似边框的情况），因纸张被按压起皱而使某些笔画、线条出现变形、间断等现象。

(四) 印染物质的质和量的影响

盖印时所用的印染物有印泥、印油及墨水等，盖印蘸取印染物又有数量多少之别，因而对印文特征会产生不同影响。

1. 笔画线条粗细和印文大小的变化。用印泥盖印的印文，要比用印油或墨水盖印的印文显得粗大些；用含油量大的印泥盖印的印文，要比用含油量少的印泥盖印的印文显得粗大些；蘸印染物多盖印的印文，要比蘸印染物少盖印的印文显得粗大些。

2. 蘸印染物多少对印文的影响。蘸印染物过多，会使印文的笔画线条边缘不清，个别地方有不规则变形现象，还可能造成部分或整个字出现暂时性的"盲字"现象；印染物过少则会形成印文笔画间断与残缺现象。（见图 10 - 1 - 7）

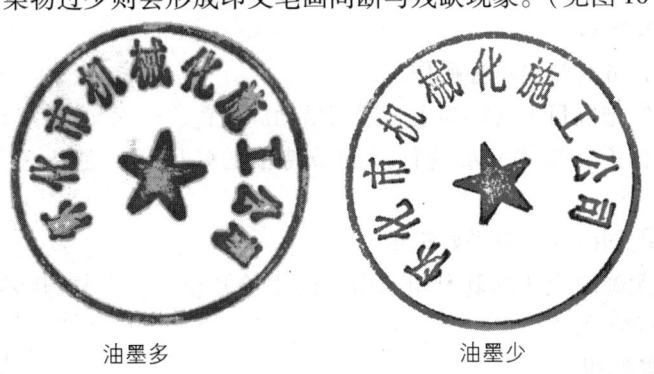

油墨多　　　　　　　　　　　　　油墨少

图 10 - 1 - 7　蘸墨量不同的印文

3. 一次盖印次数多少对印文的影响。如果是一次蘸印泥多次盖印，由于印章表面的印染物被逐渐粘掉，笔画周围多余的印染物却仍旧存在，再盖印时就会形成笔画、线条的"镶边"现象。

4. 印章洗刷前后的变化。印章如果使用时间较长，由于印泥物质附着在印章的凹处或笔画线条上，特别是笔画较多的文字最容易堆积印泥，使局部印文模糊。此外，像砂粒、烟灰、线头、纸屑等异物，如果长久不清除，则在该时期内盖印的印文均具有这些特殊"标记"的印迹。印章经过洗刷后，随着这些附着物的消失，原有的特殊"标记"也会产生变化。

（1）由于去掉附着在边框和笔画上的多余印染物，笔画、线条变得清晰。如是木质印章，由于洗刷时吸收水分可能发生膨胀，边框和笔画线条略变粗。

（2）洗刷后最容易使笔画、线条的交叉、接合、转折处，及笔画、线条间的小空隙等部位发生变化，原被印染异物粘附所形成的特殊特征消失，固有的缺损、断线又出现。

（3）由于洗刷时用力过大，将一些纤细的笔画、线条弄断，于是形成笔画、线条的缺损特征。

另外，在盖印后，由于文件纸张受潮而膨胀，晾干后又收缩，印文也会相应地发生胀缩变化。由于文件被揉搓、磨损，或由于撕揭、粘补，印文也会随着纸张的皱缩、破损、变形而发生相应的变化。

【任务实施】

一、任务目的

通过本任务的实施，使学员了解印章的基本结构和种类，熟悉和掌握印章印文的一般特征和细节特征，并能准确地分析识别特征。

二、任务设备与材料

公章、专用章、私章各一枚，白纸、铅笔、橡皮、直尺、放大镜。

三、任务指导

1. 实施任务时学员单独操作。

2. 任务实施以目力观察为主，适当借助放大镜。

3. 特征分析应按先一般特征后细节特征的顺序逐一进行认真细致的观察分析。

4. 观察的同时应认真做好记录。

5. 任务实施前应认真复习印章印文的相关知识，重点复习印章印文的一般特征和细节特征。

四、任务组织

1. 由指导老师讲解印章的种类、结构及特征。

2. 指导老师示范：取一张白纸，放在平整的桌面上，以垂直的盖印方式，在白纸上盖印公章、专用章、私章印文各两枚。

3. 给学生每人发一张白纸、一支铅笔、一块橡皮、一把直尺、一个放大镜，让学生按照指导老师的示范盖印印章印文。

4. 观察公章、专用章和私章印文，找出印章印文的一般特征和细节特征，并用铅笔标示出来。

5. 仔细分析特征价值的高低以及特征形成的原因。

五、评分标准

成绩评定主要结合任务操作的认真程度、操作的规范程度以及特征标示的准确度等进行综合评定。

六、操作注意事项

1. 为确保任务实施取得良好的效果，在盖印印章印文时，应在平整的承受面上进行。

2. 考虑到学生刚接触印章印文检验，最好选择具有明显和典型特征的印章盖印。

3. 任务实施前一定要熟悉印章印文的特征类型。

【技能测试】

1. 印章印文的细节特征有哪些？

2. 分析印章印文形成的原因。（见图 10-1-8）

图 10-1-8

任务二　认识原子印章印文检验

【知识点】

1. 认识原子印章。

2. 原子印章印文的特征。
3. 原子印章印文检验的方法要点。
【技能点】
原子印章印文的识别和检验。
【任务导入】
在文书上盖印是对文书内容表示认可和对文书所规定的权利和义务负责的行为。以前人们通常用印章蘸印泥或印油盖印到文书上，从而在文书上形成鲜明的印文。如果没有印泥或印油，而只有印章，那么盖印的过程就很难顺利进行。但是现在，在社会上流行的原子印章，却可以直接拿起来盖印，并且能形成清晰完整的印文，这给盖印提供了方便。

【相关知识】
一、认识原子印章

原子印章是利用印文制作的软件系统，通过计算机排版后打印成印文稿样，经照相制版和压模制成高密海绵或其他可塑材料的印面，然后将印面固定在印章套内制成的印章。原子印章亦称万次印章，属于现代高科技产品。它字迹清晰，印油均匀、鲜艳；防伪性强，不易仿制；印章、印油混为一体，使用方便，盖印迅速快捷，故被列为我国推广使用的新产品，许多省市政府都明文规定各机关、团体、工厂、企业必须统一使用原子印章。原子印章从结构上可分为印柄和印面两部分。印柄是由手柄、弹簧、活动内芯、外框组成。印面是用具有微孔结构的海绵体特殊材料制成，浸油后粘贴在印柄内芯，略低于外框。

原子印章与普通印章主要有以下区别：

1. 制作工艺不同。普通印章的制作主要是制作印面，而原子印章经过制作原稿、照相晒版、压制模具、压制印面等环节可以制作各种复杂的花纹和图案，比普通印章的制作工艺先进，加强了印章使用时的安全性和可靠性。

2. 印面材料不同。普通印章以木质、橡胶或钢等材料制成，而原子印章的印面用具有微孔结构的海绵体特殊材料制成，不仅盖印质量好，而且能在不加印油的情况下连续盖印，因而也称万次印章。

3. 印文字体不同。原子印章是经照相、制凹版、压模再塑成型的，所采用的文字除手写体外，绝大多数采用印刷字体。因而其印章文字在字型尺寸与形态一致性、笔画粗细的均匀性、文字结构的规范性上与普通印章具有明显区别，且其印文棱角发钝，无"过刀"痕迹。

4. 印迹不同。普通印章所盖印文有"挤墨"现象，笔画线条有露白，印迹不匀、不实。而原子印章盖印出的印文均匀、清晰，没有浓淡之分，笔画线条边缘常有不明显的洇散，笔画间隙较小的部位有模糊现象。

因此，原子印章印文特点可以归纳为：章面印油分布均匀，印文清晰，无印油堆积现象；由于制作时采用照相制版，印文字迹笔画棱角不分明，比较圆滑；由于印油储存在章体内，使用时不用蘸油，因此印文不易出现疵点；介质表面易留下章壳支撑的痕迹；印文颜色十分鲜艳。此外，原子印章所使用的印油，也与普通印章所用不同。（见图10－2－1）

1-原子印油　2-原子印章

图10－2－1　原子印章和原子印油

二、原子印章印文的特征

通常原子印章包括原子印和渗透印。原子印的章体就是固化后的原子印油，油干章毁，不可以注油再用。目前制作一次性原子印章的原子油主要有红、蓝、紫、黑、绿等颜色，常温下呈稠状，一般情况下每枚一次性原子印章可使用2万次。渗透印的章体是一种特制的储墨垫，可以储存油墨并可反复注油使用。渗透印章加油一次可连续盖印章4000次以上。

原子印章印文的特征主要是在印章制成过程中形成的。由于印章的制作比较规范和精确，因而印文的特征比较精细。

（一）一般特征

1. 字体、字形特征。不同厂家制作印章的电脑字库因用字不同而使得字体种类、同体字的字形有所不同。

2. 印油的种类、成分特征。原子印章所用的印油是专用的印油，其种类和成分与其他印章印油不同。

（二）细节特征

1. 图案、文字和线条的位置和距离均衡。一般情况下，电脑排版制作的图案、文字和边框在任何一个相位的距离相等，字与字之间的间距也相等。但也可能由于排版人在调节图案、文字和边框之间的距离时形成了相对特定的间距。

2. 笔画和组成部分的细节特征。不同厂家制作印章的电脑字库因用字不同而使得一些单字的个别笔画出现粗细不均，长短失调；个别字的组成部分变形，搭配比例失调等。重复出现的同体同号单字和组成部分可以重合。

3. 断笔、豁口和划痕特征。这是由于打印时色带质量低或老化，制模板时紫外线照射不均或分离模板时有划伤或碰伤等而形成的。

4. 印面字迹不平，文字笔画转折生硬、不光滑。这种特征只在压模工艺水平低或储墨垫质量低的情况下才会出现。

三、原子印章印文检验的方法要点

原子印章印文的检验方法与一般印文的检验方法相同，都要经过预备检验、分别检验、比较检验和综合评断等过程。

（一）实施鉴定前的准备

1. 对检材印文的要求。检材印文的全部或局部应该清晰，模糊变形的印文经技术处理后应能全部或局部确定其细节特征，检材印文应为原件，不能送照片或复印件。如果有可疑印章可一并提交。

2. 收取印章印文样本。供鉴定用的印章印文样本包括平时样本和实验样本。收取的平时样本在印文形成时间、形成条件等方面应尽可能相近。收取实验样本时，应模拟检材印文形成的条件制作样本，注意盖印力、衬垫物、印染物质和量、洗刷前后等因素。在与检材印文纸张相同的空白纸上盖取5~10个印文，印文样本应当清晰、完整。

3. 制作照片或电子图片。检验前应制作检材印文和样本印文等大照片。可用比例照相的方法同倍拍照制作等大的检材、样本印文彩色照片，文书纸张上如果有干扰印文照片背景的内容，应分色照相。用复印机同次同倍复印制作检材、样本印文等大复印件，适合检验伪造方法比较粗糙的检材印文。通过扫描仪扫描检材、样本印文并录入计算机，形成电子图片，并打印出来。

（二）印文的分别检验

印文的分别检验，是指按照先检材印文后样本印文的顺序，应用观察、测量等方法分别确定和记录各自的一般特征和细节特征的过程。对于检材印文，首先应判明是否有伪造、变造的事实和手法，其次找出检材印文中存在的一般特征和细节特征。对于样本印文，主要是在检材印文存在特征相应部位上进行检验。

分别检验的主要方法包括几何测量法、几何构图法、特征标示法等。

1. 几何测量法、几何构图法。分别测量检材和样本印文的规格特征，得出准确数据。包括图案、文字、线条三者之间的相互距离，图案和字的大小，边框的宽度，其他的几何作图法构成的测量数据等。测量的工具有直尺、圆规、游标卡尺、测量显微镜等。测量应精确到毫米。

2. 特征标示法。按先一般特征后细节特征的顺序，直接观察或者在显微镜和文检仪下仔细而全面地观察和记录印文的特征。对观察到的印文特征需要进行记录，一般特征用语言进行描述，图案、文字、线条的细节特征则按顺时针或从左到右的顺序，逐一用直线标示记录。

（三）比较印文特征异同

比较检材印文与样本印文特征的异同是印文鉴定的重要环节。比较时可根据分别检验的方法确定比较检验的方法。

1. 比较标示特征的异同。这是比较印文异同的基本方法，在比较时往往与其他方法交叉使用。检验采用高仿真方法伪造的印文时必须使用这种方法。（见图10-2-2）

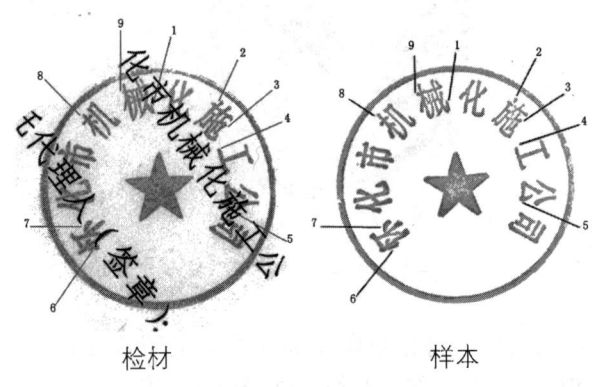

检材　　　　　　样本

图10-2-2　特征标示法

2. 比较测量特征的异同。在用几何测量法分别检验以后，应逐一比较所测量的每一数值和每组数值的异同。这种方法只能确定印文的图案、文字、线条等的位置和距离的异同。

3. 比较特征几何图形的异同。在采用特征几何构图法进行分别检验以后，用测量图形和重叠图形的方法比较检材印文与样本印文的特征图形的异同，从而确定两者特征位置的异同。这种方法主要用于比较两者特征位置和距离的异同。（见图10-2-3）

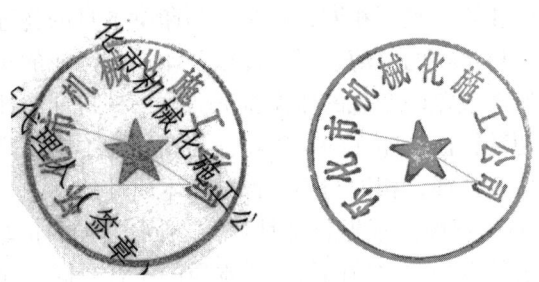

图10-2-3　几何构图法、测量法

4. 比较印文重叠情况。重叠比较是确定检材印文特征与样本印文特征异同的常用方法，包括直接透光重叠比较、负片透光重叠比较、显微镜重叠比较和电子计算机重叠比较等。可以直接重叠后比对，也可以对局部放大后进行细节比对。要注意的是，检材印文与样本印文的重叠比对应在同等倍数下进行。（见图10-2-4）

图10-2-4 重叠比对法

5. 比较印文拼接情况。将检材印文和样本印文照片交错拼接后，观察交错拼接的检材印文和样本印文的图文和线条能否对接，从而确定两者特征的异同。

（四）印文鉴定综合评断的要点

1. 印文特征的应用。印文属于形象痕迹的范围，其特征是以一定的形态表现出来的。在鉴定过程中，检材印文和样本印文都是特定的，其特定性是由印文形成要素的特点决定的。印文特征有三种来源：①印章固有的特征，是印章在制作过程中形成的反映自身本质特性的特征；②印章自身变化的特征，是印章在使用过程中自身在内外条件的作用下所形成的特征，稳定性较差；③印章盖印时由特定的盖印条件和机制所形成的特征，同一印章盖印形成印文时，每一次盖印形成的印文的条件可能相近但绝不相同，这是因为印章本身的物理特性在变化，盖印时的轻重、方向、衬垫物的厚薄、平整度以及印油或印泥的多少等不同。在这些因素的作用下必然形成盖印变化的印文特征。这三种特征的性质是不同的，在比较检验以后，前两种特征是印文的本质特征，相同与不同都是本质性的；第三种特征是印文的非本质特征，相同与不同都是非本质性的。

2. 对符合点性质的评断。根据特征性质的不同，检材印文和样本印文特征符合的性质有本质的符合和非本质的符合。本质的符合是同一印章自身特征的直接反映，而非本质的符合是同类印章的共性和伪造的相似性反映。印文一般特征的符合有部分符合和完全符合。非本质的部分符合包括：①同类章的共性反映，如同级政府公章印文的大小、边框的宽度、图案的种类和大小、字体、字形等；②伪造时"仿制"和"复制"所形成的符合；③同一印章盖印过程中部分发生变化，而部分符合。印文一般特征的完全符合情况包括：一种是同一印章的反映；另一种是采用照相制版伪造印章或直接转印伪造印文等所形成的符合。印文一般特征的符合仅能表明两者的种类属性部分或完全一致，这种一致并不能反映同一印章特殊本质的相同，因而不能作为肯定同一结论的主要依据。检材印文和样本印文细节特征符合的性质对印章的同一认定有重要的意义，因而应根据印文形成方式的不同进行评断。如果检材印文是正常的，那么细节特征的符合是本质的符合；如果检材印文是采用雕刻、照相制版、转印等方法伪造的，则细节特征的符合是非本质的符合。不同的原子印章在制作时由于使用同一软件设计和打字机打印，因而部分文字、图案、线条的细节特征是相同的，这种符合是共性的符合，因而是非本质的符合。

3. 对差异点性质的评断。检材印文和样本印文的差异点是指两者的不同特征。差异点的性质有本质的差异和非本质的差异。本质的差异是不同印章特性的反映，而非本质的差异是同一印章使用和盖印过程中所形成的差异。对印文差异点性质的评断应首先从印文形成方式的性质进行分析，如果检材印文是伪造的，那么差异的性质是本质性的，反之则是非本质性的。评断印文一般特征差异的性质时应充分考虑影响印文变化的因素，并对不同的差异点进行评断。对印文的大小、文字笔画和线条的粗细等的差异，应分析是否超出了正常的变化范围，在正常的变化范围之内的差异是非本质的差异，反之则是本质的差异。对字体、字形、图文内容等的差异可直接判断为本质差异。如果印文清晰完整、变化小，那么图文和线条细节特征的差异是本质的差异；如果印文全部或部分模糊不清、变化大，那么应根据印文变化的因素分析差异点形成的原因，进而判断差异点的性质，凡是影响印文变化因素所形成的差异都是非本质的差异，而不同印章盖印所形成的印文特征差异都是本质的差异。

综上所述，原子印章由于其制作比较规范和精细，因而采用印文的计算机自动识别系统进行检验是较佳的方法。在检验时应注意以下几个问题：

（1）用制作原子印章的阳版、采用制作原子印章的相同工艺制作的相同印章所盖印的印文，其与真实印章印文因为是同一工艺或仿真工艺制成，因而真假印文之间基本没有差别，真伪鉴别极其困难。

（2）用特征标示法、几何测量法以及计算机自动识别系统等检验时，应做到观察细致、测量精确，比较特征应做到系统而全面。

（3）在综合评断时应客观地分析符合点和差异点的性质，从原子印章印文形成和变化的原因判断相同和不同特征是本质的还是非本质的。原子印章印文特征变化的原因主要有衬垫物的厚薄、储墨垫中印油的多少、盖印力的轻重等。在具体评断时，首先，应确定检材印文的制成方式，如果检材印文是手工雕刻的，而样本印文是原子印章印文，则两者的差异十分明显，对符合点和差异点的性质判断较为确定；若检材印文是用照相腐蚀制成的金属印章或原子印章盖印形成的，而样本印文也是原子印章印文，则两者的符合点数量多，差异点的数量少，并且差异点较精细，对这种差异点性质的评断较为困难。其次，分析差异点是不同印章固有的，还是因盖印条件变化所形成的，如果经观察分析不能确定，则应进行模拟实验，从而科学地判断差异点的性质。最后，对检材印文是照相制版制成的印章印文，应进行制作工艺的调查，通过调查和实验确定印章制作过程中形成的固有特征，从而确定差异点的性质。

【任务实施】

一、任务目的

通过本任务的实施，使学员能够准确区分原子印章和普通印章，熟悉并掌握原子印章印文检验的步骤和方法。

二、任务设备与材料

1. 普通铅笔、红蓝铅笔、直尺、量角器。
2. 原子印章印文鉴定案例、特征比对表、鉴定意见书用纸。
3. 放大镜、扫描仪、安装了 Photoshop 软件的电脑。

三、任务指导

1. 实施任务时学员单独操作。
2. 任务实施以直接观察为主，可以进一步用 Photoshop 软件的图层功能进行比对。
3. 特征分析应按先一般特征后细节特征的顺序逐一进行认真细致的观察分析。
4. 观察的同时应认真做好记录。
5. 任务实施前应认真复习原子印章印文的相关知识，重点复习原子印章印文检验的方法要点。

四、任务组织

1. 指导老师给每位学生发一份原子印章印文鉴定案例，并简单介绍案件的基本情况。
2. 学生对所给的案例材料进行分析，根据原子印章印文的特点确定检材是否是原子印章印文。对所提供的样本进行分析，确定其是否具有可比性，能否满足检验条件。

3. 对检材和样本进行分别检验，根据印章印文的特征变化规律选择特征，并将其描绘在特征比对表相应的位置上。

4. 对检材和样本进行比较检验，主要方法有特征标示法、重叠比对法等。

5. 对检材、样本特征进行综合评断。根据影响印章印文变化的因素，充分评估特征价值的高低，得出准确的检验结论，并制作符合要求的司法鉴定意见书。

五、评分标准

成绩评定主要结合任务操作的认真程度、操作的规范程度以及特征比对表和司法鉴定意见书的完成质量等进行综合评定。

六、操作注意事项

1. 任务实施前一定要熟悉原子印章印文的特点。

2. 检验中，对于检材和样本所出现的差异点，应结合案件的客观情况具体分析，不能笼统地解释，防止因错判差异点的性质而影响检验的正确进行。

3. 在检验使用时间跨度较大的印章印文时，应注意尽量寻找与检材印文形成时间相同或相近的印文进行比对。

【技能测试】

请用原子印章印文检验的方法判断下面检材印文（见图 10-2-5）和样本印文（见图 10-2-6）是否由同一枚印章盖印形成。

图 10-2-5　检材印文　　　　图 10-2-6　样本印文

任务三　认识印文与其他文字形成顺序的检验

【知识点】

1. 文字与印文形成顺序的概念及其鉴定的意义。
2. 确定印文与其他文字形成顺序的原理和方法。

3. 印文与常见书写工具字迹笔画交叉处表观特征。

【技能点】

区别印文与钢笔字迹形成顺序。

【任务导入】

印章印文与其他文字形成顺序检验，是文件检验中的难题之一。近年来，在财产纠纷、经济合同纠纷等民事、经济案件中，经常遇到是先盖章还是先写字的委托鉴定申请，以确认事实真相。按照我国法律规定，文件的真实有效应是先签字后盖印文的程序，而实际上有的人先在空白纸张或票据上盖好章，形成"空印"，然后根据需要填写或打印所需的内容，形成了先章后字的文件。本文从印文与其他文字形成顺序的概念出发，论述了其检验的原理和方法，并分析归纳出印文与常见几种书写工具字迹笔画交叉处的表观特征。

【相关知识】

一、印文与其他文字形成顺序的概念及其鉴定的意义

印文与其他文字形成顺序，又称朱墨时序，是指印文与书写、打印或复写字迹形成的先后次序。经济、民事案件中的许多文书需判断朱墨时序，借以确定案件的事实。在某些特定文书或重要文书形成时，要求必须先书写或打印文字，审核无误后盖印公章印文，即先墨后朱。违法犯罪嫌疑人在伪造这类文书时，采取非正常手段先盗盖印文后再填写文字，即文书形成过程反序。通过鉴定朱墨时序可以认定文书的真伪。在经济、民事案件中，通过鉴定文书上印文与其他笔迹形成的先后次序，可以确认当事人所陈述事实的真实性，为法庭审理提供依据。

二、确定印文与其他文字形成顺序的原理和方法

（一）确定印文与其他文字形成顺序的原理

印文与其他文字在文书上形成的规范顺序是文字形成在先、印文形成在后。确定印文与其他文字形成顺序的基本条件是印文与其他文字相互之间有交叉，并且交叉的部分越多，鉴定的条件越好。在印文与其他文字交叉的部位处，纸张纤维上印文的印染物质与其他文字物质重叠，形成物质间的相互掩盖和渗透现象。由于印文与其他文字形成方式和作用力的不同，两者的交叉部位往往形成立体加层痕迹。运用科学技术手段确定印文印染物与文字物质在交叉部位的上下关系，就能确定印文与其他文字形成的先后顺序。印文与其他文字的物质成分的种类、浓淡程度，印文与其他文字的形成方式，文书纸张自身状况，印文与其他文字各自形成的时间、交叉的时间以及交叉后时间的长短，印文与其他文字交叉后的污染情况等，这些因素对确定印文与其他文字的形成顺序都有一定的影响。

（二）确定印文与其他文字形成顺序的方法

1. 显微检验。常用于朱墨时序检验的光学显微镜有体视显微镜、生物显微镜、反射荧光显微镜、消色差显微镜、扫描电子显微镜等。

利用光学显微镜判定朱墨时序时，主要观察交叉点表层（后形成）的色料分布和"变化"。色料分布指朱或墨的色料是否均匀以及印泥颗粒形态。所谓变化，就是把交叉点处与非交叉点处的同一笔画或线条进行比较，观察交叉点处的笔画是否发生变细、断笔、洇散等异常现象。如发生上述现象，一般应视为该处已存在一种色料，即发生变化的朱（或墨）是后形成的。但要注意，个别偶然因素也可能使先形成的笔画恰在交叉点处产生断笔等现象，所以需检验多个交叉点，找出规律性的特征，以排除偶然因素的干扰。显微检验时，应将"朱"和"墨"所有的交叉点充分利用，因为公文中印文处的"墨"大多只含单位名称、签名和落款时间等少量笔迹，形成的交叉点少。且因书写、盖印条件引起的变化很多，同一文书上的朱墨时序表观特征有可能不同，难以作出准确结论。所以，必须利用所有交叉点表现出来的各种特征，经综合评断后，才能找出事物的本质。

进行综合评断时，首先，研究交叉点外观特征的数量和质量，判断这些特征明显程度如何，是否呈现规律性。其次，研究"朱""墨"两种色料的理化性质，如可溶解度差异、色泽覆盖能力的大小。最后，研究被检客体的形成条件。同是两种色料形成的交叉关系，书写压力大、墨层厚、盖印力大、盖印色料多等与相反条件下形成的交叉点特征不同，甚至出现相反的外观特征。因此，显微检验时要以本质性特征为主，全面考虑，而不能只以一点的特征出具结论。综合评断时，如果两种朱墨色料极性相差很大，但被检客体未出现明显的表明一种时序关系的特征时，就应考虑与此相反的时序关系的存在。显微观察时，可借助滤光器进行分色检验，即用红色滤光器滤除红色印文，使交叉点处的书写、打印、复印文字笔画特征更突出。拍照时，加用红滤光器的照片只有一种笔画存在，避免了印文笔画在照片上形成的干扰。红滤光器既可放在文书上，也可置于照相机镜头前。如果需显微照相，则滤光器最好放在显微镜物镜前。实际工作中，为了表现印文与笔迹交叉处的色料笔画两种影像，减淡印文的影像，以便于确认交叉点的位置，可选用橙红色滤光器，如 CB600、HD620 等，这种滤光器能减淡印文色调，同时又能增强墨迹笔画，对于朱墨时序鉴定，这种拍照方法更实用。

2. 转印法检验。利用某些材料的粘着性质，粘取交叉部位的表层色料，根据某种色料笔画或印文是否完整，判断其交叉部位的覆盖顺序。此法只适用于不同类型色料相互交叉的情况，尤其适用于印章印文与各种笔迹形成顺序的鉴别。

用一小块透明胶带或不干胶纸，贴在印文与书写笔迹的交叉部位，以书本作衬垫，用光滑的小胶棍在胶带上轻轻滚压或用手指轻轻均匀地磨压，然后顺一定方向将胶带慢慢揭下；或把一小块直接定影的相纸润湿后，用滤纸吸干表面水分，以胶面覆盖在不同色料的交叉部位，用厚书加压几分钟。对于印文与墨水、墨汁笔画交叠的情况，还可用熨斗（加热至60℃~80℃）在相纸或文书背面压15s~20s，然后轻轻揭下。取下胶纸或相纸后，可直接观察或放大观察交叉部位的色料被粘吸的情况。如果印文是后盖的，交叉部位的表层是印泥或印油，粘取下的印文是完整的；如果是先盖印后写字，交叉部位表层是书写物质，粘取下的印文不完整，而且还会粘取下表层书写色料或完整的书写笔画。但如书写压痕很深，无论是先盖章还是后盖章，粘取下的印文都不完全，在书写压痕处形成空白，所以判断结论要视检材的具体情况而定。

3. 脱色法检验。利用化学试剂对各种色料的脱色能力差别以及某种色料脱色速度的不同，判断其在交叉部位的形成次序。

对于蓝黑、纯蓝墨水笔迹与印泥印文相互交叠的情况，可利用次氯酸钠溶液判断形成次序。次氯酸钠既是碱性物质，又是强氧化剂，与墨水笔迹接触后，会立即改变酸性染料的颜色并破坏染料分子结构，使笔迹褪色。而印泥是油溶性的，不与次氯酸钠水溶液相溶，因而不能发生褪色反应。检验时，可用小棉签蘸取少量次氯酸钠溶液点在交叉部位，如果是先盖章后写字，则点上药液后会很快发生化学反应，并观察到书写文字的褪色现象；如果是先写字后盖章，药液需通过印泥颗粒的间隙或印文边缘沿纸张纤维向内侧渗透才能接触到书写笔画，再发生化学反应，因而需经过一定时间才能观察到笔画褪色现象。

对于复写笔迹与印泥印文相互交叠的情况，可以利用丙酮试剂来判断形成次序。印泥是油性物质，盖印后能渗透到纸张内部，与纸张的吸附力强，不易被丙酮洗脱下来。复写纸色料是干性物质，复写后其色料只粘附在纸张表面，与纸张纤维结合不牢固，很容易被丙酮洗脱下来。检验时将检材置于显微镜下，用细滴管在交叉部位滴上一滴丙酮溶剂，如果是先盖章后写字，立即会观察到有复写纸色料颗粒在溶剂中浮动；如果是先写字后盖章，由于有印泥膜层的屏蔽作用，看不到复写纸色料颗粒的悬浮现象。

4. 荧光检验。以某种光线作激发源使交叉点处的色料（一般为印泥）发射荧光，通过观察或测量荧光强度的变化来判定朱墨时序。该法适用于印泥与碳素墨水、蓝黑墨水、圆珠笔油墨、复写纸、打印色带油墨、墨粉等色料构成交叉时序关系的文书。印泥是一种强荧光物质，对紫外线和可见光短波区的光线可强烈吸收，并产生荧光，其中以波长470nm左右的青色光为激发光时的荧光强度最大，荧光峰大约在590nm处。上述的书写、打印、复印色料中，有的对此波长的激发光不吸收，难以产生荧光；有的色料（如含碳素）不属发光物质。在激发光的作用下，交叉点处"朱"与"墨"的荧光反差比反射光时的反差大大加强，突出了时序特征。采取激发荧光法判定朱墨时序，要求如下的设备条件：激发源，光谱成分中含大量青、蓝色光的光源，大功率汞灯可满足该条件；激发滤光器，用 QB12、QB21 或 BG12 将光源中的青、蓝色光滤出；截止滤光器，长波截止滤光器 CB530、CB570 或 Q530，用于吸收激发光且通过荧光；显微镜，朱墨时序交叉点面积很小，纸张纤维上色料分布、印泥颗粒更细微，外观观察或一般成像设备难以识别，需借助显微放大至一定的倍率才能看到层次和荧光区别。一般用普通感光片接收即可。

将交叉点的两种色料作为杂质，再在该处涂刷少量的强荧光粉末。当荧光粉末在特定光源照射下辐射荧光时，交叉点的粉末荧光因杂质作用而减弱或熄灭，熄灭程度与交叉时序存在对应关系。先朱后墨时，交叉点吸附荧光粉末相对较少，且熄灭荧光的能力强；先墨后朱时，吸附粉末相对较多，熄灭能力却较弱。判定打印色带笔迹和碳素、蓝黑墨水笔迹与印油、印泥印文形成的交叉时序，使用荧光素粉末为宜，蓝圆珠笔油墨与印泥形成的交叉时序不宜用熄灭荧光法检验。

5. 表面成分分析。只要相互交叠的两种色料不是水溶性的，它们在纸面上就不会完全混溶而表现出一定层次的空间分布，即先形成的印记在下，后形成的印记在上。利用探测深度在 10 埃以内的现代仪器分析方法就可以鉴别出这种层次关系。检验时可以分别在交叉部位和各自的非交叉部位进行成分分析，然后比对其分析结果。适用此种分析的仪器有电子探针（EPMA）和能谱仪（EDAX），通过比对微量元素的种类和含量来判断先后顺序。另外还可以用显微分光光度计进行表面反射光谱分析，通过分别测得交叉部位和非交叉部位的微区反射光谱，比较光谱图，其光谱图与交叉部位光谱图相同的色料是后形成的。

6. 扫描电镜、能谱仪检验。电镜分析是形貌观察和成分分析相结合的分析方法。能谱仪可对 Na11～U92 无机元素进行定性、定量分析。电镜形貌观察具有分辨率高、景深大、放大倍率高等特点，可进行微区形态的观察。应用能谱仪对印文与书写材料形成的加层物质进行属性判别，根据加层物质属性特点鉴别朱墨时序；也可对印泥与文字笔画的交叉部位进行 SEM 二次电子像的表面观察，根据交叉部位加层物质表面所产生的微区变化形态，鉴别朱墨时序。

三、印文与常见书写工具字迹笔画交叉处表观特征

在印章印文与签字先后顺序的检验中，主要涉及的印章印文有：印泥印章、印油印章、原子印章等；常涉及的书写工具有：圆珠笔、钢笔、签字笔、毛笔、纤维笔、复写纸、蘸水笔、铅笔及红蓝铅笔等。然而各种书写工具书写后会在承受客体纸上产生不同的笔画痕迹特征，这取决于笔尖种类、墨水性能、承受客体和作用力等几方面因素。（如图 10-3-1）。

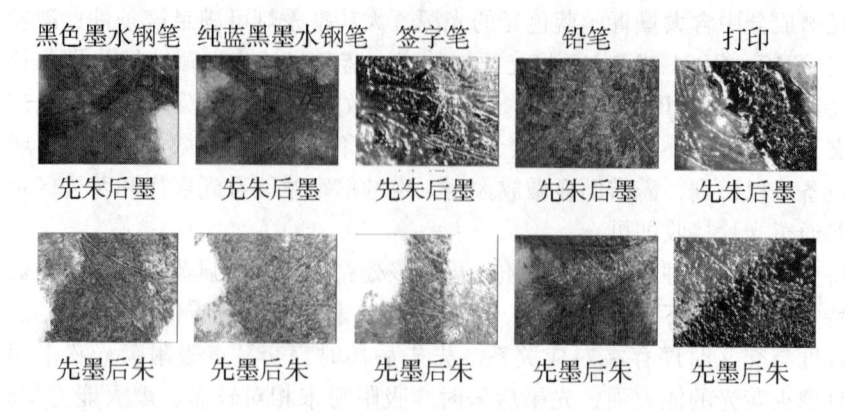

黑色墨水钢笔	纯蓝黑墨水钢笔	签字笔	铅笔	打印
先朱后墨	先朱后墨	先朱后墨	先朱后墨	先朱后墨
先墨后朱	先墨后朱	先墨后朱	先墨后朱	先墨后朱

图 10-3-1 印文与其他字迹笔画交叉处的表观特征

（一）印文与圆珠笔字迹笔画交叉处表观特征

1. 先朱后墨。两者交叉处表观特征有五点：①圆珠笔笔画在交叉点处出现完全性断笔或沿书写轴线方向上的半断笔现象，圆珠笔油墨属粘稠性的油溶性物质，书写后其渗透性弱而层状结构性强，但随时间延续，渗透程度逐渐增大并向笔画两侧扩散。当书写至印文笔画或线条处时，圆珠笔球珠因受印文色料存在的纸张表面状态变化而输出油墨少，出现断笔现象。特别当印泥量较大或盖印时间较长时，此现象更为明显。②印泥堆积物立体感程度下降。印泥印文笔画、边框、图案的表面并不平整，在显微视场中可观察到一块块的印泥堆积物。因圆珠笔书写压力较大且受到色料覆盖，印泥堆积物立体感程度明显下降。③圆珠笔笔画凹陷处分布红色印文色料。这是因为印文盖印在先，无论后写笔画是否完整，笔画沟痕处都存在印文物质。④纸张背面圆珠笔压痕较浅。这种现象只出现于以印泥为盖印物的文书中。⑤圆珠笔笔画中有时可见到印泥的拖带痕迹，即通过印泥印文笔画后的圆珠笔笔画中粘附红色印泥色料，该现象在印泥未完全干燥且较浓时较易出现。

2. 先墨后朱。圆珠笔压痕处无印文色料，当圆珠笔书写压力较大时，压痕较深，与其他处纸张不处于同一平面，盖印后该处未能粘附印文色料而呈"露白"现象；如果压力较大、衬垫物软或印文色料较多时（尤其是印油），圆珠笔压痕处不但能粘附，而且该处印文色料更多更浓，表现出"填谷"现象。印文与圆珠笔笔迹笔画不出现断笔现象，墨迹笔画上有立体感强的红色印泥堆积物，印文色料无污染，蓝色色料变色严重，印文笔画及堆积物上表面状态完整无擦痕，纸张背面可见书写压痕完整。

（二）印文与墨水字迹笔画交叉处表观特征

1. 先朱后墨。印泥与墨水有油水相拒的性质，受表面张力作用，墨水既不能渗透又有呈最表面积的趋势，故而形成墨水点或变细、断笔特征，印泥印文的笔画、线条越宽，色料层越厚，该现象越明显。如果观察各种墨水之间的差异，纯蓝、蓝黑墨水比碳素墨水出现断笔变细的几率更大一些。由于墨水与印泥不能互溶，墨水收缩至印泥笔画两侧，造成交叉点处印泥印文笔画、线条两侧出现因墨水堆积产生的洇散现象，墨水量越多，洇散越严重，且多发生于钢笔与印文笔画刚接触的那一侧。印油为水溶性色料，盖印后纸张表面被轻微"浸泡"，再用墨水书写时产生洇散，墨水笔画在印文笔画中洇散，印油量越多、盖印时间与书写时间相距越近，后写笔画越容易产生洇散。这种洇散现象发生于印油笔画中而不是像印泥印文笔画那样的两侧。先盖印文而后书写的笔画，表层墨水上一般看不到印文色料，只有在墨水笔画宽而浓时，才容易观察到这种现象。

2. 先墨后朱。印文与墨水字迹笔画不出现断笔，墨迹笔画上有立体感强的红色印泥堆积物，印文色料无污染，蓝色色料变色严重，印文笔画及堆积物上表面状态完整无擦痕，纸张背面可见书写压痕。

（三）印文与复写纸复写字迹笔画交叉处表观特征

1. 先朱后墨。复写纸色料属于干性油溶性色料，在常用书写色料中渗透性最差，它是靠抑压力将色料转移到纸张上形成笔画。抑压力大小、均匀程度，复写纸新旧程度及纸张表面状态都将影响笔画的完整。所以，印文特别是印泥印文上的复写字迹笔画很难完整无缺。复写色料在印文上呈颗粒状浮着状态分布，即复写色料粘附在纸张粗大纤维或印泥堆积的顶端，在高倍率显微镜下观察这种情况最明显，可作为判断朱墨时序的一个主要依据。如果复写纸使用次数较多，染料及油脂减少，这种情况下书写的复写字迹笔画易出现完全性断笔，色料浮着现象更明显。

2. 先墨后朱。印文与复写字迹笔画不出现断笔，墨迹笔画上有立体感强的红色印泥堆积物，印文色料无污染，蓝色色料变色严重，印文笔画及堆积物上表面状态完整无擦痕，纸张背面可见书写压痕。

（四）印文与打印字迹笔画交叉处表观特征

1. 先朱后墨。印文字迹线条或笔画被分割成网状，其形态分布与纸面凹凸（即打印点阵）相对应，针点处和针空处都有色带染料覆盖，但前者的黑色色料稍浓于后者。针式打印机靠打印针击打色带后将色料转印到纸张上，先朱后墨时印泥因受击打力的作用而下陷，变成凹凸不平，下陷（针点）处转印的色带染料也较多。黑色笔画上没有印泥堆积物，与先墨后朱形成的印泥堆积物明显不同。虽然印泥印文因被击打而表面不平，但不会形成条状或块状的印泥颗粒覆盖几个针点，这是由两种相反时序关系决定的。交叉点处印文笔画边缘呈整齐凹陷形态，且下陷处均分布印文色料。沿打印方向的色带笔画中，有时可观察到因色带移动导致印泥被拖带的痕迹。当印泥盖印后未完全干燥或色带与纸张过小、摩擦力较大时，易出现印泥被拖带的现象。激光打印笔迹墨料表面渗透很弱，呈干燥粉末状粘附在印泥层上；喷墨打印笔迹使鲜红色印泥明显变暗，不形成断笔。

2. 先墨后朱。后盖印的印文笔画与先形成的墨迹笔画不出现断笔。打印文字上的印泥堆积物可覆盖几个点阵空间，是表面张力大、纸张表面不平整、印泥呈收缩趋势造成的。墨迹笔画上有立体感强的红色印泥堆积物，印文色料无污染，印文笔画及堆积物上表面状态完整无擦痕。

（五）印文与复印字迹笔画交叉处表观特征

1. 先朱后墨。复印墨粉属干性色料，对纸张不渗透，只是粘附于纸张表面而形成薄色料层。当盖有印文的纸张经复印机复印后，在交叉点处出现如下特征：墨粉笔画中多处出现边缘不整、缺损或印文笔画中央无墨粉覆盖现象，即后复印的笔画残缺不全，形成该特征的原因可能是印文表面光滑程度较纸张不同或印文色料与墨粉的亲和力较纸张小，复印鼓上转印到印文上的墨粉不均匀，故墨粉笔画不完整；印文笔画或线条周围的纸张上墨粉弥散点多于其他处，复印文书上除文字外，空白处还粘附许多墨粉弥散点，但分布比较均匀，用盖有印文的纸张复印，因复印的静电效应，纸张上格线、图案处及四周容易粘附墨粉，所以，沿印文笔画两侧的墨粉点更密集。

2. 先墨后朱。印文笔迹和线条、图案是经印章施压后转印的，凡施压处都粘附印文色料，不容易出现印文断笔现象。墨迹笔画上有红色印泥堆积物，且立体感较强，显微视场中能观察到不规则形状或块状的印泥颗粒。印文色料无污染，色泽鲜艳。复印墨粉笔画渗散、扩散程度重，先墨后朱时，印泥中的植物油可溶解墨粉，故可使墨粉向纸张渗透，也向笔画两侧扩散，时间越长则渗散越严重。

【任务实施】

一、任务目的

通过本任务的实施，使学员熟悉和掌握确定印文与其他文字形成顺序的原理和方法，掌握印文与墨水字迹笔画交叉处的表观特征，并能在检验实践中对印文与墨水字迹的形成顺序进行准确的判断。

二、任务设备与材料

1. 印文与墨水字迹形成顺序鉴定的案例资料。
2. 放大镜、显微镜、司法鉴定意见书。

三、任务指导

1. 实施任务时学员单独操作。
2. 任务实施需要借助显微镜观察。

3. 主要对印文和墨水字迹交叉部位的色料进行认真细致的观察分析。
4. 观察的同时应认真做好记录。
5. 任务实施前应认真复习印文与墨水字迹笔画交叉处表观特征。

四、任务组织

1. 指导老师给每位学生发一份印文与墨水字迹形成顺序鉴定的案例资料，并简单介绍案件的基本情况。
2. 学生对所给的案例材料进行分析，确定鉴定材料是否为原件，判断其是否具有检验的条件。
3. 根据印文与墨水字迹笔画交叉处表观特征，判断印文与墨水字迹形成顺序，得出准确的检验结论。
4. 制作司法鉴定意见书。

五、评分标准

成绩评定主要结合任务操作的认真程度、操作的规范程度以及司法鉴定意见书的完成质量进行综合评定。

六、操作注意事项

1. 任务实施前一定要熟悉印文与墨水字迹笔画交叉处的表观特征。
2. 在使用显微镜观察时，注意操作的规范，将放大的倍率调整到能够区分两张成分的色料堆积处清晰可见为宜，不要一味追求高倍率。
3. 如果显微镜配有电脑可以抓图，要及时采集，附在鉴定意见书后说明。

【技能测试】

阐述判断印文和圆珠笔字迹形成顺序的依据。请判断下图 10-3-2 印文和圆珠笔字迹的形成顺序。

图 10-3-2

第十一章 认识污损文书检验

内容提要

污损文书是指人为地利用各种手段改变原文件的内容及原貌，或受自然条件的影响而被污染、损坏或发生其他变化的文件。污损文书的形成原因主要包括行为人出于伪造、变造或销毁证据等目的故意变造文件，或因保管不当无意造成的污染损坏，或受自然条件的影响而使原文件发生了变化等。因此，污损文书检验在侦查司法实践中显得尤为重要。本章主要介绍了怎样运用物理学、化学及其他学科的原理和方法检验污损文件，查清原文件内容的检验方法。

任务一 认识擦刮文书检验

【知识点】
1. 擦刮文书的形成。
2. 擦刮变造难易的相关因素。
3. 擦刮文书的特点。
4. 擦刮文书的检验方法。

【技能点】
擦刮文书的各种检验方法。

【任务导入】
擦刮文书是人为故意地用小刀、橡皮等工具，机械地把原文件上某些文字、图案擦刮掉，再按变造者的主观意图添上所需的文字，以改变原文件内容的一种局部变造的假文书。擦刮文书在侦查司法实践中出现率较高，为了查明行为人的擦刮事实，查清原文件内容，必须进行技术检验。因此，通过本任务的学习，学员必须熟悉擦刮文件的形成因素、特点，掌握这种文书的检验方法。

【相关知识】
一、擦刮文书的形成

从擦刮文书形成的机理分析，变造者首先要把原文字"除掉"，去除得越干净越彻底，遗留下的原色料痕迹就越少，使用该文书时就越不易被发现。文字去除得越彻底，纸张表面纤维被破坏得就越严重，所以，检验这类文书时发现变造事实容易，显示原文字却较困难。

二、检验擦刮文书难易程度的相关因素

原文文字能否被擦刮，与纸张质量、原文文字色料的性质、书写压力的大小、书写时间的长短及原文图案有很大关系。一般纸张薄、书写压力大、书写时间长且用墨汁、墨水书写的文字很难擦刮；而纸张厚，用铅笔、复写纸复写或纯蓝墨水书写的文字容易擦刮。

（一）纸张

纸张表面光滑、质地致密、定量大的纸张容易变造，擦刮后所留痕迹不明显。表面粗糙、质地疏松的薄纸，在擦刮处容易破损成孔，擦刮痕迹明显。例如账页纸、日记本纸、奖券用纸上的印刷文字、墨水文字很容易去掉，而薄的票据纸、合同书用纸上的复写纸上的圆珠笔迹则很难擦刮干净。

（二）文字色料

凡是不在纸张上洇散并能在纸张表面形成色料层的文字容易变造，所留痕迹轻微。例如，普通石墨铅笔书写后完全不渗透到纸张中，也不污染纸张表面纤维，只是形成较薄墨层，粘附在纸上，用橡皮很容易擦掉。各种彩色铅笔文字的擦除相对稍难些；复写纸文字形成之初，仅附在纸张表面，随时间推移，可向纸张内部渗透，变造难度也随之增加；圆珠笔油也具有类似现象。最难擦刮的是墨水文字，钢笔书写时易湿润并划破纸面，墨水流动性强，它不但把纸张表面纤维染色，而且还能向纸张内部渗透，在尽量保持文书原貌要求下，很难把它去除干净。复印机复印文字是墨粉以一定方式（热定影或冷压）转移到纸张上，不向纸张内渗透，且墨层较厚，刀刮或橡皮涂擦容易去除，纸张表面基本无变化。打印机打印文字的方式有多种，针式打印机用打印针击打色带在纸张上形成文字，一般不易扩散和渗透，用橡皮擦或刀刮很容易去除；一次性碳膜热敏色带转印的文字只是附于纸面，轻轻擦拭便可脱落；而热敏纸上的打印文字，是特种纸上的物质因受热而发生化学变化形成的，用橡皮涂擦时，热敏纸上又可产生墨色擦痕，这是摩擦热量所致，用小刀刮除时，对纸面破坏程度很重。所以，热敏纸上打印文字不易去除。激光打印机形成文字的方式类似于复印文字，这类文字去除难易程度与复印文字相同。各类传真件上的文字，一般为热敏式和激光印刷式两种，擦刮变造结果同相应的电子打印文字。一次性压敏复写纸属特种材料，在纸张上形成的文字比较牢固，不易去除。

（三）文字书写压力

书写压力越大，在纸面上的粘附量越多，越难去除。即使像铅笔这样无渗散的干性色料，去除文字笔画后也极易留下原有痕迹——压痕。其他种类文字色料被擦刮后，纸张表面被损程度更重一些，往往在目视下观察就可以看到变造痕迹。

（四）文字形成时间

书写、印刷时间越长的文字，越不易变造。因为随着时间的延长，文字色料与纤维结合越牢固，而且可以有纵、横向渗散。石墨铅笔和油性少、颜色浅淡的复写纸渗散不明显，而墨水、印泥、圆珠笔迹影响大，渗散相当明显，原色料不仅仅保持在书写盖印时的部位，在笔画周围乃至纸张背面都可以观察到色料的存在，因而难于擦刮变造。

（五）其他标记

护照、支票、证件、奖券、债券、货币等印刷产品，纸面上通常带有保护性花纹图案等。这些图案纹线密集，颜色各异，具有防止伪造、变造的功能。如果用擦刮法变造其上的文字图案，必然会破坏下面及周围彩色线条，使线条图案残缺；变造账目上的数字，也受到格线的影响；书写密集的文字，行间距小，被变造的文字受前后文字笔画制约，增加了变造难度。总之，被擦刮变造文字笔画周围的其他标记、笔画越多，变造难度也就越大。这也提示我们检验这类文书时，不仅要注意可疑部位文字变化，而且应特别注意周围相关图案、格线及文字笔画起收笔处是否有异。

除此而外，还与变造工具的选择是否得当及变造人的操作技能、方法有关。变造这类文书时，行为人往往先在其他文书上试操作，而后才实施变造。

三、擦刮文书的特点

（一）纸张表面状态被擦刮后发生变化

被擦刮部位的纸张表面结构遭到破坏，出现不同程度的纤维翘起现象。无论是橡皮涂擦，还是用刀刮除，都有这种现象，刀刮更明显一些。在显微镜下观察，橡皮涂擦的纸面不破裂，细小纤维翘起倒向橡皮涂擦方向，翘起现象比较均匀，有的出现条状擦痕。圆珠笔、墨水、印刷文字需要用刀刮才能去除，纸面上有纤维刀割痕迹，同时有纸毛翘起并伴有鳞片状胶膜，用针挑的纤维比较紊乱且长，细纤维翘起较少。

擦刮部位的纸层变薄，纸张表面颜色与其他部位不同。用铅笔书写的文字，用橡皮擦消的，被擦消部位的纸张表面颜色发暗；擦刮用墨水书写的文字后，纸张表面会发白，纸张纤维减薄，透光度增强，甚至出现漏洞。

（二）重新添写文字，有笔画洇散现象

擦刮部位的纸面胶层遭到破坏，添写文字笔画时，会出现墨水洇散现象。无论用小刀、针等工具刮挑去除文字，还是用橡皮擦除文字，都会破坏纸面胶层，破坏纸张致密结构，而使其疏松。擦刮变造文书时，往往又需要添加与原内容不同的文字，这样后写的文字笔画易产生洇散现象。油性色料——圆珠笔、复写纸的笔画洇散不明显，但因纸面起毛、吸附力、摩擦力加大而颜色较重。水溶性色料——纯蓝墨水、蓝黑墨水、碳素墨水、墨汁洇散严重，有时笔画周围翘起的纤维也被墨水染色。

（三）原文件固有标记发生变化

原文件固有的标记包括格线、底纹甚至被变造部位的相邻笔画。受这些标记的制约，变造去除文字时，不易按笔画逐一进行，必然使相邻及下面的线条、笔画断线断笔、模糊不清或消失。有底纹的文件被擦刮后，其底纹模糊不清或消失，有的为了掩盖伪造事实而添补线条花纹，但后添补的花纹与原花纹的线条粗细、颜色等存在差异，不能自然衔接。

（四）纸张表面留有擦刮工具痕迹或微粒

用橡皮擦的，纸张表面留有橡皮微粒；针挑时，纸张上有细小针孔，纸面上有文字笔画的点状色料痕迹；刀刮时，会产生纸张表面纤维分离痕。

四、擦刮文书检验方法

（一）确定擦刮变造事实

1. 侧光、透光检查。在不同光照角度及光照强度的侧光或透光条件下，观察文件上疑似擦刮部位的表面光泽与其他部位是否相同、有无书写文字压痕、纸张的透光度是否相同。确定文件是否被变造的行之有效的方法是，利用透射光观察可疑部分纸张的光滑度、光泽度、破损情况及纤维变化。用侧光时，入射角要大一些，且光源亮度要适当。透射光可以直射纸张背面，亮度也要调整。被编造证件、证书等较厚纸张的变造痕迹，应该用大角度反射光观察。借助放大镜和显微镜，仔细检查可疑部分有无文字色料残迹或压痕，花纹图案是否完整，可疑部位上文字是否有洇散，文字颜色、笔迹、笔痕等特征是否有异常等。

2. 偏振光检查。用偏振光大角度照射并不断转动光源前的偏振片，在某一角度时，擦刮处反射率最小，反差最大。也可以将另一个检偏镜放在眼前，观察反射率的变化。

3. 紫外线激发荧光。被擦刮处纸张纤维常有变化，或因粘附橡皮微粒及其他异物，或因擦刮而引起原文书色料污染。在紫外线照射下，该处纸张荧光强度一般都弱于非变造处。实验表明，长波紫外线检验效果比短波紫外线明显。

4. 碘熏显现法。碘蒸气吸附法是：把少量碘放入小烧杯内，文书置于杯口上，用酒精灯缓慢加热烧杯底部，当杯内充有棕色碘气体时，擦刮处纸张表面因吸附系数大而吸附的碘多，色重。但要注意，碘吸附速度很快，被检文书离开烧杯后，颜色很快就消失，所以要及时固定和拍照。另外，碘蒸气气压过大或过小都会使反差下降。如果一旦发现杯口处纸张普遍有浓重的棕褐色，表明碘蒸气气压过大或吸附时间过长，擦刮处与非擦刮处颜色反差下降或完全丧失。这时可令文书上的碘在自然状态下挥发，擦刮处的碘挥发慢，非擦刮处的碘挥发快，短时间内色差即可增大，反差增强。继续让碘挥发，反差又将消失。这种方法可多次重复，文书不受损害。

5. 粉末吸附法。首先配制甲基蓝淀粉或墨粉小苏打粉末试剂。选择干燥的淀粉（或小苏打）和甲基蓝（或复印机墨粉），其配比为甲基蓝:淀粉＝1:8～1:9，或墨粉:小苏打＝1:5～1:7，充分搅拌后，均匀撒于文书上，并轻轻抖动文书，缓慢倾斜文书去除多余粉末，擦刮处纸面因吸附力强而使粉末试剂粘附量多，非擦刮处则粘附量少，色轻。检验后，抖掉或用毛刷去除所有粉末，其中的小苏打、淀粉提供了粉末试验的灵敏性，墨粉、甲基蓝提供了显色性。大量实验表明，显示结果与下列因素有关：光滑度高的纸张显现结果比表面粗糙的纸张好；粉末越细显示结果越好，墨粉、甲基蓝比例过大虽反差可提高一些，但不易去除；两显示剂比例过小，则易从纸面上去除，但反差弱；两种粉末试剂对橡胶橡皮擦痕都有极高的灵敏度，对塑料橡皮擦痕或刀痕显示效果不如前者；粉末可以多次重复使用，但效果逐次下降。相对而言，墨粉、小苏打粉末因取材方便，灵敏度高，拍照的照片反差大，更具有实用性。

6. 射线测厚法。射线是放射性物质衰变过程中辐射出来的一种电子流，具有一定穿透能力，也能使感光底片感光。利用射线具有"穿透能力"这一性质，可测量纸张厚度。其特点是测量精度高、无损。用射线可以对纸张分类，检验纸张水印，检查纸张和纺织品纤维分布，且不受颜色影响，可以确定墨水种类、文书擦刮痕迹等。对于纸张，即使有 0.01mm 的厚度变化，射线也能准确记录，并能以测量数据或照片形式反映出来。放射源的选用要求放射性物质的半衰期要长，半衰减层要在被检物厚度一半至两倍之间，这时测量的精度最高。文书检验中的客体多为纸张和纤维织物，可用弱放射性物质制成放射板。

（二）辨读被擦刮原文

文件上原文字经擦刮后，有的文书上的笔画色料，连同下面的纸张载体一起被除掉，失去了重现原文的条件。但绝大多数情况并非完全如此。行为人变造的目的，最终还是要利用文书，这就决定了文书变化不能太明显，损害程度不能过重。另外，有些色料和纸张结合牢固，不易变造。这些都为辨认、判断擦刮文字提供了可能性。辨读被擦刮原文字通常可用以下方法：

1. 根据文件残留笔画印迹辨读。如果擦刮不彻底，文书上将留下残留的笔画，根据笔画形态位置、方向、组合关系，分析判断是什么文字。有的在被擦刮的部位留有原文的文字笔画残迹，可以借助放大镜或显微镜观察，必要时通过滤色镜加强反差，按照文字笔画的动笔方向和结构关系等，利用残字推断法来辨别原文字。

2. 根据正背面文字压痕辨读。压痕是书写活动时产生的，往往又不能避免的文字潜像。检验时，根据具体擦刮变造手段、纸张损坏程度、压痕深浅程度，选择适当方法显现压痕文字。这种方法适用于圆珠笔、复写纸形成的文字。辨读时要注意区分是原文字的压痕还是后添写文字的压痕。

3. 根据其他部位的原文印迹辨读。完整的一份文件是一个有机统一体，文件的各部分相互关联、相互照应。擦刮去掉某些文字或重新添写的文字，都将破坏这种统一性，出现矛盾。例如，收据上的单价、数量、总价；档案上的出生日期、小学、中学、大学在校学习期限与参加工作时间；合同协议书上标称时间与所述事实、事件；出生证上年龄与制证机关保管的相邻证卡上他人的出生时间及印刷特征或其他标记；被变造票据和存根与相邻序号票据之间的关系等。充分利用其他文书、文字与被检字之间的有机关系，间接判定被擦刮的原文。

4. 激发荧光法。如果原文字是由蓝黑或彩色墨水、蓝或红圆珠笔、彩色油墨形成的，擦刮时一般均不能彻底，该部位会残留少量有机染料或颜料，可用"极红荧光法"和"红外荧光法"成像。必要时用激光做激发光源，可大大提高文字的检出率。用激发荧光法，除了可直接检验被擦刮的文书外，还可检验该文书上页或下页上原文字扩散形成的浅淡影像，如同压痕文字可以确定原文字一样，相邻两页的潜像文字也可以证明原文字的内容。这种方法的原理是圆珠笔、复写纸或墨水文字，经过一段时间后，笔画中的某些无色成分或少量染料会转移到上页背面或下页正面上去，形成正反像不可见文字。用激发荧光可以使潜像文字发光，记录后能判断出可疑文书被擦刮掉的相应文字。

确定擦刮变造原文字是污损文书检验中较难的一项工作。因为某些变造手段可能使原文书上残留的原文字笔画色料过少，甚至完全消失，所以要用各种手段和方法，包括系统检验，充分将某些方面所提供的信息进行综合分析，以确定原文字内容。

【任务实施】
一、任务目的
通过实验了解擦刮变造文件的特点，掌握擦刮变造文件的检验方法。
二、任务设备
1. 仪器：显微镜、小刀、橡胶橡皮（粗、细）、塑料橡皮。
2. 纸张：账页纸、信稿纸、票据纸。
3. 色料：蓝黑墨水、纯蓝墨水、圆珠笔、铅笔、碳素墨水。
4. 试剂：甲基蓝淀粉和小苏打复印墨粉。

三、任务指导

文件上字迹被小刀、橡皮等工具擦刮后，在去除字迹的同时，文件纸张也有不同程度的破坏。擦刮痕迹是否明显，与书写工具、压力、色料、纸张厚薄、质量及擦刮技术等因素有关。但无论技术如何高明，在文件纸张表面总会留下色暗、起毛、纤维紊乱、变薄等特点，因而可用显微镜放大观察、侧光、透光及粉末检验等方法发现变造事实。

四、任务组织

（一）制备实验材料

1. 用蓝黑墨水、纯蓝墨水、圆珠笔、铅笔、碳素墨水等五种色料在账页纸、信稿纸、票据纸三种纸张上各写两行文字，其中一行为正常书写，另一行为加重压力书写。

2. 用小刀和橡皮分别对材料中的文字进行擦刮变造，并留几个字作对照。

（二）观察检验

1. 先用肉眼观察纸张擦刮部位情况，再用侧光或透光观察纸张有无异常情况。

2. 用实体显微镜放大观察擦刮部位，选用不同放大倍数，观察纸张擦刮部位细微特点。

3. 用甲基蓝淀粉或小苏打和复印墨粉按一定比例混合搅匀撒在擦刮部位，轻轻摇动纸张，去掉多余的粉末，然后观察擦刮痕迹显示情况。

（三）写出实验报告

1. 列表统计擦刮变造情况（包括是否容易擦刮变造、是否容易发现擦刮变造）。

2. 列表统计用甲基蓝淀粉或小苏打和复印墨粉显示结果。

3. 讨论擦刮的一般规律和检验的可能性。

五、评分标准

项　　目	分　值	得　分
材料准备符合要求	10	
观察结论正确	20	
列表统计擦刮变造情况描述恰当	20	
试剂显示结果正确	20	
擦刮的一般规律和检验的可能性结论正确	30	
总分		

六、操作注意事项

1. 在进行可见光观察时，注意调整光线的角度、强弱以及观察的角度。
2. 用甲基蓝淀粉显示擦痕时，文件及手和处理的环境均应保持干燥，粉末应避免撒在身上。因甲基蓝是水溶性染料，遇水即溶而使文件或衣服上留有蓝色斑痕，所以不仅显现时要小心，而且显现后应尽量将文件上的粉末清除干净。
3. 粉末反复使用后会降低显示的效果，应及时更换。

【技能测试】

书写一张收据，然后通过擦刮改写文字内容，通过检验辨读被擦刮原文内容。

任务二　认识消退文书检验

【知识点】
1. 消退文书的特点。
2. 常见消退方法。
3. 消退文书检验方法。
4. 影响检验效果的因素。

【技能点】

消退文书的各种检验方法。

【任务导入】

消退文书是指利用化学试剂消除文字后形成的假文件。被消退文字一般出现于档案、证件、证书、收（欠）据、合同书、支票、记录账目等文件上。消退文书在侦查司法实践中出现率较高，为了查明行为人的伪造事实，查清原文件内容，必须进行技术检验。因此，通过本节学习，学员必须熟悉消退文书的形成因素、特点，掌握这种文书的检验方法。

【相关知识】

一、消退文书的特点

1. 消退处周围字迹笔画变色、退色及残缺不全。被消退字迹的周围字迹笔画变色、退色，致使文字笔画残缺不全，这是由于纸张纤维的毛细作用，致使洇散现象无法避免。行为人消退变造文书时，只是想把影响文件使用的文字，如年龄、参加工作时间、学历、金额等去掉。但用消退剂涂抹，也会使相邻字受到污损，产生变色或退色现象。
2. 消退处纸张底纹退色。有色纸张或有底纹、格线的文件，消退后容易使底色、花纹、格线退色。

3. 纸张消退部位留有色斑、无光泽、有皱缩。消退部位的纸张表面有被化学溶液作用形成的黄褐色、淡黄色或白色污斑，局部纸面无光泽，并有皱缩现象。

4. 消退处有笔画的洇散现象。因用化学药品消退的文字处，纸张的施胶层可能受到破坏，若在被消退部位再填写钢笔墨水字迹，则有墨水洇散现象。

5. 消退处可能留有未完全消退的残余笔画。难于消退的蓝黑墨水、碳素墨水、墨汁笔画，易留下笔画残痕，各种彩色墨水文字不易被彻底消除。

二、常见消退方法

常见的传统的消退方法可根据案件中使用的消退剂种类、消退方法归纳为以下六种类型：

（一）酸消退

稀硫酸、稀盐酸、稀硝酸等无机酸作用于有机墨水笔画能令其褪色，但对含碳的碳素墨水、墨汁、复印墨粉、打印色带、印刷油墨等文字影响很小。蓝黑、纯蓝墨水加入稀硫酸，酸溶液并没有使原墨水分子结构发生改变，只是产生了"溶褪"的结果，即墨水笔画容易被酸溶解。反复滴加酸溶液，笔画色料越来越少，但酸消退文字不彻底，易留有残余笔画，纸面上有墨水扩散痕迹，纸张受损程度轻。

浓酸消除文字的机理与稀酸完全不同。浓硫酸和浓硝酸是强氧化剂，各种有机色料和部分含碳色料遇浓酸后迅速氧化而退色，原色料结构被破坏或生成其他物质，这种反应是不可逆的。因此，重新显示原文字比较困难。纸张在浓酸作用下，纸质变薄，变脆，甚至出现破裂。当用85％硫酸溶液消退碳素墨水文字时，可观察到这些现象。

有机酸如草酸、乙酸等消退文字的机理，既有还原作用，也能溶解一部分墨水文字笔画。有机酸只对性能不太稳定的彩色墨水、蓝黑墨水中显蓝部分的染料起一定作用，不能消除碳素墨水、圆珠笔、复写纸等文字。

（二）碱溶液消退

碱溶液主要指苛性钠、苛性钾、氨水及溶解后能游离出羟基的某些有机物溶液。浓度较大的强碱溶液可以改变纯蓝、蓝黑和各种彩色墨水字迹的颜色，甚至使字迹消失。对圆珠笔、复写纸、印泥文字，消退效果不明显。总之，碱溶液消退文字不彻底，易在纸张上留下文字残痕，而且碱液在纸张上残留的斑痕也较重。用碱消退文字的案例，工作中很少见到。

（三）氧化剂消退

污损文书检验中所遇到的消退变造文件，大多以氧化剂为消退剂，这些物质的溶液中存在氧，有很强的漂白能力，如次氯酸盐类、双氧水、高锰酸钾等。纯蓝墨水、蓝黑墨水、印油文字遇到氧化剂后，呈现颜色的那部分色料分子结构被破坏，从而失去颜色。氧化剂对含碳黑色料几乎不起作用。还有一类强氧化剂，如前所述的浓硫酸和浓硝酸，它们在稀释状态下失去氧化性，只能对文字起溶退作用。

上述氧化剂中，高锰酸钾和漂白粉或漂白精的退色能力较强。如果两种氧化剂同时用于消退，可增强退色效果。从使用该方法变造的文书效果看，氧化剂去除文字不但与氧化剂种类有关，还与氧化剂溶液的浓度有关。以高锰酸钾为例，当用5%高锰酸钾溶液消除文字时，只能使纯蓝、蓝黑墨水文字褪色，但不能消退圆珠笔字迹。把高锰酸钾溶液浓度提高到15%～20%时，可以消除各色圆珠笔字迹。

（四）有机溶液消退

根据极性相似相溶原理，选择与被消退文字色料极性相同的溶剂，也可以把文字去除，这是一种纯粹的溶退过程。对圆珠笔、复写纸、印泥印文字迹，用三氯甲烷、丙酮、乙醇等普通试剂可以消除。实验证明，操作方法对消退效果有影响。用蘸有试剂的棉签在文字上擦拭，笔画色料会扩散到溶剂所能触及的部位，边缘处留有较浓的色痕，变造事实容易被发现。如果把文书全部或部分浸泡在有机试剂中保持一段时间，原笔画将被消除殆尽。

用有机溶剂消除的文件，纸张不皱缩，荧光不受影响，重新用墨水添写的笔画不洇散，所以具有较强的隐蔽性。

（五）消字灵溶液消退

近年来，有人非法配制、销售消字灵，为行为人伪造票据、协议、档案等文件提供了有利条件。

经收集样品分析可知，这类消退剂种类繁多，配方各异，没有统一标准。从消退效果看，有的确实有很强的退色能力，文字完全消失且残留痕迹极少，也有的消字效果并不明显。

经对已掌握的多种消字灵成分分析，可分为以下几种：

1. $KMnO_4$（酸性）（5%～8%）

$C_2H_2O_4$（4%）或 Na_2SO_3（4%）

2. $KMnO_4$ 溶液（酸性）

$C_2H_2O_4$ 溶液

肥皂液

3. $KMnO_4$ 溶液（酸性）

$Ca(ClO)_2$（漂白粉）

4. H_2SO_4（85%）+橡胶

$KMnO_4$ 溶液（酸性）

H_2O_2

5. $NaHSO_3$ + Na_2SO_3 + 表面活性物 + 乙二醇

上述试液除"5"液外都单独见效，不可混合。另外，这些试剂都可以消退彩色、蓝黑、圆珠笔、印油印文文字，"4"液还可以使碳素墨水、印泥印文和打印色带文字消退。

（六）物理褪色

物理退色包括光分解和热老化退色两种。前者是利用大功率紫外灯照射文书，有机文字色料吸收紫外线后发生光分解，颜色逐渐减退，直至最后消失。光分解速度与文字种类、光照时间和紫外光强度有关。实验结果表明，用两台 UV-500 紫外光源照射 20 小时左右，纯蓝、蓝黑墨水和圆珠笔文字将消失殆尽；碳类墨水文字失去光泽，但不退色；各种印文色料光分解变化结果与有机墨水相似。热老化退色机理是：文字色料在高温环境中发生热分解并失去颜色。各种有机墨水热分解温度大约在 110℃ 左右，超过此温度界限，虽然文字老化退色速度加快，但纸张变化过于明显。

三、消退文书检验方法

（一）确定消退事实

1. 外观检查。借助侧光、分色光、放大镜、显微镜等常用手段对文书进行外观检查。观察纸面光滑程度，有无皱缩现象，有无变白变黄的消退斑渍；重新添写文字有无洇散或颜色变化；有无残留笔画；相邻文字是否完整等。经过综合分析，可以确定消退事实存在与否。

2. 荧光检验。荧光变化是确定文书消退事实最有力、最直接的依据。将可疑文件放在不同波长的紫外灯、蓝光灯或文件检验信下照射，观察各部位的荧光现象是否有变化。有的纸张遇消退剂后，发荧光能力增强；也有的纸张在消退剂作用下发荧光能力下降，在长波紫外线 365nm 照射下，很容易发现消退部位与其他部位的荧光强度的区别。检验要在室内进行，用长、短波紫外灯作激发源照射文书，用无色中性或淡黄滤光器观察即可。

3. 电子显微镜法。用电子显微镜检验消退文书有两种作用：首先，在确定存在消退事实的同时，还可以判明无机消退剂种类，为显示被消退文字是否具备条件提供依据。其次，对印泥、打印色带文字，可在原笔画周围检出残余色料的无机成分，以证明该处存在变造事实。具体方法是将可疑部位与空白样本纸张分别取下 1mm 宽小纸条进行检验。鉴定结果以各无机元素的曲线峰高比或百分比给出。

（二）显示被消退原文字

1. 各种光源照射法。物理显示法是选择某种光线照射文书，利用不同波长的光源增强字迹与背景之间的明暗反差、颜色差别、荧光强弱等，从而将被消退的字迹显出。被消退文字反射光线的能力或发射荧光的颜色、强度与其他处不同，可用感光片或摄像仪把这种区别转换成可见影像，以确定原文字内容。

在各种消退文书中，受文字色料种类、消退剂种类、纸张、消退程度等诸因素影响，所用光线可能不同。除高锰酸钾之外，次氯酸钠、漂白粉、各种碱溶液消退的纯蓝、蓝黑、彩色墨水、印油文字，用长波紫外线照射，用普通全色片拍照文字紫外反射影像，一般文字显示清楚。即使消退程度较重，也能满足鉴定要求。消退部位纸张发射荧光较强时，也可用荧光法。这时用长波紫外线或青、蓝光做激发源，消退部位发出白色荧光，文字发光在极红和红外区，呈现亮背景暗文字影像。例如，黑色签字笔的文字消退后，在白炽灯前用 QB21 与 QB21 叠加，产生主波长为 480nm 的青色光。将此光做激发光，把截止波长 620nm 的滤光片放在照相机或文书检查仪镜头前，可清晰地显示出被消退的原文字。

有的文字未被彻底消除，但已变成浅黄色笔画，且周围纸张斑渍很轻，这类文书也可以用蓝青色光加强反差法拍照。此方法的操作过程更简单、更容易些。

2. 化学试剂涂显法。用与被消退文字残留物质发生化学反应生成某种颜色的试剂，也可以检验消退文书。选择显色剂尽量使用灵敏度高、对文书损坏程度轻的物质。目前，化学显色法只适用于蓝黑墨水。

（1）5%五倍子酸（没食子酸：3，4，5—三羟基苯甲酸）酒精溶液，显现字迹为棕黑色。

（2）5%2，4—二羟基苯甲酸酒精溶液，显现字迹为紫红色。

（3）0.5%羟基喹啉（邻羟基氮基萘）酒精溶液，显现字迹为墨绿色。

（4）5%黄血盐〔三水亚铁氰化钾 $K_4[Fe(CN)_6] \cdot 3H_2O$〕溶液加几滴盐酸，显现字迹为蓝色。

（5）5%硫氰酸钾（KSCN）溶液加几滴盐酸，显现字迹为棕红色（但很快消失，需立即拍照固定）。

（6）10%水杨酸（邻羟基苯甲酸）酒精溶液，呈现字迹为淡红色。

（7）10%单宁酸酒精溶液或浓茶叶水，显现字迹为黑褐色。

用硫氰酸钾溶液和亚铁氰化钾溶液呈现消退字迹的，可在涂抹试剂后再涂稀盐酸。

此外还可用硫化铵涂抹，字迹呈暗黑色，但不久即退色，如再涂还会显现。也可以用硝酸铅〔$Pb(NO_3)_2$〕处理后，用蒸馏水洗净，再加硫化钠（Na_2S）呈现，字迹呈暗黑色。

用化学试剂显现消退文字时应注意：事先必须征得送检单位同意；显现前应选择相似条件模拟试验，待有把握时再进行显色；在显色前应拍照固定文书原貌；显现时一般用小脱脂棉球蘸取少量试剂，均匀地涂在消退部位，不要直接用滴管滴加，动作要轻缓仔细，切忌往返涂抹摩擦。也可用试剂均匀浸透洁净的滤纸覆盖在被消退部位，片刻后揭下，观察呈现效果。

3. 硫氰酸气熏法。硫氰酸气熏法是采用现制的硫氰酸气体熏显出文件上被消退字迹的方法。显出的原理是硫氰酸气体与被消退的蓝黑墨水字迹在纸张上残留的三价铁离子发生化学反应，生成血红色物质，从而显出被消退字迹。气熏装置有两种形式：

（1）简易式：只需预备一个小烧杯，将硫氰酸钾（或硫氰酸铵）5克加水溶解后，再滴入浓硫酸至起强烈反应产生大量硫氰酸气体时，将文书需要显现部位靠近杯口，待显出字迹后立即拿开。此法适用于小面积局部消退文字检验。

（2）系统式：需要蒸馏烧瓶、滴液漏斗、缓冲瓶、处理皿和连接管等。将硫氰酸钾水溶液放入烧瓶内，烧瓶在铁架上固定，留下放置电炉加热的空隙，接好滴液漏斗、连接管、缓冲瓶、处理皿等。将需要显现文字的文书放入处理皿内，盖好盖子，将浓硫酸装入滴液漏斗，打开开关将硫酸放入烧瓶，即与硫氰酸钾起化学反应，产生硫氰酸气体，沿导管进入处理皿对文书熏蒸，被消退的文字即可显现出来。如不需继续熏蒸，便可将气体排空。

气熏法的优点是不损坏文书，显出文字笔画清晰无洇散现象，保留时间长，便于拍照固定，可以重复熏蒸。而且检验完毕后，如不需要保留，用氨水熏即可复原；显出的文字再度消失后，用紫外线照射观察荧光现象要比未经气熏的更为清晰。特别是对一些未施胶的纸张，如新闻纸上的被消退文字，用硫氰酸钾溶液涂抹易洇散，用紫外线检验也难以辨认，用气熏法则可获得满意效果。

4. 粉末显示法。如果被消退的原文是油墨印刷的文字，或印泥盖印的印文，则可利用油墨和印泥物质的粘着性，将文字加温后，使其粘合力增加，然后将显现指纹用的铝粉末及石松子粉末混合刷在被消去的文字或印文上面。粉末粘附在文字、印文的"潜影"上，从而达到显像的效果。

5. 热熨法。热熨法是显现被消退字迹的新方法。可使用普通家用电熨斗，受热后在被消退字迹纸张的背面来回熨烫（类似熨衣服，要垫衬纸），从而将被消退的字迹显现出来。热熨法对被消退的纯蓝墨水、蓝黑字迹显出的效果好。

四、影响检验效果的因素

被消退文书能否检验以及效果如何，与纸张、笔画材料种类、消退剂、消退程度、显示技术等多种因素有关。

（一）纸张

从纸张定量上看，日记本、账页、介绍信等克重较大的纸张，书写墨水渗透程度大，消退后纸纤维含残余色料多，也容易留下较明显压痕，检验可能性也大一些。反之则不易检验。

从施胶度看，施胶量大的纸张表面光滑度也高，墨水书写时渗透能力差，在同样浓度的消退剂作用下，笔画颜色容易被消除，这种文书一般难以检验。

（二）字迹物质种类

钢笔书写的文字中，碳素墨水文字用普通消退剂难以退掉，只能用高浓度酸氧化，但纸张又往往因此变脆。所以，确定消退事实容易，而显示原文字难。纯蓝墨水、印油是最不稳定的色料，用低浓度5%的次氯酸盐或高锰酸钾可完全消除。蓝黑墨水、圆珠笔文字相对稳定，上述试剂在低浓度时无法完全达到不留残痕的目的。只有高锰酸钾的浓度达到20%左右时，才能把蓝黑墨水和圆珠笔字迹消退。这几种试剂都能使纸张荧光变化并留下相应的无机离子。用紫外线检验消退痕迹，或用电子显微镜确定纸张成分，都可确定消退事实。如果显示原文字，蓝黑墨水含有铁离子，圆珠笔易留下压痕，检验的可能性较大。

印泥是一种稳定性很强的油性色料。无机消退剂（除强酸外）很难把整个印文全部去掉。但有机溶剂既能把文字干净彻底地溶除，在纸张上又不留斑痕。因此，无论是确定变造事实，还是检验原文书，都很困难。

（三）消退剂种类

判断消退文书是否具备可检条件，消退剂种类是一个关键。次氯酸盐、碱溶液消退时，虽原文字色料变成无色物质使原文字色泽消失，但无色物质在原笔画周围扩散很少。所以，用长波紫外线或化学显示剂能很容易地发现消退斑和恢复原文字。

高锰酸钾溶液氧化能力强，它既能使纯蓝墨水、印油等有机染料完全分解，也能使性能稳定的蓝黑墨水完全退色。由于高锰酸钾呈紫红色，不能单独使用，必须用还原剂再去除高锰酸钾的颜色。还原剂可以与铁离子生成稳定的络合物，同时也能将部分三价铁离子转换成二价铁离子。检验这类文件，确定消退变造容易，显现原文字较难。

有机溶剂"溶退"的印文、复写纸文字、笔画色料被去除，消退剂又完全挥发，在纸面上不留残痕，用墨水重写笔画也不扩散。因此，很难辨读原文。

（四）文字形成时间

无论何种文字，形成时间越长，则氧化渗透程度越重，与纸张结合得就越牢固，也越难以消退，其中蓝黑墨水文字表现得更明显些。

（五）消退程度和方式

消退程度影响到文字和纸张。文字被严重退色，残留物极少，恢复原文困难。但纸张也同时被严重污损，消退特征相对更明显些。同一化学试剂，采用不同方式去除文字，效果也有区别。大多情况下，行为人变造文书，是用棉签蘸取试剂涂抹，这种方式适用于少量的、局部的文字消除。近年来，多次发现文书被全部浸泡在试剂中去除文字的案件。有的将带有印泥印文和墨水文字的文书浸泡在高锰酸钾溶液中，去除墨水文字而保留印文；有的将同样的文字浸泡在氯仿、乙醚溶液中，去除印文而保留墨水文字。这类文书产生的变化，比局部消退文书更难以发现。

在鉴定消退变造文书案件中，又陆续发现了下列两种情况：①文书被消退后，行为人为防止重新添加的文字洇散，在变造处又用稀胶水或明矾溶液施胶，使变造特征相应改变。②用抗坏血酸甚至农药等作为消退剂去除原文字，使文书上的表观特征不同于前述各种消退剂。所以，检验疑被消退变造的文书，应采用综合手段，进行全面分析。

【任务实施】

一、任务目的

通过实验了解消退文件的特点，掌握消退变化及显现被消退原文的检验方法。

二、任务设备

（一）器材

长波紫外线灯，2206灯，各种颜色滤光器，脱脂棉，滤纸，牙签，烧杯等。

（二）试剂

1. 消退剂：漂白粉溶液，10%氢氧化钠溶液，双氧水，5%高锰酸钾溶液，5%草酸，5%亚硫酸钠溶液。

2. 显现剂：5%亚铁氰化钾溶液，10%鞣酸酒精溶液，5%五倍子酒精溶液，5%羟基喹啉酒精溶液，10%盐酸溶液，5%硫氰酸钾溶液。

（三）实验材料

纸张：账页纸、信稿纸、新闻纸；色料：蓝黑墨水、纯蓝墨水。

三、任务指导

书写文字色料经化学试剂处理后，其色料的颜色结构被破坏而使颜色消退，不易分辨原文字。消退效果与使用的化学试剂、原文色料、纸张及书写时间的长短等因素有关。由于化学试剂作用，在文件纸张上会留下相应的痕迹，而且不同试剂留下的痕迹也有差别。字迹被消退表明字迹的色料颜色退色，但化学试剂仍存留在纸上，因而可以分析其成分以确定是否消退，而且在激发光照射下，因纸张、试剂及试剂与被消退字迹色料生成的化合物被激发的荧光不同，因而能显出被消退的字迹。此外，由于化学试剂作用的结果，有些色料中某些离子仍以文字形态存留在纸上，因而还可以用化学显色法和气熏法显示文字。被消退的原文字

四、任务组织

（一）制备实验材料

用蓝黑墨水、纯蓝墨水在三种纸上各书写若干行字，干后用上述消退剂分别将文字消退并做好记录。同时选用自备的两种用墨水书写时间较长的文件，用上述消退剂消退，也做好记录备用。

（二）检验

1. 先用肉眼观察对照消退痕迹和效果。

2. 用紫外线灯照射文件，观察荧光和文字显现效果，做好记录。

3. 用 2206 灯（可放上蓝 1 或黄绿 4 滤光液或滤光片）照射文件，同时用各种滤光片观察荧光和文字显现效果，做好记录。

4. 用牙签棉球蘸取上述显现剂，分别显现被消退文字，记录结果。

5. 将硫氰酸钾固体（10% 左右）放在烧杯内，滴加几滴浓硫酸，便产生黄褐色硫氰酸气体，迅速将文件需要显示的部位朝着杯口覆盖蒸熏，便显出红棕色文字。

（三）写出实验报告

列表统计各种消退剂消退字迹的效果，荧光检验各种显现剂及气熏法显现消退文字的效果；讨论不同纸张、色料、书写时间、显现剂与显现效果之间的相互关系；讨论气熏法与涂抹法的优缺点及其适用范围。

五、评分标准

项　　目	分　值	得　分
材料准备符合要求	10	
用紫外线灯照射文件，观察荧光和文字显现效果	20	
用各种滤光片观察荧光和文字显现效果	20	
用牙签棉球蘸取显现剂，分别显现被消退文字	20	
气熏法显现消退文字的效果	30	
总分		

六、操作注意事项

1. 制作实验材料时，应在书写字迹干燥后再消退，待消退干燥后再显现，否则会影响效果。

2. 涂显现剂时应逐行或逐字涂显，不可一涂到底，否则会使试剂与色料混合，影响效果。

【技能测试】

用蓝黑墨水、纯蓝墨水分别书写一份材料,用三种消退剂消除文字,然后用三种显现剂显现原文字。

任务三　认识涂抹掩盖文书检验

【知识点】

1. 涂抹掩盖字迹的特点。
2. 涂抹掩盖字迹显现的条件。
3. 显现涂抹掩盖字迹的方法。

【技能点】

涂抹掩盖文书的各种检验方法。

【任务导入】

涂抹掩盖文书,是指用色料涂抹或用其他方式将有色物质掩盖于文字之上,从而使图文部分被掩盖而造成不易辨别的文书。涂抹掩盖文书的形成通常有两种情形:①违法犯罪分子为了掩盖自己的违法行为,故意将有关的文字涂抹掩盖;②由于意外原因将色料覆盖在文字上,或文字被体液、血液等物质浸染。涂抹掩盖文书在侦查司法实践中经常出现,为了查明行为人的涂抹掩盖事实,查清原文件内容,必须进行技术检验。因此,通过本节学习,学员必须熟悉涂抹掩盖文件的形成因素、特点,掌握这种文书的检验方法。

【相关知识】

一、涂抹掩盖字迹的特点

涂抹掩盖方法有均匀涂抹和线画涂抹。涂抹方法不同,其特点也不同。

均匀涂抹掩盖,如果是偶然形成的,则涂层有厚有薄,色料多种多样,和原文字色料不尽相同;如是故意行为,一般涂层较厚,往往用深色或同色色料涂抹掩盖。

线画涂抹掩盖,多是故意行为,一般采用各种硬性工具(如圆珠笔、钢笔等),以各种直线、弧线、交叉线等形式乱画乱涂,而且往往是反复涂画。

二、涂抹掩盖字迹显现的条件

(一)根据原文与掩盖物质的理化性质,异则易显,同则难显

如果涂抹掩盖物质与原文色料物质属于同种物质,不仅颜色相同,而且理化性质也一致,则显现比较困难。如果涂抹掩盖物质与原文色料物质不同,则有可能显现。这种不同有三种情况:①颜色不同;②虽然颜色相同,但属于不同物

质，其理化性质不同；③虽然颜色、理化性质相同，但在不同时间形成，相隔时间较长，其理化性质变化不同。

（二）原文与掩盖方式，使用工具及纸张和书写时间等因素

如果原文是用硬性工具（钢笔、圆珠笔）书写，而掩盖物质是均匀涂抹的，则易显现；如是同种工具乱涂乱画，则难显现。如果纸张质量较好，表面光滑，则显现相对容易一些；如纸张质量差，则显现相对困难一些。如果原文形成和掩盖时间相隔较长，则显现相对容易一些；相隔时间短，则显现困难一些。

（三）现有技术手段、设备和技术水平

多数涂抹掩盖字迹需要用一定的技术设备（如红外检测仪器、紫外线灯、显微镜等）和一定的化学试剂、玻璃器皿和其他材料，按涂抹掩盖物质和原文物质的理化性质，采用各种方法并掌握操作技能才能显现，如果不具备这些条件则无法显现。

三、显现涂抹掩盖字迹的方法

（一）透光检验

适用范围：均匀涂抹掩盖、纸张较薄的字迹掩盖。

原理：一般条件下正面观察"不透光"的深色物质，由于分布不均匀性，并非完全不透光，除了纸张的因素以外，也和物质的厚度有关。如果纸张较薄，这种物质涂得不厚，在较强的透射光照射下，也能透过一部分光线。透光率大小取决于物质的厚度。这是透光检验掩盖字迹的一种依据。

涂抹掩盖字迹在透光照射下，有字迹部位与涂层共同阻止光线通过，其透光率要小于单纯涂层部位，由于透光率不同造成亮度差，从而能分辨掩盖字迹。

方法：将具有一定强度的光源放在文书背后，均匀照射掩盖部位，并进行观察。最好在暗室中进行，这样可避免杂散光干扰，并可控制光照角度和强度，以便取得最佳效果。如有带有透光装置的翻拍架，则更为适宜，可将透光检验结果拍照固定。

（二）静电成像检验

适用范围：被掩盖文字是用硬性工具书写、具有一定压痕、被均匀涂抹掩盖的字迹。

原理：由于被掩盖字迹是用硬性工具书写，有一定压痕；掩盖层是均匀涂抹的，尽管被掩盖字迹被其他色料掩盖不易分辨，但由于有压痕，可利用静电压痕显现仪，根据压痕部位和其他部位电容量不同，吸附带电墨粉量不同的原理，就可以显现被掩盖字迹。

方法：将文书反放在静电压痕仪的真空座上，覆盖塑料薄膜以后，用高压电晕充电（充正电或负电均可），再喷洒墨粉，可显出被涂抹掩盖的字迹。

（三）分色检验

适用范围：除黑色以外的其他颜色掩盖的不同颜色色料制成的文字，或虽然同色而掩盖物质比被掩盖文字色浅的掩盖字迹。

原理：利用滤光器同色通过减淡、补色吸收加深的原理，使掩盖层颜色减淡、加深或突出被掩盖文字颜色，从而达到检验目的。

方法：根据掩盖物质和被掩盖文字颜色，选择相应滤光器进行检验。根据选用滤光器的原则，选择与掩盖物质颜色相同或相近，而与被掩盖文字颜色相补色的滤光器，或选择仅仅减淡掩盖物质颜色而突出被掩盖文字的滤光器。前者如蓝黑墨水掩盖红色文字，可用蓝滤光器；后者如蓝黑墨水掩盖黑色文字，或蓝墨水掩盖黑墨水字迹，亦可用蓝滤光器检验。检验结果可用分色照相方法固定记录。

（四）红外线检验

适用范围：掩盖物质透过红外线而被掩盖文字物质是吸收红外线的掩盖字迹。

原理：不同物质对红外线的吸收、反射、透过的性能与对可见光的作用不同。有的物质，在可见光下是"不透明"的，但在红外线下却成了"透明"的；有的物质却是因吸收红外线成了"不透明"的。因此，只要掩盖物质是透过红外线，而被掩盖字迹是吸收红外线的，就可以用红外线检验。

用红外线检验掩盖文字要考虑纸张、掩盖物质和被掩盖文字物质三者的吸收、反射、透过红外线的性能。掩盖物质必须是透过红外线的，这是红外线检验掩盖文字的前提条件。如果是吸收或反射红外线的，则不能用红外线检验。若被掩盖文字物质是吸收红外线的，纸张是反射或透过红外线的，均能显现。若被掩盖文字物质是反射红外线的，纸张是吸收红外线的，也能显现。

实际上，文检工作中遇到的多是在白纸上被掩盖的文字，白纸一般均反射红外线。黑纸是吸收红外线的，但没有用黑纸写字后再去掩盖的情况。透过红外线的纸张只有玻璃纸，也不可能出现掩盖情况。所以，从使用纸张情况来看，一般均为反射红外线的白纸，而被掩盖的字迹所使用的各种色料均为红、蓝、黑等颜色的墨水、圆珠笔、墨汁等物质。它们不是吸收红外线的，就是透过红外线的。吸收红外线的书写物质有：各种含有碳素成分的碳素墨水、碳素铅笔、黑复写纸、黑油墨、黑打字机色带、墨汁、绘图墨水、石墨铅笔及红蓝铅笔中的蓝铅笔等。部分吸收红外线的书写物质有：某些蓝黑墨水及棕、绿、黑色彩色铅笔等。透过红外线的书写物质有：各种染料墨水，圆珠笔油，红蓝复写纸，各种水彩笔，市售红印泥，红、蓝印油，红、蓝油墨，除棕、绿、黑色外的彩色铅笔，红蓝铅笔中的红铅笔等。

方法：红外线照相法和带有光电变像设备的各种红外检测仪器鉴别法。

1. 红外线照相法。红外线照相必须具备四个条件：红外感光片、红外滤光器、红外光源、照相机。

（1）红外感光片：是一种对红外线敏感的感光片，市售红外感光片能感受760nm～950nm波长的红外线。由于红外感光片稳定性差，保存期短，而且感受波长越长的红外感光片，其稳定性越低，所以一般需放在冰箱里保存。

（2）红外滤光器：在一般光源中，包括红外线灯泡所发出的光线，不仅有红外线，还有可见光和部分紫外线。而红外感光片不仅能感受红外线，而且对紫外线、可见光的感受能力要超过对红外线的感受能力。因此，必须在镜头前加上红外滤光器，将其他光线阻挡，才能取得效果。进行红外照相时，选用滤光器所通过的红外线波长，应与感光片感受波长的范围相适应。

（3）红外光源：红外照相的光源，可用能放射大量红外线的红外线灯泡，也可用一般白炽灯灯泡，但不宜用荧光灯，因荧光灯放射的红外线比较少。

（4）照相机：应选用不透过红外线的金属暗箱的照相机。

由于红外线波长比可见光波长要长，其像距也略长一些。因此，红外照相时，为取得清晰影像，可按可见光照相调焦，然后再把像距伸长1/250即可，或采用缩小光圈提高焦深的办法解决。有的照相机上有适用红外照相的调焦标志，可先按普通照相方法调焦，再把调焦时所得到的物距数值移到红外线调焦标志，即可进行红外照相。

2. 红外检测仪器鉴别法。红外检测仪器有红外鉴别仪、红外文书检查仪、多功能投影比对仪等几种。红外鉴别仪只能利用红外光源作单一的红外检测，该仪器上的红外滤光器仅能透过波长850nm的红外线，检测范围较窄。而另两种检测仪，除了有多种光源可作红外荧光、可见荧光检验外，还具有能透过不同波长的滤光器组，其检测范围较广。红外检测仪器的主要部件是光电变像装置。它能将不可见的红外图像转换为可见图像，直接观察被检物情况，并可对见到的图像拍照记录，使用起来比较方便。

（五）红外荧光照相和极红荧光照相

适用范围：掩盖物质不发荧光或发出微弱荧光，而被掩盖字迹物质是能被激发出较强红外荧光或极红荧光的掩盖字迹，如墨汁、碳素墨水或蓝黑墨水掩盖的染料墨水字迹、圆珠笔字迹或红印文。

原理：有的物质在激发光照射下可激发出红外荧光或极红荧光，有的则不发荧光或荧光微弱。如果掩盖物质是不发荧光的，掩盖字迹是能激发较强的红外荧光或极红荧光的，由于激发荧光情况不同，就可以鉴别。但由于墨汁、碳素墨水能吸收红外荧光或极红荧光，在进行红外荧光或极红荧光照相时，对文书应采取反放处理（即将文书正面朝下），使激发光透过纸张，直接激发被掩盖字迹发射红外荧光或极红荧光，然后通过感光片将图像记录下来。为提高照相效果，还可将文书放在液氮中，以提高荧光强度。

方法：红外荧光照相与极红荧光照相所用的器材和方法大致相同，但也有些区别。红外荧光在红外区，因此必须使用同红外照相相同的器材；而极红荧光在可见光近红外部分，对器材要求不严格，适用性更广泛一些。在文检工作中，运用这种方法一般应具备以下五个条件：①光源：可用长波紫外线灯、蓝光或黄绿光作光源。②照相机：红外荧光照相应使用金属暗箱的相机；极红荧光照相可用普通相机。③滤光器：红外荧光照相可用公研750、P862、HWB1、HWB2等；极红荧光照相可用红4或HBI2，红6或HBI4滤光器。④感光片：红外荧光照相需用红外感光片；极红荧光照相可用高速全色片，如航微Ⅱ（感光速度25度以上，能感受700纳米以上的荧光）。⑤液氮：用液氮罐贮存，使用时倒入盘中。

具体操作时，将文书反放在翻拍架上的搪瓷盘中，并用一定重量的金属块将文书压住四边。装好相机和感光片，根据不同检材选用适当光源照射，待调焦清晰后，在镜头上装上适当滤光器，然后将液氮倒入盘中，待液氮停止沸腾比较平稳时，即可拍照。具体曝光时间可根据检材情况采用系列曝光方法确定。

操作过程中应当注意，液氮系低温物质，倾倒液氮时注意勿使之与手接触，移动或夹取文书时应用夹子，不可用手从液氮盘中提取，防止冻伤。倾倒液氮时动作应缓慢，勿使液氮飞溅，损坏镜头。拍照时，应注意通风。

（六）荧光熄灭法

适用范围：被墨汁、碳素墨水等掩盖的圆珠笔、染料墨水、蓝黑墨水字迹。

原理：荧光熄灭法是根据荧光熄灭原理而采用的一种检验掩盖字迹的方法。在被掩盖字迹部位涂上荧光物质以后，在激光照射下，没有字迹的部位会产生较强的荧光；有字迹的部位，因多了一层字迹物质，起到了猝灭剂的作用，而使荧光减弱或猝灭。因而在亮背景下显出暗字，达到鉴别目的。

方法：常用的荧光物质有：荧光素0.05克，10%氨水2毫升，水10毫升；荧光素钠0.05克，水10毫升；罗丹明B 0.05克，水10毫升。使用上述任何一种荧光物质，用干净毛笔或棉球涂在掩盖部位，待干燥后，放在紫外线灯或蓝光灯下观察。如涂层较厚，可用荧光物质轻轻消除一部分涂层再观察，可提高效果。

（七）涂层消除法

适用范围：掩盖物质与被掩盖字迹物质不是同种物质，而掩盖层又比较厚的掩盖字迹，或将掩盖层消除或减薄后便于用其他方法检验的掩盖字迹。

原理：掩盖物质层较厚，且易于消除或减薄，涂层消除后被掩盖字迹逐渐呈现。

方法：消除涂层方法有激光消除法和化学消除法。

1. 激光消除法。利用激光器在瞬间发射出高达 10 兆瓦功率能量的光，照射掩盖层，使其吸热蒸发而显出被掩盖字迹。激光器一般可选用热效应高的铵玻璃激光器，适用于墨汁掩盖的蓝黑墨水字迹的涂层消除。

2. 化学消除法。化学消除涂层有两种方法：一是溶剂溶解，二是氧化还原。

（1）溶剂溶解消除：即根据物质极性相似相溶原理，采用与涂层物质极性相同或相似的溶剂，将涂层溶解而显示出被掩盖字迹。如圆珠笔掩盖墨水字迹，因圆珠笔油成分多为非极性的有机物质，因而可用有机溶剂，如乙醚、氯仿等溶解。对于墨汁掩盖的墨水字迹，因墨汁含极性物质动物胶，因而可用氯化铵等试剂溶解。

（2）氧化还原消除：利用氧化还原作用破坏掩盖层的有机燃料结构，或与掩盖层生成络合物，破坏有机染料结构而使掩盖层退色。适用于染料墨水掩盖其他色料的字迹。

操作时，将检材掩盖部位垫上一块滤纸，用棉球蘸取少量溶液，轻轻涂擦掩盖层，只能单向涂擦或滚涂，不能往返涂擦，待棉球沾染掩盖物质后，即更换新棉球继续涂擦，至显出被掩盖字迹为止。应特别注意，消除涂层所用的化学试剂必须只对掩盖层起作用，而不影响被掩盖字迹。为此，必须事先作预实验。

（八）转移法

适用范围：被掩盖字迹物质转移性能大于掩盖物质的掩盖字迹，如碳素墨水、墨汁或蓝黑墨水掩盖同色或异色的圆珠笔写纸、印泥、印油印文等字迹。

原理：不同物质其溶解度、扩散程度有别，采用加压、加热或化学试剂扩展溶解方法将被掩盖字迹从掩盖层下转移到另一个载体，或从掩盖层下扩展转移出来，显示被掩盖字迹。转移效果与物质的转移性能及物质与纸张结合的牢固程度、纸张质量、转移材料性质及转移方法操作技巧等因素有关。

方法：转移法有热熔转移、压力转移和透析转移三种。

1. 热熔转移（又叫热压复印）法。

器材：可调温电熨斗，经过定影处理的相纸。

操作：将经过直接定影后水洗晾干的相纸按照掩盖部位大小裁剪后，放在温水中浸泡 10 分钟~15 分钟，使相纸的胶层膨胀具有一定粘性后取出，用滤纸吸干相纸表面水分，将胶面覆盖在掩盖部位，再翻过来，从文书背面用 70℃ 左右温度的电熨斗熨压几秒钟。由于被掩盖字迹物质热熔性强，相纸胶面有一定粘性，经熨压后，被掩盖字迹物质熔解又经压力粘附于相纸上。而掩盖物质相对热熔性差些，粘附较少，或不粘附，因而可显出被掩盖的字迹。

在操作时，要注意熨斗不能过热，熨压时间不能过长，否则会使文书纸张与相纸粘连牢固。如发生此类情况,不能硬揭,应用清水润湿文书背面,待纸张与相纸分离后再轻轻揭下。如遇掩盖物质与被掩盖字迹同时被转印时,可将相纸放入水中轻轻用手擦拭掩盖层,至被掩盖字迹显出为止。

2. 压力转移法。

器材:天津产769YP-15型粉末压片机或公安部二所产小型压力机,圆钢板二块(直径9cm、厚2cm),紫外线灯(长波)或2206蓝光灯,滤光器(峰值670nm),层析滤纸。

化学试剂:二甲基甲酰胺、草酸、氯仿、乙醇、丙酮等,可根据不同掩盖物质及不同被掩盖字迹色料物质选用相应试剂。

操作:在两张层析滤纸上滴加溶液至稍微润湿,对被墨汁、碳素墨水或蓝黑墨水掩盖的圆珠笔、复写字迹可用氯仿或乙醇、丙酮等溶液;对被墨汁、碳素墨水掩盖的墨水字迹可用二甲基胺或5%草酸溶液和乙醇溶液。然后在此两张滤纸外面各加一张干滤纸,将文书被掩盖部位夹在滤纸中间,放在769YP-15型压片机的两块圆钢板之间或小型压力机之间,在压力机上加压3分钟~10分钟,压片机的压力可调到3吨~6吨。由于所用试剂对被掩盖字迹有溶解作用,经压力压取可将被掩盖字迹转移到滤纸上。

如果压取的字迹不清晰,可用紫外线灯或蓝光灯照射,加滤光器观察荧光现象,并可拍照固定。

上述两种方法转移的字迹均为反像文字。为阅读方便,可用镜子将其转换为正像观察,或经拍照以后,将底片反放印放成正像。

3. 透析转移法。根据不同物质对不同试剂透析能力的不同,将专门制作的867显示剂用毛笔或毛刷涂在掩盖部位。若干分钟后,即可在白色背景下显示出被掩盖的字迹。此法适用于被墨汁、碳素墨水掩盖的圆珠笔、蓝墨水等字迹。

(九)残字推断法

残字推断法是根据文件与残存笔画所提供的信息来推断原文内容的一种检验方法。

适用范围:用同种色料掩盖或用其他方法检验效果不明显,或经反复勾画涂抹而留有残余笔画未被完全涂抹掩盖可供分析推断的掩盖字迹。

原理:因为每个字的笔画形态、大小和相对位置都具有基本确定性,而且有些偏旁组合及其形式是有限的,字和字、词和词之间的匹配和接续也是具有一定的规律,因此可以根据残余笔画分析推断原文内容。

方法:可先用分色照相、透光照相及红外照相等方法加强残余笔画影像。然后将照片放大,在照片上根据勾画线条与原有笔画运笔的差别,结合文书全貌,分析被涂掉的是几个字。再根据上下文语气、内容及文种(如公文、信件)差别、残余笔画形态等综合分析是什么字,将推断的字迹用彩笔标出。

【任务实施】

一、任务目的

通过实验了解化学消除、溶剂溶解及荧光熄灭法显现被涂抹掩盖字迹的原理、方法、适用范围,掌握其操作方法。

二、任务设备

1. 器材:长波紫外线灯、牙签、脱脂棉、沾水笔杆和笔尖。

2. 试剂:三氯甲烷,饱和氯化铵溶液,饱和漂白粉溶液,0.05%荧光素溶液,0.05%罗丹明溶液,0.05%荧光素钠盐溶液。

3. 实验材料。纸张:账页纸、信稿纸、笔记本纸;色料:墨汁、碳素墨水、蓝黑墨水、纯蓝墨水、圆珠笔油。

三、任务指导

1. 一些被涂抹掩盖的字迹,由于掩盖物质比较浓厚,需要将其消除或减薄才便于显示被掩盖的文字或为用其他方法检验提供有利条件。化学消除和溶剂溶解是根据一些色料与某些试剂化合的氧化还原作用,去除掩盖色料的颜色,以及根据物质相似相溶原理,将掩盖色料用某些溶剂加以溶解,以显示出被掩盖字迹。所使用的试剂要根据被检验的色料而定,但以不损害被掩盖的文字为前提。

2. 书写色料能被激发荧光的主要是各种染料,而其他成分可视为杂质。文字被各种色料掩盖后,如在掩盖层上涂上荧光物质,在激发光照射下,掩盖部位无文字部分与空白纸张相比,荧光虽然弱些,但由于增加了荧光物质,也能激发一定荧光;而掩盖部位有文字部分,由于文字和掩盖物质一起会使杂质更多,会使荧光减弱甚至熄灭,出现荧光强弱的差别,从而可在稍亮的背景下辨认出被掩盖的文字。显现效果与纸张质量、激发光强度、荧光物质及不同色料等因素有关。

四、任务组织

(一)消除涂层实验

1. 在三种纸张上分别用五种色料各写若干行字,干后,再用不同色料掩盖。

2. 待上述掩盖字迹干后,每组分成三部分,分别用牙签、棉球蘸取化学试剂进行涂层消除实验,每组要留出部分被掩盖字迹作比较。

(二)荧光熄灭法实验

1. 用上述相同方法制作实验材料。

2. 分别用牙签、棉球蘸取三种荧光物质,涂抹在五种掩盖文字上。

3. 将上述实验材料放在长波紫外线下观察荧光情况,并做记录。

(三)实验报告要求

列表统计实验结果,根据实验现象讨论显现原理及不同条件对荧光强度及效果的影响，总结操作技巧，附上实验材料。

五、评分标准

项　　目	分　值	得　分
材料准备符合要求	10	
消除涂层实验，观察原文字效果	20	
荧光熄灭法实验，观察文字显现效果	40	
气熏法显现消退文字的效果	30	
总分		

六、操作注意事项

1. 涂显时，蘸取试剂要适量，不能过多，否则易损坏文件。

2. 涂显时要常更换新棉球，顺一个方向涂擦，切忌来回涂擦，不要用力，以免损坏文件。

【技能测试】

在三种纸张上分别用五种色料，各书写一份材料，干后，分别用不同色料掩盖，然后用消除涂层、荧光熄灭法显现原文字。

任务四　认识添改文书检验

【知识点】

1. 添改文书的形成。
2. 添改文书的特点。
3. 添改文书的检验方法。

【技能点】

添改文书的检验方法。

【任务导入】

添改文书属于变造文书的一种，在污损文书检验中占据重要地位。特别是在经济、民事案件中，违法犯罪分子利用添改的文件进行贪污、诈骗的案件屡有发生。提高该类文书检验水平是当前以至今后一段时间内污损文书检验的重要课题。添改文书在侦查司法实践中出现率较高，为了查明行为人的伪造事实，查清原文件内容，必须进行技术检验。因此，通过本节学习，学生必须熟悉添改文书的形成因素、特点，掌握这种文书的检验方法。

【相关知识】
一、添改文书的形成

添改手段包括添写和改写。添写，是在原文书的字间、行间或其他部位，按变造者意图添加上所需的文字或数字。改写是把原文书的文字改写成其他文字或数字。

添改文书的形成，一种是用书写原文字的同支笔、同种墨水添改；另一种是由于条件所限，用与原文字同色或近色的非同种色料、非同支笔添改。相对来说，第一种添改文字更难以检验。

二、添改文书的特点

（一）添改的文字与原文字笔画颜色不同

添改的文字与原文字笔画颜色不同是由以下几种因素形成的：

1. 添改文字与原文字色料种类不同。例如，用蓝黑墨水书写的收条、借据上的阿拉伯数字，用圆珠笔改写；复写纸书写的协议、合同书、收据上的文字，用圆珠笔、蓝铅笔改写。这样，可疑文字与相邻文字颜色出现色调差。

2. 文字色料变化速率不同。文字色料书写后，受空气、光照作用，出现氧化、聚合、胶联变化。书写时间越长，变化幅度越大。蓝黑墨水随时间延续，亚铁离子（Fe^{2+}）逐渐被空气中的氧气氧化，变成 Fe^{3+} 离子，笔画颜色由蓝变成蓝黑。纯蓝墨水的鲜艳程度，随书写时间增加而变暗。

3. 其他变造手段引起的色泽变化。消退变造文件后，消退剂仍残留在纸张上。墨水重新书写后，受到退色剂作用而色泽变浅，擦刮变造部位的文字颜色，又往往比未擦刮的文字深。

（二）添改的文件内容、文字位置、字距和行距、疏密和大小等与原文件不协调

受原文件内容或其客观条件限制，添改的文件往往破坏了各部分之间的整体关系。如票据上的单价、数量与总价不符；因原文字间的让笔动作而引起的文字拥挤、间隔不匀；在添改文字较多时，往往出现"前紧后松"或"前松后紧"。

（三）可疑处相邻的文字或笔画有重描现象

受书写工具、色料、时间和心理因素的影响，即使同一人在原文字上进行添改，也难以做到完全相同。为掩饰变造事实，行为人在添改所需文字的同时，常把其他文字重描，使笔画变粗、变重。

（四）文件折痕处墨水笔画洇散或中断

纸张折叠后，折痕处纤维疏松、翘起，胶层被破坏，该处原印刷、书写笔画被磨损，翘起的纤维上仍沾附原来的色料，但笔画中断。如果在折痕处添改，则墨水笔画因胶层破坏而洇散；圆珠笔笔画颜色也浓于其他笔画。特别是折痕处有

重叠皱褶时，把皱褶轻轻拉开可发现断笔现象，与前一种笔画中断不同。

利用折痕处笔画细微变化确认有无添改事实，要分清笔画中断是由于文件使用频繁而磨损，还是因未能沾附墨水造成的。前者在折痕处的长纤维上有墨水染料，后者的笔画中断处比较齐整，多在重叠皱褶处出现。

（五）伴随其他变造手段出现的特征

有的添改文书是经过消退、擦刮后形成的。消退、擦刮手段产生的固有特征，将影响到添写的文字。如现金支票、转账支票、护照、身份证、银行存款单上都印有底纹，账册上印有格线，擦刮消退文字时，纹线变色，纸张破损，消退剂成分残留于纸面，致使添改处的文字笔画的颜色、形态、纸面颜色有别于其他处。这些特征出现时，很可能预示有添改事实。

（六）笔画笔痕特征差异

书写工具不同、衬垫物不同及非同一人书写等因素，都可以造成笔画笔痕特征差异。

不同书写工具形成的文字差异显而易见。即使同种书写工具，因制造工艺、磨损程度、笔的出墨量的不同，也会使笔画的露白（白点、条痕等）和墨迹（黑点、流痕）有区别，反映出非同一支笔书写的笔迹特征。

此外，在软硬程度不同的衬垫物上书写的笔画表现也不同。在硬而平的衬垫物上写字，笔画细且易弯曲，墨痕流畅程度差。在软衬垫物上书写的字，笔画较宽，且墨重，甚至出现洇散。

当原文字与添改文字出自非同一人手时，反映出不同的书写习惯，这是本质差别。

三、添改文书的检验方法

检验添改文书，可以从纸张、色料表观颜色、色料种类、色料变化程度、笔迹、笔痕特征等多方面进行。

（一）比较可疑部位与其他部位纸张异同

当添改文字前伴有擦刮、消退变造或者被检文字形成条件不同时，纸张上将留下相应的特征。

在光学体视显微镜下，利用反射光观察纸面是否有纤维翘起和消退斑渍；用透射光比较可疑文字处及周围与其他处纸张的透过率；用测光或垂直光检验纸张背面的压痕。

（二）比较可疑文字与样本文字的表观颜色

实际案件中，大多数是以与原文字相同或近似颜色的书写色料添改的，也有少量的案件用非同色的笔直接添改。

当添改文字与原文字的书写时间、书写工具、书写条件、书写人不同时，会出现笔画颜色的细微差别,这时,可用颜色测量方法加以区别。对蓝色墨水、圆珠笔油文字,一般可用 590nm～610nm 的橙光检测。因这类色料的吸收曲线往往在该段内差别明显。检验时,镜头前加 CB590 或 CB600 截止型滤光器,以普通感光片接收或用摄像管探测,调节监视器亮度,色差可调至最大。为提高分色光强度,以氩离子、染料、氦氖激光器发出的光替代滤光器,观察客体同色异谱现象会更明显。

(三) 鉴别笔画组分及配比

1. 薄层色谱法。薄层色谱法是检验色料种类的一种有效方法。检验时,用磨平的注射器针头或去掉球珠的圆珠笔芯铜质笔头,在检材和样本笔画上分别取 6～8 个小纸片,放入微形瓶中,然后加入提取液溶解。提取溶液种类有:圆珠笔、复写纸、印泥、乙醇、氯仿、丙酮。

纯蓝、蓝黑墨水:50% 乙醇液或 0.1% 草酸氢钾。将试样溶液在高效薄层板上点样后,用下述展开剂展开:

圆珠笔、复写纸、印泥用氯仿:丙酮:丙醇:甲酸 = 1:4:8:1;氯仿:丙酮:丙醇:水 = 1:8:3:0.1;墨水用异丁醇:乙醇:浓氨水:吡啶 = 8:6:4:1;异戊醇:吡啶:浓氨水:58% 乙醇 = 2:2:2:1。经反复实验摸索,将圆珠笔展开剂改为正丁醇:乙醇:水 = 9:1:2 或异丁醇:乙醇:水 = 9:1:2,并对 118 种圆珠笔油(蓝 67 种、黑 39 种、红 12 种)进行实验研究,我国生产的蓝圆珠笔表观颜色可分为蓝绿色、蓝色、蓝黑色和蓝紫色四类。显色剂最少的只有 1 种(1 个点),最多的可达 6 种。红色圆珠笔油可分为玫瑰红和亮红两类,后者占大多数(35 种),展开样点最多可达 9 个。黑色圆珠笔油表观颜色基本无差异,展开样点数为 4～8 个,各种类之间可区分开。蓝黑墨水薄层色谱结果显示:牡丹牌蓝黑墨水出现斑点最多有 2 个蓝色、1 个蓝绿色、1 个紫色 4 个样点;鸵鸟牌只有 2 个蓝色样点;人民牌有 1 个紫色和 2 个蓝色样点,而且鸵鸟牌墨水样点放置一段时间后变色非常明显。

近年来,碳素墨水已成为常用书写色料,用该墨水书写的笔画也可用薄层色谱法鉴别。但是,从纸张上把它提取下来制成试液比较困难。为此,可以在可疑文字和样本文字上各选择粗细均匀、浓淡适中的笔画,用注射器针头(已磨平)钻取小纸片,把纤维素钠(CMC)熬成粘胶,将试样粘贴在硅胶板上,放入展开剂——异丁醇:乙醇:浓氨水:吡啶(4:1:3:2)中展开。从实验结果看,鸵鸟牌碳素墨水完全不能展开,两种沈阳牌碳素墨水均能展开,而且结果有别。

2. 荧光检验法。荧光是物质的一种属性。不同物质的荧光在强度或颜色上有可能不同。即使同一种物质,因所处条件不同,荧光也有区别,这是荧光法检验添改文书的基础。

用墨汁、碳素墨水重描、改写的纯蓝、蓝黑墨水文字,用极红荧光法从文书背面激发,能够辨读被改写的文字。使用文件检验仪直接成像时,可在文书上直接滴加液氮,形成小区域低温环境。碳素墨水重描改写的蓝圆珠笔字迹,激发滤光器仍可用黄绿4或QB21与QB12复合型,但压制滤光器要改用HB780或HB800,用红外感光片接收;各类奖券、票据上的红色印刷号码被擦刮后,用红墨水、红印泥添写的文书,用硝酸铜液或QB1、QB3固体滤光器,压制滤光器用CB585或CB600、CB610,目测或全色片接收均可得到较好效果。用紫外线时的效果不如前者;同种色料如蓝墨水文字仍用蓝墨水改写的情况比较复杂,不同牌号色料中各种成分配比不同,荧光可能有区别;同一牌号色料因书写时间相距较大,荧光也可能有区别。检验时,用黄绿色光可使蓝色染料发光。如果未发现有区别,可改用与墨水同色的光激发,这时蓝色染料发光并不明显,但它可以使墨水中其他成分荧光产生差异,也可以确定添改事实。

3. 红外线检验法。不同笔画对红外线作用的结果可分为完全吸收、半吸收、少量吸收或完全不吸收。因此,用红外线也可以检验添改文书。

有机黑墨水改写的碳素墨水文字、墨汁文字、打印文字和复印文字,红外视场上只看到后者笔画;蓝圆珠笔改写的复写纸文字,复写文字在红外感光片或红外鉴别仪中的密度大于圆珠笔笔画;不同牌号的碳素墨水在红外线下的吸收强度也可能不同。红色(或黄色、橙色)色料之间的添改写,用红外线检验效果往往不佳。

4. 紫外线检验法。上述不能用红外线检验是否添改的文字,有可能用紫外线检验。因为添改部分与原文字的吸收(或反射)能力可能有区别。

短波紫外线检验的成像条件是:短波紫外灯(UV-437、UV-600、UV-120等)、短波紫外滤光器(ZWB3)、石英镜头、片(UV-Ⅰ、UV-Ⅱ等)。

长波紫外线检验的成像条件是:长波紫外光源(UV-438、UV-400、UV-120等)、长波紫外滤光器(ZWB1、ZWB2)、石英或普通玻璃镜头、感光片(21全色片、紫外专用片)或紫外微光仪等。

用紫外线鉴定添改文书,是以可疑文字或笔画与参比文字或吸收能力差异为依据的。前面已述,各种有机色料,它们的光谱色完全不同(红与蓝墨水),但在紫外线下观察,它们的密度等级则可能相同。对这些添改文字的检验,或用干涉滤光器代替普通滤光器,以突出在某一波长下的区别,或以分光光度计代替普通探测器。

(四) 比较笔画色料溶解转移能力

这一方法对不同种类色料形成的笔画尤为简便有效。如果可疑文字与原文字同为圆珠笔字迹,且两者形成时间跨度较大,先书写的文字色料发生氧化、交联等老化现象，溶解能力下降；后形成文字的溶解能力较强，从书写时间角度证实添改事实。检验时，可以利用直接定影的光面相纸或无荧光物质的滤纸，试剂的极性应保证该色料既不全部溶解，也不溶解过少，一般控制在溶解量20%～70%左右。可选用50%乙酸溶液或70%吡啶溶液。

检验过程：先在样本文字中选择与可疑文字笔画宽度、色料浓度基本一致的两三个笔画供比较，然后用棉签蘸取试剂，并在新载体上均匀地涂抹，待试剂稍蒸发后，铺放在被检笔画上，适当加压3分钟～5分钟，揭开后比较色料溶解量。应该指出，这种方法是以比较转移色料量为依据的。因此，涂试剂量、压力大小、加压时间等客观因素应尽量保持一致。

（五）鉴别笔画形成的相对时间

鉴别蓝黑墨水字迹的书写时间，可用"硫酸盐扩散法"；鉴别圆珠油字迹的书写时间，可用"单一溶剂溶解法"或"双溶剂溶解法"；纯蓝墨水中也含有少量SO_4^{2-}离子，原则上也可用扩散法检验。只是墨水中SO_4^{2-}的浓度比蓝黑墨水少得多，扩散程度不太明显。也有人提出测量该墨水的电子结合能变化，通过图谱定量分析与书写时间的关系。

（六）比较笔迹、笔痕特征

检验添改文书，除需确定添改事实外，还要进一步确定添改人。笔迹、笔痕检验是唯一能同时完成这两项任务的方法。

不同人添改写的文字，反映各自的书写习惯；同一人添改写的文字，因受条件限制，笔迹特征也会发生变化，这些构成了笔迹检验条件。

近年来，对圆珠笔、钢笔笔痕的研究有所突破，并已应用于文件检验，为检验少量字、确定添改事实和添改人开辟了一条新的途径。笔痕可以反映书写工具（圆珠笔和钢笔）的特征，又受书写人、纸张作用的影响，因此可以反映书写工具和书写人的同一性，即笔痕具有特定性、稳定性和反映性。

（七）系统鉴定

文书物证的系统鉴定，是把文书物证作为与案件事实相联系的有机整体，采用各种检验手段发掘其所能提供的信息，经过综合研究，对文书与案件事实的关系所作的鉴别和判断。文书物证系统鉴定可以避开单项检验中的某个技术难题。例如，同为碳素墨水书写的添改文字与原文，目前的技术水平无法从笔画随时间的变化确定添改事实，但可以从其他方面提供的信息判断文书的真伪。系统鉴定还可以充实鉴定意见的根据，揭露文书物证本质，而不为行为人伪造手段所迷惑。

文书物证系统包括言语、笔迹、笔痕、印迹、物质材料、形成过程和各种污染痕迹等要素，每个要素又是文书物证系统的一个分系统。原文书形成后，各要素之间就构成了完整的有机统一体，并互为存在条件。而且，其形成过程又都是在一定时间或空间内，按一定顺序进行的，并随着时间的延续呈现有规律的变化。当原文书被添改后，这种有机的统一关系就被破坏了。文书物证系统鉴定就是剖析各要素，找出它们的内在联系，确定可疑文件是符合真实的"常序"形成过程，还是虚假的"反序"形成过程，排除非本质部分，以确定文书真伪。

下面以一起典型案例说明文书物证系统鉴定的实施过程：某经济纠纷案中，受委托单位提供委托（承诺）书一份要求对方履约。对方认为，正文内容全部是添加的，也未与受委托方签订过该文书，要求鉴定真伪。经检验发现：①委托（承诺）书正文字迹用碳素墨水书写；②委托书上下缘均有裁切痕，上缘中部有一弧形墨点；③委托书中的"年月日"字迹用钢笔书写；④文书涉及款额较大，但只用一张254mm×90mm的纸条，且无一式多份副本；⑤从内容看，无论贸易双方是否成交，受委托方均获巨额利益，且所占贸易额比例偏大；⑥原告受委托方有获取盖有被告方印文的空白或废弃合同纸页的条件，又从实验得知，印泥印文可以用有机试剂溶退又不污染纸张；⑦经与样本材料拼接，检材上缘弧形墨点是一个句号被分离的痕迹；⑧正文文字前大后小，且间距过小。经全面分析，认定该委托书是利用盖有委托方印文与其他单位印文的合同纸页，裁切消退后再添改文字与盖印印文伪造的。

【任务实施】

一、任务目的

1. 通过实验，了解用薄层色谱法鉴别用圆珠笔、墨水添改事实的原理。
2. 通过实验，熟练掌握薄层色谱法的基本操作方法。

二、任务设备

（一）仪器

文检仪、层析缸、玻璃板（100mm×100mm）、毛细管、微型进样器、研钵、微型打孔器、白瓷点滴板。

（二）试剂

1. 吸附剂：硅胶、高效硅胶板。
2. 提取剂：三氯甲烷、草酸。
3. 展开剂：正丁醇、乙醇、水、冰醋酸、异戊醇、吡啶、浓氨水。

（三）实验材料

各种圆珠笔、蓝墨水、稿纸、合同纸。

三、任务指导

添改文书是指伪造者根据其主观需要在原真实文件的基础上，通过添写部分内容或改写原文件的局部内容形成的一种内容虚假的文件。检验添改文书可以从纸张、色料表观颜色、色料种类、色料变化程度、笔迹、笔痕特征等多方面进行。而文字色料是文书系统要素中十分重要的组成部分，文字色料的表观颜色和成分是鉴别不同文字色料的依据，文字色料成分的定性、定量分析，是添改文书检验中最直接和最有效的手段，目前比较简便的方法是用薄层色谱法进行检验。

薄层色谱法，又称薄层层析法（Thin Layer Chromatography，简称TLC），是分离分析技术中最普通的一种方法，是利用被分离样品中的各组分，在一吸附剂薄层上受吸附剂的吸附与溶剂溶解系数不同，而实现分离的一种液相色谱分离方法。如果改写、添写的字迹所用的色料和原来书写的色料不同，就可用薄层色谱法作出鉴别。

四、任务组织

（一）制备实验材料

1. 用一种圆珠笔或蓝墨水书写一份文件，再用相同或不同种类的圆珠笔或蓝墨水进行添改，在文检仪下进行比较和观察。

2. 制备薄层板。将2mm厚、10cm×10cm表面平滑、边角垂直磨光的玻璃板作为载板，将7g硅胶G放入15ml蒸馏水中，迅速研磨均匀成糊状，倾倒在玻璃板上，用玻璃棒将糊状物铺满玻璃板表面，用手持玻璃一边的中间部位，在平面实验台上左右振动，使糊状物成为均匀的薄层，自然干燥后待用。用时先放入干燥箱内以105℃活化1小时，然后取出即可使用。也可使用生产的现成的硅胶板（5cm×10cm）。

（二）提取色料

1. 选择文件上墨迹均匀的原文及改写、添写的文字笔画，用微型打孔器分别钻取两三个圆片，然后分别放在白瓷点滴板的两个孔中。

2. 在孔中或瓶中加入少量试剂溶解，圆珠笔油可用三氯甲烷溶解，墨水笔画可用草酸溶解。两个孔中加入的溶剂要等量，为此可使用微量进样器。

（三）点样

1. 溶液点样。截取约10cm长的毛细管两根，分别吸取两种溶解液，在距薄层板下端1.5cm、距左右两边1.5cm处少量多次点样。点样圆点直径以2mm为限，过大会造成斑点拖带或分离不清。两个圆点的间距要大于1cm。

2. 直接点样。将用打孔器钻取下的色料小圆片，用少量胶水粘贴在薄层板上，其间距要大于1cm。再用毛细管式微型取样器吸取少量溶剂滴在色料小圆片上，使色料溶解。这种方法在物证需检验的文字笔画较少时适用。

（四）展开

1. 根据检材选择展开剂，对圆珠笔油可选用正丁醇：乙醇：水：36%冰醋酸为6:2:2:1；对墨水笔画可选异戊醇：吡啶：浓氨水为1:1:7。将展开剂放入层析缸中轻轻晃动几次，使展开剂饱和度处在良好状态。

2. 将点样后的薄层板以 150°~200°角放入层析缸中。展开剂不能过多。一般以能浸没薄层板下端高度约 0.5mm~1cm 为宜，不能浸没原点。

3. 将薄层板放入层析缸后，静置若干分钟，使其自然展开。由于展开剂一般均为有机溶剂，有的气味难闻或带刺激性。因此，应在层析缸上加盖并放在通风橱内或通风的地方。

（五）分析鉴别

1. 鉴别原理。将试样点在薄层板吸附剂上，用适当溶剂（展开剂）处理，通过毛细管的作用，逐步浸润薄层板。由于物质中各个组分受到吸附剂的吸附力和溶剂的解吸附力的反复作用，各组分在薄层板上向前迁移（展开）。那些对吸附剂亲和力弱、对展开剂溶解度大的组分，可较快地随展开剂迁移到薄层板的上端；那些对吸附剂亲和力强的组分，则留在薄层板的下端，这样就可以将不同组分加以分离。相同颜色或相近颜色而不同种类的各种色料，常含有不同的染料，其分子结构和极性大小也各不相同。尽管有的用肉眼观察不易区别，但在同一展开剂中，却会出现不同的斑点。其斑点的数目、Rf 值、荧光及颜色均会有差别。

2. 待展开剂分离点样前沿到 8cm 或 13cm 左右，便可将薄层板取出，待展开剂挥发后，观察两个点样的斑点形态、颜色、数量，并在紫外灯下观察荧光，并计算 Rf 值，比较两者是否一致，便可得出两种色料是否相同，从而判断是否有添改。

3. Rf 值的计算方法。Rf 值是表示被检测物质的组分经展开后，在薄层板上移动距离的数值。其计算公式如下：

Rf 值（比移值）＝斑点中心至原点的距离/溶剂前沿至原点的距离

如某种圆珠笔经由展开后有个斑点中心至原点（即在起始线点的位置）距离为 4.8cm，起始线至溶剂前沿距离为 7cm，则此斑点的 Rf 值为 4.8/7≈0.67。

（六）写出实验报告

1. 记录实验过程和结果，计算 Rf 值，并比较原文和添改文字色料的异同，作出判断结论，说明鉴别根据。

2. 将实验材料、薄层板和报告一并上交。

3. 通过实验，总结薄层色谱法的操作要点和操作技巧。

五、评分标准

项　　目	分　值	得　分
材料准备符合要求	10	
检验步骤正确	20	

续表

项　　目	分　值	得　分
分析鉴别结果正确	40	
写出实验报告	30	
总分		

六、操作注意事项

1. 点样圆点不能超过 3mm，点样时不能在薄层板上造成凹穴，否则会形成拖尾、三角形区带等现象，影响分离效果。

2. 点样浓度不宜过浓或过稀，一般控制在 0.1% ~ 1% 之间，否则也会形成拖尾斑点、空白斑点、形态不整或不能分离等现象。

3. 要求点样的大小一致，颜色深浅一样，同时，应点上空白样品和已知墨水样品。

4. 薄层板上的原点不能浸入展开剂中。

5. Rf 值受许多因素的影响，pH 值、展开时间、展开距离、温度、薄层厚度、吸附剂含水量、层析缸中蒸气未达饱和等诸多因素均会造成 Rf 值的改变，因而分析时应尽量保证在同样条件下进行。

【技能测试】

分别用圆珠笔、墨水添改两份文书，然后用多种方法检验添改的事实。

第十二章　认识文书制作时间鉴定

内容提要

在审理刑事案件和民事纠纷中，常常会出现对当事人提供的证据产生质疑的问题，而争议的焦点常常集中在文件制成时间上。此时就要求文检人员对相关的文件物证或文件物证上的相关内容，进行制成时间的判断，以查明案件事实真相，确定文件是否为伪造或变造。本章重点介绍了文书制作时间的鉴定方法。

任务一　认识圆珠笔笔迹制作时间的鉴定

【知识点】
1. 圆珠笔书写时间的变化规律。
2. 圆珠笔书写时间的检验方法。

【技能点】
熟练掌握圆珠笔笔迹制作时间的鉴定方法。

【任务导入】
各类圆珠笔书写到纸面上以后，随着时间的推移会表现出某些物理、化学方面的变化。通过各种实验手段测出这些变化，就可依据已知时间的对照样本，判断其书写时间。通过本节学习，应让学生掌握圆珠笔笔迹制作时间的鉴定方法。

【相关知识】

一、圆珠笔书写时间的变化规律

圆珠笔书写的色料是专用的圆珠笔油墨，它是一种由颜料、树脂、苯甲醇和其他添加剂组成的黏稠状液体，有蓝色、红色、黑色、绿色等各种颜色。圆珠笔油墨被密闭在各种规格的圆珠笔芯中，不与空气直接接触，理化性质基本稳定不变。当圆珠笔油墨被书写到纸张上以后，由于暴露在空气当中，受温度、湿度、光线、空气的影响，其中的某些成分会发生氧化、交联、分解、转化、蒸发等物理和化学变化，从而引起油墨的化学成分和物理性能出现变化，而且这种变化的程度随着书写时间的延长会逐渐加大。如果能通过某种方法测得这些变化，就可以判断其书写时间。同时，随着书写时间的推移，圆珠笔墨迹的外观也逐渐变化，墨迹逐渐失去光泽，由新鲜到陈旧，在某些保存条件下还会出现墨迹的洇散。

二、圆珠笔书写时间的检验方法

（一）薄层色谱扫描法

圆珠笔墨水写在纸上形成文字，随着书写时间的推移，在空气中的氧、水和日光的作用下，某些染料组分、树脂的化学结构发生一些变化，如氧化、交联、固化和渗透作用。这些变化会引起字迹的吸收光谱变异，进而使墨水在有机溶剂中可溶解的组分变少，溶解能力减弱，使各种染料成分的含量随着时间的延长发生变化。利用薄层色谱扫描法检测上述变化，并与已知样品比对，能鉴别书写墨水字迹的相对书写时间。

利用薄层扫描仪进行反射吸收光谱扫描，测得各燃料斑点的吸收峰。计算各峰的峰值比，与已知时间样品进行比对鉴定，从而确定书写时间。

（二）溶解速度法

溶解速度法基于圆珠笔油墨书写到纸面以后即与空气接触，使其中的某些成分发生氧化、交联等化学变化，导致字迹油墨在某种有机溶剂中的溶解性能发生变化。当用溶剂提取时，刚写的字迹溶解很快，易于提取，在纸上仅留下很淡的痕迹；而书写时间较长的字迹则需要一定的时间后才能提取下来，溶解速度慢，且在纸上留下的痕迹也比刚写的字迹浓。因而在有合适比对样本的条件下，通过测定物证与样本字迹油墨的溶解性能，即可判断物证字迹的书写时间。

此方法鉴定 2 年内、书写时间间隔 2 个月以上的圆珠笔字迹，距检验时间 8 个月的鉴定效果最好。

（三）染料比值法

首先取墨水字迹的笔道，选用单一或混合溶剂提取，将提取液点在薄层板上，用合适的展开剂展开，待溶剂挥发干后，用薄层扫描仪，选择最佳扫描波长和参考波长，做线性扫描，得到字迹的薄层色谱图和各色谱峰的峰面积，计算各峰的峰面积值之比，并与已知样品比较，确定检材的相对书写时间。也可以选取一组变化明显的峰值比作为纵坐标，以书写时间作为横坐标，用已知样品绘制标准曲线，作为鉴定相对书写时间的依据。通过薄层色谱分析，减少了纸张对测试的干扰，可鉴别不同纸张上的墨水字迹，与取样无关。此方法在最佳的比对条件下能鉴定近 3 年内，时间间隔为 1 个月的圆珠笔字迹和时间间隔为 2 个月的钢笔墨水字迹。

（四）气相色谱法

圆珠笔字迹中含有挥发性成分，如苯甲醇、三乙醇胺等，这些成分随着书写时间的延长而减少。用气相色谱法测定其变化，能鉴定近期内圆珠笔字迹的相对书写时间。为了减少误差，提高检测的精确度，一般选择圆珠笔字迹中一种不易挥发、便于气相色谱检测的成分作为参比。经研究，适合参比的成分是苯酐。利用气相色谱法检测圆珠笔字迹中苯甲醇和苯酐的含量，以苯甲醇与苯酐的含量比值为纵坐标，以书写时间为横坐标，用已知样品测绘标准曲线，可作为鉴定意见书写时间的依据。

该方法可测定 2~3 个月内圆珠笔字迹的相对书写时间。这种方法的优点是不需要比对样品。

(五) 溶剂提取法

书写时间短的字迹由于字迹与纸张的结合牢度较差，字迹成分在纸张中渗透、扩散较小，用溶剂提取可以得到较多的染料量。根据这种原理测定字迹提取液的浓度，与已知样品比对，能鉴定圆珠笔字迹的相对书写时间。

溶剂提取方式有两种：单溶剂提取法和双溶剂提取法。

1. 单溶剂提取法。它是选用一种最佳的有机溶剂，将纸张上的圆珠笔字迹油墨溶解下来，检验其溶解量，进而确定其书写时间的一种方法。

选择溶剂的原则是不能使纸上的圆珠笔油墨全部溶解，也不能使其全部不溶解。陈旧的圆珠笔油墨应选择溶解量较大的溶剂；新鲜的圆珠笔油墨则应选择溶解量较小的溶剂。这类溶剂有甲醇、乙醇、苯甲醇、正丁醇、异丙醇等，提取后直接点于板上进行扫描。单一萃取法不易掌握，对实验技术要求较高，只有严格控制取样量、提取条件和时间，才能取得有用的实验结果。

2. 双溶剂提取法。由于单溶剂提取法受取样量的影响极大，而双溶剂提取法受取样量的影响较小，故后者更适于用来判断圆珠笔油墨字迹的书写时间。通过字迹油墨被溶解能力测定来判断圆珠笔油墨字迹的书写时间，要求相互比较的各样品（物证与样本）在相同条件下进行测试，即要求它们在相同量的同种溶剂内、相同的环境条件下、相同的时间区段内溶解，并在同一时间取出同等量的溶解液进行测试，因此需要使用专用的注液器、震动台、毛细管夹等设备。

先选用弱极性溶剂，如甲苯等提取液，称为弱溶剂提取；再选用强极性溶剂，如苯甲醇等提取，称为强溶剂提取，然后测定提取液的浓度，计算两次萃取液的浓度的比值，按下列公式计算提取量（第一次提取量占总提取量的百分比）：

$$R = C_{弱} / (C_{弱} + C_{强}) \times 100\%$$

式中：R 为提取率；$C_{弱}$ 为弱溶剂提取液的浓度；$C_{强}$ 指强溶剂提取液的浓度。

测定提取液浓度的方法有，可用紫外可见分光光度计，测试其吸光度；也可用荧光分光光度计，测试其荧光强度；还可将提取液点在薄层板上，用薄层扫描仪测试其反射光谱。

（六）转印法

主要依据溶剂提取转印原理，书写时间越短，字迹与纸张的结合牢固度越差，渗透、扩散得越少，提取和转印越容易；书写时间越长，字迹和纸的结合越强，越不易转印。当浸有溶剂的纸张覆盖在文字材料上并施加一定压力时，字迹中的某些成分转印到覆盖的纸张上，与已知样品比对，可测定自来水笔、圆珠笔、复写纸及部分签字笔字迹的相对书写时间。转印下来的反字的浓淡与书写年代有关：年代越近，提取下来的墨水量越多，颜色越浓，书写时间越短；反之书写时间越久，提取下来的越少，颜色也越淡。

若观察到检材与比对样品的转印字迹浓淡和清晰度相同，两者的书写时间基本相同或接近；若检材的转印浓淡和清晰度高于比对样品，则检材的书写时间比对照样品短，反之则长。如果用薄层扫描仪直接扫描其反射光谱，能得到更准确的结果。这是一种无损检验方法，可鉴别 4 年内、时间间隔为半年的圆珠笔墨水、钢笔墨水和部分签字笔的书写时间。该法也可用于复写纸书写时间的鉴别。

（七）显微分光光度法

随着时间的增加，圆珠笔墨水在笔道的表面层发生氧化或其他的变化。国内的圆珠笔墨水为碱性染料和磺化酞菁染料形成的色淀。其中碱性染料是不稳定染料，而磺化酞菁染料为稳定染料，前者每年的自然分解量为 0.5%~1.5%。曾经认为墨水的变化发生在纸张的表面，虽然用多种方法寻找这种变化与时间的关系，但并未得到表面染料与内部染料的显著性差异。由此得出的结论为染料发生的变化是在很薄的表面层上。这样，显微分光光度法有可能测出表面层的变化并与时间建立关系。

当一束自然光照射到纸面上的墨水笔道上，看上去像光滑面的墨水表面层如同镜面那样发生反射（用 spe 缩写表示），并由倍增器接收。当起偏器和接收器垂直相交时，这束入射的偏振光可以排除镜面的反射而通过墨水笔道内部再漫反射至倍增器（用 dif 缩写表示）：

$Z = Zdif/Zspe$

式中：$Zdif$ 为内部稳定性染料（波长 λ_1，）与内部不稳定染料波长（波长 λ_2）的漫反射强度之比；$Zspe$ 为表面层稳定性染料（波长 λ_1）与内部不稳定染料（波长 λ_2）的镜面反射强度之比。

由于内部的稳定染料和不稳定染料的反射量与时间无关，因此 Z 值反映表面层的不稳定染料相对于稳定染料的变化，这种变化是与时间相关的。这一方法的条件为用相同配方的墨水作比对作品，特别要注意有些墨水使用了相同的染料但有不同的色光，因此必须使用除薄层扫描法以外的其他手段来证明配方的同一。此法的关键问题在于降低墨水的分布误差。

（八）傅立叶变换红外光谱法

随着书写时间的延长，圆珠笔字迹中，—OH 基团的相对含量减少，而 C—O 基团的相对含量增加。用傅立叶变换红外光谱法，测定—OH 吸收带与 C—O 吸收带的强度比，与已知样品比对，能初步判断 20 年以内时间间隔为 2 年的圆珠笔字迹的相对书写时间。这种方法的干扰因素多，重现性较差，误差较大，还处在研究阶段，尚未形成可实用的检测验方法。

（九）傅立叶变换显微拉曼光谱法

使用傅立叶变换显微拉曼光谱法可以研究墨水笔道中 CH_3 振动带与 OH 振动带强度比值与时间的相关性。具体的实验过程为选择检材样品中粗细和压痕比较一致的墨水笔道并置于拉曼显微镜下聚焦。仪器参数为光圈10mm，功率50mW，扫描次数 2000 次。初步研究表明，该方法受纸张和荧光增白剂的影响，对激光能量和光束聚焦直径等实验参数有一定的要求。此方法还需要加长时间的测定，以观察工作曲线是否符合正常的随年代变化的图形。

【任务实施】

一、任务目的

通过实验掌握染料比值法检验圆珠笔书写时间的方法。

二、任务设备

仪器：薄层扫描仪、100 微升的小玻璃瓶、硅胶板、定量试管；

检材：不同时间的圆珠笔书写字迹；

试剂：正丁醇、异丁醇、异戊醇、甲醇、吡啶等有机试剂。

三、任务指导

无论是油基型，还是醇基型的圆珠笔油墨，都是以合适粘度的有机物质做分散剂的，因此它们都会被某些有机溶剂溶解。不同的有机溶剂对书写到纸面上的圆珠笔油墨笔画的溶解能力也不同，但更重要的是不同时间书写的油墨笔画在同种有机溶剂中的被溶解能力不同。书写时间越长的圆珠笔油笔画，由于自身的老化和向纸张内部的渗散，被溶解能力越差。取等量的不同文件上的圆珠笔油墨笔画分别置于相同体积的同种溶剂内，在相同条件下溶解，然后测量溶解液中油墨的相对含量，就可以判断书写时间的先后。

选择溶剂的原则是所用的溶剂既不能使纸上圆珠笔油墨全部溶解，也不能使其完全不溶。据国外的研究报道介绍，最佳溶剂应使圆珠笔油墨被溶解量保持在 10%～70% 之间。对于陈旧的圆珠笔油墨，应选择溶剂量稍大的溶剂；对于新鲜的圆珠笔油墨，则应选择溶剂量稍小的溶剂。不同颜色、不同产地的圆珠笔油墨所适用的溶剂也不同，一般应通过实验确定。取样量也很重要，应尽可能地使相比较的文字笔画取样量一致。因此，要选用墨色浓淡、宽度一致的笔画，直笔画可取相同长度；弯笔画可用八号医用注射器针头改制的微孔钻取下相同数量的笔画圆片。

四、任务组织

1. 取样。在相互比较的各份书写材料上，分别取下相同量的圆珠笔油墨笔画（直笔画 10mm 左右，弯笔画钻 10 个小圆片），置于玻璃小样品瓶内（应使用特制的定量为 100ul 的小瓶，也可用类似的药物包装用小玻璃瓶代替）。

2. 溶解。用 100ul 或 50ul 微量进样器，分别取 20ul 同种有机溶剂，依次注入各样品瓶内，轻轻摇动，溶解 10 分钟。

3. 点样。用 0.5ul 或 1ul 定量点样管，分别在各样品瓶内取出溶解液，一次性点在薄层色谱分析用的硅胶板上。各样品点要排成一条直线，间距 5mm ~ 10mm。

4. 干燥。点完样的硅胶板可自然晾干，或置于恒温 50°C 的烘箱内干燥 10 分钟。

5. 测量。把干燥后的硅胶板放在薄层扫描仪中，选择最敏感的波长（对于常见的蓝色圆珠笔油，可选 580mu 波长）的光，对各样品点逐点扫描，测出各样品点相应的吸收峰。

6. 测算。测出各吸收峰的峰高或峰面积（峰高乘以半峰宽）。笔画的圆珠笔油墨被溶解得越多，定量点在硅胶板上的样品点中的圆珠笔油墨越浓，测量时该点对光的吸收越多，记录仪画出的吸收峰就越大（峰高或峰面积）。所以书写时间越短，吸收峰高或峰面积值越大；书写时间越长，吸收峰高或峰面积值越小。比较未知样品与已知样品的吸收峰大小，就可判断出未知样品的相对书写时间。

在测定过程中，各样品的取样量很难做到一致。除目测调整外，还应在同一份材料上多取几次样分别测定，最后取平均值进行综合评断。此外，溶解量与书写时间不是线性关系。一般随着书写时间的增加，溶解量在开始阶段变化较大，以后越来越小。所以，对于近期（1 年以内）书写的圆珠笔油墨字迹，用该法测定相对书写时间比较有利，而对于远期书写的圆珠笔油墨字迹，只有在有争议的时间差跨度很大时，用此法测定才有效。

用上述方法测定的准确程度受取样量的影响很大。若相互比较的圆珠笔油墨字迹深浅不一致，则很难控制取样量的一致。改进的方法是通过测定在同一溶剂体系中圆珠笔油墨字迹的溶解提取百分率来衡量其溶解能力。该方法使用两种有机溶剂对样品顺次提取，溶剂 I 为能表现出不同时间书写圆珠笔油墨字迹溶解能力差别的弱溶剂，溶剂 II 为能把字迹油墨全部溶解下来的强溶剂。操作过程为：先用溶剂 I 对样品溶解提取、点样（样点 I），然后把样品瓶中的残液吸干，再用同体积的溶剂 II 溶解提取、点样（样点 II），最后在薄层扫描仪上分别测出样点 I 和样点 II 的吸收峰，按下式计算提取百分率：

提取百分率＝样点Ⅰ吸收峰高（样点Ⅰ吸收峰高×样点Ⅱ吸收峰高）×100%

新鲜圆珠笔油墨字迹溶解提取百分率高，陈旧圆珠笔油墨字迹溶解提取百分率低，该方法受取样量差别影响较小。

五、评分标准

项　　目	分　值	得　分
材料准备符合要求	20	
操作步骤正确	30	
检验书写时间结论正确	50	
总分		

六、操作注意事项

1. 用这种方法测定的准确程度受取样量的影响很大，相互比较的圆珠笔油墨字迹必须深浅一致，必须控制取样量的一致。

2. 在有争议的时间差跨度很大时，用此法测定较为有效。

【技能测试】

用染料比值法检验圆珠笔的书写时间。

任务二　认识墨水笔迹制作时间的鉴定

【知识点】

1. 墨水书写时间的变化规律。

2. 墨水书写时间的检验方法。

【技能点】

墨水书写时间的检验方法。

【任务导入】

墨水的种类很多，根据主要成分的不同，书写墨水可分为鞣酸铁墨水、染料墨水和炭黑墨水三大类。各类墨水笔书写到纸面上以后，随着时间的推移会表现出某些物理、化学方面的变化。通过各种实验手段测出这些变化，就可依据已知时间的对照样本，判断其书写时间。因此，通过本节学习，应掌握墨水书写时间的检验方法。

【相关知识】
一、墨水书写时间的变化规律

墨水被书写到纸张上以后,由封闭墨水瓶或笔囊笔芯中的液态变为附于纸面的干涸态,并暴露在空气中,随着时间的推移,自身会逐渐发生物理或化学变化。

由于受光线的作用和空气中氧的影响,书写墨迹中的某些成分会发生结构变化,导致墨迹的外观随着时间的推移发生变化。例如,染料墨水中某些染料的分解,使墨迹色泽由新变旧,逐渐退色变淡;鞣酸铁墨水刚书写到纸上时,墨迹显染料的蓝色,随着其中的 Fe^{2+} 被氧化成 Fe^{3+},生成的鞣酸铁和没食子酸铁沉淀使墨迹颜色逐渐加深变成蓝黑色,以后随着有机分子的分解,最后生成稳定的 Fe_2O_3 使墨迹显棕色;墨汁书写到纸上以后,虽然炭黑本身不会退色,但随着胶质的分解,会使墨迹逐渐失去光泽。墨迹中某些成分被氧化分解,也导致了原有某些成分相对含量的变化,书写时间越长,这种变化越明显。墨迹的某些成分还会逐渐向周围扩散,书写时间越长,扩散程度越大。随着书写时间的增加,墨迹被溶解、吸附与转移的能力越来越低。墨迹的所有这些变化都直接或间接地反映出来,并与暴露在空气中的时间长短有关。在一定条件下,如果揭示出这些变化与书写时间的对应关系,就可以测定文件的书写时间。

二、墨水书写时间的检验方法

墨水的书写时间是确定文件制作时间的重要依据。墨水在书写到纸张上后,书写墨迹随着时间的推移发生氧化、还原、分解和扩散等物理、化学变化,通过各种实验手段检测出这些变化,与已知样本相比对就可判断其书写时间。国内外的法庭科学鉴定人员运用了各种方法如"配方变化法""标准墨水库法"和"标记法"等对墨水进行检验鉴定。20世纪80年代以后,法庭科学鉴定人员研究的重点是利用墨水的成分和性质随时间变化而变化,以测定相对书写时间,并发展了相应的检验方法。

(一) 草酸溶解法

1. 草酸溶解法的原理。根据书写墨水与纸张的牢固程度来判断。蓝黑墨水书写后在纸上停留的时间越长,与纸张结合得越牢固,滴加化学试剂后,越不容易扩散;书写墨水在纸上停留时间越短,与纸张结合的牢固程度越小,滴加化学试剂后,越容易扩散。用草酸溶解法进行书写时间的检验,通过与不同时间的书写字迹的扩散程度相比较以确定检材的相对书写时间。

2. 草酸溶解法的检验方法。分别在每份检材中,选取粗细基本一致的笔道的三个部位,用显微镜测量笔画的宽度,然后用毛细管吸取5%草酸溶液滴加在已测量宽度的笔道上,滴加的溶液应基本相同。20分钟后,溶液基本挥发,再测量各部分笔画的宽度，求其平均值。

此方法受纸张的影响比较大，故用做比对的文字材料必须用相同的纸张。

（二）硫酸盐扩散程度测定法

1. 硫酸盐扩散程度测定法原理。液体墨水中的某些离子被书写到纸张上以后，会随着时间的推移而超越笔画的边界向外扩散。书写时间越长，扩散程度越大，但扩散到一定程度后，硫酸图像完全涸散而显不出硫酸图像。若能显现出该种离子扩散后的图像并对其扩散程度进行测定，即可以判定墨迹的书写时间。

我国生产的蓝黑墨水及纯蓝墨水中都含有硫酸或硫酸盐。在蓝黑墨水中，一般含有 0.6% ~ 0.8% 硫酸亚铁，0.2% ~ 0.3% 硫酸；在纯蓝墨水中，含有 0.1% ~ 0.25% 硫酸。墨水写到纸上，字迹笔画中的防腐剂、胶料向纸张内部渗透，溶剂在表层挥发，字迹笔画因干涸形成固体膜层。膜层与纸张结合的牢固度与书写时间成正比，时间越长，结合越牢固，墨水的溶解能力越弱。字迹形成后，墨水中的 SO_4^{2-}、Cl^- 逐渐扩散，扩散程度与书写时间有关。书写时间短，扩散小；书写时间长，扩散明显。据此可通过检测硫酸根的扩散程度与已知样品比较，鉴别蓝黑和纯蓝墨水字迹的相对书写时间。

2. 硫酸盐扩散程度测定法检验方法。根据实验研究，目前最佳用药次序为：

（1）5% 硝酸铅水溶液，用于沉淀硫酸根。

（2）4% 高锰酸钾溶液、0.5% 硝酸溶液、5% 硝酸铅溶液的混合溶液（混合体积比为 2∶1∶1），用于氧化退色，同时抑制硫酸铅的溶解。

（3）4% 盐酸肼水溶液，还原消除高锰酸钾和反应产物的颜色，同时清洗一次空白部分的残存硝酸铅。

（4）20% 硫酸钠水溶液，用来清洗残余药液，改善最后显出图像的背景，同时抑制硫酸铅的溶解。

（5）4% 硫化钠水溶液，把硫酸铅图像转化成可见的黑褐色硫化铅图像。

上述用药次序保证了最大可能地显现出笔画墨迹中的硫酸盐图像。

最好用测量显微镜或阿贝比长仪，测量原笔道和硫酸根扩散后笔迹的精确宽度，按下式计算硫酸盐的相对扩散度：

硫酸盐的相对扩散度 = $(W_1 - W_0)/W_0$

其中：W_1 为硫酸根扩散后的笔道平均宽度，W_0 为笔道原平均宽度。

笔道宽度测量的两个相关数据，要在同一笔道的同一点上进行，并在多个不同笔道上测出相对扩散度，取平均值。同时测定检材和已知比对样品的相对扩散度，根据接近程度，判别检材的书写时间。比对的文字材料的纸张应当与检材用纸相同或很接近。

（三）热分析法

热分析法是在程序温度控制下，测量物质的理化性质与温度关系的一类技术。在加热或冷却过程中，随着物质的结构、形态的改变和化学反应的进行，而伴有相应的物理、化学性质的变化。蓝黑墨水书写到纸张上以后，由于各种因素的作用，笔画物质成分会发生氧化、还原、分解、扩散等物理和化学变化，随着时间的推移，这些变化在各个阶段都具有特定的参数值。

1. 热分析法原理。应用热分析中的差示扫描量热法（DSC）分析墨水的种类、组成、溶剂保留、热稳定性、氧化稳定、聚合作用、热压常数，在程序温度控制下，测量墨水随时间变化的成分含量及物理、化学动态参数值。这些数值随时间不断改变，它们与时间之间存在定量关系，在程序温度控制下表现为一系列吸热和放热现象，即吸热和放热特征峰。用此方法测出可疑文件上这些数值与书写时间的定量关系，并作出热分析曲线，再与已知的同种墨水而不同书写时间的文件样本的 DSC 曲线作比较，可以判定可疑文件的相对书写时间。

2. 热分析法检验方法。检验时采用热分析系统，在相同起始温度、升温速率等测试条件下，分别取同一文件上文字纸张和空白纸张 2cm～5cm 置于不同的坩埚内，按同等条件和程序等速升温，观察在特定程序温度控制下出现的吸热和放热现象，计算机自动记录 DSC 曲线峰值，并打印出图谱。本方法可用于鉴定同一份文件上不同部分文字的先后时间顺序，也可以根据已知文件样本确定可疑文件的书写时间，其可确定的时间范围最近间隔为 7 天，最长间隔为 3 年。如 1～2 年间的文件，其最短间隔可确定到 60 天。但为保证鉴定意见的准确可靠，最好做到检材与样本的墨水字迹成分相同，所用纸张相同或相近，以及保存条件相同或相似。

（四）二价铁离子浓度测定

1. 二价铁离子浓度测定原理。蓝黑墨水中含有硫酸亚铁，其中的二价铁离子不与墨水中任何其他成分作用生成有色沉淀。但当写到纸上后，就会被空气中的氧逐渐氧化成三价铁离子，进而与鞣酸和没食子酸生成有色沉淀。因而，随着时间的推移，书写到纸上的墨水笔画中的二价铁离子越来越少。根据显铁灵敏试剂，a. a′-联吡啶与二价铁离子的显色反应，可测得二价铁离子的存在。

因为笔画中二价铁离子被氧化成三价铁离子的过程进行得很快，经过一段时间即测不出二价铁离子，所以这种检验只适用于对近期书写字迹与远期书写字迹的差别作出判断。

2. 二价铁离子浓度测定检验方法。检验时，用棉签蘸取 2% 的 a. a′-联吡啶乙醇溶液涂在被测笔画上（正反面均可），待乙醇挥发后，观察笔画边缘是否有红颜色渗出以及偏红的程度。红色的深浅代表笔画中 Fe^{2+} 含量的多少。书写时间越长，Fe^{2+} 的含量越少。

因为笔画中 Fe^{2+} 被氧化成 Fe^{3+} 的过程进行得很快，经过一段时间即测不出

Fe^{2+}，所以这种检验只适用于对近期书写字迹与远期书写字迹的书写时间差别作出判断，尤其适合于揭露在几天内对早期完成的文件进行变造的事实。

（五）X光电子能谱法

X光电子能谱法，即用软X射线激发物质表面原子的内层电子，使其逸出物质表面变成光电子，然后检测光电子的动能，计算其结合能，便得到光电子能谱。光电子峰结合能的大小及其相对强度，不仅取决于原子种类和数目，而且与原子的物理、化学状态有关。蓝黑墨水字迹中，碳和氧原子的化学状态，随着书写时间的延长，会发生微小的变化。因此，通过检测字迹中氧、碳的光电子能谱，与已知样品比对，能鉴定蓝黑墨水字迹的相对书写时间。

蓝黑墨水中含有单宁酸、没食子酸等有机酸，这些成分中含有O—H、C—O、C—H、C—C等键。蓝黑墨水字迹，随着书写时间的延长，由于受到空气和日光的影响，O—H键的相对含量减少，而C—H键的相对含量增高，均反映在光电子能谱图上。因此，通过检测这两个峰和其他峰的相对强度，与已知样品比对，能鉴定近20天内蓝黑墨水字迹的相对书写时间。

（六）光谱法

从染料的氧化角度考虑，纸上的墨水长时间放置后，墨水的颜色会发生变化，如变淡而且逐渐失去光泽。用精密的方法测出这种变化，研究反应物与产物的比例随时间变化的规律。另外，墨水书写在纸上后，墨水中的酸碱化合物因蒸发、干涸而得到浓缩，这种pH值的变化会导致对它灵敏的那些染料的颜色变化，实际上空气中的水分和二氧化碳也参与这个过程。

【任务实施】

一、任务目的

通过实验了解硫酸盐测定法判明书写时间的原理，掌握硫酸盐测定法的操作方法。

二、任务设备

（一）器材

读数显微镜、点滴板、牙签、脱脂棉。

（二）试剂

5%硝酸铅溶液，4%高锰酸钾溶液，0.5%硝酸和5%硝酸铅混合溶液，4%盐酸肼溶液，20%硫酸钠溶液，4%硫化钠溶液。

（三）实验材料

不同时间书写的蓝黑墨水字迹材料（老师发给或自备）。

三、任务指导

蓝黑墨水的成分中含有硫酸和硫酸亚铁，这些无色硫酸盐成分随书写存留在笔画中。随着时间的推移，墨水笔画中的硫酸盐成分从笔画中心向四周扩散，时间越长扩散就越大。将书写笔画的蓝色用化学试剂消退，而使硫酸盐笔画反应成黑褐色硫化铅笔画，计测其宽度并和处理前的笔画比较，便可得出硫酸盐扩散范围，以此和已知书写时间的同类墨水字迹，按同样方法处理计测结果进行比较，便可判明书写时间。影响硫酸盐扩散程度测定准确性的因素很多，如墨水成分、纸张种类、纸张纤维方向（硫酸盐沿纸张纤维伸展方向扩展要大些）、书写工具、墨水流淌速度和运笔速度及存放环境等，在检验时应考虑这些因素。

四、任务组织

（一）熟悉读数显微镜

读数显微镜是小型精密光学仪器，它具有放大观察和测量两种功能，有筒式和台式两种，下面介绍 JD10 型筒式读数显微镜。

1. 结构。读数显微镜由测微目镜组、镜身、镜筒底座等组成。镜身靠镜筒锁紧螺钉与滑板槽连接，测微目镜组中有两块分划板，上分划板是固定的，刻有 0mm～6mm 六个分格。其下装有另一块可以活动的分划板，上刻有垂直长线（游标线），下分划板可以沿读数鼓轮的测微螺丝转动而左右移动。

读数鼓轮的测微螺距为 1mm，而上分划板的分度也是 1mm。因此读数鼓轮转 1 圈，下分划板的长线应在上分划板分度上移动 1 格。

读数鼓轮上刻有分度，一周为 100 个等分格，每一小格等于 0.01mm。测量读数等于上分划板读数加上读数鼓轮上的读数。由于读数显微镜光学系统中没有使物像正转的结构，所以在目镜中观察到的影像的上下左右与原物是相反的。

2. 性能。物镜放大倍数为 1 倍，目镜放大倍数为 20 倍，工作距离 62mm，视场直径为 6mm，有效测量范围为 6mm，目镜分划尺格值为 1mm，测微鼓最小读数为 0.01mm，测量精度为 ±0.01mm。

3. 使用方法。首先旋动读数鼓轮，同时观察目镜分划板，使游标线与分划板上的零线重合，检查鼓轮上分格读数"0"位是否对准指示线，如有误差，记下正负误差值，在测量时修正。

将读数显微镜置于被测笔画上，将仪器下部凹空处对着光源，旋松锁紧螺钉，将读数鼓轮转到顺手位置，并转动调节目镜至视场中能同时看清分划板刻度及游标线和被测物，再紧固锁紧螺钉。

（二）测量

1. 在一份实验材料上选择粗细均匀、浓淡一致的直线笔画若干，用削尖的铅笔和直尺在笔画两侧画一条测量基础线。

2. 将读数显微镜分划尺的底线与待测笔画的测量线重合，同时将分划尺的一个整数刻线（垂直刻线）和笔画左边重合，并将游标线和笔画左边对准，此时可将读数显微镜的读数记录下来（包括分划尺的整数值和螺旋测微尺的读数值），如整数对准分划尺上"2"的位置，螺旋测微尺数值为 0.440，则游标线位置是在 2.440mm 处。

3. 用一只手固定显微镜，另一只手旋转测微鼓轮，同时观察目镜，使游标线从左至右移动至笔画的右边缘，记下读数，如为 3.045mm，和上段相减即 3.045mm − 2.440mm = 0.605mm，也就是笔画的宽度为 0.605mm。用同法测定几个笔画的数据，予以标号。

4. 将化学试剂分别滴入点滴板的孔内，记住各种试剂的位置，切勿弄错。

5. 用牙签裹上少量脱脂棉制成的棉签，沾取少量试剂，在画有测量基线的笔画处轻沾处理，沾取试剂量不宜过多，而且要集中点在笔画待测处。

沾化学试剂的次序是：

5% 硝酸铅溶液。

4% 高锰酸钾溶液、0.5% 硝酸溶液和 5% 硝酸铅混合溶液。

4% 盐酸肼溶液。

20% 硫酸钠溶液。

4% 硫化钠溶液。

6. 待上述试剂全部处理后，笔画出现黑褐色，干后用读数显微镜按上法计测笔画宽度，并与原笔画宽度相减便得出硫酸盐扩散数据。

7. 用同样方法分别对几个笔画处理计测，得出硫酸盐扩散数据，求得平均值。8. 用同样方法对另一份材料进行处理计测。

9. 将几份材料测量结果按文件书写年代排列，比较它们的硫酸盐扩散情况.

（三）实验报告要求

列表统计不同时间书写文字原来笔画宽度与硫酸盐扩散情况。分析统计结果，研究不同时间书写文字的硫酸盐扩散规律；讨论实验中出现的问题。

五、评分标准

项 目	分 值	得 分
材料准备符合要求	20	
操作步骤正确	30	
计算结论正确	20	
实验报告完整	30	
总分		

六、操作注意事项

1. 应选择边缘比较平直的笔画进行测量，而且相比较的两个笔画在浓淡粗细上应基本一致。

2. 测量时，应一手保持读数显微镜的稳定，一手转动螺旋测微尺测量，否则不易准确，而且最好在同一笔画测量几次进行验证。

3. 在笔画上滴加试剂量宜少不宜多，否则会影响显出笔画的清晰度，不易测准。

【技能测试】

用硫酸盐测定法确定墨水字迹的书写时间。

任务三　认识印泥印章制作时间的鉴定

【知识点】

1. 印章盖印时间的变化规律。
2. 印章盖印时间的检验方法。

【技能点】

印章盖印时间的检验方法。

【任务导入】

在文书检验中，变造者盗盖印文或预留有印文的空白纸页，必要时往空白纸页上添加所需内容以达到伪造、变造文书的目的的行为较为常见。通过本节学习，使学生掌握印章盖印时间的检验方法和印文与字迹形成的先后次序的检验方法。

【相关知识】

一、印章盖印时间的变化规律

（一）印章印面结构的变化

印章启用之后，在使用过程中将会逐渐发生不可逆转的变化。这种变化的速度、程度与印章的材质、使用情况及印章存放环境等因素有密切关系。

1. 印章自身胀缩形成的变化。印章自身胀缩变化常常导致印面的整体变化。印章的胀缩变化与印章材质有关。木质、牛角类有机质印章易受环境温度、湿度影响，逐渐发生胀缩变化，牛角类印章的胀缩变化要比木质印章小。它们的印文尺寸往往有所改变。又因其内部结构的不均匀性，印面胀缩的同时，常伴有外形上的变化，如纵、横径不等，边框不平行，直边呈弧形等。橡胶、原子印章材料易老化，印文尺寸也有改变。这种变化要与盖印压力大小、衬垫物软硬导致的印文形态、外径的可逆性变化相区别。

2. 印章磨损、磕碰形成的变化。印章在使用过程中，不可避免地使印面受到磨损，使印文文字线条逐渐变粗、尖角变钝，材料较软、较脆的印章容易发生磨损。印章由于受到外力的磕碰、清洗或撞击，可能伤及印面，造成局部文字线条的凹陷或缺损，在印文上表现为一定部位、一定形态大小的断线、空缺。这种磨损变化是"实迹"的变化，与蘸印泥（油）不匀、盖印不实而形成的"虚迹"性质外观完全不同。

3. 局部的老化变形。木质、牛角、橡胶、塑料类印章和原子印章，除随着材料的老化而可能发生整体形态变化外，还会发生局部的细节性变化。如印面刻刀痕迹的显露或弥合，雕刻形成的"皮瓣"的翘起或脱落，原子印章"空泡"的出现和颗粒性物质的脱落等。

（二）印面附着物的变化

印章印面的附着物，广义上包括印泥和印油上诸如纤维、毛发、纸屑、灰尘颗粒等粘附的异物。

1. 印面异物的变化。由于印章印面有印泥或印油，极易粘附环境中存在的各种细小的物质，成为印面的异物。这种附着物以其自身的形态反映在印文上，尤其在印文的五角星、边框上容易发现。但由于附着物不牢固，每盖印一次，会因力的作用而发生移位或脱落。被嵌在文字线条间隙中的异物则相对固定，再现性较强。印文上有没有异物印迹，在什么部位上出现什么形态的异物印迹，自然成为考察盖印时间的一种依据。

2. 印泥（油）淤积物的变化。由于盖印时蘸印泥（油）的量较多，剩余的印泥（油）被挤到印面文字线条的边缘或间隙中淤积起来。由于淤积物与文字线条处于同一平面，盖印时便反映在印文中。以后可能由于干涸或擦洗，致使淤积物变形或消失。印面上五角星、边框等存在的局部凹陷或刻刀损伤也容易淤积印泥（油），在盖印印文中再现为一定的形态，并可以保留较长的时间。在何时、何部位出现何种形态的印泥淤积物，也是应当仔细考察的。

3. 印泥（油）分布状态的变化。印文的浓淡与盖印时印泥（油）的多少、盖印压力的大小有关。但灌注印油的原子印章，随着不断使用，印油被逐渐消耗，印文会变得浅淡，直至重新注油。普通印章盖印时要先蘸印泥（油），或由于印面结构本身的原因，或由于盒中印泥表面不平，致使印面上粘附的印泥（油）明显不匀，在盖印的印文上便出现某一部分浓重、某一部分浅淡甚至盖印不出来等情况。如果上述原因未改变，此期间的盖印印文便可能再现这一特点。至于一次蘸印泥（油）连续盖印的几个印文，不仅能反映出持印方位、盖印动作的一致性，而且能反映印泥（油）量依次递减的规律。

（三）印泥（油）种类的变化

经常用印的单位和部门都有常备的某种牌号的印泥（油），并且在相当长的一段时间内都用它，直至更换一盒新的。原子印章注一次油可以用很长时间，直到需要重新注油（高级原子印章可用1万～3万次，印油用完便报废）。如果更换的印泥或印油与以前用的产品的种类不同，就出现了印泥（油）种类的变化。印泥（油）种类的差别可以表现在印文的颜色或色调上，也可以从受激发光的荧光现象和对红外线或某一波段光辐射的吸收、反射程度来区别。必要时可作仪器分析来鉴别其成分的异同。值得注意的是，有时会把印章带到外地或外单位盖印，此时使用的印泥可能与其前后使用的印泥不同。

（四）印文形成后印泥（油）的变化

印文形成之后，印泥（油）随时间延续会出现如下变化：

1. 印泥（油）的转印能力逐渐降低。盖印半小时至24小时（与印泥、印油的种类和环境有关）的印泥（油）很容易被擦下来。即使干后，印文上的印泥成膜，印泥（油）对纸张的附着力增强，也可以在加压条件下转印一部分，但盖印后经过的时间越长，转印（压取）的能力越差。

2. 印泥的油脂逐渐洇散。印泥一般用蓖麻油之类作为调和剂。盖印后印文上印泥中的油脂逐渐向印文以外和纸张的深层洇散，甚至透过纸背。而且早期洇散速度较快，以后逐渐减慢，大约经过两个月洇散基本停止。洇散的速度和范围大小与印泥含油量多少、纸张种类有关。在油脂洇散过程中，印文上的印泥颗粒、团块的边界形态，因油脂的洇散作用而变得模糊。

3. 印泥（油）中的不稳定成分的变化。随着时间的延续，印文上的油脂成分向外围洇散、转移，挥发性成分逸出，物质被逐渐氧化，印泥或印油的成分及构成比值也将随之变化。这可以通过相应手段检测、分析来考察。

（五）印泥（油）与字迹材料相作用发生的变化

在文件上盖印，往往会与文件上的字迹交叉重叠，于是印泥（油）与字迹的物质材料发生接触，经过一段时间的相互作用而逐渐显出变化。如印泥中的油脂对圆珠笔油墨、复写纸油墨有一定的溶解作用，使圆珠笔字迹笔画发生洇散，笔痕模糊；复写字迹笔画边界模糊，色料颗粒呈熔化状。这种变化也是从用印开始，随着时间的延续而逐渐发生的。

二、印章盖印时间的检验方法

（一）根据可变性印迹检验盖印时间

利用印文的可变性印迹特征鉴别文件的盖印时间，是根据印章的印面结构和印面附着物的变化规律，通过被检验印文与该印章印文的历时样本的比较检验，以印文的可变性印迹特征的异同，推断被检验印文的盖印时间的一种方法。

1. 选择被检验印文的可变性印迹特征。可变性印迹特征，是指借助印泥（油）反映出来的，表明其历时变化状态的形象特征。不包括印文的印泥（油）本身及其与其他物质互相作用而发生的变化。印章印文的特征，有些是基本不变的，如印章印文的基本形态、文字内容、整体布局、文字形体，以及文字线条的具体形态。而有些是随着时间的延续在逐渐变化的。这种变化是通过对该印章在不同时间依次盖印的印文的分析、比较而认识的。

2. 研究印文样本的历时变化规律。根据可变性印迹特征鉴别盖印时间，必须收集和提供被检验的那枚印章在不同时间依次盖印的印文样本，以展示印文印迹的历时变化，并以此作为推断被检验印文盖印时间的依据。由于每枚印章在各自的使用、保管条件下所发生的历时变化均不相同，尤其是根据印迹特征鉴别盖印时间，不可能用统计规律和标准时间曲线去代替具体的印文样本。

3. 被检验印文与历时样本的比较鉴别。用被检验的印文与该印章的历时印文样本进行比较，既要参照样本标注的各种可变性印迹特征，也要根据原件对一些主要的特征进行分析、对比，注意发现被检验印文的可变性印迹特征与另一个时期或时间样本的印迹特征是否相符，进而判断被检验印文的盖印时间，这是实施该项鉴定的基本途径和目的。反复实验和鉴定实践证明，根据印文的可变性印迹特征鉴定盖印时间，只要特征明显、样本充分，则结论可靠。而且这种方法不受盖印时间长短的限制，也不易受纸张、印泥（油）种类、保存条件、气候环境的影响，检验时又丝毫无损检材。应当说该方法是目前解决盖印时间问题的一个重要的基本方法。

（二）根据印油洇散程度检验盖印时间

根据印油洇散程度鉴别盖印时间，是根据印文边缘油痕向外洇散的距离来测定的。它不需要比对样本，不是测量油痕洇散的绝对值，而是根据印文中的油痕在纸张上的洇散速度由快到慢的原理，在 A 时间测出油痕的洇散距离 S_1，再在 B 时间测出油痕的洇散距离 S_2，比较 S_1 与 S_2 的差值，即可推算出印文的盖印形成时间。它操作简单，无须仪器设备，无损检材，且在可检时间范围内检验精度很高。

印油洇散程度测定的条件是纸张上的印文（包括印章印文及手印）必须有油痕洇散现象，使用打印油、原子印油或虽用印泥但观察不到有油痕洇散现象的印文不在此检验范围。印油在表面张力的作用下，沿纸张纤维构成的毛细管网形成向四周洇散的现象。由于盖印的印油总量一定，表面张力随着印油洇散面积的增大、油层的变薄而减小直到停止，因此油痕并非无限洇散。

在大量实验的基础上发现，各种条件下印油停止洇散的时间基本在盖印后的半个月至两个月之间，超过两个月，所有印文的油痕均不再洇散。相同条件下用同一种印油盖印的两枚印文油痕的大小及其停止洇散的时间是基本一致的。油痕大易于测量，在接近两个月时仍能测出洇散值的细微变化；油痕小则在后阶段虽有变化但很难测出。因此，影响油痕洇散的因素很多，如单纯测量某一印文油痕洇散的绝对距离，或拿一份未知文件上的印文油痕与另一已知文件上的油痕比对，来推断印文的形成时间，都是不可靠的。根据油痕洇散距离来测定印文绝对形成时间的方法，实际也是对油痕的洇散距离进行比对，只是变绝对为相对，"自己与自己比对"。即拿检材印文在 A 时间油痕洇散的距离 S_1 与在 B 时间油痕洇散的距离 S_2 比对，唯有时间不同造成的油痕洇散距离可能不同。抓住油痕的洇散由快至慢，最终在两个月以内停止的一般规律，在进行检验时先测出油痕洇散距离 S_1，并在自然条件下放置一段时间让其继续洇散（一般放置 1~2 个月），根据放置后再洇散的距离 S_2 来推断印文的形成时间。如果 S_1 与 S_2 有差异，说明印文印油仍在洇散，则印文的盖印时间不会超过两个月；如果 S_1 与 S_2 无差异，说明印文印油已停止洇散，盖印时间应为半个月以上。

印油洇散程度测定方法特别适用于对文件上的印文是否在两个月以内盖印进行区别检验。实际检验中，相当数量的案件要求鉴定落款时间为一年或数年前的文件上的印文是否为最近形成。对检材印文的洇散程度进行测定，能十分准确地判定文件是否为近期（两个月）内形成。如果印文在放置 1~2 个月期间油痕仍洇散一段距离，则可果断判定文件是近期形成的；如果不再洇散，由于所有印文油痕两个月后均停止洇散，故无法判定印文是两个月以后的何时盖印。这也是该种测定方法的局限。

根据印文油痕洇散程度来测定印文的绝对盖印时间，有着不受纸张、盖印情况、环境和保存条件影响的优点，对形成时间不超过两个月的印文盖印的检测精度高、稳定性强，并且无损检材。唯一不足之处是须将检材放置较长时间以观测其变化，不能立刻作出结论。实践证明，这是一种十分有效的鉴定印文形成时间的新方法。

（三）检验印章盖印时间的其他方法

1. 显微分光光度检测法。凡是用同一种印泥或印油盖印的印文，随着时间的延续，印泥或印油中的不稳定成分将逐渐发生不可逆的变化。这种变化体现在该印泥或印油的成分、浓度和颜色上。因此可以采用显微分光光度仪，对印文文字线条的微区进行检测，以揭示印泥或印油的历时变化。而这个变化应当是该印泥或印油已经发生的和被盖印到印文上之后发生的变化的总和。

用该方法鉴定文件的盖印时间，必须以该印章在已知时间盖印的文件为样本，尤其是被检验文件所标称的时间的印文样本和被怀疑的那个盖印时间的印文。然后用显微分光光度仪在同一检测条件下，对被检验印文和样本印文分别进行检测,并对获得的谱图进行比对。通过这种比对,一方面发现印文样本谱图所显示的印泥或印油的历时变化规律,另一方面看被检验印文的谱图与哪一时间的样本谱图相符,并据此推断被检验文件的盖印时间。

显微分光光度法鉴别盖印时间的特点十分客观、精确,对文件没有污损。但必须是用该印章平时使用的印泥或印油盖印的印文样本,不能改用其他印泥或印油。还要考虑被检验文件与样本文件在形成条件和使用、保存环境上的差别,并在此基础上给予科学的、符合实际的评断。

2. 转印(压取)法。转印(压取)法是根据文件的印文,随着时间的延续,印泥或印油逐渐成膜,向纸内浸润干涸,被转印(压取)的能力便越来越小的原理进行检验的。在已知盖印时间的印文样本参比下,根据印文印泥或印油的转印能力是否相同,可以大体推断印文的盖印时间。

检验时可根据印文的新旧程度,或采用经过定影、漂洗、晾成半干的照相纸,或采用经过有机溶剂浸湿挥至半干的分析滤纸,将其覆盖到相比较的印文上,上下各垫数张干滤纸,置于小型压力机中加压,再比较被检验印文与样本印文印泥(油)的转印能力是否一致。

这种检验容易损坏文件物证,故检验时应选择一部分与被检验印文具有可比性的不同时间盖印的多余样本进行预实验,摸清用什么溶剂、加多大压力、压多长时间,然后正式检验。为了保持转印条件一致,应选择与被检验印文浓淡相近的,在被检验文件标称时间和被怀疑的盖印时间形成的样本,将其一并置于压力机上加压转印。由于不同种类的印泥(油)组分有别,变化速度不同,采用转印法时要求盖印样本的印泥(油)应与盖印被检验印文的印泥(油)种类相同。可见此种方法虽不需要复杂的设备,但不易把握最佳效果。

【任务实施】
一、任务目的
通过观察相互交叉的印文与书写字迹先后顺序不同所表现出来的固有特征,掌握判断印文与书写笔迹的相对时间的检验方法。

二、任务设备
(一)器材
体视显微镜、DF-135相机、接圈、各种波长的红色滤光镜、镊子、光源。
(二)实验材料
纸张:账页纸、信稿纸、打印纸、定影过的相纸;
色料:蓝黑、纯蓝、碳素墨水、墨汁、圆珠笔、复写纸、印泥、印油;
工具:签字笔、圆珠笔、钢笔、铅笔、印章;
未知结果的印文与复写笔画相交顺序的实验材料一份(老师提供)。

三、任务指导

各种相同的或不同的色料和工具书写的文字相交时，先写的和后写的在色料洇散、沟痕、拖带现象、覆盖、光泽、纤维走向等方面均有不同特点。而在印文与各种色料书写的文字笔画相交时，也可从笔画的中断、变细、洇散、覆盖、拖带物质颗粒等特点鉴别是先盖印还是后盖印。这些特点比较细微，需要通过显微镜放大观察，但这些特点是否明显，先后顺序能否正确判断，与盖印或书写时的衬垫物、色料、印油、印泥多少、盖印时的压力轻重及书写工具的特点等因素有密切关系。

四、任务组织

（一）制作实验样本

用上述色料、工具在两种纸张上用正常压力及加重压力，在沾印泥和印油量多少等不同条件下制作同种工具、同种色料和不同工具、不同色料书写的交叉线条样本。

（二）肉眼观察

借助自然光或人造光源，改变入射光的强度和角度，仔细观察印文与文字笔画交叉部位，看文字笔画与印文交叉的部位是否出现中断或变细现象，看印文笔画是否被破坏，看印文笔画的印油是否有沿着文字笔画方向移动的现象，记录所观察到的特征。

（三）显微镜观察

用显微镜观察交叉部位特点，掌握判明先后顺序的方法，并记录影响鉴别的因素。

对未知结果的实验材料，用显微镜观察交叉部位特点，对盖印先后顺序作出判断。

1. 将印文与文字笔画交叉部位置于体视显微镜的视场中央，调节体视显微镜的各项技术参数，使图像清晰；调节光源的强度与入射角度，使图像获得良好的反差。

2. 通过体视显微镜观察印文与文字笔画交叉部位，看与印文交叉的笔画是否中断，笔画边缘是否整齐，笔画凹槽内是否有印文色料，印文与文字笔画交叉部位是否有洇散现象，印文色料是否有沿笔画走向被拖动的现象，记录所观察到的特征。

3. 通过比较不同条件下形成的样本，分析、总结不同时序的印文与文字笔画表现出的规律、特点，并记录衬垫物、书写色料、印油印泥多少、盖印时压力轻重及书写工具对印文与文字笔画交叉部位特点的影响。

（四）断层镜检

1. 将存在印文与文字笔画交叉的部位剪成长 5mm～10mm、宽 5mm 的纸条。注意剪刀剪切线中的一条一定要通过印文与文字笔画的交叉点。

2. 用镊子将剪下的小纸条弯曲成弧形，放在载物台上，调节体视显微镜的各项技术参数，使图像清晰；调节光源的强度与入射角度，使图像获得良好的反差。在体视显微镜下观察小纸条断面印文色料和文字色料的上下排列顺序。注意将有印文与文字笔画交叉痕迹的边缘朝上。

3. 比较不同条件下形成的样本材料的印文色料和文字色料在纸张断层上表现出的先后特点和颜色特点，记录所观察到的特征。

（五）转印

1. 将定影过的相纸放在温水中湿润 10～15 分钟，取出后用滤纸吸干上面多余的水分，然后将相纸覆盖在要检验的样本印文与文字笔画交叉处，用橡皮碌在背面轻轻碾压，再轻轻揭起，置于体视显微镜下。

2. 观察相纸上的印文色料和文字色料中的哪一种笔画是完整的，记录所观察到的特征。

（六）进行检验鉴定

1. 根据检材的具体情况，选择两种或两种以上的检验方法。

2. 观察检材，详细记录，作出结论，编写规范鉴定意见书，说明鉴别根据，并连同对实验材料进行检验时记录的结果一并上交。

五、评分标准

项　目	分　值	得　分
材料准备符合要求	20	
操作步骤正确	20	
印文与书写笔迹的相对时间结论正确	30	
鉴定意见书完整	30	
总分		

六、操作注意事项

1. 使用显微镜观察交叉部位特点时，应选择适当的放大倍数，以能清晰观察到交叉部位的细微特点为宜。

2. 根据实验材料，选择适当强度和角度的显微镜照明灯配光，以取得最佳观察效果。

3. 对印文和笔画交叉时序检验时，要选择印泥较多的部位，观察特点并进行分析判断。

4. 对未知检材进行检验时，一定要遵循无损从优的原则。

【技能测试】

印文和书写字迹相互交叉时序的确定。

第十三章　认识言语识别

内容提要

利用言语文字作案是某些违法犯罪人的惯用伎俩。近十余年来，随着办公条件现代化，以电脑打印、传真、复印之手段取代手写的案件不断上升，因而仅仅依靠笔迹检验有时难以解决问题。在如此现状之下，言语识别技术不断勃兴并日趋成熟，在侦破涉及言语文字的案件中，也行之有效。本章主要对地域性、时代性、社会性和病态性言语的特点及检验要点进行了系统的阐述。

任务一　地域性言语识别

【知识点】
1. 言语识别的概念、对象、内容、任务、作用。
2. 地域性言语识别的内容、目的、根据。
3. 汉语方言及方言的分区。
4. 言语人所在地区的识别。

【技能点】
言语人所在地区的识别。

【任务导入】
现代汉语的全民共同语是普通话。方言作为语言的地方变体，成为每个方言区居民的交际工具。方言与普通话之间（特别是语音要素）存在着比较严整的对应性，有一定的规律可循，从而为方言识别提供了有利条件。口语的方音特点是，人们可以通过听觉感觉它、分辨它。例如，有人把"湖南"说成"扶兰"，就可直接分辨出言语人 [f-] 与 [h-] 不分、[n-] 与 [l-] 不分的方音特点。书面语中的方音别字也能体现方音特点。例如，"安上莫稀有的罪名"句子中的"稀"字是别字，把"须"字写成"稀"字，说明书写人口语中二字同音，从而确定书写人把撮口呼韵母 [-ü] 读成齐齿呼韵母 [-i] 的方音特点。通过言语人的方言特征、地区习俗字的识别，可以判断作案人（或当事人）的所在地区、籍贯，为侦查破案确定方向、范围。

【相关知识】

一、言语识别概述

（一）言语识别的概念

言语识别是运用语言学和侦查学以及相关学科的知识、原理和方法，研究各类群体言语人的言语特点和规律，分析、鉴别各类文件物证的言语特征，并以此判断作案人的社会群体属性，为确定侦查方向、划定侦查范围、证实犯罪提供依据的一种专门技术手段。

言语识别既有语言学的理论、观点和方法，又有侦查学的理论和方法，是两者的有机结合体，缺一不可。在侦查的实际工作中，分析案件可供利用的东西很多：痕迹、作案工具、文字特征、现场情况、作案地点、作案方式、作案路线、案件本身涉及的内容等，这些因素都能够为我们侦查破案、证实犯罪提供依据，而犯罪嫌疑人语言材料中的言语特点也是其中的一个方面，有时分析犯罪嫌疑人言语特点还能够起到其他因素所起不到的作用。

（二）言语识别的对象

言语识别的对象是作案人运用语言进行犯罪时留下的言语，主要有以下几个方面：

1. 从言语与案件性质的关系来分，言语识别的对象有政治案件的言语材料、刑事案件的言语材料、民事案件的言语材料等。

2. 从言语与案件事实的联系来分，言语识别的对象有作为直接证据的言语材料，这类言语材料能够直接证明案件的主要事实；有作为间接证据的言语材料，这类言语材料是案件事实的旁证，是查明主要事实的证据链条和重要环节。

3. 从言语存在的形式来分，言语识别的对象有案件的口头言语材料和案件的书面言语材料。

因此，言语识别的对象是各类性质案件的直接或间接的同案件事实相联系的口头的或书面的言语材料。只有言语具有特殊性，才能对它进行识别。

（三）言语识别的内容

言语识别是一种种类识别。主要包括：不同地区和籍贯群体人的地域性言语识别；不同年龄段（群体）人的时代性言语识别；不同性别群体人、不同文化群体（层次）人、不同职业群体人以及犯罪群体（集团）人的社会性言语识别；精神病人和聋哑人的病态言语识别；等等。

（四）言语识别的任务

言语识别的任务是依法对有关案件的言语材料进行分析和鉴别，判断言语人的社会群体属性和个人特征,确定案件言语与嫌疑人的关系,从而为划定侦查方向和范围提供依据,为认定作案人提供证据。

(五)言语识别的作用

1. 通过对案件言语的分析和识别,判断涉案嫌疑人的言语所在地区、籍贯、年龄、性别、文化层次、职业、族(国)别以及病态生理特点,为侦破案件确定方向、范围。

2. 通过对不同时间、不同地点发生的案件的言语材料的比较鉴别,为并案侦查提供依据。

3. 通过对印刷(打印)文件的言语识别,为判断撰稿人的情况提供依据。

4. 通过对犯罪嫌疑人的言语识别,为查清其真实身份提供依据。

二、地域性言语识别的内容、目的、根据

(一)地域性言语识别的内容

表现言语人所在地区、籍贯言语特点的言语,我们称为地域性言语。地域性言语主要表现在方言、地域性文字、地域性言语内容三个方面。因此,地域性言语识别的主要内容是方言识别、地域性文字的识别、地域性言语内容的识别。

(二)地域性言语识别的目的

地域性言语识别的目的是通过地域性言语识别判断作案人(或当事人)所在地区、籍贯,为侦查破案确定方向、范围。

(三)地域性言语识别的根据

地域性言语识别的具体根据主要有以下四个方面:

1. 不同地区、籍贯群体人使用的方言不同。随着社会的分化,语言发生了地域性变异,产生了地域变体——方言。方言与普通话之间、方言与方言之间,除了在基本词汇、语法上具有基本的一致性以外,在一般词汇,特别是在语音上存在着许多差别。每个人都出生在一个特定的地区,并在一个特定的方言区内生活、学习、工作。在接受基础教育阶段,学习语言受所在地区方言的影响,必定在言语习惯方面打上方言的烙印,从而在言语交际中表现出不同的方言特点——方音特点、方言词语特点、方言语法特点。虽然受普通话的影响,或由于生活、工作地区的改变,或受其他方言的影响,一个人的方言特点会发生某些方面的变化,但是却很难改变其原有方言的本质特点。

2. 不同地区、籍贯群体人使用的词语不同。除使用方言词语的不同外,受自然地理环境和历史传统文化的影响,不同地区形成了一些具有地域性特点的地名、人名。生活在不同地区、籍贯的人使用的一些专用词语——地名、人名,往往具有显著的地域性特点。

3. 不同地区、籍贯群体人使用的文字不同。文字作为记录语言的符号,同

语言一样，在执行其社会交际功能时，受地域和方言的影响也要发生变异，形成一些地域性的文字，如方言字、方音别字、不规范的简化字、地区性习俗字等。生活、工作在不同地区的人，如生活在我国的港、台地区或某些使用汉字的国家的人，受当地风俗和传统习惯的影响和制约，在书面言语交际中必然会表现出不同的地域性的文字特点。

4. 不同地区、籍贯群体人的言语内容不同。言语内容总是与特定地区、特定环境中的人、事、物密切联系在一起的。也就是说，每个人说的或写的字都离不开特定地区、特定环境中的人、事、物。由于每个人生活的地区不同，所处的环境不同，因而言语中必然反映出地域性的言语内容特点。

因此，言语材料中表现出的方言特点、词语特点、文字特点、言语内容特点等，构成了不同地区、籍贯群体人言语的总体特殊性，从而为通过地域性言语识别判断言语人的所在地区、籍贯提供了客观根据。

三、汉语方言及方言的分区

汉语方言十分复杂，分多少种方言，专家们的看法并不完全一致。有的专家把汉语分为9种方言，也有的专家分成6种方言，还有的专家分成7种或8种方言。比较通行的说法是分为北方方言、吴方言、湘方言、赣方言、粤方言、客家方言、闽方言7种。随着汉语方言调查和研究的逐步深入，汉语方言的分区发生了变化。1987年中国社会科学院和澳大利亚人文社会科学院共同编辑出版的《中国语言地图集》，把汉语分为官话、晋语、吴语、徽语、赣语、湘语、粤语、闽语、客家话、平话10种方言。随着方言调查和研究的进一步深入，汉语方言的分区还会有所变化。

四、言语人所在地区的识别

地域性言语识别的关键是选取言语人的地域性言语特征。地域言语特征主要表现为方言特征。方言特征分为方音特征、方言词语特征、方言语法特征。此外，从地区习俗字也可以识别言语人的所在地区。

（一）从方音特征识别言语人的所在地区

语音是语言的物质外壳。口头语言（口语）是以自然语音为其物质外壳的，我们可以直接通过说话人的语音进行分析鉴定，以判断说话人的部分身份特征（主要是其籍贯或生长地）。而在书面语言材料中，作为语言物质外壳的语音，已经由记录语音表达语言的符号体系——文字所替代，在客观上起着自然语音表达语言的功能。由于文化程度、方音影响等方面的原因，书面语的书写人常常会写一些自己认为同音的别字，这些同音别字就直接反映出书写人的方音特点，这就为我们通过对这些同音别字的分析来判断书写人的某些身份特征提供了条件。汉语的一个音节是由声、韵、调三个部分组成的，由方音关系形成的同音别字反映出来的方音特点，也不同程度地表现在一个音节的声、韵、调三个方面。

1. 从声母方面进行分析。

（1）全浊声母的有无。古汉语有一套全浊声母，如"并"母［b］、"定"母［d］、"群"母［g］等。在现代汉语普通话和大多数方言中，浊声母都已清化，演变成同发音部位的清声母，如"并"母［b］演变成"t""t'ʒ"；"定"母［d］演变成"p""p'"；"群"母［g］演变成"k""k'"。但是，在吴语和湘语的娄邵片，古全浊声母则比较完整地保留着。

（2）鼻音［n］与边音［l］的分混。据统计，相混的地区几乎占汉语区的一半。大部分地区的［n］、［l］只在开口呼和合口呼韵母前混读，小部分地区在开齐合撮四种呼韵母前都混读。如武汉话、成都话［l］混入［n］；重庆话、晋语、湘语、赣语［n］混入［l］；兰州话［n］、［l］自由变读。

（3）舌尖后音［tʂ］、［tʂ'］、［ʂ］与舌尖前音［ts］、［ts'］、［s］。东北官话（大部）、胶辽官话、西南官话、江淮官话、晋语、吴语、湘语、赣语、客家话等大都没有舌尖后音，混入舌尖前音。

（4）唇齿擦音［f］与舌根擦音［h］的分混。长江以北的大部分官话和吴语［f］与［h］声母大都分得清。但是，合口呼韵母［f］与［h］，在有些方言区相混。如长沙话"花"［hua］读成［fa］；平遥话"飞"［fei］读成［huei］；闽方言没有［f］声母。

（5）舌面音［tɕ］、［tɕ'］、［ɕ］分别读成舌根音［k］、［k'］、［x］。古汉语舌根音声母［k］、［k'］、［x］在今高元音［i］、［ü］的前面，在普通话和多数方言中分别演变成舌面音［tɕ］、［tɕ'］、［ɕ］。但在南方粤语、客家话、闽语等方言中，仍保留着古汉语舌根音［k］、［k'］、［x］的读法。在西南官话（湖北、贵州）、湘语、赣语中，也不同程度地保留着舌根音的读法。如武汉话、长沙话、南昌话："阶"［tɕie］读［kai］，"鞋"［ɕie］读［hai］。

（6）舌尖后音［tʂ］、［tʂ'］、［ʂ］与舌面音［tɕ］、［tɕ'］、［ɕ］互混。舌尖后音［tʂ］、［tʂ'］、［ʂ］分别读成舌面音［tɕ］、［tɕ'］、［ɕ］，同时合口呼韵母转为撮口呼韵母，如西南官话的武汉话、湘西的长沙话、赣语的南昌话、吴语的温州话等；［tʂ］、［tʂ'］、［ʂ］与［ʃ］相拼，声母分别读作［tɕ］、［tɕ'］、［ɕ］，同时韵母［ʃ］转为［i］，如冀鲁官话河北省的新河、衡水话；山东烟台等地区一部分［tʂ］、［tʂ'］、［ʂ］分别读成舌面音［tɕ］、［tɕ'］、［ɕ］；舌面音［tɕ］、［tɕ'］、［ɕ］读成［tʂ］、［tʂ'］、［ʂ］，如辽宁锦州和陕东南等地区。

（7）舌面音［tɕ］、［tɕ'］分别与舌尖中音［t］、［t'］互混。［tɕ］、［tɕ'］与［t］、［t'］互混的条件是齐齿呼前的声母。这一语音特点主要表现在中原官话的陕西省关中地区。

（8）分不分尖团音。舌面音声母［tɕ］、［tɕ'］、［ɕ］与齐齿呼、撮口呼相拼的音节叫团音；舌尖前音声母［ts］、［ts'］、［s］与齐齿呼、撮口呼韵母相拼的叫尖音。在普通话里，［tɕ］、［tɕ'］、［ɕ］能与齐齿呼、撮口呼韵母相拼，但［ts］、［ts'］、［s］不能与齐齿呼、撮口呼韵母相拼，只有团音，没有尖音，因此普通话不分尖团音。在有些方言中，既有团音，又有尖音，叫做分尖团音。据统计，分尖团音的大约占 20.3%，主要分布于北方官话河北省的北部（如石家庄），胶辽官话山东省的东部（如青岛），中原官话山东省与河南省的交界处（如菏泽、商丘），河南省的濮阳市、新乡市、周口市的部分县市，陕西省的中西部（如宝鸡）、陕南的清涧、延川，西南官话湖北省的大治、咸宁等地，广西壮族自治区北部的桂林、柳州，以及晋语太原市的娄烦。

（9）声母送气不送气的差别。因古全浊声母演变不同，形成了送气不送气的差别。古全浊声母的演变有四种情况：①古全浊声母清化，平声送气，仄声不送气，普通话和大多数方言均如此；②古全浊声母清化，无论平声仄声，一律读不送气音，如长沙话；③古全浊声母清化，无论平声仄声，一律读送气音，如梅县话、南昌话；④古全浊声母未清化，仍读浊音。如双峰话、苏州话。

（10）零声母的读音变化。一些方言的零声母读成［n］或［ŋ］：有些方言把［a］、［o］、［ɣ］开头的开口呼零声母读成了［n］声母，如天津话、承德话、朝阳话、锦州话、长春话、哈尔滨话；有些方言把开口呼零声母读成了［ŋ］声母，如济南话、西安话、武汉话、成都话、重庆话、贵州话、苏州话、长沙话、梅县话、广州话、福州话等。

（11）［ʐ］声母读音不同。普通话［ʐ］声母在方言中读音不一。北京话、承德话、朝阳话也读［ʐ］声母。其他方言读音差别很大，大致有以下几种情形：①多数字读［ʐ］母，如北京话官话、冀鲁官话（济南话）、中南官话（西安话）、兰银官话（兰州话）、湘语（长沙话）；②读零声母，如东北话（辽宁、吉林、黑龙江大部分地区）、胶辽官话（辽宁南部、山东东部）、西南官话（贵州）；③读［z］声母，如晋语（太原话）、西南官话（成都话）、吴语（苏州话）、湘语（长沙话）、闽语（潮州话）；④多数读［n］声母，如西南官话（武汉话）、吴语（苏州话、温州话）、赣语（南昌话）、客家话（梅县话）、闽语（福州话）；⑤读［l］声母，如江淮官话（扬州话）、赣语、闽语；⑥读［ŋ］声母，如湖南常德话。

2. 从韵母方面进行分析。现代汉语方言中韵母异同方面值得言语识别注意的有四个问题：①鼻音韵尾［-n］、［-ŋ］的分混；②撮口呼韵母的有无；③开、合呼的分混；④塞音韵尾的保留与消失。从这四个问题着手分析同音别字，也可以判断言语人所在地区的方音特征。

(1) 鼻音韵尾的分混。现代汉语普通话的鼻音尾只有［n］、［-ŋ］两种，这两种韵尾一共可以组成如下的七对韵母：

安——昂　　烟——央
弯——汪　　痕——恒
因——英　　温——翁
晕——雍

从总体上看，这七对鼻音韵尾只在北方方言的华北次方言的大部和西北次方言的一部分（陕南），以及粤方言、闽方言的闽南次方言等中有明显的对立。吴方言、湘方言、赣方言、客家方言、闽方言的闽东次方言，以及北方方言的西南次方言、江淮次方言、华北次方言的小部分，在不同范围内都存在着混读的现象。［-ν］、［-n］混读现象主要可以分为以下几种类型：

第一，后鼻音韵尾混入前鼻音韵尾，［iŋ］与［in］相混、［eŋ］与［en］相混。这种鼻音韵尾相混的地区最多，有兰银官话、西南官话、江淮官话、吴语、湘语、赣语、客家话，如兰州话、成都话、合肥话、苏州话、长沙话、南昌话、梅县话等。

第二，前鼻音韵尾混入后鼻音韵尾，［an］与［aŋ］相混、［ian］与［iaŋ］相混、［uan］与［uaŋ］相混。如晋语山西省的文水、平遥、孝义、长治等地，闽语潮州，甘肃河西走廊一带武威等。闽语潮州话［uan］与［uaŋ］仍有区别。

第三，前鼻音韵尾混入后鼻音韵尾，［in］与［iŋ］相混、［en］与［eŋ］相混。包括北方官话（天津）、江淮官话、晋语、吴语、闽语的部分地区。如天津话、南京话、太原话、扬州话、福州话等。

(2) 撮口呼韵母的有无。韵母中没有撮口呼的这一现象，主要出现在客家方言、闽南方言和北方方言区云南、贵州一带。这些地区的韵母只有［i］、［y］韵头而没有［u］韵头，普通话中属于撮口呼的韵母，或与齐齿呼韵合流（如昆明、贵阳、广东梅县），或与合口呼韵合流（如厦门），或分别转入其他各呼（如潮州）。

(3) 开、合呼的分混。在有些方言中，普通话舌尖中音、舌尖前音、舌尖后音三组声母与合口呼韵母相拼时，合口呼转为开口呼。如大连话、武汉话、成都话、长沙话、桂柳话、合肥话、苏州话等。普通话［n］、［l］与［ei］相拼，一些方言韵母由开口呼转为合口呼。如济南话、西安话、兰州话、成都话、重庆话、扬州话、太原话、南昌话、梅县话、阳江话、厦门话、福州话等。

(4) 塞音韵尾的保留与消失。古汉语有入声调，入声调以塞声辅音［-p］、［-t］、［-k］收尾，读急促短调。在现代汉语普通话和大多数方言中，入声消失，转入其他调类，塞声韵尾随之消失。但在一些方言中，保留入声调：①全部保留塞声韵尾，这些方言是粤语、客家话、闽南话；②部分保留塞声韵尾，如赣语南昌话；③塞声韵尾全部转为喉塞音韵尾［ʔ］，如江淮官话、晋语、吴语、闽语（福州）；④塞声韵尾消失，声调调值自成一类，仍称为入声调，但不读短调，如湘语、闽语（建瓯）、晋语（邯新片）、西南官话（四川的泸州、大邑一带，以及云南的曲靖、贵州的都匀等地）。

3. 从声调方面进行分析。汉语各方言的声调差别很大，最多的可达到 10 个，如广西博白；最少的只有 3 个，如河北的滦县、宁夏的银川等。北方方言区普遍为 4 个声调，南方各方言至少有 5 个，一般为七八个，最多达 10 个左右，如广西粤语玉林话、博白话共有 10 个调类。由于声调的调类不同，就会形成不同的调类范围内的同音字，从而体现出一定的方言差异，这样就为我们从声调方面分析言语人的方言特征提供了一定的依据。从声调入手来分析方言同音别字，可以从四个方面进行。

（1）分析入声与舒声。在整个现代汉语中，有无入声是北方方言与南方各方言的明显差别之一。在北方方言中，入声在总体上是消失的，除太原、大同、榆次、长治、呼和浩特、张家口、新乡等少数地区保留入声以外，其余地区的入声字都数量不等地分派入阴平、阳平、上声、去声之中；而南方的吴方言、湘方言、赣方言、客家方言、粤方言、闽方言都保留着古入声。通过分析入声字与舒声字（即平声、上声、去声）的混用与否，我们可以区分出北方方言与南方方言，也可以区分出北方方言中有入声的区域与没有入声的区域。

（2）分析上声与去声。普通话中的一部分上声字，在吴方言中读为阳去字，其中个别字在粤方言、闽方言以及客家话、湘方言中也读为阳去字，造成上声与阳去部分相混的现象。

（3）分析阴平和阳平。在汉语各方言中，古平声字基本上都根据其声母的清浊而分为阴平和阳平两类，例如：

衣 ≠ 移　　　天 ≠ 田　　　妈 ≠ 麻　　　烟 ≠ 盐

这四组字的前者都为阴平字，后者都为阳平字。但在汉语北方方言区的个别地方，仍保留着古平声的特点，平声不分为阴平和阳平，即仍然读为一个声调，例如：

衣 = 移　　　天 = 田　　　妈 = 麻　　　烟 = 盐

总的说来，北方方言中平声不分阴阳的现象主要涉及几个省区的部分地区。这些地区主要有：山西省的太原、曲阳、清徐、榆次、平遥、太谷、祁县、介休、交城、文水、汾阳、高平等 21 个县市，河北省的张家口、张北、宣化、阳原、井陉、平山、获鹿、磁县、丰南、滦县等 20 个县市。

（4）分析阴去和阳去。汉语方言除北方方言和客家方言以外，其余的都有阴去和阳去之分，即汉语普通话中读为去声的字，都因其声母的清浊而分为两类，这两类是有严格的区别的，如帝与弟、记与忌、蔽与敝、志与治等。这些字在北方方言和客家方言都读为去声，而其他方言都读为两类，前者为阴去，后者为阳去。因此，表现在案件语言材料中，我们就可以据此将北方方言、客家方言同其他方言区别开来。

（二）从方言词语特征识别言语人的所在地区

方言词语是方言的组成部分之一。方言都有一些不同于其他方言的特殊词语，从方言词语上可以识别言语人的所在地区。

汉语方言词语之间的差别是各种各样的，无论是南方还是北方，无论是南方各方言之间，还是北方方言内部，方言词语的差别都是明显存在的。从总体上看，汉语各方言之间的差别可以归纳为两种类型：义同形别的语词和形同义别的语词。

1. 从义同形别语词方面进行分析。所谓义同形别语词，指词义相同而词形不同的语词，即同一概念或事物在不同方言中用不同的词形形式来表现。义同形别是汉语方言词语差异最主要的表现形式之一，也是我们从方言词语识别言语人所在地区的重要依据之一。汉语方言义同形别的情况是各种各样的，概括起来，有以下几种。

（1）词义相同，词素颠倒或词素部分不同的语词。也就是说，与普通话相比，表达同样的概念或事物的构词成分是相同的，但在不同的方言中或利用的词素在构词形式上加以颠倒，或在共同词素的基础上有所改变、有所增删。这种情况可分为三种。

第一，词素相同，次序颠倒的语词。这类词的词素位置恰好同普通话相反，从而表现出强烈的方言色彩。例如：

（普通话）秋千——千秋（粤、闽、客家）

（普通话）客人——人客（粤、闽、客家）

（普通话）热闹——闹热（闽、客家、吴、成都）

（普通话）丸药——药丸（闽、粤）

（普通话）喜欢——欢喜（闽、粤）

（普通话）整齐——齐整（粤）

（普通话）灰尘——尘灰（客家）

（普通话）夜宵——宵夜（粤、衡阳）

（普通话）已经——经已（粤）

（普通话）拖鞋——鞋拖（闽）

（普通话）公马——马公（粤、闽）

（普通话）母马——马母（闽）
（普通话）公狗——狗公（粤、闽）
（普通话）母狗——狗母（闽）

第二，词素部分相同，部分不相同的语词。这类词与普通话的词语相比较，只有一部分词素相同，因而也具有明显的地域范围。这类语词的数量比词素次序颠倒的要多得多。例如：

（普通话）酱油——豉油（潮州、福州）、豆油（厦门、成都）、白油（广州）

（普通话）手绢儿——手巾（济南、昆明）、手巾仔（广州、厦门）、小手巾（合肥、长沙）、手捏子（扬州）、绢头（苏州）、手帕子（衡阳）

（普通话）家具——家生（苏州、温州）、家私（梅县、广州、厦门、福州）

（普通话）手套——手袜（广州）、手束（厦门）、手套子（衡阳）

（普通话）短裤——裤衩儿（北京、济南、沈阳）、摇裤（成都）、短摇裤（贵阳）、兜子裤（衡阳）、汗裤（昆明）、里裤（长沙）、裤头子（合肥、扬州）、裤头（南昌）、裤笼（福州）

（普通话）月亮——月娘（潮州、厦门）

（普通话）汽船——电船（粤、闽）、汽划子（成都）

（普通话）常常——时常（梅县、扬州、成都）、真常（厦门）

第三，附加成分有无及附加成分不同的语词。汉语词汇中的附加成分比较多，如子、儿、头、老、阿（亚）、仔、佬、依等。这些附加成分在不同的方言中使用的情况也大不相同。有的方言用在词根之前，有的用在词根之后；有的方言用其中的一种两种，有的方言可使用几种。各方言使用这些附加成分的不同，不仅与汉语普通话的语词有明显的差异，而且与其他方言也有较大的不同，从而表现出各方言语词的地方色彩。这种情况大约可以分为这样几种类型：

其一，普通话有附加成分而方言中没有的语词。例如：

（普通话）鸭子——鸭（吴、湘、客家、闽、粤）

（普通话）裙子——裙（闽、粤、客家）

（普通话）手指头——手指（西安、梅县、广州、福州）

（普通话）儿子——儿（成都、温州）

（普通话）椅子——椅（福州、厦门）

其二，普通话的附加成分与方言的附加成分不同的语词。例如：

（普通话）鼻子——鼻头（上海、苏州、温州）、鼻公（南昌、梅县）、鼻仔（厦门）

（普通话）筷子——筷儿（杭州）、筷头（绍兴）

（普通话）歌儿——歌仔（粤）

（普通话）铃儿——铃子（衡阳）

其三，普通话没有附加成分而方言有的。例如：

（普通话）妹妹——阿妹（上海、温州、潮州）、依妹（福州）、妹子（西安、苏州）、老妹（梅县、长沙）、妹儿（成都）、细妹（广州）

（普通话）爷爷——阿公（梅县、广州、潮州）、依公（福州）

（普通话）香烟——烟仔（广州）、薰仔（扬州）

（普通话）伯父——阿伯（梅县、广州、厦门）、依伯（福州）

（2）词义相同，词形完全不同的语词。这类语词与普通话相比，表达的概念或事物是相同的，但其词形却是完全不同的。这种情况比较复杂，主要有以下几种：

第一，创新。词汇是随着社会的发展而发展的。各方言区的人们在语言交际过程中对使用的语词不断有所创新，产生了一些与普通话或别的方言不同的特殊语词，其主要原因在于：

其一，各方言区的人们对某一事物的理解不完全一致，往往从不同的意义联系出发，运用不同的造词词素和不同的修辞方式，创造出一些与众不同的同义异形的语词来。例如：

（普通话）卷心菜——洋白菜（圆白菜）（北京、济南）、疙瘩白（沈阳、张家口）、莲花白（西安、成都、昆明）、包头菜（合肥）、包心菜（南昌、扬州）、球菜（温州）、包菜（长沙、梅县、福州）、椰菜（广州）、高丽菜（厦门）、大头菜（西宁）

（普通话）萤火虫——游火虫（苏州、上海）、夜火虫（南昌）、亮火虫（成都）、火兰虫（梅县）、火金姑（厦门）、火夜姑（潮州）、火萤虫（合肥）、火萤光光（温州）

其二，各方言区的自然地理条件不同，客观环境需要一些与之相适应的方言语词以供人们交际使用，这些方言语词带有鲜明的地方色彩，如反映南方亚热带地区冰雪不分的气候特色的语词：

（普通话）冰棍——雪条（广州、福州）、雪枝（梅县）、雪糕（南昌）、霜枝（厦门）

（普通话）冰淇淋——雪糕（广州、梅县、福州）、霜糕（厦门）

其三，由于心理上的忌讳，为避免同音而引起的不愉快，或不吉利的联想，于是便造出一些独具地方特色的避讳语词，例如：

（普通话）猪舌头——口条（北京、济南、扬州）、猪利子（成都）、猪赚头（无锡）、门枪（苏州）、猪口赚（温州）、招财（南昌）、猪利（广州）、猪利钱

（梅县）

（普通话）伞——遮（粤、闽、客家）

（普通话）醋——忌讳（河北）、甜子（四川奉节）

其四，来历不明的创新语词。这些语词主要流行在粤方言和闽方言中，或借用汉语同音字来表示，或创造新的方言字来表示，所以这些创新语词的地域特色极为浓厚，反映了本地区经济、文化方面的独特风貌，是进行言语识别值得注意的一种方言语词现象。例如：

粤方言（广州音）：

靓——漂亮、好看　　　野——东西　　　呃——哄骗

闽方言（厦门音）：

囝——儿子　　　剔桃——玩耍　　　的括——得意

没答甲（福州音）——没有一点希望

第二，继承。由于语言发展的不平衡性，以及社会、历史等多方面的原因，汉语各方言都不同程度地保留了一些古语词，或保留了一些古语词中现代汉语普通话已经不通行的用法。这样就形成了与普通话不同的具有各方言特点的义同形别语词。例如：

广州话	普通话	厦门话	普通话
睇	看	厝	房子
斟	叙谈	箸	筷子
企	站	鼎	铁锅
屐	木拖鞋	索	绳子

第三，借入。汉语各方言与外族语言接触的情况各不相同，东南沿海及东北边境的方言或多或少地吸收了一些外来词，这也是构成方言词汇特点的因素之一。通过对借入的外来语词的分析，也能为言语识别提供一定的依据。

2. 从形同义别语词方面进行分析。所谓形同义别，是指词形完全相同，但其表达的意义在普通话与方言之间或各方言之间却完全不同。这种语词也是汉语方言词汇差别的重要形式之一。在具体分析案件言语材料时，对这类词要特别加以注意，绝对不能把这类词当作笔误而忽略其表现出来的方言特点。因为这些词与普通话或其他方言中的词形完全一样，从词形上是看不出什么方言特点的。如"月光"这个词，在普通话和一些方言中的意义是由太阳的光照到月球上反射出来的光线，但在粤、闽、客家等方言中，"月光"指的却是月亮。词形尽管一样，但词义却大不一样了。形同义别语词的产生，主要是由于词义在社会发展过程中发生了变化，使原来的词形表达的意义或者扩大，或者缩小，或者转移。

（1）词义的扩大或缩小，即一些语词的意义在方言中有了扩大或缩小，或

者是在方言中意义广，在普通话中意义狭；或者是在方言中意义狭，在普通话中意义广。例如：

落：在吴方言里还兼指下雨（落雨）、下车（落车）、下面（落面），在厦门话中兼指下课（落课），在广州和福州也兼指下课（落堂）。

话：在普通话里是个名词，如说话、讲话、好话、坏话。在南昌、梅县、广州等地，"话"的词义有了扩大，不仅用作名词，而且还可用作动词"讲""说"等意义。

（2）词义的转移。一些语词，普通话和方言本来是共同的，但是经过变化以后，这些词的意义在方言中有了转化，形成了由于词义的转移而形成的方言语词。例如：

（普通话）故事——古（粤、闽、客家）
（普通话）干净——清爽（苏州）、伶俐（广东阳江）
（普通话）早饭——早起（厦门）、眠起（广东阳江）
（普通话）暖和——烧（梅县、潮州）、烧热（厦门）
（普通话）好看——乖（湖南、云南）
（普通话）茄子——紫菜（福州）
（普通话）水果——瓜子（广东阳江）
（普通话）木炭——火夫（厦门）

（三）从方言语法特征识别言语人的所在地区

方言语法的差别较之方音、方言词语的差别要小得多。官话与普通话及其内部语法大同小异，南方各大方言同普通话及官话的语法差异要大一些。方言语法特征分布地域比较宽泛，同一个特征往往分布在若干个方言区内。因此，依据方言语法特征，只能把言语人确定在一个大致的地区范围内。对于确定言语人是南方人还是北方人，作用则比较明显。

语法分为词法与句法。词法包括构词法和构形法。构词法是构造新词的规则，包括合成法和附加法，各方言基本一致。构形法是通过词的形态变化构造新词的方法，包括内部屈折法、重叠法、附加法（下文主要对后两种方法予以阐释）。句法是组词造句规则的综合，包括词组组合方式、词语在句中的位置顺序（语序）、句子的构成方式（句式）。

1. 方言词法特征。

（1）附加特征。附加是一种构形法，即在一个词根的前后添加某种附加成分，构成词形的变化，表示新的语法意义。附于词根前的称词头，附于词根后的称词尾。附加法各方言都有，但附加成分（词头、词尾）和所表示的语法意义不同。

第一，词头"阿"。普通话没有，官话里也少见，南方吴、闽、粤、客家等方言中则较普遍。"阿"的用法有三种：①用在称谓名词前构成亲属称呼，如"阿爸""阿妹"；②名字前表示亲切感情，如"阿英""阿毛"；③用在姓氏前表示亲切感情，如"阿黄""阿李"。值得注意的是，近年来由于文化的传播，"阿"的用法有日渐北上的趋势。

第二，词头"老"。普遍用于各方言中，原来不太使用的闽、粤方言也开始使用。"老"的用法有三种：①用于姓氏前，表示尊重，如"老张""老李"；②用于称谓名词前，构成亲属或排行称呼，如"老伯"、"老大"；③用于某些指人和动物名词前，构成名词，如"老师""老虎"。沈阳话、河北青龙话称排行最小的亲属可加"老"，如"老叔"（最小的叔叔），"老姑"（最小的姑姑），"老儿子"（最小的儿子）。客家梅县话将"妹妹"叫"老妹"。

第三，词尾"子"。各方言大都有，但使用范围、表现形式和作用不尽相同。普通话"子"尾是名词的标志，读轻声，如"桌子""椅子"。西南官话四川话、吴语、湘语、客家话（兴宁县石马话）"子"尾丰富，比普通话的范围大得多，例如，四川话的"树子""羊子"；上海话、苏州话、宁波话的"学生子""昨日子""礼拜日子"；长沙话的"老鼠子""星子"；石马话的"鸡子""秤子"。

第四，词尾"儿"。主要表现在普通话和官话中，南方各大方言（浙江吴语除外）大都缺乏"儿"尾。普通话"儿"尾不能自成音节，读轻声，带有小称和爱称的意味，如"灯儿""花儿""猫儿"。浙江吴语有"儿"尾，如杭州"凳儿"，温州"虾儿"，除读音不同外，还自成音节。

第五，词尾"们"。各方言使用范围不一，并有不少变体。普通话和官话"们"用于人称代词和指人名词之后，表示多数，如"我们""你们""他们""同志们""学生们"。官话少数地区"们"可以用在其他名词之后，如兰州话"肉们"、"书们"，河北藁城话"树们""衣服们"。南方各大方言（湘语除外）没有"们"尾，有相当于"们"尾的其他词尾。例如，吴语苏州话的"笃"："你笃"（你们）、"俚笃"（他们）；吴语无锡话的"俚"："我俚"（我们）、"你俚"（你们）、"他俚"（他们）；吴语常州话的"家"："我家"（我们）、"你家"（你们）、"他家"（他们）；吴语丹阳话的"己"："我己"（我们）、"你己"（你们）、"他己"（他们）。但近年来发生了变化，都有逐渐向普通话"们"靠拢的趋势。

（2）重叠特征。重叠是一种构形法。各类词重叠后表示某种附加的词汇意义或语法意义。汉语方言的重叠方式和重叠后所表示的意义有所区别。

第一，名词重叠。普通话重叠采用"AA"式。如表示逐指："天天"（每一天）、"人人"（每一个人）；构成亲属称谓："爷爷""爸爸""姐姐""妹妹"。官话内部有"AA"式，但存在一定差别。西南官话普通名词重叠比较多，如成都话普通名词重叠表示爱称或小称："瓶瓶""盒盒"，而普通话和大多数官话则用"儿化"手段表示，说成"瓶儿""盒儿"。中原官话西安话名词重叠一方面表示另外的词汇意义，如"水"——"水水"（醋）；另一方面又具有修饰名词或充当谓语的功能，如"盒盒粉"（用盒子装的粉），"这菜水水的"（水灵灵的）。兰银官话兰州话名词重叠后加"子"或"儿"，用来表示小称，如"虫虫子"（小虫）、"院院儿"（小院）。南方粤、闽、客家等方言名词没有"AA"式重叠方式，而采用别的语法手段。

第二，序数词重叠。普通话序数词"第"不能重叠，北方官话的山东淄博话"第"可以重叠。重叠后附加在时间词和动量词前面，表示"每一"。例如："第第天看电影"（每天都看电影）、"第第回不交作业"（每回都不交作业）、"第第年闹旱灾"（每年都闹旱灾）。

第三，量词重叠。普通话量词重叠是"AA"式，表示"每一"，如"回回"（每一回）。吴语则有不同。闽语温州话量词重叠有"A加A"式，表示"每一"，如"回加回"（每一回）。吴语安徽当涂话量词重叠有"AAA"式，表示"每一"，如"件件件"（每一件）。

第四，形容词重叠。普通话形容词重叠有三种方式：单音重叠"AA（的）"式，如"大大的"；单音后加重叠"A××"式，如"亮晶晶"；双音重叠"AABB"式，如"干干净净"。重叠后都表示形容程度的加强。各方言重叠方式和表示的语法意义都超出了普通话已有的范围。闽语厦门话、粤语阳江话、广西平南白话单音重叠有"AAA"式，重叠后起到进一步增强形容程度的作用。例如，厦门话"红红红"（极红）、"肥肥肥"（最肥）；阳江话"那件衫洗得白白白"（那件衣服洗得很白很白）；平南话"咸咸咸"（极咸）、"矮矮矮"（极矮）；等等。江淮官话江苏淮阴话和闽语长汀话有"AAAA"式，表示程度的提高，是形容词的最高级。例如，淮阴话"几个人吃得光光光光的，连汤都喝得了"；长汀话"地下酱酱酱酱"（地上烂泥非常多，道路泥泞）。单音后加重叠"A××"式在各方言普通存在，不同的是有些方言有一种前加重叠"××A"式，比"A××"式的形容程度更高，表示达到了极点。例如，吴语绍兴话"焦焦黄"；吴语杭州话"冰冰冷"；徽语歙县话"雪雪白"。双音节形容词重叠"AABB"式在某些方言中缩减为"ABB"式或"AAB"式。如闽语莆田话"高兴兴""认认真"及河南洛阳话和山东安丘话"牢实实"。

第五，动词重叠。单音重叠各方言大都有"AA"式，重叠后一般表示动作的短暂或尝试，如"我去去就来"。但在有的方言中表示不同的语法意义。例如，吴语浙江永康话"信寄寄就来"中的"寄寄"表示动作的完成，"地扫扫干净"中的"扫扫"表示强调；吴语浙江武义话"侬食食哪"中的"食食"构成是非问句，即"吃不吃"；粤语阳江话"树叶飞飞下来"中的"飞飞"表示动作的连续，即"一片又一片"。普通话单音动词重叠加"看"字，表示"尝试一下"，如"说说看""吃吃看"。在一些方言中，"看"字有许多变体，同样表示"试一下"的意思。例如，吴语浙江永康、武义、宣平等地的"望"（写写望，即写写看），吴语浙江三门话的"相"（忖忖相，即想想看），吴语浙江平阳话的"胎"（吃吃胎，即吃吃看），吴语浙江兰溪、义乌的"亲"（望望亲，即看看看），吴语浙江黄岩话的"起"（想想起，即想想看），等等。上海和浙江吴语单音节重叠有"AA+形容词"式，其中形容词是动词的补语，构成动补结构，普通话和官话则没有，如"压压扁"（压扁）、"烧烧烂"（烧烂）、"吹吹干"（吹干）、"敲敲碎"（敲碎）、"摆摆平"（摆平）、"缚缚紧"（绑紧）等。粤语广州话、吴语上海话、新疆乌鲁木齐话有一种特殊"AA×"式，如，广州话"搞搞震"（"震"只起衬托作用）、上海话"晒晒伊"（"伊"表示祈使或命令语气）、乌鲁木齐话"看看啥"（"啥"表示祈使语气）。双音节动词重叠"ABAB"式，普通话和方言都有，表示动作的短暂或尝试，如"讨论讨论""商量商量"。在闽语的部分地区有一种不完全重叠的"AAB"式，如莆田话"佩佩服"（很佩服）、"商商量"（商量一下）。助动词在普通话和官话中不能重叠，但在粤语、闽语中却有"AA"重叠式，表示强调的意思，如闽语莆田话"能能做事"（很能做事）"敢敢说话"（很敢说话）。

2. 方言句法特征。

（1）语序特征。语序，是指词语在句子中的位置。汉语的语序是固定的，各方言的语序大同小异，主要差别有：

第一，状语后置。在普通话和官话中，状语在中心词前，如"多喝两杯""再买点东西""这衣服很漂亮"。但在粤语、闽语、客家话、徽语等方言中，存在状语后置现象。例如，粤语广州话"饮多两杯"（多喝两杯）、"我行先"（我先走），闽语潮州话"食加半碗"（多吃半碗）、"这幅画雅死"（这幅画很漂亮），客家话"着多一件"（多穿一件），徽语歙县话"打点水添"（再打点水）。

第二，补语后置。普通话和官话中表可能的补语在宾语前，如"我打不过他"。而吴语、粤语、闽语、客家话等方言中表可能的补语在宾语之后，例如，吴语苏州话"我讲伊勿过"（我讲不过他）、粤语广州话"我打佢唔过"（我打不过他）、闽语潮州话"我佢伊不过"（我说不过他）、客家梅县话"侄打佢唔过"（我打不过他）。

第三，宾语前置。普通话官话句中有双宾语，都是指人宾语在前，指物宾语在后，如"给他一本书"。但在吴语、粤语、客家话方言中，指物宾语在指人宾语之前，如，吴语浙江金华话"分支笔佢"（给他一支笔）、粤语广州话"畀张报纸我"（给我一张报纸）、客家梅县话"分一支笔亻厓"（给我一支笔）。

（2）句式特征。句式是指句子的结构方式。方言与普通话句式的主要差别是：

第一，比较句不同。对于比较句相等式，各方言基本一致，差别主要表现在不等式上。普通话比较句不等式结构式是"甲+比+乙+性状词"，如"我比他高"。粤语、闽语、客家话等方言结构方式有不同。例如，粤语结构方式为"甲+性状词+过+乙"，如"坐火车快过坐单车"（坐火车比坐单车快）；闽语厦门话结构方式为"甲+较+性状词+乙"，如"伊较高我"（他比我高）；闽语福州话结构方式为"甲+性状词+乙"，如"伊高我"（他比我高）；客家梅县话结构方式为"甲+比+乙+过+性状词"，如"佢比亻厓过高"（他比我高）。

第二，被动句不同。表现为表示被动的介词和句式的差别。普通话和大多数官话表示被动的介词有"被""给""叫""让"。例如，"敌人被打退了"（普通话），"茶杯给你摜得了"（茶杯被你摔碎了，江淮官话淮阴话），"老鼠叫猫吃啊"（老鼠被猫吃啊，中原官话洛阳话）。粤语广州话用"畀"，如"佢畀狗咬亲"（他被狗咬了）；闽语厦门话用"互"，如"伊互人拍了一下"（他被人打了一下）；客家梅县话用"分"，入"亻厓分佢打□[e]一拳"（我被他打了一拳）；吴语上海话用"拨"，如"我拨伊嘞"（我被他打了）；西南官话武汉话用"把"，如"他把狗咬了一口"（他被狗咬了一口）。句式的差别主要是表示被动介词的后边是否一定要引进主动者，普通话和官话被动句可引进也可不引进，不管引进与否，句子都成立。而浙江吴语、闽语潮州话、客家话一定要引进，否则句子就不成立。例如，"茶杯被打碎了"和"茶杯被他打碎了"，在普通话中都成立，只是强调的重点不同。而"茶杯乞伊拍碎了"（茶杯被他打碎了，闽语潮州话），"茶杯拨伊敲碎了"（茶杯被他打碎了，浙江吴语上虞话），"茶杯分佢打破□[e]"（茶杯被他打碎了，客家梅县话），三句话中引进的主动者"伊""佢"不能少，否则句子不成立。

第三，处置句不同。处置句即把字句，其不同表现为表处置的介词和句式的差别。普通话表示处置的介词是"把"，如"我们把敌人打败了"，"把"字把宾语"敌人"提到动词"打败"之前。中原官话河南洛阳话、江苏宿迁话用"给"，如"猫给老鼠吃了"（猫把老鼠吃了，洛阳话），"你给本子递给我"（你把本子递给我，宿迁话）。青海方言处置句既可用"把"，也可用"哈"，"把"置于宾语前，"哈"置于宾语后，如"我把开水喝了""我开水哈喝了"。吴语上海话用"拿"字提前宾语，表示处置，如"拿枕头摆摆好，帐子挂挂好"（把枕头摆好，把帐子挂好）；也可不用介词，直接把受事放在动词前表示处置意义，如"台子揩揩伊"（把台子擦擦，"伊"复指提前的宾语，也可以省略）。客家梅县话"把"字句中"把"字可与"将"字连用，如"佢将把这件事话佢知"（他把这件事告诉他）。闽南厦门话多用"将"，如"将桌子搬走"（把桌子搬走）；也有用"共"的，如"你共人拍一下"（你把人家打了一下）。闽南潮州话用"甲"，可以把宾语提到句子的最前面，如"本书甲伊收起"（把这本书收起来，"甲"后用一个复指宾语"伊"）。

第四，疑问句不同。普通话和官话的疑问句有三种形式：①用升调表示，如"你是工人？"②用语气词表示，如"你是工人吗？"③用谓语肯定否定相叠表示，如"你是不是工人？"南方各大方言多用第三种形式，但句子结构另有特点。粤语把宾语提到肯定否定词的中间，如"你去学校不去？"闽语、吴语的形式比较简单，只在句末加否定副词，如"你去看电影无？"（你去看电影吗？海南闽语）、"你要看戏伐？"（你看不看戏？上海话）

（四）从地区习俗字识别言语人的所在地区

地区习俗字是指流行于某一地域的不规范汉字，这些汉字与所流行区域的方言、历史、地理以及社会习俗都有着一定的联系。由于地区习俗字有比较明确的流行范围，因此对于我们识别言语人的所在地区有很大帮助。地区习俗字可分为三种类型。

1. 方音习俗字。方音习俗字指该字的声符部分与当地方音相同或相近的习俗字。例如，"西"（狮）字流行于福建、广东一带。厦门北面的晋江县有一城镇叫石狮，远近有名，闽南话"西""狮"语音完全相同。不仅如此，"西"比"狮"笔画少得多（指与"狮"的繁体字相比），因此在石狮镇就将"狮"定成了"西"，成为方音习俗字；由于互相交际的原因，在福州、厦门等地都广泛地加以使用。又如"砖"（砖）字，流行于上海地区，因为在上海话中，"占"与"专"声母、韵母完全相同，只是声调不同。方音习俗字可分为音同和音近两种类型。

（1）与方音相同的习俗字，例如：

冬（墩）见于兰州，"冬"与"墩"在兰州话中读音相同。

用（运）见于山西，"用"与"运"在太原话中读音相同。

中（遵）见于山西，"中"与"遵"在太原话中读音相同。

汐（溪）见于沈阳，"汐"与"溪"在沈阳话中读音相同。

尺（磁）见于重庆，"尺"与"磁"在重庆话中读音相同。

丈（藏）见于成都，"丈"与"藏"在成都话中读音相同。

上（藏）见于上海、浙江天台、湖北公安等地，"上"与"藏"在上海话中读音相同。

（2）与方音相近的习俗字，例如：

太（摊）见于上海、杭州等地，"太"与"摊"在上海话中声母、韵母相同，声调不同。

本（搬）见于广州，"本"与"搬"在广州话中声母、韵母相同，声调不同。

苻（蔬）见于兰州，"苻"与"蔬"在兰州话中声母、韵母相同，声调不同。

先（膳）见于南通，"先"与"膳"在南通话中声母、韵母相同，声调不同。

2. 地名习俗字。不少地区都有一些用来表示当地地名的习俗字，这些字大体上都是被当地人从简化、同音代替等角度将当地规范的地名用字改变为地名习俗字。

3. 外来汉字。历史上汉语和汉字对一些国家影响较大，如日本、朝鲜、韩国以及东南亚等。外来汉字是从汉字文化圈，即日本及东南亚地区输入到我国的汉字。外来汉字与我国现在通行的汉字大同小异，主要流行于东北地区和华南沿海地区。流行于东北地区的是日本当用汉字，流行于华南沿海地区的是东南亚汉字。例如，南部和东南沿海省市流行的东南亚国家使用的汉字：唛（商标、牌）、咭（卡）、呔（胎）等。

【任务实施】

一、任务目的

通过本任务的实施，使学员熟悉国际音标的发音和书写，掌握一些特定性、规律性较强的方音特征，熟悉方音识别的途径和方法，能总结分析言语的方音特征、方言词汇特征、方言语法特征等，根据特殊性较强的言语特征的综合动态分析，比较正确地将言语人所在地区、籍贯确定在一个明确的范围内。

二、任务设备与材料

1. 有关方言的工具书，如《汉语方音字汇》《现代汉语方言音库》《现代汉语方言大词典》《方言》等。

2. 言语人口语录音及多媒体设备。

3. 言语人书面语语料：

粉灭了美丽中国庄园／搞粉了国民的一切／不粉灭，也必损坏／致使整个社会迷失忠诚、正直／万万条生命送失于他手中／高低责位、责位相争／实则是利用责权照顾自己的家境和子女的责位／在平等的前持下／政策是否提续／造成饥方、流病、大脚筒、死亡／追得人们立足不安／发动来战／不顾人民的死活／正义无处伸将／产品成本高，销量少，责压多/不懂专懂/道德和正义基本无存在/平等是无可能的/不能将他怎样/将民族兄弟分出三大派/门市售货员又超过了超过/加上营业税、税务税、地脚税……/农用工具已有限，如拖拉机、汽车、耙斗、板车及其他，已刷一部分人承包/只有三年勿税。

4. 记录纸、《方言特征分析表》（见表13-1-1）、《实验报告》（见表13-1-2）。

表13-1-1　方言特征分析表

方言点 \ 方言特征 例字/词/句									

说明：①表格行、列数可随意增加；②在符合方言点特征的方格内打"√"，"√"越多的方言点越接近作案人的方言，据此，可进一步判断作案人所在地区、籍贯。

表 13-1-2　实验报告

言语识别种类		地域性言语识别
方音识别	声母特征	
	韵母特征	
	声调特征	
方言词语特征		
方言语法特征		
其他特征		
综合识别与鉴定		

三、任务指导

1. 实施任务时学员每 4 人为一组认真进行。

2. 任务实施以方音特征分析为主，以语法特征和词汇特征为辅。

3. 主要通过方音别字和不规范的形声简化字识别方音，主要通过一些特定的词法、句法和词汇等，识别方言词汇和方言语法。

4. 语料分析的同时应在记录纸上认真做好记录。

5. 任务实施前应认真复习相关知识，重点复习汉语方言及方言的分区，各方言区明显的规律性的方音特征、方言词汇的种类及构成方式、方言语法特征等。

四、任务组织

1. 认真听某言语人口语语料数遍，在记录纸上记下具有方音特点的字并用国际音标注音。

2. 仔细分析某言语人书面语语料，在记录纸上记下方音别字、不规范的形声简化字、特有的句式、特殊的词语等。

3. 汇总各类特征并填写《方言特征分析表》，综合分析言语人所在地区、籍贯。

4. 将综合分析的结果予以归纳并记录在《实验报告》上。

五、评分标准

成绩评定主要结合任务操作的认真程度、操作的规范程度、《方言特征对比表》的完成质量和《实验报告》的完成情况等进行综合评定。

六、操作注意事项

1. 任务实施前一定要熟悉方言的分区及各方言区的主要语音特征和有规律的词汇与语法特征。

2. 地域性言语特征有的分布地域较窄，特殊性较强，但大多数言语特征都带有一定的普遍性。根据某个或某些特殊性较强的特征，很难把言语人的所在地区、籍贯确定在一个比较准确的范围内。因此，只有根据言语特征的总和表现出的总体特殊性，才能准确地判断言语人的所在地区、籍贯。

3. 受普通话或其他方言的影响，言语人的言语特征往往会发生某些变化，在这种情况下应从实际情况出发，对言语特征进行动态分析，合理解释差异点，最后作出相应的结论。

4. 作案人为了转移视线，逃避打击，往往故意进行言语伪装。一般地说，方言词变动性较大，较易伪装；方音的稳定性强，不易伪装，有意伪装反而容易暴露言语人本来的方音特征。应能结合案件的具体情况进行分析，透过现象看本质，去伪存真，从中找出本质的言语特征，并依此确定言语人的所在地区或籍贯。

5. 利用语言（文字）犯罪案件中言语材料的分析应结合案情和物证进行综合分析，可以起到印证结论补充证据的作用，有利于发现犯罪嫌疑人及揭露犯罪事实真相。

【技能测试】

1. 分析下列句子的方音特征，并判断言语人所在地区、籍贯：

（1）问题终于改决了。

（2）穿一双皮孩。

（3）破虎沉舟，大干一场。

（4）如果敢于痛改前悔……

（5）不要以为我的钉神不好。

（6）高贵的人都有生活的乐处。

（7）不可有因何幻想。

（8）我们要遵守纪力，争启提前完成任务。

（9）义不容辞之质任。

（10）有一个戴眼金的人。

2. 分析下列句子的方言词语特征，并判断言语人所在地区、籍贯：

（1）我们认识后的第二天晨早，我就告诉他，我哋三兄弟，只有一个千金。

（2）买点肉嘛的。

（3）三日两头到我这来。

（4）就是那个姓吴的，小名叫汉娃。

（5）同事说的话，我要记死。

3. 分析下列句子的语法特征，并判断言语人所在地区、籍贯：

(1) 虎骨酒已买到，请你转去阿爷。
(2) 真他妈的不是玩叶儿。
(3) 坐监好过在农村。
(4) 俚拿倪吓仔一跳。
(5) 回去知不道走哪个路么？

任务二　时代性言语识别

【知识点】
1. 时代性言语识别的内容、目的。
2. 时代性言语识别的根据。
3. 言语人年龄的识别。

【技能点】
言语人年龄的识别。

【任务导入】
语言是社会最重要的交际工具，随着社会的发展变化而发展变化。随着时间的推移和社会的发展变化，语言不断发生时间变异，产生时间的变体，从而形成不同时代的语言。例如，"黑五类""保皇派""革委会""三忠于四无限"是"文化大革命"期间的词语，"拨乱反正、对内搞活、对外开放"是改革开放后的词语，"BB、MM、PK、（— _ —）、520"是近年来的网络词语。这些言语的总体特征，为推断言语人的大致年龄提供了客观依据。

【相关知识】

一、时代性言语识别概述

体现时代性特点的言语，我们称之为时代性言语。时代性言语特点主要表现在语言要素（语音、词汇、语法）、文字、言语内容三个方面。时代性言语识别的内容包括语言要素的识别、文字的识别以及言语内容的识别。时代性言语识别的目的是判断作案人的大致年龄，为侦查破案提供范围。

二、时代性言语识别的根据

语言、文字、言语内容的时代性为时代性言语识别提供了根据。从根本上说，语言文字的时代性是由语言的时间变异决定的。

（一）语言的时代性

汉语从古至今分为古代汉语（上古汉语、中古汉语）、近代汉语、现代汉语，就是汉语时间变异的突出体现。不同时代汉语的语言要素具有基本的一致性，但是也存在许多明显的差别性。古代汉语同现代汉语相比较，二者在语音、词汇、语法各个方面都存在显著的差别，即使同一时代同一历史时期的汉语，由于社会政治、经济、文化及生活各方面的急剧变化，语言也会发生变动，形成程度不同的差别。例如，新中国成立初期、"文化大革命"时期、改革开放以后等历史时期，社会发生激烈的变动，汉语随之发生了很大的变化，产生了大量具有鲜明时代特色的新词语，就是一个明显的例证。人生在世，每个人都处在一个特定的时代并经历若干个不同的历史时期，受语言时间变异的影响，每个人的言语习惯必然打上其所经历的那个特定历史时期语言的烙印，从而在言语交际中表现出其所经历的那一段历史时期的语言特点。不同年龄段（群体）的人，经历的历史时期不同，在言语交际中必然表现出不同历史时期的言语特点，从而为通过时代性的言语识别判断言语人的大致年龄提供了语言方面的根据。

（二）文字的时代性

文字作为书面语言的符号系统，与语言一样，也是随着社会的发展变化而发展变化的。随着时间的推移和社会的发展变化，文字不断发生时间变异，产生时间的变体，形成具有时代性特点的文字。从古至今，汉字形体的演变（甲骨文—篆书—隶书—楷书—行书—草书等）就是这种变异的集中表现。汉字是人们约定俗成的记录汉语的符号，是形、音、义的统一体。为了方便社会交际，克服文字自身发展中和人们使用中的混乱现象，遵循删繁就简的原则，每个国家或民族都要不断地对文字进行规范和改革。新中国成立以后，我国政府顺应文字的发展规律，实行了简化汉字、整理异体字、确立印刷标准字形等一系列文字改革措施，汉字发生了很大的变动。每一次汉字变动都有具体的实施日期，具有很强的时间规定性，因而对不同年代接受基础教育的人的书写习惯有着不同程度的影响。

文字的各项变动对经历不同历史时期、不同年龄段的人的书写习惯必然会产生一定的影响。例如，1964年全面推行简化字以后上小学的人一般不会写繁体字，1955年整理异体字以后上小学的人一般不会写异体字，1965年推行《印刷通用汉字字形表》以后上小学的人一般不会写旧字形字，等等。而在这些文字变动以前接受基础教育的人，书写习惯的稳定性决定了他们能够不同程度地写出一些繁体字、异体字、旧字形字。

因此，受文字时代性的影响，不同年龄群体（段）的人在书面言语交际中，必然表现出不同的文字特征，从而为通过时代性言语识别判断言语人的大致年龄提供了文字方面的根据。

（三）言语内容的时代性

言语内容的时代性是指言语人表述内容的时代性特点。

1. 言语内容的时代特点。每个人都生活在一个特定的历史时期，不同历史时期的社会形态、内容不同，不同年龄群体（段）的人经历的历史时期不同，言语交际必然表现出不同的言语内容。

2. 意识观念的时代特点。意识观念的时代特点表现在两个方面：一方面，不同年龄的人经历的历史时期不同，每个人的意识观念必然打上时代的烙印，所谓的"代沟"，就是指不同年代的人意识观念不同；另一方面，意识观念是伴随着一个人年龄的增长在社会实践中逐渐形成的，言语内容反映出的意识观念是幼稚还是成熟，是简单还是复杂，与一个人的年龄有密切关系。

3. 心理的时代特点。心理要素是伴随年龄的增长在社会实践中逐渐成熟起来的，不同年龄群体（段）的人的心理特点存在着差异。

综上所述，语言、文字、言语内容的时代性决定了不同年龄群体（段）人言语的差别、文字的差别、言语内容的差别。这些差别的总和构成了不同年龄群体（段）人言语的总体特殊性，从而为通过时代性言语识别推断言语人的大致年龄提供了客观根据。

三、言语人年龄的识别

在公安、司法工作中的分析案情阶段，经常要涉及对犯罪嫌疑人年龄的分析，判断犯罪嫌疑人大致的年龄段。根据工作实践，对言语人年龄情况的识别，通常可以把年龄分为四个阶段：少年（12～17岁）、青年（18～34岁）、中年（35～50岁）、老年（50岁以上）。

（一）识别年龄的几个途径

1. 繁简字的比例。繁简字的比例对判断言语人的年龄很有帮助。对此，我们应了解我国繁简字更替的年代。我国文改会一共公布了两批简化字。第一批简化字分四次公布，即1956年2月1日、1956年6月1日、1958年5月15日、1959年7月15日共四次。1964年文改会、文化部、教育部发出通知，将四批简化字汇集为简化字总表。这样从时间上就大致可以分为三阶段：1956年以前、1956年～1964年、1964年以后。

第一阶段的年龄。按1956年以前的在校学习的学生的最小年龄计算，至今已经70岁以上，其在校期间学习的都为没有简化过的繁体字。这批人中使用繁体字的比例最大。

第二阶段的年龄。按1956年～1964年期间在校学习的学生的最小年龄计算，至今已经60岁以上。这批人正处在繁简体字交替的时期，其中不少人接触过繁体字，故其使用繁体字占有一定的比例。

第三阶段的年龄。按1964年以后在校学习的学生最大年龄计算，应在60岁以下。这个阶段正是全面推行简化字的时期，故其主要使用简化字。

当然，这只是一个大致的分界，而实际的情况是很复杂的。比如有的犯罪嫌疑人平时根本不写繁体字，但为了伪装，打开字典照着写，尽管写出了繁体字，但由于不是平时的书写习惯，造成字体的结构与搭配很不协调，字体往往偏大、松散，笔画多的字尤其如此。如果我们经过对照分析，这类繁简字体的伪装是不难识别的。

2. 字体的正草程度。字体的正草程度，一方面反映了个人的书写习惯，另一方面也能反映出年龄上的层次。一般来说，青少年的字形不太定型，胡写乱画，潦潦草草，没有规律。有些则是纯学生体，一笔一画，规规矩矩，工工整整。而成年人的字体都比较定型，虽然草却比较工整，有一定的规律。年龄较大有书写毛笔字经历的人，尽管是使用钢笔书写，仍能表现出毛笔字的书写风格。

3. 使用语词的新旧程度。青少年一般使用现在流行的新语词、新说法，个别青年人为了伪装，翻检词典寻找使用旧语词，但一般会使人明显感到其前后语词在风格上极不协调。有些则是似懂非懂，胡乱拼凑。而中老年人，特别是老年人，多用一些一般人不常使用的旧语词。

4. 文言语词的掌握程度。青年人有时也在案件语言材料中使用一些文言语词，但由于没有受过这方面的系统教育，因而显得极为生硬，甚至不伦不类。老年人一般有阅读过古代典籍的经历，故运用文言语词一般都比较通顺恰当。

5. 语气的大小程度。青少年（特别是少年）由于经历少，思想极不成熟，显得十分幼稚，所以一般说话的口气很大，爱发议论，提看法，有时显得十分狂妄。而中老年经历多，比较世故，因此，其发表意见一般都比较委婉含蓄，不露锋芒，口气也不嚣张。

6. 标点符号的掌握程度。一般说来，中青年大都全使用现行的各种标点符号。年龄偏小的人（一般为少年）大都是一逗到底，或一顿到底，使用得很不正确。年老的人一般则没有使用现行标点符号的习惯，有的人受旧式标点的影响，只使用一种符号，并且一用到底。

（二）年龄推算公式

$Y = X - 1964 \pm 7$

上式中，设基本年龄为 Y，发案年份为 X。

四、不同年龄阶段的言语文字特点

（一）少年阶段的言语文字特点

一般说来，少年的思想单纯，想法幼稚，分辨是非的能力很低，极容易上当受骗、被唆使利用而作案。同时，由于他们正处在接受启蒙教育，开始学习文化知识的阶段，世界观还没有形成，所以这类人作案，无论在内容方面还是在手段上，都显得比较简单幼稚。

在言语文字上该类人有如下特点：①大都使用比较规范的简化字，但常用字中的错别字比较多；②运用书面语言的能力很低，常常表现出语句不通顺，表意不完整，词义褒贬不分的毛病，尽管多用目前流行的口语，但表达得很不准确；③说话口气极大，常常不着边际；④一般没有什么伪装，即使有伪装，其程度也都很小，并且极容易识破；⑤文字书写水平很低，字迹潦草，没有规律，或纯学生体，篇幅布局零乱，不注意行款格式，标点符号使用混乱。

（二）青年阶段的言语文字特点

青年人大都思想比较单纯，缺少社会经验，逞能好胜，侥幸心强，敢于冒险，往往不考虑后果怎样。青年人作案的范围比较大，数量比较多，每次作案之间的间隔也比较小，甚至冒险结成团伙作案，故其作案所占的比例也比较大。

在言语文字方面，青年人作案常常表现出以下特点：①青年人大多数都受到学校的正规教育，绝大多数都使用比较规范的简化字；在年龄偏大的那批人中，带有个别的繁体字。但有时为了伪装自己的年龄，常常在繁体字的使用上下功夫。一般说来，习惯性的繁体字，只要是同一个字，前后大都是一致的。如果出现不一致，那就说明有伪装的可能。青年人中的繁体字比例，在同龄人中，农村比城市的要大一些。②语言轻浮，追求华丽的词藻，喜欢修饰卖弄，表露自己的才华，故在其书面语言中常常出现诗文并用的情况，其结果是不伦不类，明显地表现出爱慕虚荣的心理状态。③书信中的口语成分较重，以当前通行的语词为主，有时还夹杂一些方言土语，农村青年尤为突出。一般少用旧语词和文言语词。④书信中数词的写法经常以阿拉伯数字为主，有时与中文数字两者并用。这符合青年人的习惯，书写起来方便。⑤口气嚣张，有的毫不掩饰其活动的反动性，这是青年人胆大妄为、敢于冒险特点的具体表现。有的则语言粗俗，甚至随便辱骂他人。⑥有的青年作案时有伪装，但由于其经历少，不太成熟。故其伪装的手段也比较简单，常常把地址、姓名编插在文句中。如果我们对当地的地名、街道名称、村落名称比较熟悉，常常可以破译出来查到犯罪嫌疑人。⑦大都会使用现行的标点符号，但有的使用得不太准确，或逗号、句号混用，或一逗到底，或该用的地方没有用。

（三）中年阶段的言语文字特点

中年人作案占有一定的数量。由于他们的阅历深，社会经验丰富，有历次政治运动的经验教训，因而考虑问题比较复杂，善于伪装，甚至披着各种堂而皇之的外衣，剽窃马列主义的词句，摆出一幅"替天行道""为民请命"的面孔，或借古讽今，或造谣惑众，以达到破坏、捣乱的目的。

中年阶段的言语文字有如下特点：①中年人在校学习期间，或在推行简化字之前，或正在推行期间，掌握了一定数量的繁体字，故在其书面材料中繁体字或异体字都占有一定的比例；②有的中年人能使用一些文言语词或者引用一些古文；③语气不像青年人那样直截了当，而是委婉、含蓄、客套、虚伪；④经常在明写部分流露出生病、思念子女、儿女婚姻、升学就业等方面的内容，与青少年有很大的不同；⑤书写时比较注意行款格式，署名、称呼比较符合规范，大都能使用现行的标点符号，有的还具有毛笔字的书写基础，或会隶书、行书、草书；⑥伪装最为严重，由于中年人有丰富的社会经验，为了逃避打击，常常采用各种手段进行伪装。

（四）老年阶段的言语文字特点

老年人身体日趋衰弱，行动不便，感官能力下降，思维逐渐迟钝，头脑也日益僵化。在实际侦查工作中，老年人作案所占的比重不太大，但也有一些。

老年阶段的语言文字特点比较明显，主要有：①由于老年人受教育的时期都未推行简化字，故大多数以繁体字为主，不常见的异体字也时有出现；②大都习惯使用文言文或半文言半白话，或者大量使用旧语词，喜爱引用古文。有的对当前通行的一些语词不太熟悉，甚至出现一些不伦不类的语句；③大都不习惯使用现行的标点符号，有的断句全用逗号或全用圆圈，有的甚至根本不用；④各种套话较多，但语言方面的伪装程度都比较少，主要是由于年龄大，身体状况也不太好，受到活动能量的限制，对各种伪装手段都比较生疏。

【任务实施】

一、任务目的

通过本任务的实施，使学员熟悉时代性言语识别的内容，掌握利用词语特征、文字特征、语法特征、字行走向特征、标点符号使用特征、言语内容特征等进行时代性言语识别的方法。通过对言语材料的分析鉴定，判断作案人的大致年龄，为侦查破案提供范围。

二、任务设备与材料

1. 有关工具书。
2. 案例。
3. 记录纸、实验报告（见表13-2-2）。

三、任务指导

1. 实施任务时学员每4人为一组认真进行。
2. 任务实施应综合分析词语、文字、语法、字行走向、标点符号使用等特征，主要是词语、文字、言语内容特征的分析。
3. 语料分析的同时应在记录纸上认真做好记录。
4. 任务实施前应认真复习相关知识，重点复习汉语方言词语、文字、言语内容特征的分析等。

四、任务组织

1. 仔细分析某言语人书面语语料，分别从词语、文字、语法、字行走向、标点符号使用等方面进行分析、归纳。

2. 汇总各类特征并填写《时代性言语分析表》（见表13-2-1），综合分析言语人所在地区、籍贯。

3. 将综合分析的结果予以归纳并记录在《实验报告》（见表13-2-2）上。

表13-2-1 时代性言语分析表

言语识别种类	时代性言语识别
词语特征	
文字特征	
语法特征	
字行走向特征	
标点符号特征	
言语内容特征	

表13-2-2 实验报告

言语识别种类	时代性言语识别
步骤与方法	
言语分析及年龄推算	
综合识别与鉴定	

五、评分标准

成绩评定主要结合任务操作的认真程度、操作的规范程度、《时代性言语分析表》的完成质量和《实验报告》的完成情况等进行综合评定。

六、操作注意事项

1. 任务实施前一定要熟悉不同年龄段（群体）人言语的差别、文字的差别、言语内容的差别。

2. 言语的差别、文字的差别、言语内容的差别等的总和构成了不同年龄段（群体）人言语的总体特征，从而为通过时代性言语识别推断言语人的大致年龄提供了客观根据。

3. 通过时代性言语识别判断出的年龄往往比实际年龄要偏大一些。因此，把推断出的年龄适当进行调整，缩小1~2岁，可能会更接近作案人的实际年龄。

4. 利用语言（文字）犯罪案件往往有伪装。要提防可能存在的伪装，必须结合其他特征进行全面分析，再作出判断。

5. 利用语言（文字）犯罪案件中，时代性言语识别材料的分析应结合笔迹、职业、文化背景等进行分析。

【技能测试】

1. 时代性言语识别的根据是什么？
2. 举例说明语言、文字的时代性。
3. 说出汉字简化开始的时间、《简化字总表》公布的时间、第二次简化字方案推行的时间。
4. 《第一批异体字整理表》实施的时间、对人们的书写习惯有什么影响？
5. 《印刷通用汉字字形表》推行的时间、对人们的书写习惯有什么影响？
6. 掌握常见的"二简字"、异体字和旧字形字。

任务三　社会性言语识别

【知识点】

1. 社会性言语识别的内容、目的。
2. 不同性别群体人的言语识别。
3. 不同文化程度群体人的言语识别。
4. 不同职业群体人的言语识别。
5. 犯罪隐语的识别。

【技能点】

1. 言语人性别的识别。
2. 言语人文化程度的识别。
3. 言语人职业的识别。
4. 犯罪隐语的识别。

【任务导入】

社会是由各种各样大大小小的社会群体组成的。语言在社会群体中执行其社会交际功能时，受群体生理、心理、交际内容、社会等因素的影响，发生了社会变异，产生了社会变体——社会方言（sociolect）。每个人在社会中生活、学习、工作，都处在一定的社会群体中，受语言社会变异的影响和制约，在言语交际中，必然表现出不同的社会方言特点，即不同的社会习惯语，从而为社会性言语识别提供了客观根据。

【相关知识】

一、社会性言语识别概述

社会方言是言语集团内部某一群体或某个阶层内部通行的用语，我国语言学称之为社会习惯语，包括行业语（行话）、术语、隐语、熟语、成语、俚语、俗语、格言、谚语、歇后语、隐语，等等。我们把表现社会群体特点的言语，称为社会性言语。

社会群体多种多样，每种社会群体都有各自特定的社会习惯语。从侦查的客观实际需要出发，社会性言语识别主要包括不同性别群体人的言语识别、不同文化群体（层次）人的言语识别和不同职业群体人的言语识别。社会性言语识别的目的是通过社会性言语识别判断言语人的性别、文化程度、职业身份等社会群体属性，为侦破案件提供范围。

二、不同性别群体人的言语识别

（一）不同性别群体人言语识别的根据

不同性别群体人的言语识别的根据是社会语言学研究证明的男女言语不同的理论。不同性别群体人运用同一民族语言进行交际，其言语之所以不同，从根本上说，是因为语言在不同性别群体中执行交际功能时，受交际者生理因素、心理因素、社会因素的影响发生了性别变异，从而产生了性别变体。

（二）不同性别群体人的言语特征

1. 语音特征。

（1）声带和共鸣腔方面。声道的差异使得发相同语音时，男性的语音较低，女性的语音较高，女性的基频值、共振峰频率值一般都比男性高。

（2）女性大脑语言因子的优势使得女性在从方音向普通话标准音靠拢的过程中，走得比男性要快。例如，有人调查近年来吴语入声的变化，500个调查对象的发音材料表明，女性入声消失得比男性快。

（3）一些仍具有一定社会身份意识的语音形式，在某些女性的口语中还保留着。调查表明，在北京，15～30岁左右的知识女性的口语中，仍保留女国音（尖音）的读法，如把"星期"［ɕiŋtɕ'i］读成［siŋts'i］，把"经济"［tɕiŋtɕi］读成［tsiŋtsi］等。男性则完全没有这种发音。

2. 词语特征。

（1）有明显性别指向的词。汉语第三人称代词——她、她们，明显是指女性。由于受传统文化的影响，汉语中有很多性别指向明确的词。例如：指男性的词——娶妻、休妻、续弦、当家的、掌柜的、大丈夫、老子、叔、舅、外孙子、叔侄；指女性的词——嫁、贞操、贞女、贞妇、屋里的、姨、姑、外婆、妯娌、姑嫂、姊妹。

（2）女性委婉语。例如："这两天我有点不舒服"（"不舒服"指来例假），"我刚才上一号了"（"一号"指厕所）。

（3）语气词、叹词的使用频率。统计表明，女性由于善于表达感情，在使用语气词、叹词的频率上一般都高于男性。

（4）动词、形容词短语。女性多选用一些表示强烈感情色彩的动词、形容词短语，如"讨厌""缺德""该死""傻样儿""好高兴""美极了""短命的""挨刀的"。男性则很少使用这些词。

（5）粗鄙词语。一般地说，男性行为随意，言语中往往会出现一些粗鄙骂人的话，如"妈妈的""狗×的""兔崽子"等。女性身份意识较强，言语多正式、文雅，很少有骂人的话。

（6）术语。受职业、活动领域的影响，男性言语中会出现较多的政治、经济等方面的术语，女性则相对少一些。

（7）人名。受传统文化和社会心理的影响，父母给孩子起的名字往往都有显著的性别特征。女性多取寓意性的名字或以美好的事物及其有关的形容词命名。例如：以寓意命名的——亚男、若男、赛男、越男、胜男、竞男；以美好植物及其有关的形容词命名的——梅、竹、兰、菊、荷、莲、芝、茜、蕙、薇、萍、桃、杏、桂、娟、芬、芳、淑、秀、香、艳、红、紫、丹、美、丽、佳、妙、静、素、雅、彩、洁、慧、娇、娜、婉、倩、妍等；以禽鸟名命名的——凤、鸾、莺、燕、雁等；以金石名命名的——银、珠、玉、环、翠、珍、晶、碧、瑛等；以美丽的自然景观命名的——霞、虹、霓、月、露、漪、滟等；以饰品命名的——粉、黛、脂等。男性的名字多使用与传统道德、观念或健壮、威武、刚毅有关的词。例如：以道德、观念命名的——道、德、忠、孝、节、仁、义、礼、智、信等；以表富有、昌盛意义的形容词命名的——富、贵、财、发、昌、盛等；以表威武、雄壮的动物命名的——龙、虎、豹、彪、驹、骏、雕、鹏等；以威武、雄壮意义的形容词命名的——豪、杰、英、伟、威、武、雄、壮、振等；以表坚强、兴旺意义的形容词命名的——坚、强、刚、毅、兴、旺等。

3. 句式特征。在句式的选用上，男性一般不如女性正式、标准，男性多使用表示粗暴、强硬态度的双重、多重否定句式，如"不要怪我不客气""我无论如何不能不对你说"等，女性则很少使用。男性善于逻辑推理，多使用有复杂结构的长句式；女性言语活泼，多用短句。女性说话委婉、客气，多使用附加问句和复合祈使句；男性说话直来直去，多使用直接问句和简单祈使句。例如："你不去了？"（直接问句，男）"你不想去了，是吗？"（附加问句，女）女性使用疑问句、感叹句的频率比男性高。男性使用的陈述句，女性往往采用疑问句、感叹句的形式表达。例如："这事我办不到。"（陈述句，男）"这事恐怕我办不到

吧?"(疑问句,女)

4. 言语风格特征。女性言语多抒情,以情动人;男性言语多论辩,以理服人。女性言语委婉含蓄,常常不是直抒己见,多拐弯抹角,旁敲侧击;男性则直言不讳,表达明快干脆,一语中的。在情节的描写上,女性大都新鲜、活泼、具体、细腻;男性多半就事论事,细节描写往往被忽略。

5. 言语内容特征。女性的言语多谈论婚姻、家庭、子女、服饰、烹饪等方面具体的人和事,在案件言语中多涉及人与人的关系和生活作风问题;男性的言语涉及政治、经济等重大社会问题的较多。诉说不幸内容时,女性情绪波动较大,多考虑情感上的打击;男性更多的是注重事情的后果。女性多有同情心,交谈中能从对方的角度考虑,表现出更多的理解、容忍和同情,使对方得到感情上的慰藉;男性多从理性上指明前途,给人以力量。男女职业分工有所不同,一般地说,助产医、保健医、护士、幼儿教师、小学教师、打字员、售货员、电话员等职业,女性较多;而司机、运输工人、大学教师、企业经理等职业,男性较多。因此,言语涉及的职业内容有一定的差异。

三、不同文化程度群体人的言语识别

(一)不同文化程度群体人言语识别的根据

文化程度是指一个人受教育的程度,一般用学历来衡量,因此在填写履历表"文化程度"一栏时,每个人都会写上自己的学历,如初小、高小、初中、高中、中专、大专、大学本科、第二学位、硕士研究生、博士研究生等。在言语材料中,言语人的文化程度主要通过四个方面体现出来:①语言的表达能力;②应用文字的水平;③知识水平;④认识水平。总之,运用语言能力的差别、应用文字能力的差别、言语反映知识水平和认识水平的差别,构成了不同文化程度群体言语的总体特殊性,从而为判断言语人的文化程度提供了客观根据。

(二)不同文化程度群体人的言语特征

1. 语音特征。文化水平低的书面语常常出现较多体现方音的别字,而文化水平高的则少见。

2. 词汇特征。不同文化程度群体人表现出不同的词汇特征:①用词是否丰富。文化程度高的词语丰富、多样;文化程度低的词语贫乏、单一。②生造词语。文化程度低的使用生造词语;文化程度高的则很少使用。③方言词语。方言词语较多,是文化程度低的一种表现;文化程度高的多使用标准词语。④骂詈语。文化程度高的一般修养较高,言语较文明、干净,很少使用骂詈语;文化程度低的一般修养较差,言语粗俗,常使用骂詈语,特别是文化程度低的男性经常使用,如"狗×的""他妈的""王八羔子"等。⑤连词。连词表示分句之间的逻辑关系,如"不但……而且……"(递进关系)、"因为……所以……"(因果

关系)、"虽然……但是……"（转折关系）、"如果……就……"（假设关系）等。文化程度高的能够正确使用较多的连词；文化程度低的，则很少使用。⑥成语和典故。文化程度高的人阅读面广，知识丰富，能够应用较多的成语典故；文化程度低的人则孤陋寡闻，很少使用。⑦专业术语。文化程度高的人有一定的专业知识，能够接触较多的学科领域，言语中往往使用一些社会科学、自然科学的专业术语；文化程度低的人则很少使用。

3. 语法特征。不同文化程度群体人有不同的词汇特征：①病句。病句表现多种多样：有的是用词不当，搭配不合理；有的是句子不完整，缺少必要的句子成分；有的是句子成分杂糅，语意混乱；有的是词语位置不当，语序颠倒；等等。病句的多寡是书写人文化程度高低的典型表现：文化水平越高的人病句越少；文化水平越低的人病句越多。②句式。文化程度较高的人，句式多样，变换自如；文化程度低的人，句式单一，缺少变化。③文言句法。文化程度较高的人能使用一些文言句法；文化程度低的人，则很少使用。

4. 修辞特征。恰当使用各种修辞方式，可以使语言表达更准确、鲜明、生动、有力。常用的修辞方式有比喻、借代、双关、引用、夸张、设问、反复、对偶、排比、顶真等。文化程度高的人，语言修养高，常常使用多种修辞方法；文化程度低的人的言语中则很少出现。

5. 结构特征。文化程度高的人，文章层次分明，段落清楚，结构完整，善于运用承上启下的过渡段；文化程度低的人，言语表达层次不清，结构混乱而松散。

6. 逻辑特征。文化程度高的人的语言有较强的逻辑性，语意清晰，概念、分析、判断、推理合理；文化程度低的人则逻辑性差，语意混乱，概念、分析、判断、推理缺少内在联系。

7. 语体特征。文化程度高的人多使用书面语体，能够自如运用各种语体，并且可以形成一定的风格特点；文化程度低的人多使用口头语体，形不成风格特点。

8. 文字特征。不同文化程度群体人的文字特征也不同：①错别字。错别字是判断言语人文化程度最典型的特征。文化程度越低，错别字越多；文化程度越高，错别字越少。一些常用的字是否写错写白，最能体现一个人文化程度的高低。②生造字。常见于文化程度低的言语材料中，文化程度高的人则极少出现。③外文。文化程度较高、有一定外文基础的人，能够使用外文或中文、外文混用。④书写水平。文化程度较高的人大多数书写水平较高，文字书写自然、流畅，并体现出一定的体式风格；文化程度低的人书写水平多数较低。中小学生的文字未定型，呈"学生体"。⑤书法水平。文化程度高的人的书法水平一般都比较高。⑥文字布局。文化程度高的人讲究行款格式,"天"大"地"小,字距行距匀称,段与段之间缩行,祝颂语和日期位置妥当,信封的文字布局合理;文化程度低的人不讲究行文格式,随意性较大,文字布局不合理,有的乱写乱画。

9. 笔迹特征。中小学生写字控制能力低,笔画运行中抑压力不均,时轻时重,起笔、收笔动作不协调,笔画的先后顺序有时颠倒,笔画之间、偏旁部首搭配比例失称;文化水平高的人,运笔流畅自如,笔画搭配适称。

10. 标点符号特征。不同文化程度群体人的标点符号特征不同,表现在两个方面:①标点符号的正误。标点符号是辅助语言交际的工具。1951年9月国家制定《标点符号用法》,1990年3月进行了修订,规范了标点符号的使用方法。文化程度高的人能正确使用标点符号,文化程度低的人的标点符号常常出现错误。②标点符号的频率。统计研究表明,不同文化程度的人使用标点符号的频率有一定规律性,可作为判断言语人文化程度的参考依据。

11. 言语内容特征。不同文化程度群体人也表现出不同的言语内容特征:①涉及知识面的宽窄。文化程度高的人,言语内容反映的知识面宽,古今中外、自然科学、社会科学都可能涉猎;文化程度低的人,知识面窄,多半涉及的是眼前具体的人和事。②认识水平的深浅。文化程度高的人,有较强的逻辑思维能力,对问题能进行分析、判断和推理,认识问题有一定的深度。但是,就作案人来说,由于立场、观点、方法错误,往往是文化程度越高、认识水平越深,思想越反动。文化程度低的人,认识问题肤浅,缺少理性的思考,往往以感情代替政策,常伴有攻击和谩骂。

四、不同职业群体人的言语识别

(一) 不同职业群体人言语识别的根据

职业群体是社会群体的一种。它是按工作对象分的,指个人在社会中所从事的作为主要生活来源的工作,如工人、农民、军人、医生、教师、干部、职员、经理等,没有参加工作在校学习的是学生。不同职业群体人具有不同的言语特点,各类言语特点的总和构成不同职业言语人言语的总体特殊性,从而为通过言语识别判断言语人的职业提供了客观根据。

(二) 不同职业群体人言语识别的言语特征

1. 词语特征。

(1) 行业语。行业语也叫行话,是某种行业的专门用语。行业语与一个人的职业直接相关。例如:

工业用语:加工、模具、废品、锻造、定额、工种、机件、下岗等。

农业用语:中耕、轮作、打场、插秧、育种、收割等。

铁路用语:始发、满员、上行、下行、区间、正点等。

公安用语：拘捕、特情、蹲坑、询问、盯梢、勘查、侦查、预审等。

军事用语：哨卡、军种、战舰、扫雷、起锚、作训、演习、队列等。

行业语在实际案例中往往有不同程度的表现，例如，1978 年 3 月 5 日某地发生的一起与敌特挂钩信案。信中出现"航空兵""无声手枪""子弹""定时炸弹""特工人员""配合""炸毁""飞机场""油库""弹药库""飞机"等军事用语，据此分析是军队内部人作案，结果很快在空军某师查获了作案人。

（2）术语。术语是各门学科的专门用语。术语与言语人所从事的工作有密切的联系。例如：

哲学术语：矛盾、实践、量变、质变、内因、飞跃、真理、意识等。

化学术语：反应、元素、饱和、氧化、分解、化合、试剂、结晶等。

文学术语：典型、细节、白描、倒叙、题材、素材、主题、情节等。

新闻术语：采访、报道、发稿、传媒、发布、媒体、清样、记者等。

医学术语：硬化、疗效、临床、溃疡、针灸、休克、处方、B 超等。

音乐术语：美声、配气、旋律、合奏、协奏、乐感、民乐、五音等。

2. 文字特征。

（1）行业字。行业字是一些行业经常使用的不规范的别字或简体字。

（2）各种形体字。各种形体字是指文字材料中表现出来的各种各样的形体字，如甲骨文、金文、篆书、隶书、楷书、草书、各种美术体字，以及各种印刷体字。

3. 专用符号、音标、标志特征。专用符号、音标、标志的专业性和行业性决定了它的使用有特定的范围。在文字材料中，如果夹杂着出现各学科、各行业的专用符号，那么就与言语人所从事的工作或所在的行业有一定的联系。

4. 语体风格特征。看言语人运用何种语体，是否形成一定的风格。

5. 职业性言语内容特征。职业性言语内容可根据词句表现出的信息进行分析判断。例如：

"升级的不干活，不升的更不干活。"（工人）

"一天不下井干活，扣我们两天工资。"（煤矿工人）

"一天劳动 10 个工分才 8 分钱。"（农民）

"你别把事情做得太绝了，治你很容易，小心点吧！送你两个追命丸（信里装两粒子弹），这是警告，不悔改枪子不认人。"（军人）

"您那如果能买《英语九百句》的话，请买一本寄来。"（中学生）

五、犯罪集团隐语的识别

（一）犯罪隐语及犯罪隐语识别的意义

隐语是社会习惯语的一种，是有些社会集团为避免局外人的了解而制造的秘密词语。犯罪隐语也叫黑话、暗语，是犯罪集团和黑社会组织在共同语或方言的基础上创造出来的秘密语，是违法犯罪分子相互勾结、联络、交流思想、进行犯罪活动的工具。

（二）犯罪隐语的构成方式

犯罪隐语种类繁多，自编的隐语（暗语）多种多样，但万变不离其宗，有一定的规律可循。其构成方式主要有以下一些类型：

1. 谐音型，如"去九（酒）处开会"——去酒馆喝酒。
2. 反切型，如"我姓吉林"——金。
3. 比喻型，如"双线联系"——乘火车逃跑。
4. 漏字型，如"慌里慌（张）蔓儿"——张。
5. 拆字型，如"木寸"——村。
6. 夹字型，如"我红已红经红到红达红目红的红地红，你红赶红快红来红"——我已经到达目的地，你赶快来。
7. 数字型，如"学习五十四号文件"——打扑克。
8. 指事型，如"旦底"——一，"田心"——十。

另外，还有谜语型、密码型、借代型、标记型、缩写型、诗词型等。

【任务实施】

一、任务目的

通过本组任务的实施，使学员熟悉社会性言语识别的内容，掌握不同性别、不同文化程度、不同职业群体人及犯罪集团隐语识别的根据与方法。能通过对社会性言语的识别，判断言语人的性别、文化程度、职业身份等社会群体属性，为侦破案件提供范围。

二、任务设备与材料

1. 有关的工具书等。

2. 四组语料：

第一组：

（1）这东西好，给我捎件。

（2）这东西太好啦！给我捎件，好吗？

第二组：

（1）当权者，民之父母也。

（2）王八羔子，小心点吧！

第三组：

（1）回到地方没人管，家属也不好安排。

（2）一天不下井干活，扣我们两天工资。

(3) 区队长把你的信送到我手里……这也许可归罪于招办……徐老师说得对：既来之则安之……

第四组：

(1) 甲乙两人在黑暗中对话：

甲："嘿，大头呢？"

乙："他小子当他妈长线红娘，折了。"

甲："他敢！给他戴九朵玫瑰花。"

乙："哎，上你家说去。"

甲："不成，一伙人在那儿修长城，眼杂。"

(2) 有一起挂钩信案，作案分子在信的结尾写道：

"我是水边王，日月居中央，左边立一人，请君看端详。"

3. 记录纸、《社会性言语分析表》（见表13-3-1）、《实验报告》（见表13-3-2）。

表13-3-1　社会性言语分析表

言语识别种类	社会性言语识别
第一组	
第二组	
第三组	
第四组	

表13-3-2　实验报告

言语识别种类	社会性言语识别
操作步骤与方法	
各组语料特征分析	
综合识别与鉴定	

三、任务指导

1. 实施任务时学员每4人为一组认真进行。

2. 本组任务（共4项）的实施均应综合分析生理因素、心理因素、社会因素的影响，不同性别群体人的言语材料表现为不同的言语特征，不同言语特征的总和构成了不同性别群体言语的总体特殊性，从而为通过言语识别判断言语人的性别提供了客观根据。

3. 进行语料分析的同时应在记录纸上认真做好记录。

4. 任务实施前应认真复习相关知识，重点复习影响不同性别群体人、不同文化程度群体人、不同职业群体人、犯罪集团隐语的言语识别等。

四、任务组织

1. 仔细分析本组书面语语料，逐组进行对比分析、归纳。
2. 汇总各类特征并填写《社会性言语分析表》，综合分析言语人性别、文化程度、职业、犯罪集团等。
3. 将综合分析的结果予以归纳并记录在《实验报告》上。

五、评分标准

成绩评定主要结合任务操作的认真程度、操作的规范程度、《社会性言语分析表》的完成质量和《实验报告》的完成情况等进行综合评定。

六、操作注意事项

1. 不同性别群体人言语识别应以特征的总和为依据，注意不同性别人言语的差异，结合笔迹进行分析。
2. 不同文化程度群体人言语识别应以特征总和为依据进行辩证分析，注意文化程度的相对性。另外，相同学历人的实际文化水平有高有低，所表现出的言语特征也会有差别，在进行言语识别时，要考虑这种因素，根据具体情况加以仔细分析和权衡。
3. 对不同职业群体人的言语识别时应注意言语内容是否有伪装，作出职业、性别、年龄、文化等各种初步结论以后，要把它们联系起来进行综合分析，同时应联系作案手段、物证进行分析。
4. 进行犯罪集团隐语识别前必须熟悉犯罪隐语的构成方式。

【技能测试】

1. 举例说明不同性别群体人词语、文字、词法的主要差别。
2. 举例说明不同文化程度群体人言语识别的根据。
3. 用通俗的语言说明不同职业群体人言语识别的理论依据。
4. 谈谈语言的职业变体。
5. 举例说明不同职业群体人的言语特征。
6. 犯罪隐语的主要构成方式是什么？

任务四　病态言语识别

【知识点】

1. 病态言语识别的内容、目的。

2. 精神病人言语的识别。

3. 聋哑人言语的识别。

【技能点】

1. 精神病人言语的识别。

2. 聋哑人言语的识别。

【任务导入】

精神病人、聋哑人由于生理缺陷导致了心理障碍，受病态生理、心理因素的影响和制约，在言语交际中语言发生病态变异，产生病态言语。研究精神病人和聋哑人书面语言的特点和规律，通过言语识别判断是否是精神病人和聋哑人作案，对于准确地划定侦查范围，迅速侦破案件，节省人力、物力、财力，具有重要的现实意义。当我们面对或荒诞离奇、或空泛诡辩、或语序颠倒、或词语重复堆砌的言语现象时，应该作出综合的分析和判断，从而得出正确的鉴定意见。

【相关知识】

一、病态言语识别概述

某些生理有缺陷的人，受心理障碍的影响，在言语交际中语言发生病态变异，形成与正常人不同的非正常言语，我们称之为病态言语，如精神病人的言语、聋哑人的书面言语等。病态言语识别主要包括精神病人的言语识别和聋哑人的书面言语识别两方面。

病态言语与正常人言语存在明显差别，同是病态言语的精神病人和聋哑人的书面言语，由于生理缺陷、心理障碍的特点不同，形成的病态言语也不相同。因此，通过病态言语识别，不但能够区别正常人同精神病患者和聋哑人的言语，而且能够认定是精神病人作案还是聋哑人作案。

二、精神病人的言语识别

（一）精神病人的生理、心理特征

精神病人由于大脑功能发生紊乱，从而导致心理障碍，形成各种病态心理特征。精神病种类繁多，其中以精神分裂症为最多，约占精神病总数的70%左右，还有情感性障碍的躁狂症、抑郁症，偏执性障碍的偏执狂等。这几类精神病的症状明显，病态言语特征突出，在精神病人作案中所占的比例也最大。

（二）精神病人的言语特征

1. 文字特征。

（1）生造字。由于思维形式障碍形成的象征性思维，精神病人常常产生一些词语新作，用会意和形象的方法生造一些表示特定意义的字或词，其他人很难理解。如：甥——美男子，由"美"字的一部分和"男"字组成；忱——心情不好，由"怕"字的一部分和"忧"字组成；疯疯——凤凰，由"凤"字和

"凰"字的各一部分，加"飞"和"厂"组成，表示病中凤凰飞翔的姿态。

（2）错别字。由于记忆障碍和思维联想加快，精神病人常写一些形体相近的错字和同音别字。例如：款（款）、憧（懂）、糟（糟）、莞（宽）、堅（望）、陈（际）、银（银）、牸（将）、莳（蒋）、背（背）、岸（案）、到（盗），等等。

（3）笔迹风貌。由于思维形式障碍，精神病人联想奔逸并出现象征性思维，在文字书写和布局上表现出如下特点：笔迹一般都比较潦草；文字往往有重描，以示重要；有时还套画、插画一些表示特定意义的图画；文字布局随意，不讲究行文格式。

2. 词语特征。

（1）医疗词语。由于精神病常有反复，病人在精神病院里大多经过反反复复的治疗，留下了深刻的印象，产生了不安和恐惧的心理，因此在言语交际中，多使用一些医疗方面的词语。例如："医院""打针""吃药""有病""头疼""刺激""神经""看病""痛苦"等。精神病人一般都回避"精神病"一词，往往用"头疼""脑子受刺激"取代之。

（2）病态词语。精神病人由于思维逻辑混乱，在这种特有思维的支配下常常杜撰一些怪诞的词语。例如："无线电结婚""俄术刀""流氓体""说话打摊""天体健康""户口干净""同道在调""防水之哥""最老的敬礼""丢凯尿甲"等。

（3）笔名怪异。精神病人作案往往落有怪异的笔名，并附有印章，是妄想的一种反映。例如："医学圣人""国策顾问""国际评论家""大义救国求助组寻贤派""冷冻""苍蝇"等。

3. 语法特征。

（1）语句堆砌重复。由于思维障碍，精神病患者的联想进程受阻，徘徊不前，在书面言语中表现为语句重复，特别是同义语的重复。如某精神病人的言语材料："现在，我终于明白了那些贪污盗窃，小偷小摸，乱拿公物，乱占公家油水，贪图个人利益的人，都是手脚不干净，嘴巴不干净，屁股不端正的人。这样的人，都是野蛮不讲文明的人，都是不讲理智盲目贪婪的人，都是不讲道德品质不懂教育的人。"

（2）词语杂拌。破裂性思维造成精神病人的言语生拼硬凑、支离破碎、语无伦次，像一盘词语杂拌。

（3）逻辑混乱。由于思维障碍，精神病人在概念、判断、推理上会产生逻辑错误。如精神病人《我的创作》一文中的一段文字："一个人的经验有限，在写作时就产生错别字整个宇宙的光波的关照也就是所有的灵魂都在我身上看着我的行动当然这是直觉的表现很新鲜有合乎客观的事实，这是历史的责任，我本人没有什么高明。"

4. 标点符号特征。精神病人使用标点符号有两个特点：①不用标点，表示一气呵成。如一署名为"张某某"的躁狂症精神病人给中央写信，每次都是洋洋数万言，没用一个标点符号。②乱用标点符号，特别是乱用表示强烈的感情色彩的感叹号和问号。如下面一例精神病人的文字材料："您们好！！！听到您们的呼声！！！'广播'是我们工、农、兵的武器，服务的'三贝'为了'党'的生存，我们'知识分子'和'宣传'工具，总的来说共有'五张皮'要清醒头老啦！！！。……死去了几个'亲人'啦？？？？？。"

5. 言语内容特征。

（1）多有妄想。湖北省一署名"金娥"的偏执型精神分裂症患者，连续给最高人民法院、最高人民检察院和公安部写信，声称自己"是毛主席的小女儿，母亲杨开慧牺牲后，被一个叫伏老铁的人收养，后嫁湖北省"。这是血统妄想。某抑郁症患者金某，服安眠药自杀，死前留一封遗书，在遗书中回忆女儿小时候要买一个布娃娃自己没同意，于是不断责备自己"对不起，罪大恶极"。这是自责妄想。某市署名"何旭"的精神病患者给中央写信，自称是中国的救世主，信中写道："你们要以我的名义或以列宁的名义召开中共中央全会，以决定改革大计！"这是夸大妄想。

（2）荒诞离奇。由于破裂性思维、倒错性思维、象征性思维的影响和制约，精神病人的言语内容往往荒诞离奇。如自称"联合国中国联合劳动分党第九军特派员"的精神分裂症患者孙某某，写了许多关于行动计划、纲领的文章，无异于一部天书，其中一段文字如下："在中国同道在调中，男女部队调回运转的第九次会议，为医疗转运真命运，防水之哥，刘三姐，是在中国为外国委内瑞拉的马孙地区举行，为中国济南部队的七次治疗病情为界，男女中药。"

（3）空泛诡辩。精神病由于思维障碍、联想奔逸，常常就一些毫无任何实际意义的问题发表长篇议论，进行牵强附会的诡辩。例如，一位患有偏执狂的病人李某某，其恋爱对象提出要买一台电视，李某某不同意，两人不欢而散。当晚，李某某写了18张信纸的长信给对方，围绕电视机大肆进行空谈诡辩。

三、聋哑人的言语识别

（一）聋哑人的生理、心理特征

受特定生理和心理因素的影响，聋哑人在言语交际中形成了与正常人不同的病态言语。根据这些病态言语特征，不但可以区别聋哑人与正常人的言语，而且可以判断是否为聋哑人的言语。

在现实生活中存在既聋又哑、只聋不哑、只哑不聋三种聋哑人。作为言语识别对象的聋哑人，是指同时具备两种生理缺陷——聋、哑的聋哑人。一般地说，首先是先天性耳聋，由于听不到声音，从小就失去了模仿学习语言的可能性，进一步又造成了哑。这种聋哑人经过特殊教育，在掌握手势语的基础上，能够不同程度地掌握书面言语技能，并能利用书面言语进行交际。

聋哑人书面言语的总体能力与一个国家的科技水平和教育水平密切相关。科技、教育水平越发达，聋哑人的书面言语能力就越高，反之就越低。新中国成立以后，我国的特殊教育有了很大的发展，大多数聋哑人都能上聋哑学校，接受特殊教育，一般都能够读完小学，有些还可以读完初中、高中，因此聋哑人都不同程度地具有一定的书面言语交际能力。但是，从总体上说，我国科技、教育水平还不十分发达，聋哑人受生理和心理因素的影响，他们的言语与正常人还有着比较明显的差别。

（二）聋哑人的书面言语特征

1. 文字特征。由于聋哑人听不见声音，只能通过视觉看字形并结合实物形象和动作识字，加之记忆保持能力差，因而常常把形体相近的字搞混，文字材料中常常出现形体相近的错别字。例如，形近别字：汇极（报）、导帅（师）、水怀（杯）、玩耍（耍）、不准（准）、端（喘）着、使动（劲）等。形近错字：喂（喂）、深（深）、兑（党）、鼔（鼓）、莹（望）等。这两种文字特征有一定的特定性，在正常人的书面言语材料中很少出现。

2. 词语特征。

（1）词素颠倒。聋哑人感知片面、雷同，记忆模糊，保持能力差，常常把词素搞颠倒。如一位聋哑人作案的言语材料中连续出现四个词素颠倒的词："堂食"（食堂）、"害四"（四害）、"刑减"（减刑）、"览展"（展览）。

（2）抽象意义有某种联系的词易混。由于感知质量差，抽象思维和记忆能力弱，聋哑人常常把抽象意义有某种联系的词用混。如某聋哑学生作文中出现的用词错误："他的学习轻轻地进步了"（应为"渐渐地"或"慢慢地"）、"黑夜得伸手不见五指"（应为"黑暗"）、"我们很多高兴"（应为"非常"）、"命令传达得真立即啊！"（应为"迅速"）。由于在聋哑人的手势语中，有些名词和这个名词做宾语的动宾词组的手势语是相同的，因而聋哑人有时会把名词与该名词的动宾词组搞混。如："弟弟说：'咱俩去买查字典。'我说：'等会儿，写完作业再去买查字典。'"

（3）意义相近的词易混。由于感知质量差，抽象思维和记忆能力弱，聋哑人常常把意义相近的词用混。如某聋哑学生作文中出现的用词错误："今天学校召开活动大会"（应为"运动"）、"主席台两侧各有一片绿油油的草坪和森林"（应为"树木"）。

3. 语法特征。

（1）词语重复堆砌。聋哑人思维混乱和手势语的反复性造成了书面言语材料词语的反复和堆砌。例如："很多非常屡教不改""花坛里栽着各种鲜花，花坛里盛开着各种鲜花，花坛里还插着木牌……""奶奶和小红在家的炕上给爸爸衣服缝衣服"。

（2）语序颠倒。聋哑人由于缺乏逻辑思维的能力，很难把握汉语的正常语序，因而其言语材料中会常常出现语序颠倒的错误。例如："吃饭完"（宾语"饭"应在"吃完"之后）、"两个人脸洗"（宾语"脸"应在"洗"之后）、"胡说乱"（谓语"说"应在"胡乱"之后）。顺序词应在句首，聋哑人却颠倒到句末。例如："反对×××一、反对×××二、反对×××三……"

（3）句子残缺。聋哑人意义识记差，缺乏逻辑思维，意思表达不完整，常常造成句子残缺不全。有的把词组当作句子，有的丢失某种句子成分。例如："中华人民共和国宪法！"（词组）、"深入批判'四人帮'反党！"（应为"反党集团"）、"英明领袖×××主席领导下……"（开头丢"在"）。

（4）句子生拼杂糅。聋哑人的认识和表达能力较差，在交际时往往把某些现成的句子原封不动地搬来，或在已有的句子前后加上某些词，或把两个句子或词组拼在一起，组成一个新句子。这种句子结构混乱，搭配不当，意义不明，有明显的生拼硬套的痕迹。例如："破坏×主席的旗帜是胜利的旗帜！""反对光辉的思想伟大的新贡献！""打击敬爱的×××和×××相继去世毒蛇！""敬爱地主富农反动资本家……要继续改造好！"。

4. 标点符号特征。聋哑人不能正确理解客观事物以及词与词、分句与分句、句与句的关系，加上手势语间断性、反复性的影响，因而不能正确地掌握和使用标点符号。常见的错误是不用标点或只用一种标点，最典型的是在不该标点的地方用标点。例如："会场就，在运动场上""我每天走在路上看见路旁，的树叶不断地往下掉"。

5. 言语内容特征。

（1）言语量小。受文化水平和认识能力的限制，聋哑人的言语表达能力大都比较差，因此书面言语内容量都比较少，一般多是口号式的，长篇大论的很少见，与精神病人滔滔不绝的长篇空论完全不同。

（2）攻击面广。由于生理存在缺陷，社会活动面窄，认识片面，聋哑人不能正确理解社会共同的是非观念、道德标准以及别人对自己行为的评价。当他们对某一问题不理解或受到某些人歧视时，往往会产生对立情绪，从而怨恨、攻击一切人。在言语内容中，突出表现出攻击面广的特点。如唐山发生的一起聋哑人书写的反动信件案，作案人不但攻击在世的一些领导人，而且对那些去世很久的领导人和英雄模范人物也进行了攻击。

（3）语意混乱。聋哑人感知片面，认识模糊，不能正确认识人与人、人与事物之间的各种关系，在书面言语中常常表现出语意关系的混乱和颠倒。如一位聋哑学生在《我第一次游泳》作文中，明明是他爸爸带他去游泳，他却写成了"我带着爸爸去游泳"，颠倒了主从关系。此外，运用不好表示关系的虚词，也是造成语意关系混乱的一个重要原因。例如："是反动思想（使我）写标语，我（对）强劳有意见""爸爸（从）百货商店给我买来新衣服""我把帮助姐姐收拾屋子卫生"。

【任务实施】

一、任务目的

通过本组任务的实施，使学员熟悉病态言语识别的内容，掌握精神病人和聋哑人书面语言的特点和规律。通过言语识别判断是否是精神病人和聋哑人作案，对于准确地划定侦查范围，迅速侦破案件，节省人力、物力、财力，具有重要的现实意义。

二、任务设备与材料

1. 有关的工具书等。

2. 四份语料：

（1）"1959 年偷我家大小鸡共七只。黑糖。白糖四斤。干菜十三斤。每斤一角三分。按市场巨大购买力。小麦二十。若有钱人。和存款支票一同装在上衣内。缝深长口袋。以免纽门拔锁。或在家做活儿而偷走。钱。和支票。"

（2）"我不性神，我不拍人，我看了古代的称命法，对生命很受护，是应该敬西自己的生命，中国文化交易会，增称了命运与神的来原，阴阳之来原，爱情可以充动一切。时间，7月23日9点1克。"

（3）"您们好！！！。听到您们的呼声！！！。为了人民的生命安全——，为了党的生存，我们'知识分子'和'宣传'工具应清醒头老啦！！！。60 年的战斗中，毛主席死了多少亲人！！！是为么事呦？？。"

（4）"据报载，全国城乡电视已经普及，有些偏远的深山、海防也有了电视的踪迹，你说不买电视不结婚，你是不是到全国乃至全世界有电视的家里去寻找你的如意郎君呢？可惜呀！"

3. 记录纸、《病态言语分析表》（见表 13 - 4 - 1）、《实验报告》（见表 13 - 4 - 2）。

表 13 - 4 - 1　病态言语分析表

言语识别种类	病态言语识别
第一份	
第二份	
第三份	
第四份	

表 13 - 4 - 2　实验报告

言语识别种类	病态言语识别
操作步骤与方法	
各语料特征分析	
综合识别与鉴定	

三、任务指导

1. 实施任务时学员每 4 人为一组认真进行。

2. 本组任务（共 2 项）的实施均应综合分析精神病人、聋哑人的病态言语特征，对该类特征的分析应结合精神病人、聋哑人的生理、心理特征综合评断，对其文字特征、词语特征和语法特征应有明确的认识。

3. 语料分析的同时应在记录纸上认真做好记录。

4. 任务实施前应认真复习相关知识，重点复习精神病人、聋哑人言语的文字特征、词语特征和语法特征。

四、任务组织

1. 仔细分析本组书面语语料，逐项进行分析、归纳。

2. 汇总各类特征并填写《病态言语分析表》，综合分析言语人是否是精神病人或聋哑人等。

3. 将综合分析的结果予以归纳并记录在《实验报告》上。

五、评分标准

成绩评定主要结合任务操作的认真程度、操作的规范程度、《病态言语分析表》的完成质量和《实验报告》的完成情况等进行综合评定。

六、操作注意事项

1. 精神病人言语的综合识别应该抓住重点兼顾总体，病态言语特征的表现与精神病的病情及类型直接相关，病态言语特征与病情的轻重密切相关，结合作案特点综合分析评断。

2. 聋哑人言语识别应以各类特征的总和为依据。

3. 注意区分精神病人与聋哑人的言语。精神病人同聋哑人病态言语特征的主要差别有：语文水平不同、文字篇幅不同、错字别字不同、逻辑混乱不同以及妄想内容不同。

【技能测试】

1. 什么是病态言语？病态言语主要包括哪两个方面？
2. 精神病人的主要生理、心理特征是什么？
3. 聋哑人的主要生理、心理特征是什么？
4. 精神病人与聋哑人言语的主要区别是什么？